T5-AOA-078

LE XXIe SIÈCLE
NE SERA PAS AMÉRICAIN

PIERRE BIARNÈS

LE XXIe SIÈCLE NE SERA PAS AMÉRICAIN

ÉDITIONS DU
ROCHER
Jean-Paul Bertrand

Tous droits de traduction, de reproduction et d'adaptation réservés pour tous pays.

© Éditions du Rocher, 1998.

ISBN 2 268 02977 8

*À la mémoire de mes parents
qui n'ont jamais pu voyager.*

« L'horloge de la gare de Perpignan est le centre du monde », assurait Salvador Dali, au moment même où Aimé Césaire, dans sa *Tragédie du roi Christophe*, faisait dire à son héros haïtien devenu fou dans son île : « Que de vastes terres nous entourent ! »

Après tout, pourquoi pas ? Sauf que, la terre étant ronde, le centre du monde est à la fois partout et nulle part, n'en déplaise aux Français ou aux Chinois, aux Patagons ou aux Moldo-Valaques.

Il y a certes des lieux dont l'importance stratégique est plus grande que d'autres. Mais ceci est passablement fantasmatique et dépend beaucoup de l'époque et du point de vue auquel on se place.

Quant à moi, qui ai pas mal bourlingué et qui n'ignore rien de ces vérités premières, j'ai beaucoup de mal, comme Dali, je le confesse, à ne pas regarder les vastes terres qui m'entourent, quand il m'arrive de rentrer chez moi, depuis la gare de Perpignan, même si, il faut que je le dise, je ne suis jamais allé encore à Perpignan, mais cela ne saurait tarder.

Et voici ce que je vois de ce haut lieu de l'observation géopolitique mondiale : une Amérique insupportable, et, autour d'elle, un monde qui s'en laisse de moins en moins compter.

Le centre du monde n'est pas qu'à Washington.

P.B.

Introduction

PAIX FROIDES ET GUERRES CHAUDES

Nous ne le savions pas mais nous n'en avons pas moins vécu une époque merveilleuse. Pour certains, elle aurait duré près d'un demi-siècle, de l'anéantissement d'Hiroshima à l'effondrement de l'empire soviétique. Pour d'autres, cette époque fantastique se serait étalée sur une période beaucoup plus longue, autour de trois siècles, du début du « siècle des Lumières » à nos jours. Mais, par-delà cette importante différence temporelle, pour tous, ces « temps bénis » appartiendraient désormais au passé et l'humanité entrerait maintenant dans une ère de grande incertitude et de tous les dangers.

Pour les uns, tel Zaki Laïdi [1], l'ordre international né sur les décombres d'Hiroshima et enterré par ceux du mur de Berlin reposait sur trois grands principes : la dissuasion nucléaire en tant qu'instrument ultime de régulation entre l'Est et l'Ouest, la prévalence du facteur politico-stratégique sur les contraintes

---

1. Zaki LAÏDI, *L'Ordre mondial relâché*, Presses de la Fondation nationale des sciences politiques, 1992.

économiques, la subordination des conflits des théâtres périphériques à ceux du centre. Le nucléaire protégeait le système international contre les excès de la guerre conventionnelle ; la solidarité politique contenait les différends économiques ; le théâtre central commandait les conflits périphériques. Pendant près d'un demi-siècle, l'ordre international aurait reposé heureusement sur cette structure bipolaire cohérente, qui avait ordonné les rapports de forces au nom de messages universalistes justificateurs, le message libéral face au message communiste : toutes les tentatives de se défaire de ce corset de fer avaient été, selon les cas, anesthésiées, bridées ou brisées. Or, aujourd'hui, cette structure contraignante mais bénéfique s'étant effondrée, en même temps que s'écroulait l'empire soviétique, l'ordre international ne serait plus qu'à l'image de celui-ci, dangereusement relâché, éclaté.

Pour d'autres, qui raisonnent sur une plus longue période et qui sont encore plus pessimistes, un règne de plus de trois siècles s'achève, « qui avait postulé à la fois le progrès et l'ordre ». Progrès, croyait-on, de notre civilisation, puisque, malgré ses faux pas, l'Histoire allait naturellement dans la bonne direction, le millénarisme communiste n'ayant fait que pousser jusqu'à l'absurde cette conviction. Ordre, en même temps, d'un monde qui finissait par trouver un équilibre, impérialismes et « concert des nations » aidant. Or, ce cycle, que nous appelions les « temps modernes », se serait bouclé avec la fin de l'empire soviétique qui, le premier de tous les temps, avait l'ambition de s'étendre au monde entier. L'onde de choc provoquée par l'effondrement de l'URSS serait comparable à celle produite dans le monde « connu » d'alors par la disparition de l'Empire romain. Comme dans les siècles qui avaient suivi celle-ci, assure Alain Minc[2], nous serions en train d'être ramenés à un

---

2. Alain MINC, *Le Nouveau Moyen Âge*, Gallimard, 1993.

« nouveau Moyen Âge », à une situation caractérisée par l'absence de tout système organisé et de tout centre régulateur, par le développement de « zones grises » échappant à toute autorité, ainsi que par l'effondrement de la raison comme principe fondateur, au profit d'idéologies primaires et de superstitions que l'on croyait depuis longtemps disparues.

Pourtant, contrairement à ce qu'avancent aujourd'hui les nostalgiques de la paix armée américano-soviétique, l'ordre international dont celle-ci était le garant était à maints égards imparfait, cruel et, pour tout dire, barbare.

Déjà, les deux siècles et demi environ qui avaient précédé la période 1945-1989 avaient été fort loin d'être idylliques, même s'ils avaient été effectivement et jusqu'à un certain point sous-tendus par l'idée de Progrès. Au nom de la propagation des valeurs de la Révolution française mais animée aussi d'une solide volonté de puissance, l'armée napoléonienne avait ravagé l'Europe pendant une quinzaine d'années, infligeant en outre aux jeunes générations françaises enrôlées sous ses drapeaux une terrible saignée, dont leur pays, qui ne fut plus jamais ensuite « la grande nation », comme l'appelaient encore en ce temps-là les Allemands, ne devait jamais se remettre vraiment. De là, estiment des historiens parmi les plus sérieux, daterait le commencement du déclin démographique relatif de la France par rapport à la plupart de ses voisins.

Quelque cinquante ans plus tard, c'est toujours au nom des mêmes valeurs qualifiées de civilisatrices que devait s'engager — entreprise ambiguë — notre conquête coloniale, comme celles de plusieurs autres nations européennes. Et que dire de cette abominable et suicidaire boucherie que fut la Première Guerre mondiale, à l'issue de laquelle l'Europe tout entière, cette fois, devait amorcer la perte d'un *leadership* qu'elle n'a toujours pas recouvré à ce jour, avant que, vingt ans plus tard, le second conflit mondial, autre incroyable tuerie, qui était en germe dans le traité de Versailles, coupe en deux le vieux continent pour près d'un demi-siècle, tandis qu'à sa place émergent les deux superpuissances qui vont, à partir de ce moment-là et jusqu'à la fin des années quatre-vingt, s'attacher à régenter avec plus ou moins de succès toute la planète : les États-Unis d'Amérique et l'Union soviétique, héritière quant à elle des ambitions de l'ancien empire tsariste.

On entra alors dans ce qu'on devait appeler la « guerre froide », en ce sens que, très vite dotées l'une et l'autre d'un arsenal nucléaire dont l'utilisation ne leur aurait laissé aucune chance de survie, les deux superpuissances, après leur victoire sur le Troisième Reich et sur l'empire du Soleil-Levant, tout en nourrissant la volonté impériale d'étendre leur système social respectif à toute la planète, ne purent jamais s'engager directement l'une contre l'autre, même dans un conflit de type conventionnel.

Mais, partout ailleurs, en dehors des sanctuaires américain et russe, étendus à leurs alliés les plus proches, que de terribles guerres chaudes, avec à la clé, au total, plusieurs millions de morts, les ordonnateurs de la guerre froide allaient laisser éclater et se dérouler durant près de cinquante ans, quand ils ne les suscitèrent pas eux-mêmes ! Guerre de Corée, guerres d'Indochine, conflit à répétition israélo-arabe, crise de Cuba, guerre Iran-Irak, interminable guerre du Tchad, pour ne citer que quelques-uns de ces affrontements, de gravités diverses, dont le souvenir est présent dans toutes les mémoires. Il ne faut pas oublier non plus les dizaines de révoltes impitoyablement écrasées dans l'un et l'autre camps, celui des deux protagonistes qui n'était pas directement concerné restant toujours imperturbablement l'arme au pied : révoltes hongroise, tchèque, polonaise dans les marches de l'empire soviétique, sans oublier les sinistres camps du Goulag dans l'URSS elle-même, et, pas davantage, l'écrasement tout autant impitoyable des révoltes guatémaltèque ou bolivienne dans « l'arrière-cour » des États-Unis, le massacre par centaines de milliers des communistes indonésiens, la remise au pas sans ménagement des nationalistes iraniens au temps de Mossadegh, le soutien apporté sans état d'âme aux pires dictatures d'Amérique latine, d'Asie ou du Proche-Orient.

Bien sûr, la fin de la guerre froide n'a pas mis un terme à cet éclatement endémique de guerres chaudes localisées, de conflits que l'on qualifiait de « secondaires » durant la période précédente, même quand ils étaient très meurtriers. Pour ce qui est de l'ancien « camp socialiste », on ne peut pas ne pas évoquer les drames tragiques dans lesquels a sombré l'ancienne Yougoslavie de Tito, les affrontements tout aussi sanglants qui se sont développés au Caucase et en Asie centrale une fois ôté le lourd couvercle de l'appareil politico-policier communiste, ou, autres exemples, ceux qui pourraient peut-être éclater un jour ou l'autre dans la Mittel Europa, entre Hongrois, Roumains et Slovaques, ou, plus au sud, dans les Balkans, entre Serbes et Albanais, entre Grecs et Turcs. On doit rappeler aussi, ailleurs, les luttes de libération qui opposent les Palestiniens aux Israéliens, les Kurdes à la Turquie, à l'Irak et à l'Iran, les Tamouls à la majorité cingalaise du Sri Lanka, les catholiques d'Irlande du Nord au Royaume-Uni, les Basques à l'Espagne et les Corses au « Continent ». Sans oublier les déchirements interethniques en train de ramener des pans entiers de l'Afrique subsaharienne à sa situation pré-coloniale.

De même, n'ont pas grand-chose à voir avec la fin de l'ordre international russo-américain les mouvements de repli identitaires et xénophobes qui sont apparus ces dernières années en Europe, mais qui ne sont que des réponses primaires à la mondialisation économique et sociale en cours et à l'uniformisation culturelle qu'elle menace d'entraîner. Des mouvements qui sont des aspirations au retour à des politiques effectivement moyenâgeuses de château fort, de cités entourées de murailles, à l'intérieur desquelles on se réfugie jusqu'à s'y installer à demeure, pour se protéger des étrangers jugés *a priori* hostiles, alors qu'ils sont d'ordinaire des voisins — Turcs, Arabes, Noirs et autres métèques —, rendus responsables de tous les malheurs du temps, comme autrefois les Juifs dans la chrétienté. Des mouvements qui sont des aspirations au retour à la politique plus ancienne encore du « limes », de la frontière fortifiée, derrière laquelle, face aux « nouveaux barbares », les nantis de l'hémisphère nord pourraient se retrancher et protéger leur territoire, à l'instar de l'Empire romain autrefois face aux peuplades germaniques, avec les Mongols qui poussaient derrière[3].

Ainsi continuent à aller la paix, la guerre. Paix froides et guerres chaudes.

La guerre du Golfe, en revanche, a paru marquer un vrai changement par rapport à la période antérieure. Durant la guerre froide, elle n'aurait probablement pas eu lieu ; si elle avait néanmoins éclaté, elle aurait été beaucoup plus difficile à gagner pour l'Amérique, dont elle a semblé consacrer l'accession au statut de seule superpuissance, libre, pensaient ses dirigeants, de faire ce qu'elle voulait sur la scène internationale, pour la défense de ce qu'elle considérait comme ses intérêts fondamentaux. Personne ne s'était opposé à l'action américaine : ni l'Union soviétique, qui vivait alors ses dernières semaines sous un Gorbatchev en phase politique terminale, ni la Chine, discréditée par le massacre de la place Tienanmen de 1989, ni la France mitterrandienne, qui fantasmait sur ses devoirs de membre permanent du Conseil de sécurité des Nations-Unies, ni la plupart des pays arabes, subjugués. Dans ces conditions, la démonstration — la victoire remportée sur Saddam Hussein et la neutralisation de l'armée irakienne en quelques brèves journées — valait avertissement pour toute la planète, estimait-on à Washington. George Bush prophétisait l'avènement d'un « ordre mondial nouveau », dont les Américains seraient les

---

3. Jean-Christophe RUFFIN, *L'Empire et les nouveaux barbares*, Lattès, 1991.

seuls ordonnateurs. « Ne vous y trompez pas », insistait deux ans plus tard Warren Christopher, le prédécesseur de Madeleine Albright à la tête du secrétariat d'État, « nous allons continuer à exercer notre *leadership*. Les États-Unis sont prêts à agir de manière décisive pour protéger leurs intérêts n'importe où et à n'importe quel moment. Quand une réponse collective sera appropriée, et possible, nous agirons avec tous ceux qui voudront nous suivre. Quand cela sera nécessaire, nous agirons unilatéralement. » On ne pouvait être plus clair.

La pérennité de cette hégémonie est-elle cependant aussi assurée ? Ce « dernier empire »[4], ainsi que certains qualifient aujourd'hui l'Amérique, avec ses 260 millions d'habitants, soit seulement 4 % de l'humanité tout entière, encore beaucoup moins demain, est-il vraiment « destiné » à régenter pour toujours toute la planète ? Il n'y a aucune raison de le penser vraiment, même si partout on clame ces temps-ci — autre forme de la « pensée unique » — que « le XXIᵉ siècle sera américain »[5], comme si la chute du mur de Berlin pouvait avoir marqué la fin de l'histoire.

Un nouveau monde, au contraire, est en train de naître, qui ne connaîtra probablement plus de guerres généralisées, même s'il ne sera pas épargné par des conflits de moindre intensité, qui seront aussi cruels que ceux du passé. Dans ce nouveau monde, l'Amérique aura sa place, qui sera assurément grande, même la première pendant longtemps encore. Mais elle va devoir tenir de plus en plus compte d'autres puissances, pour la plupart chargées d'histoire, qui s'affirment ou renaissent et qui, déjà, lui disent non : l'Europe et la Chine, d'abord ; mais aussi, à un peu plus long terme, la Russie, le Japon et l'Inde ; sans oublier le monde arabo-musulman, qui est, lui aussi, un monde de vieille

---

4. Paul-Marie DE LA GORCE, *Le Dernier Empire*, Grasset, 1996.
5. Alfredo VALADO, *Le XXIᵉ siècle sera américain*, La Découverte, 1993.

culture, notamment le Proche-Orient, très désuni mais où les États-Unis n'en sont pas moins déjà sur la défensive ; ni, non plus, l'Amérique latine, de tout temps hostile à son *imperium*. Dès à présent, les Américains doivent admettre qu'ils ne pourront pas faire indéfiniment la loi sur les cinq continents, en fonction de leurs seuls intérêts ; qu'ils ne seront pas toujours les gendarmes du monde dans les zones de confrontations de crises.

Déjà, en février 1998, en refusant de les suivre dans une seconde guerre du Golfe, qui de ce fait a été évitée *in extremis*, les Français, les Russes, les Chinois et la plupart des dirigeants arabes leur ont délivré un message clair : « L'Amérique, ça suffit ! »

D'autre part, contrairement à tout ce qu'on entend ces années-ci à ce sujet, l'anglo-américain, pratiqué par 478 millions de personnes, ne submergera pas les autres langues. Pour ne s'en tenir qu'à celles qui sont les plus parlées, sans oublier pour autant la vivacité de bien d'autres, telles que l'allemand ou l'italien, on n'imagine pas que pourraient disparaître un jour le mandarin (975 millions de locuteurs), l'hindi (437 millions), l'espagnol (392 millions), le russe (284 millions), l'arabe (225 millions), le portugais (184 millions), le français (160 millions environ), le japonais (autour de 120 millions).

Non, le XXIe siècle ne sera pas américain. Il sera pluripolaire et multiculturel. Comme les siècles passés.

Première partie

UNE AMÉRIQUE INSUPPORTABLE

Chapitre 1

LE MONDE AUX AMÉRICAINS !

WASHINGTON

« In God, we trust », proclame la pieuse devise des Américains, héritée de la foi des *Pilgrim Fathers*. « En Dieu, nous plaçons notre confiance. » Certes, mais ce peuple convaincu que Dieu est avec lui en toutes circonstances ne peut s'empêcher de penser aussi qu'avec, en plus, pas mal d'argent cela ne peut aller que mieux encore pour lui ; ni, non plus, qu'un bon fusil à portée de main est souvent bien utile. « In God, in gold and in colt, we trust. »

L'hégémonisme moral et mercantile des Américains, fondé sur la force militaire et la bonne conscience, n'est pas une affaire récente. On l'observe dès les origines de leur nation, dont il est consubstantiel. Les Indiens et leurs voisins du sud du Rio Grande le savent depuis longtemps. Mais, ces années-ci, c'est à la planète tout entière que l'Amérique est devenue insupportable.

Les idées, ou le mythe, des « pères pèlerins » imprègnent aujourd'hui encore l'esprit public américain. Ces calvinistes puritains, arrivés à Plymouth en 1620 à bord du *Mayflower*, voyaient dans le Nouveau Monde la Terre promise biblique[1]. Ils avaient été élus, choisis par Dieu, pour établir son royaume terrestre, la « cité sur la colline » de l'Ancien Testament, dans ces contrées sauvages dont les premiers occupants, les Indiens plongés dans le paganisme, devaient être impitoyablement éliminés. Et Dieu les a récompensés. Aujourd'hui encore, leurs descendants en sont convaincus. Il leur a donné la richesse en même temps que la victoire sur tous leurs ennemis, qui ne pouvaient être que des barbares, jusqu'aux communistes athées, cet « empire du Mal » qu'ils ont terrassé au nom des valeurs chrétiennes. Aujourd'hui, proclament leurs dirigeants, le Très-Haut, plus que jamais confiant en l'Amérique, lui donne la mission suprême, qu'elle seule peut assumer, de guider l'humanité tout entière vers la liberté et la prospérité, sur le chemin de la vertu.

« Seule l'Amérique », écrivait Newton Gingrich, le chef de la majorité républicaine à la Chambre des représentants, le 2 mars 1995 dans une tribune libre du *Monde*, « peut mener le monde. Elle reste, en effet, la seule civilisation internationale et universelle dans l'histoire de l'humanité. En l'espace de trois cents ans, notre système de démocratie parlementaire, respectueux des droits du citoyen, des libertés individuelles et de la libre entreprise, a permis le plus grand bond économique de tous les temps. Nos valeurs sont reprises dans le monde entier. Notre technologie, qui a transformé les modes de vie, a été le premier facteur de la mondialisation. Aujourd'hui, nos forces armées sont stationnées sur toute la planète à la demande des gouvernements hôtes, non pas pour les soumettre mais pour répondre au désir de liberté, de démocratie et de libre entreprise de ces gouvernements et de leur population. Quelle autre civilisation a réussi

---

1. Isabelle RICHET, « Les États-Unis sous le poids de Dieu », *Libération*, 8 janvier 1992.

pareille domination du monde, sans répression ? L'Amérique est la seule nation suffisamment grande, multiethnique et soucieuse de liberté pour servir de guide. Que cette société offre autant de chances en même temps que la volonté de coopérer dans la cohérence est stupéfiant dans un monde embourbé dans la haine raciale et le sang versé. Si nous devions disparaître demain, il est peu probable que les Japonais, les Allemands ou les Russes, en tant que peuples, aient la possibilité, ou la capacité, de mener la planète. Sans une civilisation américaine bien vivante, la barbarie, la violence et la dictature gagneront du terrain sur la Terre. » Eh bien, en voilà un que le doute n'empêche pas de dormir !

Et en voici un autre qui n'a pas trop de complexes non plus. « L'Amérique dispose de la plus forte puissance militaire, de la plus grande économie et de la société pluriethnique la plus dynamique », déclarait au début du premier mandat du président William Jefferson Clinton son assistant pour les questions de sécurité nationale, Anthony Lake. « Notre *leadership* est recherché et respecté aux quatre coins du monde (…). Nos intérêts et nos idéaux ne nous obligent pas seulement à nous engager mais à diriger (…). Nous devons promouvoir la démocratie et l'économie de marché dans le monde, parce que cela protège nos intérêts et notre sécurité et parce qu'il s'agit du reflet de valeurs qui sont à la fois américaines et universelles. »

Quant au secrétaire d'État Madeleine Albright, tout aussi convaincue de la « destinée manifeste » de son pays d'adoption, on ne saurait dire d'elle non plus qu'elle n'est pas franche du collier. « Je voudrais que les Européens [elle fait savoir la même chose aux Chinois, aux Japonais ou aux Brésiliens] me perçoivent », dit cette dame énergique et sans état d'âme, « comme la représentante d'une Amérique convaincue qu'elle a bel et bien des responsabilités globales, d'une nation indispensable, ce qui signifie que, lorsque nous pouvons changer les choses, nous devons le faire. »

Chacun est bien prévenu : « Le monde aux Américains ! » — et plus seulement l'Amérique, comme le proclamait le président Monroe au début du XIXᵉ siècle.

Neutraliser toute la planète

Avec la fin de la guerre froide, l'Amérique est définitivement devenue cette « république impériale » à vocation universelle que décrivaient déjà Raymond Aron et Claude Julien il y a quelque trente ans. Surtout, elle en a acquis la conviction absolue, faisant de cette conviction le socle de toute sa politique extérieure, diplomatique, commerciale et militaire. Dès le début de cette décennie, sa volonté hégémonique, qui tend à mettre au pas aussi bien alliés qu'adversaires, a été théorisée au plus haut niveau du pays, au département d'État, au Pentagone et au Conseil national de sécurité de la Maison Blanche.

Parmi de nombreux autres documents officiels sur le même thème, un rapport du Pentagone, établi en 1991 par une commission présidée par le sous-secrétaire d'État à la Défense chargé des affaires politiques, Paul Wolfowitz, est on ne peut plus clair et édifiant. Il ne laisse aucun doute sur le dessein américain : assurer le maintien du statut de superpuissance unique que les États-Unis ont acquis après l'effondrement de l'ancien camp soviétique et le préserver contre toute tentative de remise en cause par l'émergence d'autres centres de puissance majeurs où que ce soit dans le monde. La politique étrangère américaine doit donc se donner pour but de « convaincre d'éventuels rivaux qu'ils n'ont pas besoin d'aspirer à jouer un grand rôle », ni même « de vouloir jouer simplement un rôle régional ». Il faut, en conséquence, « les décourager de chercher à remettre en cause l'ordre économique et social établi et de défier le *leadership* américain ». D'où l'importance fondamentale, concluent les auteurs du rapport, d'une présence militaire notable partout où la prépondérance des États-Unis pourrait être remise en cause.

Mais, si le dessein est clair, les moyens pour le mettre en œuvre ne sont pas illimités, même si la richesse des États-Unis est de très loin supérieure à celle des autres nations. Il s'ensuit que, s'ils souhaitent bien être les premiers, les Américains n'en entendent pas moins que cela soit pour eux au moindre coût, financier et humain, allant jusqu'à rêver de guerres « zéro mort » chez eux, qu'ils feraient en outre payer par les pays intéressés, comme cela a déjà été le cas pour la guerre du Golfe, qui leur aurait même permis de réaliser un petit bénéfice. Dans d'autres cas, ils pensent pousser le plus possible leurs partenaires, abusés ou consentants, à se battre pour leur compte, avec pour toute satisfaction celle d'avoir, eux, des « héros morts » (le mot est du général Fricaud-Chagnaud). N'ont-ils pas déjà réduit, par exemple, de 350 000 à tout juste 100 000 le nombre de leurs soldats prépositionnés en Europe ?

Tout naturellement, cela les conduit à jouer dans le monde, à partir de leur position géographique privilégiée d'île-continent, un rôle assez semblable à celui de la Grande-Bretagne en Europe continentale tout au long du XIXe siècle. Il s'agit d'éviter la suprématie de quiconque, en Europe, en Asie ou au Proche-Orient, et d'agir en conséquence, par tous les moyens s'il le faut. Il n'y a qu'à observer leur comportement dans ces trois grandes régions du monde ces dernières années et aussi, secondairement, en Amérique latine et en Afrique, pour comprendre que telle est bien leur politique : favoriser partout la mise en place de concerts régionaux de nations se neutralisant en permanence les unes les autres et donc, tantôt rabaisser les unes, mais pas complètement, tantôt encourager et aider les autres, mais pas au-delà d'un certain point. Ainsi devraient émerger trois grands ensembles organisés sous l'égide des États-Unis et dont ceux-ci seraient les arbitres et les maîtres : l'ensemble transatlantique, pour contrôler l'Europe et la Russie ; l'ensemble Asie-Pacifique, pour maintenir une tutelle sur le Japon et contenir la Chine ; l'ensemble proche-oriental, pour s'assurer une influence décisive sur le monde arabo-musulman et sur Israël. À quoi on peut ajouter l'ensemble latino-américain, dont on a, à Washington, une vieille expérience, et, pour mémoire, l'Afrique-subsaharienne, qui, à vrai dire, depuis la fin de la guerre froide, ne constitue plus un grand enjeu stratégique et qui, de ce fait, n'intéresse que très peu les responsables américains.

Continent par continent, observons donc l'Amérique à l'œuvre dans cette édification, au nom de la « démocratie de marché », de ce « nouvel ordre mondial » avant tout conforme à ses intérêts, que ses dirigeants appellent de leurs vœux et dont ils entendent plus que jamais être les maîtres.

L'Otan contre l'Europe

Depuis l'effondrement du camp socialiste et la dissolution du Pacte de Varsovie, l'Organisation du traité de l'Atlantique Nord, qui est l'organisation militaire intégrée de l'Alliance Atlantique, créée en 1949, par le traité de Washington, pour permettre aux États-Unis et à leurs alliés européens de mieux faire face à l'Union soviétique, n'a plus aujourd'hui pour raison d'être, sous prétexte d'organiser et d'assurer le maintien de la sécurité et de la paix sur le vieux continent, que de pérenniser l'exercice de l'*imperium* américain en Europe, de l'Atlantique à l'Oural.

En attendant que la Chine ait suffisamment amélioré ses capacités balistiques, ce qui ne tardera pas beaucoup, la Russie demeure, malgré son affaiblissement assez considérable, la seule puissance atomique capable de menacer sérieusement le territoire américain, avec ses missiles de croisière sol-sol à têtes nucléaires multiples. Mais comment peut-on imaginer que ses dirigeants actuels, même s'ils sont très perturbés par la crise profonde et multiforme de leur pays, puissent envisager de se lancer dans une telle aventure suicidaire, à laquelle ont renoncé tout au long de la guerre froide leurs prédécesseurs soviétiques qui étaient autrement motivés ? N'ont-ils pas déjà abandonné en 1989, sans tirer un coup de feu, l'essentiel de la zone d'influence que Moscou s'était taillée en Europe centrale et orientale à la faveur de la Seconde Guerre mondiale ? L'« équilibre de la terreur » exerce toujours ses puissants effets dissuasifs, et il n'y a aucune raison de penser qu'il en ira différemment dans un avenir prévisible. Les docteurs Folamour ne sont que des héros de fiction. Admettons néanmoins que l'un d'eux puisse s'incarner un jour à Moscou (mais pourquoi pas aussi bien à Washington ou ailleurs ?) et convenons que, par conséquent, il ne faille pas baisser la garde, qu'il faille rester en état de veille. Cela justifie-t-il pour autant le maintien d'une institution aussi lourde et aussi contraignante pour ses membres qui y aliènent l'essentiel de leur souveraineté au bénéfice de la superpuissance américaine ? Le simple bon sens conduit à répondre non. Dans les années à venir, la force de dissuasion nucléaire américaine ne serait-elle pas suffisante pour écarter, même en l'absence de toute organisation militaire transatlantique, tout danger russe éventuel, qui pourrait menacer le territoire des États-Unis et celui de leurs alliés stratégiquement les plus utiles ? Déjà, la force de dissuasion française suffirait à elle seule, sans « réassurance » américaine, à protéger le théâtre européen, si les nations concernées, y compris la France, acceptaient de se débarrasser une bonne fois de leurs complexes résignés, de leurs préjugés, de leurs phantasmes et de leur susceptibilité d'un autre temps. Mais on n'en est malheureusement pas encore là et, tout au long de ces années-ci, les Américains ont pu agiter avec succès le spectre d'une renaissance toujours possible de l'impérialisme russe pour justifier leur volonté de maintenir à peu près en l'état l'organisation militaire de l'Alliance Atlantique et même d'entreprendre de l'étendre jusqu'aux frontières de leur vieil adversaire, en s'efforçant d'y faire entrer le plus grand nombre possible de ses anciens satellites de l'Europe centrale et orientale, voire plusieurs républiques de l'ex-Union soviétique, notamment les pays baltes et l'Ukraine.

Depuis qu'elle a rompu avec l'atlantisme résigné de la quatrième République, la France est la seule nation de la vieille Europe dont la majorité de la classe politique, la très grande majorité même, n'a pas renoncé à peser dans les affaires du monde, tout en étant consciente que cela ne peut désormais se faire qu'à travers une coopération de plus en plus étroite avec ses voisins. Elle espère qu'un jour viendra où ceux-ci partageront enfin son ambition, qu'ils retrouveront comme elle le goût de redevenir maîtres de leur destin, de redevenir des sujets de l'histoire, qu'ils militeront comme elle pour l'avènement d'une Europe puissante et pas seulement d'une Europe de marchands, qu'ils cesseront de ne rêver que de gains et de niveau de vie de plus en plus élevé, comme des retraités égoïstes repliés sur leurs petits soucis, indifférents au reste du monde en dehors du temps de quelques quêtes humanitaires déculpabilisantes.

De son côté, l'Angleterre n'a jamais cessé de considérer, depuis la Seconde Guerre mondiale, que l'alliance avec les États-Unis — la « Grande Alliance » (le mot est de Churchill) qui lui a permis de vaincre l'Allemagne hitlérienne, alors que tous les autres pays d'Europe étaient passés sous la coupe du Reich — devait être la base de sa politique étrangère. Même après l'adhésion du Royaume-Uni à l'Union européenne, tous ses gouvernements, travaillistes comme conservateurs, s'en sont tenus là jusqu'à aujourd'hui. Ils n'ont jamais remis en cause l'intégration des forces britanniques à l'Otan ; ils se sont toujours attachés, au contraire, à faire obstacle à une Europe de la défense qui s'édifierait en dehors de l'alliance militaire nord-atlantique, comme le souhaiteraient les Français, *a fortiori* contre elle. Lors des discussions préparatoires au traité de Maastricht relatives à la politique de sécurité commune que les États européens pourraient définir dans l'avenir, les diplomates anglais ont pesé de tout leur poids pour qu'il soit bien précisé que cette politique devrait respecter « les obligations découlant, pour certains États membres, du traité de l'Atlantique Nord », et qu'elle devrait être « compatible avec la politique commune de sécurité et de défense arrêtée dans ce cadre » (titre V, article J4, paragraphe 4, du traité de Maastricht). Autrement dit, pas de défense européenne, si elle pouvait ne pas être conforme aux exigences des doctrines, des orientations et de la stratégie de l'Otan. Cette position britannique assez radicale est bien évidemment fondée sur des réalités historiques et culturelles profondes. Jusqu'à ces dernières années, elle a eu aussi pour motif, c'est plus important, la conviction qu'en entretenant une alliance privilégiée avec les Américains, qu'en s'affirmant comme le premier de la classe atlantique, le Royaume-Uni pourrait plus facilement s'imposer comme le premier de la classe européenne, qu'il avait finalement accepté d'intégrer, mais un pied dedans un pied dehors, et qu'en somme, en dépit des bouleversements mondiaux considérables de ce siècle, il demeurait ainsi fidèle à son passé de puissance et de gloire, de suprématie et de domination. Les Américains ont su très bien jouer de ces sentiments, jusqu'à la dernière crise du Golfe du début 1998. Mais les signes se multiplient qui démontrent que ceux-ci sont en train de devenir passablement illusoires, du « wishful thinking ». Ainsi, les Anglais ont dû constater la fermeture presque totale et sans grand ménagement du marché américain de l'armement à leurs industries militaires — ce qui les pousse à se tourner de plus en plus vers les marchés de l'Europe continentale, où ils parviennent du reste à conclure des « joint ventures » profitables. De même, ont-ils été blessés par l'intervention humiliante de Bill Clinton dans la crise irlandaise. Dans ce nouveau contexte, il est désormais permis de penser que ce peuple avant tout pragmatique pourrait décider un beau jour de descendre enfin du paquebot transatlantique, sur lequel il occupera de moins en moins souvent les cabines de première classe, pour prendre enfin sans réticences le TGV européen, en tâchant dès lors de s'y installer dans la motrice de tête — ce qui serait tout à fait à sa portée.

Depuis les années où elle n'était plus qu'un champ de ruines, l'Allemagne a fait, elle aussi, de son alliance avec les Américains la clé de voûte de sa politique étrangère. Elle leur a dû, à l'époque, de ne pas être totalement submergée par l'armée Rouge et de pouvoir amorcer son redressement de façon décisive. Elle ne l'a pas oublié, et le souci de se prémunir si possible à jamais contre tout danger qui pourrait venir à nouveau de l'Est est partagé par tous ses citoyens qui pensent aujourd'hui encore que seuls les États-Unis peuvent leur assurer, au moins en ultime recours, une telle garantie. Parfaitement informés de ces sentiments, les responsables américains virent même pendant longtemps dans l'Allemagne, à la prospérité de plus en plus éclatante et qui, après sa réunification, ne fut plus un « nain politique » tout en restant un « géant économique », le pendant en Europe occidentale du Japon en Asie orientale, le pilier potentiel de leur influence dans cette partie du monde, sur lequel ils pourraient s'appuyer plus sûrement que sur un Royaume-Uni en relatif déclin et qui, par son refus de jouer loyalement le jeu européen, se marginalisait. Le président Bush alla même jusqu'à proposer formellement au chancelier Kohl d'associer son pays de façon privilégiée aux tâches de direction de l'Alliance — un « partnership in the leadership ». Mais, pour flatteuse qu'elle fût, la proposition américaine n'avait guère pour objet que d'essayer de distendre les liens franco-allemands, solidement noués depuis l'époque de Gaulle-Adenauer pour constituer l'axe majeur d'une construction européenne qui deviendra un jour, si elle va jusqu'à son terme, un pôle de contre-influence majeur face à la volonté hégémonique des États-Unis. Le leader allemand, qui ambitionne, lui, de passer dans l'histoire comme l'homme qui aura le plus contribué à l'unification du Vieux Continent, après avoir été celui de la réunification de son pays, ne s'en laissa pas compter et il ne tomba pas dans le panneau. C'est, en fait, d'Allemagne que pourraient bien venir dans quelques années les plus grosses déconvenues pour les Américains, même si, aujourd'hui encore, on continue à Bonn à se comporter comme un des très bons éléments de la classe euro-atlantique, à la grande satisfaction du maître yankee. La future monnaie européenne, l'euro, appelée à concurrencer durement le dollar, sera dans une grande mesure l'héritière du mark. D'autre part, de concert avec les Français, les Allemands poussent de plus en plus les feux pour faciliter l'émergence d'une Europe de l'armement, qui constituera un jour le cœur de l'indépendance enfin recouvrée du Vieux Continent.

En revanche, pour des raisons diverses liées à leur propre histoire mais sur lesquelles jouent méthodiquement les Américains, les autres nations ouest-européennes sont encore plus attachées à leur statut de satellites des États-Unis, que leurs citoyens, qui, pour la plupart, ne se posent pas trop de questions à ce sujet. Toute à son bonheur d'être devenue, après les drames de la guerre civile et les longues décennies de dictature franquiste qui s'ensuivirent, une démocratie parlementaire comme les autres, reconnue comme telle, et aussi d'avoir presque rattrapé le niveau de vie des pays les plus développés, l'Espagne est tout aussi satisfaite d'être à présent membre à part entière de l'Alliance atlantique que de l'Union européenne. C'est « lou ravi » de la crèche. Il y a du reste bien longtemps déjà que ses dirigeants successifs ont été pris en main par les Américains et qu'ils y trouvent leur compte. Sous Franco, alors qu'elle était encore au ban des nations, l'Espagne avait accepté, comme un premier pas vers sa « réhabilitation », l'installation sur son sol de plusieurs bases de l'Otan. En 1997, c'est un ancien ministre des Affaires étrangères de Felipe Gonzalez, Javier Solana, qui occupe les importantes fonctions de secrétaire général de l'Organisation nord-atlantique. Pourquoi, dès lors, ruer dans les brancards ?

L'Italie et le Portugal relèvent de rubriques analogues. La Belgique est toute contente quant à elle que sa capitale ait été choisie pour abriter le siège de l'Otan et que celui du « Grand Quartier Général des forces alliées en Europe », alias le « Shape », soit installé près de Mons. Le Danemark et la Norvège, c'est bien connu, préfèrent de leur côté la domination américaine à un tête-à-tête avec une Allemagne qui les a envahis plusieurs fois, la République fédérale n'étant apparemment pas, pour ces deux pays, d'une nature fondamentalement différente de l'empire bismarckien et du Troisième Reich réunis. Gribouilles se jetant à l'eau pour éviter la pluie ! La Grèce est satisfaite de trouver dans l'Otan, contre les Turcs qui en font également partie, une garantie plus efficace que les habituelles bordées d'injures homériques de ses dirigeants à l'encontre de leurs ennemis héréditaires. Les Hollandais collent aux Anglais, les Luxembourgeois s'attachent à faire plaisir à tout le monde en même temps et les Islandais se contentent de suivre le courant dominant. S'il était encore de ce monde, Étienne de La Boétie, l'ami de Michel de Montaigne, pourrait ajouter un chapitre édifiant à son *Discours de la servitude volontaire*.

L'intervention américaine en Bosnie est venue à point pour finir de convaincre du nécessaire maintien de la présence américaine en Europe tous ces béats qui ne demandent qu'à croire. Une Europe de la défense solidement et depuis longtemps organisée aurait été en mesure de prévenir le drame bosniaque ou au moins d'y mettre un terme rapidement. Seulement, voilà, d'Europe de la défense il n'y en avait pas, il n'y en a du reste toujours pas, et on sait pourquoi : au Pentagone, on n'en veut pas. Après quatre ans de palinodies et de drames barbares, il n'y eut dès lors pas d'autres solutions, les Européens ayant administré la preuve de leur impuissance, que de faire appel à l'Otan, c'est-à-dire aux Américains. Pour une organisation qui, en fait, n'avait jamais eu à engager ses forces tout au long de la guerre froide et qui avait alors du mal à trouver quelques bonnes raisons de se maintenir, l'agitation du vieil épouvantail russe y suffisant désormais à peine, ce fut une occasion miraculeuse. Après les calamiteux accords de Dayton, qui ont certes ramené la paix dans ce malheureux pays, mais qui en ont surtout consacré la partition ethnique née des massacres en tout genre commis par les Serbes, les Croates et les musulmans, Bill Clinton n'avait plus qu'à aller haranguer ses « boys » fraîchement débarqués entre la Save et la Drina, un jour de décembre 1995 : « Vous êtes ici au cœur de l'Europe, pour y défendre les valeurs de l'Amérique. » Insupportable ! Mais, à partir de là, purent s'épanouir toutes les doctrines, fleurir tous les discours sur les nouveaux dangers qui menacent désormais l'Europe, en son sein et sur son flanc méridional (le nouveau « péril vert », qui serait en train de prendre le relais de l'ancien « péril rouge »). Et ces nouveaux dangers, même s'ils ne sont pas aussi redoutables que les précédents, justifiaient amplement, n'est-ce-pas, le maintien de forces américaines sur le Vieux Continent et, surtout, la pérennisation de l'Otan qui, aujourd'hui comme hier, institutionnalise la prééminence de ces forces sur celles de leurs alliés, même si elles sont à présent passablement réduites. Ce n'est pas demain la veille que le « Saceur », le commandant suprême allié en Europe, sera européen.

Reconstituer le « partnership » avec la Russie

Les arrières ainsi assurés, on pouvait passer à l'étape suivante : l'élargissement de l'Alliance à l'Est. Là, c'était encore plus facile. Pas besoin d'invoquer d'éventuelles menaces qui pourraient surgir un jour des rives orientales et méridionales de la Méditerranée, des régions de toute façon bien lointaines vues de Varsovie. Il suffisait d'écouter ceux pour qui le danger russe pluriséculaire est profondément et douloureusement gravé dans la conscience historique, qu'il s'agisse de l'expansionnisme des tsars jadis ou de celui des soviets naguère. Plus jamais ça, se mit-on à dire, à crier, des pays baltes aux Balkans. À quoi on ajoutait en substance : « Vous nous avez laissés tomber. Vous nous avez abandonnés à notre triste sort pendant des décennies et même, pour certains d'entre nous, pendant des siècles, alors que notre civilisation était la même que la vôtre. Ça suffit ! Assez d'indifférence ! Accueillez-nous, enfin, dans vos organisations de défense collective. Et, comme pour le moment celles qui pourraient être strictement européennes n'existent guère encore que sur le papier, alors, accueillez-nous au sein de l'Otan, à égalité de droits et de devoirs avec ses autres membres. » Comment aurait-il été possible de répondre non ? La diplomatie américaine jouait sur du velours. Déjà a été prise la décision d'admettre la Pologne, la République tchèque et la Hongrie, qui sont les pays d'Europe centrale économiquement les plus avancés et qui, de ce fait, seront aussi parmi les premiers États de l'ex-Europe de l'Est à intégrer l'Union européenne. Les autres, dont la Slovénie, la Slovaquie, la Roumanie et la Bulgarie, suivront un peu plus tard. Pour les pays baltes, toutefois, ce pourrait être beaucoup plus compliqué, et *a fortiori* pour l'Ukraine, qui elle aussi frappe à la porte.

Et c'est là que les choses sont devenues vraiment très intéressantes à observer.

Les Russes ne pouvaient évidemment pas voir de gaieté de cœur leurs anciens ennemis de la guerre froide se rapprocher à ce point de leurs frontières. Même s'ils avaient perdu le contrôle politique et militaire de leur glacis d'Europe centrale et orientale, ils auraient, bien sûr, préféré que les Américains acceptent de se contenter de neutraliser celui-ci plutôt que de l'intégrer dans leur système stratégique, comme une sorte de prise de guerre. Pendant des mois, leurs dirigeants ne cessèrent donc de tempêter, sur un fond de surenchères nationalistes, où les anciens communistes rivalisaient avec les milieux « grand russes » les plus réactionnaires, dans la presse et à la Douma. Mais leurs forces conventionnelles sont dans un état d'extrême délabrement, alors qu'il est complètement exclu pour eux d'agiter la menace d'une utilisation de leur arsenal nucléaire. En dix ans, leurs cent quatre-vingts divisions sont tombées à tout juste une trentaine, dont à peine un tiers seulement est opérationnel, tandis que leur flotte de guerre, qui n'avait cessé de monter en puissance sous Brejnev, est en train de se rouiller inexorablement, immobilisée, faute d'argent, dans ses anciens ports d'attache de Vladivostok, de Sébastopol, de Kaliningrad et de Mourmansk. Il ne leur restait plus qu'à accepter de faire la part du feu, afin de sauver ce qui était pour eux stratégiquement l'essentiel : va pour les pays de l'ex-Europe orientale (en tâchant toutefois d'obtenir qu'ils ne soient pas trop réarmés et surtout que des armes atomiques ne soient pas entreposées sur leur sol) mais pas touche aux pays baltes, à l'Ukraine et aux autres anciens membres de l'URSS, bref à ce qu'on appelle à Moscou l'« étranger proche ».

Il est clair qu'après de longs mois d'âpres discussions et quelques rencontres médiatisées, notamment celle entre les présidents Clinton et Eltsine à Helsinki au début d'avril 1997, c'est sur cette base qu'un accord a été passé entre Washington et Moscou sur un nouveau partage des zones d'influence prépondérantes en Europe entre les deux anciens protagonistes de la guerre froide, une sorte de mini Yalta. Sous l'intitulé un peu ésotérique d'« Acte fondateur » (sous-entendu des nouvelles relations entre la Russie et l'Otan), il a été conclu dans la capitale russe le 14 mai suivant, entre le secrétaire général de l'Organisation, Javier Solana, et le ministre des Affaires étrangères du Kremlin, Evgueni Primakov, puis signé à Paris entre tous les chefs d'État et de gouvernement des deux anciens « camps », avant d'être entériné les 8 et 9 juillet à Madrid par un sommet de l'Alliance, où tout le monde s'est congratulé de plus ou moins bon cœur.

Qui ne voit, cependant, que cet « Acte fondateur » conclu entre Russes et Américains est très loin de n'être qu'un simple accord frontalier soldant la fin de la guerre froide et prenant acte du nouveau rapport de forces qui en est issu. À maints égards, il s'agit aussi et même surtout, sous prétexte de restructurer la sécurité en Europe, d'instaurer, autour de l'Alliance Atlantique et de son organisation militaire, un nouveau « partnership » russo-américain sur l'Europe, dont les pays du Vieux Continent ont tout à redouter, à commencer par ceux qui ont souhaité jusqu'à présent faire de l'Union européenne un contrepoids aussi bien à Washington qu'à Moscou.

La guerre froide terminée à leur avantage, les Américains ont eu pour principal souci de rendre irréversible la défaite de leur ancien adversaire, de rendre impossible son éventuel redressement militaire au-delà de ce qui pourrait remettre en cause, même dans le long terme, leur nouveau statut d'unique superpuissance mondiale. C'est dans ce but qu'ils ont souhaité consacrer son recul en Europe, comme ils s'attachent de mille façons à accentuer son démantèlement dans le Caucase et en Asie centrale. Mais, en revanche, cette Russie nouvelle, en passe d'être à peu près ramenée à ses frontières de l'époque de Pierre-le-Grand, leur convient parfaitement. Elle peut même leur être très utile pour équilibrer les pays qui, en Europe occidentale, rêveraient un peu trop d'échapper à leur emprise, l'Allemagne et la France en tête. Il ne fallait donc pas la mater et l'humilier davantage ; il fallait au contraire, et jusqu'à un certain point, dans le cadre de ses nouvelles frontières, la réhabiliter et l'aider à retrouver force et vigueur. Voilà qui est fait désormais.

Aux termes de l'Acte fondateur, les Russes et les membres de l'Otan vont siéger ensemble dans un « Conseil conjoint », doté d'un secrétariat permanent, qui sera coprésidé par le secrétaire général de l'Otan et par un haut diplomate russe et qui sera installé dans les locaux mêmes de l'Organisation à Bruxelles — une cohabitation qui ne pourra pas être sans effets. Ce

Conseil conjoint se réunira une fois par mois et il pourra décider de certaines actions communes dans une vingtaine de domaines, notamment en vue du maintien de la paix — ce qui ouvre un très large champ. Il est par ailleurs prévu de créer, pour coiffer le tout, un Conseil du partenariat euro-atlantique, qui regroupera tous les États européens, les États-Unis et le Canada, ainsi que toutes les anciennes républiques de l'ex-Union soviétique.

Bien sûr, l'Otan va continuer à exister de manière indépendante et à prendre toutes les décisions que voudront ses maîtres américains, même en cas de désaccord avec le Kremlin. Il n'en reste pas moins que les Russes viennent bel et bien de se voir reconnaître une sorte de parité dans les affaires européennes, tenant compte de leur poids stratégique sur le continent ; qu'ils viennent finalement d'obtenir, par la grâce des Américains qui y trouvent d'abord leur compte, ce que tous leurs dirigeants avaient vainement recherché depuis des siècles : le droit de dire leur mot dans toutes les affaires de sécurité et de stabilité du Vieux Continent. Ils ont bien perdu la guerre froide, mais ils n'ont assurément pas tout perdu, et c'est ailleurs qu'il faut chercher les perdants de cette nouvelle partie. À l'axe Paris-Bonn, autour duquel commençait à s'organiser une Europe de la défense, que d'autres auraient pu rejoindre, risque de se substituer, si les capitales ouest-européennes ne réagissent pas rapidement, un axe Washington-Moscou qui couvrira tout le champ stratégique concerné.

« Le but de l'Alliance Atlantique », aurait dit un jour, en une boutade très britannique, le général Ismay, qui en fut son premier secrétaire général, est de « garder les Russes dehors, les Américains dedans et les Allemands en bas » (« to keep the Russians out, the Americans in and the Germans down »). Aujourd'hui, les Américains sont toujours « in » mais les Russes ne sont plus tout à fait « out ». En revanche, les Allemands, eux, pourraient bien rester indéfiniment « down », et les Français et

37

les Anglais aussi. Jusqu'à quand, de ce côté-ci de l'Atlantique, va-t-on supporter toutes ces manœuvres ?

Mais, en attendant que les écailles tombent un jour de quelques yeux, observons les desseins et les agissements de l'Oncle Sam en Asie orientale, sur les rives du Pacifique.

La nouvelle guerre du Pacifique

En inaugurant le canal de Panama en 1914, le secrétaire d'État américain John Hay déclarait : « La Méditerranée est l'océan du passé, l'Atlantique est l'océan du présent, le Pacifique sera l'océan de l'avenir. » Déjà, quelque cinquante ans plus tôt, l'écrivain révolutionnaire russe Alexandre Herzen avait affirmé que le Pacifique serait un jour « la nouvelle Méditerranée de la civilisation de demain ».

Aujourd'hui, un siècle plus tard, l'heure du Pacifique a sonné. Quatre des cinq plus grandes puissances économiques ou militaires du monde (l'Europe en cours d'unification mise à part), les États-Unis, la Chine, le Japon et la Russie, le bordent au nord, avec la Corée, le Canada et le Mexique ; sur ses rives méridionales et dans leurs confins, s'affirment les pays du Sud-Est asiatique, en très rapide expansion, l'Australie, la Nouvelle-Zélande et le Chili. Au total, la moitié de l'humanité, les deux tiers de la richesse mondiale et une concentration de forces armées sans équivalent dans l'histoire. Une diversité culturelle sans pareille là aussi.

Cependant cet immense océan n'est pas aussi pacifique que son nom peut le donner à penser. Tout autant que l'Europe, il a été un des grands théâtres de la Seconde Guerre mondiale. Tout au long de la guerre froide, la tension y a été extrême entre les deux grandes puissances communistes, l'Union soviétique et la Chine, d'une part, les États-Unis et leurs alliés, d'autre part. Cette tension y a même débouché sur les deux plus importants conflits armés de cette période, celui de Corée et celui du Vietnam, deux conflits « au bord du gouffre », dans lesquels les Américains s'engagèrent à fond. Aujourd'hui, les États-Unis y sont sur la défensive et, dans les années à venir, ils vont avoir de plus en plus de mal à y maintenir leur présence hégémonique, économique et stratégique. Ils sont préoccupés par la concurrence commerciale grandissante de toute l'Asie orientale, notamment celle de la Chine et du Japon, avec lesquels leurs échanges sont de plus en plus déficitaires (en 1996, le déficit avec ces deux pays a représenté environ les deux tiers du déficit commercial américain total : autour de 60 milliards avec le premier, hors Hong Kong, et près de 50 avec le second). La montée en puissance de l'armée chinoise, de sa force nucléaire et de sa marine de guerre en particulier, est devenue un de leurs soucis majeurs. Pour améliorer leurs positions commerciales, ils tentent, comme dans les autres grandes régions du monde, de neutraliser leurs concurrents, en les liant par des accords de coopération économique bilatéraux ou plurilatéraux fondés, le plus possible, sur le libre-échange. Face à la menace militaire chinoise, ils s'engagent de plus en plus dans une stratégie de « containment », assez semblable à celle qu'ils ont mise en œuvre pendant quarante ans à l'encontre de l'Union soviétique, jusqu'à l'effondrement de celle-ci.

À partir des années soixante-dix, de nombreux dirigeants de l'économie américaine ont commencé à avancer l'idée d'organiser la coopération entre tous les pays d'Asie et du Pacifique, ralliant peu à peu à leur cause quelques responsables d'autres pays de cette vaste région qui étaient également concernés, comme le Premier ministre australien Bob Hawke qui, le premier, devait donner forme à l'idée, dans un discours prononcé à Séoul en janvier 1989. « Les pays de cette région », avait-il déclaré alors, « sont interdépendants, et leur avenir est lié à celui de leurs voisins. Ils doivent organiser leur commerce multilatéral, principal fondement de leur croissance actuelle et à venir. » Cinq ans plus tard, c'est le président Clinton qui avait pris le relais. En novembre 1993, il avait réuni autour de lui, à Seattle, quinze autres chefs d'État ou de gouvernement, qui avaient pris la décision de mettre en place une organisation permanente de concertation, un forum de « coopération économique Asie-Pacifique », l'APEC *(Asia Pacific Economic Cooperation)*, dont firent partie dès le départ, à leurs côtés, presque tous les pays concernés : en plus des États-Unis donc, l'Australie, Brunei, le Canada, la Chine, la Corée du Sud, Hong Kong (qui relevait encore de la Couronne britannique), l'Indonésie, le Japon, le Mexique, la Nouvelle-Zélande, la Papouasie-Nouvelle-Guinée, les Philippines, Singapour, Taiwan et la Thaïlande. Un an plus tard, les dirigeants des mêmes pays, auxquels s'étaient joints entre-temps ceux du Chili et de la Malaisie, se retrouvaient cette fois à Bogor, une station climatique proche de Djakarta, en Indonésie, et ils décidaient de commencer à structurer leur organisation. Dix groupes de travail, plusieurs commissions d'études et trois comités permanents, coiffés par un secrétariat installé à Singapour, avaient été créés. Depuis lors, l'Apec s'est réunie chaque année à la même époque, chez l'un ou l'autre de ses membres.

Si l'axe majeur de la politique étrangère des États-Unis depuis la fin de la guerre froide est la consolidation de leur statut d'unique superpuissance mondiale, la conquête sans limites de marchés extérieurs est devenue ces années-ci, aussitôt après la poursuite de leur objectif stratégique essentiel, la grande priorité de leur action diplomatique — il en sera question plus loin. Aussitôt entré à la Maison Blanche, en novembre 1992, le président Clinton a fait sienne cette priorité, avec encore plus de détermination que son prédécesseur George Bush. L'engagement des Américains dans l'Apec, un an plus tard, s'est inscrit tout naturellement dans le cadre de cette diplomatie mercantile très offensive qu'ils développent sur toute la planète, sans ménager quiconque, mais ici avec, de leur point de vue, quelques solides raisons en plus, comme cela vient d'être souligné.

Mais, si l'importance des marchés asiatiques ne cesse de croître pour les États-Unis — ils représentent pour eux la moitié de leurs échanges extérieurs et un tiers de leurs exportations avec, en solde, on vient de le dire, un énorme déficit —, la réciproque tend à être de moins en moins vraie. Les pays d'Asie orientale commercent d'abord et de plus en plus entre eux : durant ces quinze dernières années, la part inter-asiatique dans leurs échanges totaux est passée de 55 % environ à près de 70 %. De même, la part des capitaux américains dans leurs investissements a beaucoup décliné durant la même période et elle ne tourne plus aujourd'hui qu'autour de 10 %, alors que la part des financements asiatiques, notamment ceux du Japon, de la Corée du Sud et des Chinois de Taiwan, de Hong Kong et de Singapour, s'est accrue considérablement. Ainsi, en une dizaine d'années, de 1985 à 1995, les Japonais, qui mènent une politique de délocalisation de grande ampleur dans leur propre région, ont investi à eux seuls près de 80 milliards de dollars dans la zone Asie-Pacifique — un des flux financiers les plus massifs et les plus rapides de l'histoire contemporaine en direction du tiers-monde.

C'est dire combien les dirigeants de tous ces pays en très forte expansion et donc de plus en plus attractifs voient les Américains arriver avec de gros sabots, quant ils viennent leur prêcher la libéralisation totale des échanges, avec une seule idée en tête : rétablir leur hégémonie économique. Même s'ils n'ignorent pas l'importance que le marché américain représente pour eux, ils savent aussi combien, à l'exception du Japon et dans une moindre mesure de la Corée du Sud, leurs structures de production industrielle et donc leur économie demeurent fragiles, parce que technologiquement encore en retard dans de très nombreux secteurs, malgré leurs succès récents qui impressionnent tant le reste du monde mais qui sont fondés pour une large part sur leur main-d'œuvre bon marché. Même s'ils ont accepté d'adhérer à l'Apec dans une perspective d'avenir, ils n'envisagent pas pour le moment de démanteler les réglementations protectionnistes de leurs marchés avant plusieurs années, avant même un bon quart de siècle pour, éventuellement, la quasi-totalité d'entre elles. Ils sont bien décidés, d'autre part, à résister aux pressions des pays industriels européens et américains qui voudraient les amener, au nom de l'égalisation des conditions de la concurrence internationale, à rendre plus progressistes leurs législations sociales et du travail. Ils font valoir à ce propos que, au début de leur propre révolution industrielle et même encore dans les premières décennies de ce siècle, la plupart de leurs censeurs d'aujourd'hui n'étaient pas tout à fait irréprochables en ce domaine et que, s'ils accédaient aux souhaits de ceux-ci, ils ne feraient qu'entraîner dans de très graves difficultés leurs jeunes industries et donc plonger dans une misère plus grande une part importante de leurs populations — ce qui ne serait pas très conforme aux droits de l'homme, concluent-ils avec le sourire. « Laissez-nous atteindre d'abord un niveau de développement à peu près semblable au vôtre et, après, on verra », répondent-ils en chœur aux missionnaires de Bill Clinton, comme à quelques autres bons apôtres européens qui tentent, eux aussi, de les convertir à la vraie foi, libérale et progressiste.

Les « Dragons » (la Corée du Sud, Taiwan, Singapour et Hong Kong), les « Tigres » (l'Indonésie, les Philippines, la Thaïlande et la Malaisie) et *a fortiori* les « Bébés Tigres », tels que le Myanmar (l'ex-Birmanie) et le Vietnam, sont tout particulièrement réticents face aux projets et aux visées des Américains. Parce qu'ils sont plus vulnérables du fait de leur incapacité à se livrer à des représailles, ceux-ci les traitent avec encore plus de rudesse que la Chine et le Japon, que cependant l'Oncle Sam ne ménage pas toujours, tant s'en faut. Pour les raisons les plus diverses, les États-Unis les ont tous privés à tour de rôle, parfois pour plusieurs années, de la préférence tarifaire à laquelle ils peuvent prétendre en vertu du système de préférences généralisées qui accorde des exemptions et des réductions de droits aux pays du tiers-monde, afin de faciliter leur développement. Adeptes d'une forme moderne de la vieille « diplomatie de la canonnière » — cette même diplomatie qu'en 1842 ils avaient mise en œuvre, de concert avec les Européens, pour contraindre les Chinois, après deux ans de guerre, à leur ouvrir leurs ports les plus importants, sous prétexte de leur faire reporter une décision interdisant chez eux le commerce de l'opium —, ils n'ont cessé de menacer, ces années-ci, les « Tigres » et les « Dragons » des foudres de leur article « super 301 », passant de temps en temps à l'acte pour l'exemple. (L'article « super 301 » est ce fameux article de leur Code de commerce qui leur permet de décider d'appliquer des sanctions commerciales aux pays qu'ils estiment s'adonner à des pratiques « déloyales » dont, avec leurs lobbies, ils se font les seuls juges.) Au cours du premier mandat Clinton, ils ont brandi soixante fois cette menace, à l'encontre de trente-cinq pays. L'insuffisance d'« une protection adéquate et effective des droits de propriété intellectuelle » des firmes américaines a souvent été, à tort ou à raison, le prétexte de ces brimades ; mais, dans de nombreux cas aussi, celles-ci n'ont eu pour cause que la volonté américaine de voir s'ouvrir les portes de marchés convoités, quelles qu'en puissent être les conséquences économiques et sociales pour les pays concernés. Ainsi, sous la menace du « super 301 », la Corée du Sud a-t-elle dû ouvrir, en 1988, des marchés aussi essentiels à son agriculture que ceux du tabac et de la viande de bœuf à des importations américaines subventionnées et donc bon marché, qui ont ruiné des milliers de paysans. Les dirigeants de Séoul, de Djakarta, de Manille ou de Kuala Lumpur supportent d'autant plus mal ces pressions qu'ils constatent que leurs pays ne sont en fait que pour très peu dans le creusement du déficit commercial américain. Ils ne sont pas du tout dupes des bonnes paroles libre-échangistes venues de l'autre rive du Pacifique, dont ils savent bien qu'elles n'ont guère pour but que de les amener à baisser leur garde face à une concurrence que leurs jeunes économies, pour au moins quelques années encore, auraient beaucoup de mal à supporter. Alors, vraiment, l'Apec, pourquoi pas ? Mais on verra plus tard pour sa mise en œuvre effective.

Le très intelligent et très entreprenant Premier ministre de Malaisie Mahatir Mohamad — auteur du best-seller *Une Asie qui peut dire non*, un titre qui est tout un programme — est à la pointe du combat de ces néo-galériens du capitalisme jaune. Il n'a adhéré à l'Apec qu'avec encore plus de méfiance et de réserve que la plupart de ses pairs (il avait même refusé d'assister au sommet fondateur de Seattle) et il s'est fait l'avocat d'un « bloc économique de l'Asie orientale » qui regrouperait les pays de l'Association des nations de l'Asie du Sud-Est (l'ASEAN), à savoir, les Philippines, Brunei, la Malaisie, Singapour, le Vietnam, le Cambodge, le Laos, la Thaïlande, l'Indonésie et le Myanmar (ex-Birmanie) — 500 millions d'individus au total —, ainsi que la Chine, le Japon, la Corée et Taiwan, mais qui laisserait à l'écart les États-Unis et les autres pays du continent américain riverains du Pacifique, de même que l'Australie et la Nouvelle-Zélande, c'est-à-dire tous les pays blancs d'origine européenne.

Du bon usage de la Chine

Toutefois, d'importantes considérations stratégiques tempèrent passablement cette volonté d'indépendance économique et donnent aux Américains des chances pas du tout négligeables de réussir pour partie leur OPA, au moins sur l'Asie du Sud-Est.

La fin de la guerre froide a laissé dans cette partie de l'Asie orientale un vide stratégique inquiétant, marqué par le départ des Russes de leur base vietnamienne de Cam Ranh et par celui des Américains de Clark Field et de Subic Bay aux Philippines. Or, ce vide, les Chinois donnent de plus en plus l'impression de vouloir le combler progressivement à leur profit — ce que ne peuvent évidemment pas admettre les pays intéressés et encore moins les deux autres grands acteurs de cette partie du monde, le Japon et les États-Unis eux-mêmes. Pour ces derniers, les visées chinoises constituent même une formidable aubaine, la meilleure des raisons possibles pour justifier le maintien de leur présence militaire dans toute la région, de la Corée à l'Australie, et pour y conforter une hégémonie qui, sans cela, serait de plus en plus contestée — un prétexte beaucoup plus solide même que celui d'une menace russe rémanente qui leur suffit cependant pour justifier le maintien de l'Otan en Europe : dans un contexte différent, c'est, en fait, la même politique impériale.

Même si Pékin n'a jamais rien dit qui annoncerait une sorte de grandiose doctrine de Monroe aux dimensions de l'Asie tout entière, on ne peut pas ne pas constater un incontestable durcissement de la politique étrangère et de défense chinoise depuis quelques années, un durcissement qui va de pair avec une croissance économique assez impressionnante. De toute évidence, même si ses ambitions territoriales et maritimes ne sont pas illimitées, la Chine, à nouveau, après un long effacement historique, se comporte de plus en plus, dans sa région, face notamment à ses grands rivaux japonais et américains, comme une puissance impériale qui, elle aussi, montre un fort penchant pour la diplomatie de la canonnière.

La montée en puissance de la marine chinoise appuie une politique expansionniste très clairement affichée en mer Jaune (en plus de Taiwan, la Chine revendique l'îlot japonais de Shenkaku), en mer de Chine orientale et, surtout, en mer de Chine du Sud, où ses revendications, concurrentes de celles du Vietnam, des Philippines, de la Malaisie et de l'Indonésie, portent sur les archipels des Pratas, des Paracels et des Spratleys, ainsi que sur l'île de Natuna et plusieurs îlots environnants, beaucoup plus au sud. Dans cette vaste zone maritime, elle entretient un climat de tension grandissant, marqué par la multiplication des incidents autour de ces centaines de rochers inhabités sur lesquels les uns et les autres débarquent de temps en temps quelques troupes, s'efforçant même parfois de les y maintenir. La crise des missiles du détroit de Formose, au printemps 1996, qui a conduit les États-Unis à envoyer deux de leurs porte-avions et leurs escortes dans les parages, a généralement été interprétée dans toute la région comme la preuve que la Chine était vraiment décidée à aller très loin, au nom de droits historiques plus ou moins bien fondés, dans la mise en œuvre de sa politique d'installation dans cette zone de très grand intérêt stratégique qui relie le Pacifique à l'océan Indien et au Proche-Orient et par où transite un quart du commerce maritime mondial, notamment 70 % de l'approvisionnement pétrolier du Japon — une véritable veine jugulaire dont, à Tokyo et ailleurs, on souhaite tenir éloigné le plus possible le couteau chinois. Ces inquiétudes sont renforcées par les bruits qui circulent sur une éventuelle installation militaire chinoise dans les bases navales birmanes de Ramree, de la grande île Coco et de Kawthaung (l'ex-Victoria Point), dans la mer d'Andaman, au débouché septentrional du détroit de Malacca, où les dirigeants de Rangoon, très influencés depuis quelques années par ceux de Pékin, auraient déjà accordé à ceux-ci d'importantes facilités pour leurs bateaux [2].

Cependant, ces menaces chinoises demeurent pour le moment

---

2. En 1993, les Chinois ont construit aux Paracels un port pour leurs destroyers lance-missiles « Luda » et un aéroport pour leurs « Sukhoïs ». De là, ils peuvent couvrir leurs avant-postes disséminés dans les Spratleys, où la compétition est la plus vive. Les Vietnamiens maintiennent vingt et une mini-bases militaires dans cet archipel, les Philippins huit, les Chinois six et les Malais trois. L'affrontement s'affirme, d'autre part, par compagnies de pétrole étrangères, y compris américaines, interposées, auxquelles Chinois et Vietnamiens accordent concurremment des concessions.

largement virtuelles. En dépit de beaucoup d'efforts, l'Armée populaire de libération n'a été que partiellement modernisée ces années-ci et, en outre, elle connaît toujours de sérieuses limites logistiques. Sa marine pourrait peut-être s'emparer dès à présent des archipels contestés ; mais, très éloignées de leurs bases arrière, ses forces de débarquement n'en seraient pas moins vulnérables face aux missiles et aux avions de combat, plus sophistiqués que les siens, des Malais et des Indonésiens, qui auraient de plus l'avantage de la proximité. De même aurait-elle davantage de mal face aux Japonais et, bien sûr, aux Américains, dont les bateaux de guerre constituent, avant même de tirer un premier coup de feu, une très redoutable force d'intimidation — on l'a bien vu, précisément, dans l'affaire de Formose. D'autre part, même si l'occupation de son « espace vital » maritime au-delà des côtes par lesquelles sont venus tous ceux qui l'ont abaissée dans les temps modernes — Japonais, Européens, Américains — constitue pour les dirigeants de Pékin un objectif stratégique majeur, de fortes considérations économiques n'en plaident pas moins dans leur esprit contre toute aventure militaire, au moins pour quelques années encore. La croissance actuelle de la Chine est surtout le fait de ces mêmes provinces maritimes passées naguère sous la coupe étrangère et qui bénéficient à nouveau de l'intérêt prioritaire des investisseurs extérieurs, ceux d'origine asiatique en tête. Cette situation bénéfique ne pourrait qu'être gravement compromise par un conflit international autour des Spratleys, comme au demeurant autour de Taiwan.

En somme, même si les menaces chinoises doivent être prises très au sérieux, dans la mesure où elles posent des questions fondamentales de souveraineté, il apparaît que, pour le moment, en dépit des incidents qui tendent à se multiplier dans les zones contestées, on joue beaucoup à se faire peur et que tout le monde le sait bien.

Néanmoins, les Américains n'ont pas tardé pour exploiter la situation.

Mieux que quiconque, ils savent que, dans le monde multipolaire qui émerge et qui commence dès à présent à remettre en cause leur hégémonie exclusive sur toute la planète, la Chine est d'ores et déjà la puissance avec laquelle ils vont avoir le plus à compter dans les années à venir, avant même l'Europe en voie d'unification. Mieux que quiconque, ils savent aussi que cette montée en puissance de la Chine est encore assez loin d'être arrivée à son terme, au point qu'ils se demandent s'ils doivent, en tout cas dès à présent, s'engager vis-à-vis d'elle dans une politique de « containment », semblable à celle qu'ils ont conduite pendant quarante ans, avec succès, à l'encontre de l'Union soviétique, ou s'il ne serait pas possible encore, et préférable, d'essayer de canaliser cette force montante au mieux de leurs intérêts. En fait, ils ont pratiqué ces années-ci ces deux politiques en même temps, au point de ne pas toujours s'y retrouver — et ceux qui les observent encore moins —, et il y a de bonnes raisons de penser qu'ils vont continuer à le faire aussi longtemps qu'ils le pourront.

Leur moralisme arrogant et agressif à l'encontre des autres nations ne les empêche pas — comme au demeurant les Européens, volontiers donneurs de leçons eux aussi — de chercher, entre deux prêches, à agrandir autant qu'ils le peuvent leur part du marché chinois, y compris celui de l'armement de haute technologie. Cela demeure, en dernière analyse, leur priorité pour le moment, même s'ils fourbissent dès à présent leurs armes pour être prêts à toute éventualité dans le futur.

Tout en freinant des quatre fers l'entrée de la Chine dans l'Organisation mondiale du commerce, ils lui renouvellent, année après année, le bénéfice de leur clause de la nation la plus favorisée, après l'avoir fait seulement un peu chanter, un peu mais pas trop, sur le chapitre des droits de l'homme et aussi sur celui, qui leur tient au moins tout autant à cœur, du respect de la propriété industrielle. Ces raisons commerciales mais aussi d'autres de caractère stratégique, comme leur volonté d'entraver les livraisons de technologies nucléaires au Pakistan ou à l'Iran et, d'une façon plus générale, leur prise en considération du statut international de la Chine, puissance atomique, membre permanent du Conseil de sécurité des Nations unies, les conduisent, d'autre part, à doser leurs interventions militaires elles-mêmes en fonction chaque fois de l'importance de l'enjeu. Ainsi se montrent-ils beaucoup plus déterminés à défendre l'autonomie de Taiwan, riche et peuplée et que sa proximité du continent rend vulnérable, qu'ils ne s'inquiètent de l'avenir des Spratleys, inhabitées et aux richesses supposées en hydrocarbures pas vraiment prouvées, protégées quant à elles, pour le moment, par leur éloignement. Pour des raisons analogues, les Japonais sont sur les mêmes longueurs d'ondes, sauf qu'à Tokyo le non-respect des droits de l'homme en Chine ne préoccupe vraiment pas beaucoup l'opinion publique et encore moins les milieux d'affaires.

En dépit de ces considérations, les gesticulations militaires des Chinois en mer Jaune et en mer de Chine orientale et méridionale, comme celles, concomitantes, des Nord-Coréens, en train de se doter, semble-t-il, de l'arme atomique, ont bel et bien donné aux Américains, qui en ont profité, un excellent prétexte pour tenter de reprendre la main dans toute la région.

Après la fin de la guerre froide, ils avaient, dans un premier temps, commencé à réduire de façon significative leur présence militaire, passablement coûteuse, sur ce théâtre asiatique, comme ils avaient entrepris de le faire, au même moment et pour la même raison financière, sur le théâtre européen, alors qu'à l'inverse ils montaient en puissance au Proche-Orient, jugé plus instable. En 1990, près de 140 000 soldats américains stationnaient encore en Asie orientale. Ces effectifs ont été finalement stabilisés au niveau de 100 000 (comme en Europe), auquel ils avaient été ramenés les années suivantes, l'essentiel étant positionné en Corée du Sud (autour de 40 000) et au Japon (environ 50 000, dont un peu plus de 35 000 dans l'île méridionale d'Okinawa), et le reste dans les deux grandes bases aéronavales que les États-Unis possèdent dans leur île de Guam (7 500 hommes), entre les Philippines et les Mariannes, et dans celle de Diego Garcia (1 000 hommes), dans l'océan Indien, et à partir desquelles opère dans toute la région leur puissante armada du Pacifique. Il est intéressant de mentionner, d'autre part, que le stationnement de leurs forces en Corée du Sud et au Japon est presque totalement financé par ces deux pays.

Surtout, la crise du détroit de Formose du premier trimestre 1996, qui est survenue, qui plus est, en même temps qu'un regain d'agressivité de la Corée du Nord — où la succession encore mal réglée de Kim Il-sung provoque affrontements et surenchères au sommet d'un régime communiste incapable de se réformer —, a permis aux Américains de montrer à tous ceux qui pouvaient éventuellement en douter depuis la fin de la guerre froide qu'ils étaient toujours militairement bien présents dans la région et qu'ils entendaient le rester, qu'ils avaient toujours la ferme volonté d'y demeurer le principal garant de la sécurité, en s'appuyant toutefois davantage sur le Japon que dans le passé. Quelques semaines seulement après la fin de la crise, qui leur avait permis de montrer leurs muscles (l'envoi en patrouille dans les abords du détroit de deux de leurs porte-avions, l'*Independance* et le *Nimitz*, et leurs escortes), Bill Clinton signait, le 17 avril à Tokyo, une importante « Déclaration conjointe sur la sécurité » avec le Premier ministre japonais Ryutarô Hashimoto, qui mettait on ne peut plus clairement les points sur les i.

Les mois précédents avaient été marqués au Japon par une poussée d'anti-américanisme. De graves contentieux commerciaux s'étaient développés entre les deux pays. La population d'Okinawa (où une fillette avait été violée par trois « marines ») jugeait de plus en plus insupportable le maintien massif de soldats américains dans l'île. Un courant néo-nationaliste puissant, qui s'étendait à tout le Japon, demandait même leur départ. Les dirigeants japonais n'étaient pas du tout insensibles à l'expression de ces sentiments, notamment le Premier ministre, désireux quant à lui de voir son pays jouer à l'avenir un rôle beaucoup plus important sur la scène mondiale. Mais, constatant que des menaces au moins aussi redoutables que celles du temps de l'expansionnisme soviétique dans le Pacifique et dans l'océan Indien commençaient à se développer dans leur immense zone géopolitique, ils n'avaient pas envie, tout compte fait, de trop se couper des États-Unis — pas plus que les Européens qui craignent, avec pourtant beaucoup moins de raisons quant à eux, une résurgence de l'impérialisme russe. Tout au plus, souhaitaient-ils avoir avec les Américains des relations plus égalitaires que par le passé. Dans ces conditions, le président Clinton ne pouvait pas avoir beaucoup de mal à les convaincre.

La « Déclaration conjointe » du 17 avril 1996 en fait la démonstration. Elle annonce, en effet, une révision du traité de sécurité qui régit les relations militaires nippo-américaines depuis la fin de la Seconde Guerre mondiale dans le sens d'un très net renforcement de ces relations, qui vont constituer plus que jamais, dans les années à venir, l'axe essentiel de ce qu'on ne peut qu'appeler un front antichinois. Jusqu'alors, l'alliance américano-japonaise ne couvrait que le Japon lui-même, Taiwan, la Corée et le nord des Philippines. C'est là seulement que les forces japonaises pouvaient être éventuellement mobilisées. Désormais le traité va concerner la totalité de la zone Asie-Pacifique, et c'est dans celle-ci en son entier que l'armée nipponne pourra se déployer en cas de crise, en même temps que celle des États-Unis ou en leur lieu et place.

Ainsi, alors que, dans les années soixante-dix et quatre-vingt, la Chine apparaissait comme un allié providentiel de l'Occident, qui l'avait récupérée dans le camp socialiste pour la tourner contre l'Union soviétique, elle est aujourd'hui diabolisée. C'est elle désormais « l'empire du Mal », contre lequel l'Amérique est en train d'entrer en croisade, ou, tout au moins, envisage de plus en plus de le faire.

En tout cas, ce qu'il faut bien voir, c'est que, justifié ou non, ce retour à la guerre froide en Asie orientale et dans le Pacifique a pour les États-Unis le grand avantage de situer leurs exigences commerciales vis-à-vis de leurs partenaires, placés sous leur protection face à la Chine, dans un cadre stratégique plus vaste et de rendre en conséquence ces exigences plus acceptables, du moins l'escomptent-ils. De fait, leurs pressions sur les Japonais pour les contraindre à ouvrir davantage leur marché aux produits américains paraissent connaître quelques premiers succès. Au sommet de l'Apec de novembre 1996, à Manille, ils en ont obtenu un autre dans le domaine sensible des technologies de l'information.

Pour le moment, cependant, tout cela ne va quand même pas très loin. L'opposition sino-américaine est très loin de connaître l'intensité de l'ancien conflit Est-Ouest. En conséquence, les autres partenaires des États-Unis dans la région, notamment ceux de l'Asie du Sud-Est, qui craignent certes la Chine mais qui continuent aussi à se méfier du Japon et qui redoutent également une tutelle américaine trop forte, sont surtout soucieux, en définitive, de conserver des marges de manœuvre les plus grandes possibles face aux trois grands protagonistes de cette nouvelle « guerre du Pacifique » qui paraît s'annoncer. Tout en étant bien conscients de l'intérêt de la présence américaine, ils ne souhaitent pas trop, néanmoins, la faciliter pour le moment. Divisés entre voisins frontaliers de la Chine, qui ne peuvent se permettre de la provoquer, et riverains de la mer de Chine du Sud, visés par ses revendications maritimes et insulaires, ils ne veulent pas se mettre trop mal avec Pékin, ni non plus avec ceux des pays pétroliers du Proche-Orient qui sont les ennemis des Américains, en direction desquels ils ne souhaitent pas servir de tremplins pour des projections de forces. À l'exception de Singapour, ils refusent donc aux États-Unis de les laisser installer chez eux des bases aéronavales permanentes. En revanche, ils ont choisi de poursuivre, chacun chez soi, un effort de réarmement, assez coûteux, mais juste à hauteur de ce qui leur serait nécessaire pour disposer d'un minimum de sécurité dans la perspective de crises régionales de faible intensité, certains n'hésitant pas, c'est hautement significatif, à s'approvisionner chez les Russes, comme l'Indonésie, qui, en août 1997, a rendu public l'achat à ceux-ci de douze avions de combat Sukhoï-30k et de neuf hélicoptères M17-IV.

De cette volonté de se conserver des marges de manœuvre autonomes, c'est-à-dire, concrètement, de rester à peu près bien avec tout le monde, témoigne, entre autres initiatives diplomatiques de leur part, le forum régional de l'Asean, qu'ils réunissent chaque année depuis trois ou quatre ans pour discuter de sécurité collective avec la Chine, la Corée du Sud, le Japon, mais aussi avec l'Inde, les États-Unis, le Canada, l'Australie et la Nouvelle-Zélande et, plus récemment, avec les quinze pays de l'Union européenne. Même s'il y a fort peu de chances que ces rencontres entre beaucoup trop de partenaires aux intérêts bien souvent divergents débouchent jamais sur grand-chose de concret, le seul fait qu'elles se tiennent est au moins un signe, parmi d'autres, que, dans cette partie du monde moins qu'ailleurs, les jeux ne sont encore faits pour personne, et qu'y demeure très large la palette des possibles. En fait, tout le monde y tient peu ou prou tout le monde.

Mais ce jeu, très complexe, de poids et de contrepoids ne correspond-il pas, précisément, à ce qui, ici comme en Europe ou au Proche-Orient, constitue la plus grande ligne de force de l'action diplomatique des Américains, avant tout soucieux de rester les arbitres en dernier recours de toute la planète : faire en sorte que tous ceux qui peuvent contrarier leur hégémonie se neutralisent le plus possible les uns les autres ?

L'enjeu majeur du Proche-Orient

C'est actuellement au Proche-Orient que cette volonté des Américains de mettre en place dans toutes les grandes régions du monde des « concerts de nations » dont ils entendent être chaque fois les chefs d'orchestre est la plus manifeste. Ce rêve metternichien, qui peut s'observer ici jusqu'au paroxysme, tant la situation y est complexe et les enjeux importants, est très bien exposé dans le livre-testament de l'ancien secrétaire d'État Henry Kissinger, *Diplomatie*, qui, bien sûr, l'extrapole à toute la planète. Dans « l'Orient compliqué », comme le voyait le général de Gaulle, les Américains s'avancent, plus qu'ailleurs, « avec une idée simple » : dominer la situation. Leurs intérêts, économiques et stratégiques, sont là, en effet, d'une exceptionnelle importance.

Selon les prévisions les plus récentes, la demande mondiale de pétrole devrait augmenter de 1,7 % par an jusqu'en 2010, pour atteindre une consommation de 93,5 millions de barils par jour. Seul le Proche-Orient, qui détient les deux tiers des réserves mondiales, dans l'état actuel de connaissance de celles-ci, est en mesure d'assurer dans les délais et pour l'essentiel l'accroissement de production que va impliquer une telle augmentation de la demande, car les autres grandes régions pétrolières du monde (le nord et le centre du continent américain, la mer du Nord, l'Asie centrale, l'Afrique du golfe de Guinée) ne peuvent y contribuer que pour une assez faible part, du fait de leurs moindres réserves, du grand retard pris dans la mise en exploitation, ou du fait de la volonté des détenteurs de ces réserves de les ménager — c'est tout particulièrement le cas des États-Unis eux-mêmes, qui sont devenus d'autant plus dépendants de leurs fournisseurs du Golfe et de ses alentours et qui vont le rester.

Par ailleurs, du fait même de cette richesse pétrolière sans pareille, d'un intérêt vital pour tous les grands pays industriels et pas seulement pour les États-Unis, le Proche-Orient constitue actuellement la zone la plus convoitée et la plus conflictuelle de toute la planète — une zone qui englobe stratégiquement une large partie de l'Afrique orientale, de l'Égypte à la Corne en passant par le Soudan, et aussi les Balkans, le Caucase et l'Asie centrale. Il s'ensuit tout naturellement que c'est là que se trouvent également les pays qui, avec ceux de l'Asie orientale, de date plus récente, sont les plus gros acheteurs d'armes du monde, des pays dont les Américains, bien sûr, entendent être, en ce domaine comme en beaucoup d'autres, les premiers fournisseurs, face à la très vive concurrence des Européens (les Français et les Anglais, notamment) et des Russes, qui, après un temps de flottement, sont revenus très fort sur le marché. Selon l'Institut international d'études stratégiques de Londres, depuis l'éclatement de l'URSS, les États-Unis sont devenus les premiers fournisseurs d'armes du monde, avec des ventes de l'ordre de 15 milliards de dollars par an, soit la moitié du total, devant la Grande-Bretagne (près de 5 milliards), la France (autour de 4 milliards) et la Russie (environ 3 milliards). Au Proche-Orient, ils distancent nettement tous leurs concurrents, avec pour principaux clients l'Arabie saoudite, Israël et l'Égypte, ces deux pays bénéficiant toutefois pour cela d'importants crédits américains (chaque année, près de 2 milliards de dollars pour le premier et près d'un milliard et demi pour le second). C'est dire le rôle important qu'aux côtés des lobbies pétroliers joue le complexe militaro-industriel dans la définition et la mise en œuvre de la politique extérieure de la Maison Blanche dans cette vaste région aux nombreuses composantes.

Depuis un bon nombre d'années déjà, les Américains aspirent à contrôler ce Proche-Orient compliqué où ils ont des intérêts majeurs, plus précisément de le neutraliser à leur profit et au détriment de leurs principaux rivaux, en faisant en sorte d'y assurer un équilibre le plus grand possible des forces antagonistes qui le travaillent, y attisant tantôt, ici ou là, les rivalités, y jouant tantôt, ici ou là, l'apaisement, s'attachant à y avoir en permanence plusieurs fers au feu, à y cultiver des amitiés nombreuses et même contradictoires à l'encontre de leurs principaux adversaires du moment, très vite diabolisés, même s'ils savent qu'ils devront un jour ou l'autre dîner avec eux.

Pour les Américains, le Proche-Orient idéal, très semblable à celui dont rêvait Shimon Peres à l'époque des accords d'Oslo, serait composé de pays dont la plupart et même si possible la totalité seraient leurs amis mais qui s'auto-équilibreraient les uns les autres, parce que de forces militaire, économique ou religieuse à peu près équivalentes. Israël enfin admis par ses voisins — un Israël qui sera pendant très longtemps encore le partenaire le plus solide et le plus sûr des États-Unis dans cette région du monde — en serait l'épicentre apaisé, avec tout autour, dans un large rayon stratégique, la Turquie, l'Iran, l'Irak, la Syrie, l'Arabie Saoudite et l'Égypte, pour ne citer que les principaux protagonistes, qui auraient tous renoncé à l'emporter un jour les uns sur les autres, comme à anéantir l'État juif.

Cependant, pour l'heure, probablement même pour de longues années encore, on n'en est pas là. Tout en continuant à prêcher la paix, les Américains jugent qu'ils n'ont rien de mieux à faire que de continuer à s'adonner au jeu très classique du diviser pour régner, personne ne doit se faire d'illusions là-dessus.

Les États-Unis sont plus engagés au Proche-Orient que partout ailleurs dans le monde. À elle seule, l'importance des forces qu'ils y maintiennent depuis la guerre du Golfe, en Arabie Saoudite et au Koweit notamment, suffit à le prouver. Ils y comptent des adversaires résolus, l'Iran, l'Irak et la Libye, qu'ils ont ostracisés, et, secondairement, la Syrie, qu'ils n'ont pas complètement renoncé à récupérer et qu'ils ménagent donc encore. En revanche, ils y entretiennent des alliances solides, même si elles sont un peu contradictoires, avec Israël, qui est la première puissance militaire de la région (une armée d'élite et la bombe atomique), avec l'Arabie Saoudite et ses satellites du

Golfe, détenteurs, ensemble, du pactole pétrolier le plus fabuleux de la planète, et avec l'Égypte et la Turquie, en flanc-garde.

À vrai dire, leurs adversaires d'aujourd'hui furent pendant longtemps leurs meilleurs alliés. En 1955, ils avaient enrôlé l'Iran et l'Irak dans leur politique de *containment* de l'Union soviétique, en les rassemblant avec la Turquie et le Pakistan dans un pacte dit « de Bagdad », qui était la réplique, dans cette région du monde, de l'Otan en Europe occidentale et de l'Otase, l'Organisation du traité de l'Asie du Sud-Est, en Asie-Pacifique, dont étaient membres, à côté des États-Unis eux-mêmes, la Grande-Bretagne, l'Australie, la Nouvelle-Zélande, les Philippines, la Thaïlande et, là aussi, le Pakistan. Au même moment, ils entretenaient une très importante base aérienne, à Wheelus Field, en Libye. En revanche, l'Égypte du colonel Nasser fut presque constamment hostile aux Américains.

Puis la donne avait changé. Après la disparition de Nasser, l'Égypte du président Anouar el-Sadate s'était progressivement rapprochée des États-Unis, et c'est sous le parrainage du président Carter que, six ans après la guerre du Kippour d'octobre 1973, elle avait conclu, en septembre 1978 et en février 1979, les accords de paix de Camp David avec Israël. Par contre, en conséquence du renversement de la dynastie hachémite à Bagdad, le 14 juillet 1958, du roi Idriss à Tripoli, le 1er septembre 1969, et du chah à Téhéran, le 16 janvier 1979, l'Irak, dont Saddam Hussein allait prendre la tête en 1979, la Libye du colonel Kadhafi et l'Iran de l'iman Khomeyni et des ayatollahs allaient assez vite devenir très hostiles au « Grand Satan » américain. Bien entendu, dans ces trois pays, le pétrole avait été promptement nationalisé, au détriment des compagnies occidentales, notamment américaines, qui l'avaient exploité jusque-là pour leur plus grand profit.

Jouant sur de très vieilles inimitiés, les Américains et leurs alliés anglais, français, saoudiens et koweitiens n'en avaient pas moins réussi à lancer l'Irak de Saddam Hussein dans une très sanglante et très coûteuse guerre de neuf ans contre l'Iran khomeyniste, une guerre qui s'était soldée, à l'arrêt des combats en juillet 1988, par un retour au statu quo frontalier antérieur mais qui avait marqué un important coup d'arrêt au prosélytisme des ayatollahs.

Cependant, l'Iran affaibli, on n'avait plus eu qu'une idée en tête à Washington, à Riyad et à Koweit, et aussi à Jérusalem : se retourner contre celui qui avait servi, assez naïvement, de bras séculier à cette opération de mise au pas de l'Iran et l'affaiblir le plus possible à son tour. Depuis longtemps, on observait avec inquiétude, dans ces capitales et dans quelques autres, la montée en puissance de l'Irak. Tenu d'une main de fer par Saddam Hussein, il était devenu un pays moderne, laïc à défaut d'être démocratique, avec des élites intellectuelles, notamment scientifiques, nombreuses. Malgré les graves dégâts que lui avait causés la guerre contre l'Iran, en particulier à ses installations pétrolières, son économie était en forte expansion. Son armée était une des toutes premières du Proche-Orient, très bien équipée, notamment en missiles de moyenne portée qui menaçaient ses voisins, et, surtout, elle était en passe de se doter de la bombe atomique, alors qu'elle détenait déjà des moyens chimiques et biologiques redoutables, dont elle avait fait usage contre la rébellion kurde du nord-est du pays pendant la guerre avec l'Iran. Le coup que lui avait porté l'aviation israélienne, en détruisant à Tammouz, le 6 juillet 1981, le réacteur Osirak, que ses ingénieurs étaient en train de construire avec l'aide de la France (dans le cadre d'une coopération intensive mise en œuvre quelques années plus tôt par Valéry Giscard d'Estaing et par Jacques Chirac, en échange d'avantages pétroliers et de l'obtention d'importantes parts de marché dans divers domaines), n'avait pu que ralentir la réalisation de ce programme nucléaire.

La guerre Iran-Irak tout juste terminée, les provocations à l'encontre de Bagdad avaient aussitôt commencé. Saddam

Hussein s'attendait non sans raisons à quelques compensations financières pour les lourdes pertes qu'il avait subies en faisant barrage à la déferlante intégriste iranienne qui menaçait les pétromonarchies réactionnaires de la péninsule arabique, même s'il avait eu d'autres objectifs de guerre. Mais, au Koweit comme à Riyad, on le remballa sans ménagement, en exigeant au contraire qu'il rembourse immédiatement et rubis sur l'ongle l'argent qu'on lui avait prêté pour acheter, notamment à la France et à l'URSS, mais aussi aux États-Unis, les armes nécessaires à son combat. Pendant ce temps, préparant un grand coup, l'armée américaine s'entraînait discrètement mais intensivement dans les déserts du Nevada, de l'Arizona et du Nouveau-Mexique, tandis que l'US Navy était mise en état d'alerte en Méditerranée, dans le Pacifique et dans l'océan Indien. Peu à peu le piège se tendait. Le chef de l'État irakien allait y tomber.

Dès son accession à l'indépendance, en 1933, l'Irak avait réclamé en vain aux Anglais le petit territoire du Koweit qui, dans l'Empire ottoman, faisait partie du « vilayet » de Bassorah. Mais Londres avait placé sous son protectorat ces arpents de désert sur lesquels régnaient ses agents les plus corrompus dans le secteur, la famille féodale des Sabah. Le sous-sol du Koweit regorgeait de pétrole (aujourd'hui, 10 % des réserves mondiales prouvées). D'autre part, le pays verrouillait presque complètement l'accès au Golfe du nouvel État irakien, édifié autour de la fertile Mésopotamie et qui était lui aussi très bien pourvu en or noir : pour le cas où il deviendrait un jour hostile, il convenait de le brider dès le départ. Puis, en 1961, le Koweit, toujours possédé par les Sabah, devenus richissimes, avait accédé à son tour à l'indépendance, avec la complicité de ses protecteurs plus que jamais intéressés, dont les Américains allaient prendre le relais, comme dans toute la région, à partir de 1967, lorsque le Royaume-Uni devait décider de retirer toutes ses troupes « à l'est de Suez ». L'Irak n'avait pas renoncé pour autant à ses revendications, au contraire, surtout après la mise en exploitation par des compagnies opérant pour les Koweitiens du champ pétrolifère de Roumallah, qu'il considérait comme sien, à la frontière des deux pays. Quand, le 1er août 1990, à 23 heures, heure locale, Saddam Hussein, poussé à bout, avait lancé ses troupes sur le Koweit, il n'avait fait que passer à l'acte dans le droit fil d'une exigence proclamée depuis la naissance de l'Irak, par la monarchie hachémite avant lui, et qui n'était pas sans fondement, même si elle était contraire à quelques principes fondamentaux des Nations unies.

On connaît la suite. Au nom de ces principes mais pour la défense évidente de leurs intérêts et de ceux de leurs alliés — des intérêts considérables —, les États-Unis, qui n'attendaient que le moment pour déclencher l'action qu'ils avaient bel et bien décidée depuis de longs mois, organisaient, sous le nom de code de « Tempête du désert », une contre-offensive massive, sans équivalent depuis la fin de la Seconde Guerre mondiale. Le 16 janvier 1991, après six mois de pseudo-discussions avec leur adversaire, qui leur avaient été nécessaires pour rassembler leurs forces et commencer à les projeter à proximité stratégique, ils engageaient contre l'Irak, sous le drapeau des Nations unies mais sous leur commandement, 515 000 de leurs soldats, entraînés à l'opération depuis plus d'un an et dotés de moyens fantastiques. Ces *boys* étaient épaulés, pour des raisons politiques, car militairement ce n'était pas indispensable au succès, par quelques dizaines de milliers d'autres soldats, expédiés, dans une grande improvisation, par les membres d'une coalition hétéroclite de vingt-sept pays qui s'étaient alignés derrière les États-Unis et parmi lesquels on remarquait l'Arabie Saoudite, bien sûr, mais aussi l'Égypte et la Syrie, la Grande-Bretagne et la France (qu'allait faire François Mitterrand dans cette galère, sur laquelle les Russes, les Chinois, les Japonais, les Allemands et les Espagnols s'étaient abstenus d'embarquer et où de Gaulle n'aurait certainement pas mis le bout de son pied ?). Un mois et demi plus tard, l'affaire était entendue.

Mais, le 27 février au petit matin, à la surprise de la plupart des observateurs, le président Bush, le Koweit repris, décidait d'arrêter les opérations, renonçant donc à aller plus loin, à faire entrer les forces de la coalition dans Bagdad et à renverser le régime irakien. Quelques heures plus tard, Saddam Hussein, ainsi sauvé *in extremis*, ordonnait lui aussi le cessez-le-feu à ses troupes.

Pour surprenante qu'elle ait pu paraître, la décision de George Bush était tout à fait conforme aux intérêts fondamentaux des États-Unis dans la région et, au-delà, sur la scène internationale tout entière. Ils avaient procédé à une impressionnante démonstration de force et ils avaient fait ainsi savoir à tous ceux qui pouvaient l'ignorer encore qu'ils étaient bien les arbitres du monde en dernier ressort. Mais, « à bon entendeur, salut », c'était suffisant. Saddam renvoyé dans ses buts, et même un peu au-delà comme on va le voir, le jeu d'équilibre devait reprendre aussitôt ses droits au Proche-Orient. D'une façon un peu plus compliquée que dans le passé, cependant.

De l'utilité d'Israël

Les États-Unis allaient, en effet, s'engager alors dans une politique de « double endiguement » (de *dual containment*) qui rompait avec une longue tradition diplomatique, selon laquelle, pendant des années, à la suite des Anglais et à l'instar des Israéliens, ils avaient considéré et traité l'Iran comme un allié de revers, ayant vocation à contrarier l'émergence autour du Golfe d'un État arabe puissant, potentiellement hostile, en fait essentiellement l'Irak, et, inversement, ils avaient mené le même jeu avec celui-ci face à l'Iran. Désormais, l'Iran et l'Irak successivement vaincus, les Américains n'allaient plus se contenter de continuer à les neutraliser l'un par l'autre ; ils allaient surtout les maintenir l'un et l'autre dans un état de faiblesse la plus grande possible, sans chercher toutefois à les détruire complètement, par crainte d'un vide politique qui pourrait s'avérer ingérable. Huit ans après son lancement, cette politique de « double endiguement » est loin d'avoir apporté à ses initiateurs américains, et israéliens, tous les fruits qu'ils en escomptaient, au contraire, et elle fait de plus en plus l'objet de critiques aux États-Unis mêmes, bien qu'il ne soit pas du tout certain pour autant que le président Clinton, qui en a hérité de son prédécesseur, envisage, au moins pour le moment, d'en changer.

En ce qui concerne l'Irak, aussitôt la guerre du Golfe terminée, on a souhaité, à Washington, l'amener à détruire ses capacités militaires les plus inquiétantes et à le priver durablement de tout moyen de les reconstituer. On lui a imposé pour cela un embargo quasi total sur ses exportations de pétrole — un embargo qui a bien fait les affaires de ses concurrents, notamment des Saoudiens, mais qui, en contrecoup, a réduit à l'extrême ses importations, même de produits de base les plus indispensables à la survie de sa population, notamment infantile. Sous menace de représailles militaires, qui ont été plusieurs fois mises en œuvre depuis, on a imposé à l'Irak de très fortes restrictions au déploiement de ses forces armées classiques, sauvées pour l'essentiel par l'armistice impromptu de février 1991, au sud de son territoire, en pays chiite, et au nord, en pays kurde, sous prétexte d'assurer la protection de ces deux éléments de sa population traditionnellement hostiles au pouvoir central de Bagdad. Mais cela n'a pas empêché Saddam Hussein, toujours bien en place malgré quelques complots régulièrement déjoués à temps, de reprendre peu à peu en main ces deux zones, notamment sa part de Kurdistan, que ses voisins turcs mais aussi iraniens ne souhaitent pas du tout voir accéder un jour à une quelconque autonomie, qui ne serait qu'un mauvais exemple pour leur propre population de même origine. Dans les autres grands pays industriels du monde, désireux de retrouver le marché irakien d'autrefois, on supporte par ailleurs de plus en plus mal les restrictions économiques imposées par Washington

— qui, de façon très significative, n'a pas été suivi, en novembre-décembre 1997, puis en février 1998, dans sa volonté de reprendre les hostilités avec Saddam, sous des prétextes passablement fallacieux de stocks d'armes chimiques et bactériologiques qui échapperaient encore aux inspecteurs des Nations unies et qui n'auraient donc pas été détruits. Bien des firmes américaines ne sont pas moins impatientes et agacées que leurs concurrentes européennes. Dans le monde arabe, d'autre part, on est de plus en plus excédé par la tolérance sans limite, hormis quelques moulinets diplomatiques, dont font preuve les Américains vis-à-vis du gouvernement israélien de Benyamin Netanyahou, qui a annihilé les accords de paix d'Oslo et qui poursuit imperturbablement la colonisation systématique de la Cisjordanie palestinienne. En février 1998, les princes saoudiens eux-mêmes, craignant, comme le président égyptien Moubarak, d'être renversés par des émeutes populaires en cas de bombardement massif de l'Irak, ont fait savoir très clairement leur opposition à une reprise de la guerre du Golfe.

En ce qui concerne l'Iran, l'échec est encore beaucoup plus évident. Les mesures d'embargo également prises à son encontre par les États-Unis, qui l'accusent de menées terroristes au Liban (son soutien au Hezbollah anti-israélien), en Arabie Saoudite (les attentats anti-américains de novembre 1995, à Riyad, et de juin 1996, à Dahran), au Soudan et même sur le sol américain (l'attentat du World Trade Center, à New York), n'ont été reprises par aucun autre pays, au grand dam, là aussi, des firmes américaines, qui sont les seules à en faire les frais. Même s'ils ont eu à supporter chez eux quelques opérations sanglantes de ses services spéciaux, les pays de l'Union européenne, notamment l'Allemagne et la France, continuent à pratiquer avec lui un « dialogue critique », c'est-à-dire, au-delà de quelques remontrances diplomatiques, à faire du commerce avec lui. La loi Kennedy-D'Amato de 1996 elle-même, qui promet des mesures de rétorsion aux entreprises qui investiraient dans le secteur pétrolier iranien, ne les a pas impressionnés le moins du monde — comme l'a encore montré la signature par Total, le 28 septembre 1997, d'un important contrat avec la National Iranian Oil Company, en association avec la société russe Gazprom et la malaisienne Petromas, en vue de l'exploitation d'une partie du gisement gazier géant de South Pars Field, dans les eaux du golfe Persique. Le Japon demeure, quant à lui, le principal acheteur de pétrole iranien, tandis que la Russie, faisant fi des pressions de la Maison Blanche, s'attache toujours à vendre à l'Iran des centrales nucléaires et des armes de toutes sortes, tout comme — au moins jusqu'à une date récente, mais cela va rester à vérifier — la Chine elle-même, qui a fait depuis longtemps du pays des ayatollahs son principal partenaire au Proche-Orient. Mais l'administration américaine a une vision stratégique de tout cela beaucoup plus large. Même si l'Iran, sous la conduite de son nouveau président, l'hadjatoleslam Mohammed Khatami, que l'on dit « modéré », s'engage dans une sorte de Thermidor interne, il est peu probable que les États-Unis, qui poursuivent, au-delà du Proche-Orient, une politique de « refoulement » de la Russie du Caucase et de l'Asie centrale et de leurs champs pétrolifères — cette politique du « rolling back », à laquelle ils avaient préféré, en 1947, au terme d'un grand débat interne, celle du « containment », mais qu'ils pratiquent résolument à présent —, changeront vraiment d'attitude tant que Téhéran maintiendra des relations diplomatiques, commerciales et surtout militaires étroites avec Moscou.

Il y a de même bien peu de chances que les Américains mettent un terme, dans un avenir prévisible, aux pressions analogues qu'ils exercent, depuis plusieurs années également, sur la Libye du colonel Kadhafi et sur le Soudan du général Omar Hassan el-Bechir et de son inspirateur, le cheikh Hassan el-Tourabi, diabolisés eux aussi pour leurs menées terroristes dans le premier cas et islamistes militantes dans le second. On continue, au contraire, à travailler activement, à Washington, au renversement des régimes de Tripoli et de Khartoum (ce dernier soutenu par Pékin).

Si on remet tout cela en perspective, il apparaît que si les Américains sont à ce point en position de force et d'agressivité au Proche-Orient, c'est qu'ils y sont d'abord, en fait, sur la défensive. Après y avoir perdu en quarante ans Bagdad, Tripoli et Téhéran, pour ne pas parler de Damas (allié de revers de l'Iran contre l'Irak pendant près de vingt ans mais qui, depuis 1997, sans rompre avec le premier, se rapproche du second pour mieux faire face à l'alliance Israël-Turquie), ils s'inquiètent, dans un contexte marqué par la montée du fondamentalisme religieux « anti-occidental », des incertitudes qui pèsent sur l'avenir des pétromonarchies corrompues du Golfe et, plus encore, sur celui de l'Arabie Saoudite, où la succession, qui approche, du roi Fahd, malade, est mal assurée. Il ne faut pas s'étonner dès lors du renforcement de leur soutien au président Moubarak, partenaire pas toujours commode pour eux, mais fidèle, et à son régime policier, dans une Égypte travaillée elle aussi, sur fond de crise sociale, par l'islamisme révolutionnaire ; ni de leurs encouragements pressants aux militaires turcs à résister à la montée en puissance à Ankara, pour les mêmes raisons islamistes et sociales, du « Refah », le Parti de la prospérité, de Necmettin Erbakan. Même s'ils se livrent de temps en temps à des gesticulations diplomatiques qui pourraient donner à penser le contraire, il ne faut pas s'étonner, surtout, de leur renonciation depuis 1997 à continuer à soutenir, réellement, le processus de paix qui avait été engagé, en 1993 à Oslo, entre Israël et les Palestiniens, et auquel ils s'étaient ralliés, jusqu'à le parrainer, sous la première présidence Clinton.

Dans un tel contexte, en effet, il est tout à fait clair qu'on considère plus que jamais, à Washington, *Tsahal*, l'armée israélienne, comme le défenseur le plus sûr de la cause et des intérêts américains dans la région. Benyamin Netanyahou peut donc continuer à faire tout ce qu'il veut pour réaliser son rêve d'*Eretz*

Israël, le Grand Israël. Pour les États-Unis, et pour ceux qui acceptent encore de s'en laisser conter par eux, Israël constitue même, dans la passe difficile actuelle, comme la Russie en Europe, comme la Chine en Asie-Pacifique, l'épouvantail idéal dans cette partie du monde.

Mais cette politique du pire, qui consiste à spéculer sur l'éclatement d'une crise pour pouvoir régler à chaud les problèmes auxquels on n'a pas trouvé de solution à froid, pourrait bien réserver de mauvaises surprises à ses auteurs. On ne peut pas toujours passer en force et on ne refait jamais la même guerre, y compris celle du Golfe, sauf à risquer de perdre la suivante. À force de manipuler le monde arabo-musulman, ce monde pourrait bien devenir un jour tout à fait ingérable pour ses manipulateurs.

Convertir les sauvages

À côté des trois grandes régions du monde qui viennent d'être évoquées — l'Europe, l'Asie-Pacifique et le Proche-Orient —, le reste de la planète, c'est-à-dire, essentiellement, l'Amérique latine et l'Afrique noire, n'est pas, ou n'est plus, d'un grand intérêt stratégique. Les Américains le savent fort bien. Mais leur hégémonie ne peut être qu'universelle et, au-delà même de la poursuite de quelques objectifs commerciaux, du reste parfois assez importants, ils ne peuvent absolument pas supporter que quiconque les supplante où que ce soit. Sans guère d'autre raison que celle-là, qui est plutôt fantasmatique, au coup par coup, mais avec méthode quand même, leurs services, leurs diplomates, leurs firmes sont donc à l'œuvre au sud du Rio Grande et au sud du Sahara comme partout ailleurs dans le monde, la bible de la démocratie parlementaire dans une main et le fusil dans l'autre, simplement avec beaucoup moins de dollars dans la poche, surtout en Afrique — juste ce qu'il faut pour s'acheter un minimum d'agents, intéressés ou naïfs, pour servir, là aussi, leur cause impériale. Pour eux, le jeu n'en vaut pas plus de chandelles.

Les « gringos » sur le sentier de la guerre

Les Américains ont toujours eu un problème avec les sauvages qui occupaient avant eux leur « terre promise ». Pour eux, dès le début de la construction de leur nation, « un bon Indien était un Indien mort ». Ils en ont donc tué beaucoup. Un nettoyage ethnique sans équivalent, alors, dans l'histoire de l'humanité. D'est en ouest, ils ont pu ainsi repousser leur frontière jusqu'au Pacifique (ah ! le mythe héroïque de la frontière dans l'imaginaire américain !). Au sud, cependant, l'affaire s'est révélée assez vite plus compliquée, et, aujourd'hui, elle leur pose même de plus en plus de problèmes.

Il y a cent cinquante ans, le 2 février 1848, le Mexique, où les Espagnols s'étaient métissés avec les indigènes, avait dû se résigner, après trois ans de guerre, à céder aux Américains, par le traité de Guadalupe Hidalgo, la moitié de leur territoire, soit les États actuels du Texas — le verrou de la ruée vers l'ouest, qui avait été annexé le 1er mars 1845 —, du Tennessee, du Nouveau-Mexique, de l'Arizona, de l'Utah, du Nevada et de la Californie, plus une partie du Colorado et du Wyoming, au total une superficie de 2,4 millions de kilomètres carrés. Pour le « peuple élu », il ne s'agissait que de l'accomplissement de sa « Destinée manifeste », selon l'expression devenue célèbre du journaliste new-yorkais John O'Sullivan, tandis que le poète Walt Whitman renchérissait : « L'universelle nation yankee peut régénérer et libérer le peuple mexicain en quelques années, et nous croyons qu'il fait partie de notre destin de civiliser ce beau pays. » D'autres, dans un langage beaucoup moins fleuri, parlaient plus brutalement de « la race avilie hispano-mexicaine, composée de lâches, d'ignorants et de brutes dévergondées ».

Très vite, cependant, les *Chicanos* allaient commencer à prendre comme une sorte de revanche. Comment contrôler les plus de 3 000 kilomètres de frontière ? Comment éviter l'afflux, chaque année, sur ces anciennes terres mexicaines et bien au-delà, jusqu'à New York, des milliers de métis hispanophones, qui, avec les millions d'autres qui y sont déjà installés définitivement, constitueront dans quelques décennies le quart de la population américaine ? Malgré la mise en œuvre de méthodes de plus en plus brutales et sophistiquées, les Yankees n'y sont jamais parvenus. Ces nouveaux venus, étrangers à la culture anglo-saxonne de l'Amérique blanche traditionnelle, vont poser à celle-ci, avec de plus en plus d'acuité, des problèmes de partage du pouvoir dans tous les domaines. Il n'est pas certain que ces problèmes seront plus facilement résolus que les difficultés d'intégration déjà posées depuis longtemps par les Noirs. Les déclarations incantatoires et conjuratoires sur le multiculturalisme risquent fort de ne pas y suffire.

Pour le moment, cela n'empêche pas les « gringos » de jouer aux Indiens et d'être dans toute l'Amérique latine sur le sentier de la guerre contre tout ce qui peut leur porter ombrage [3].

Tout au long de la guerre froide, la lutte contre le communisme fut la grande affaire des États-Unis en Amérique latine, comme partout ailleurs dans le monde. Cela les conduisit à y soutenir systématiquement les dictatures les plus conservatrices, les plus corrompues et les plus cruelles, face à toutes les revendications démocratiques, dont les porte-parole, lorsqu'ils réussissaient parfois à accéder au pouvoir, étaient très vite renversés

---

3. L'origine du mot « gringo » remonte aux guerres américano-mexicaines du milieu du XIXᵉ siècle. Pour les Mexicains, les gringos, c'étaient les soldats américains, en uniformes verts — « green », « grin » —, qu'il s'agissait de repousser : « Grin, go home ! » — « Gringo ! » — « Gringos, go home ! » — « Tirez-vous, les verts ! »

par la force, les Américains n'hésitant pas à intervenir directement eux-mêmes, comme au Guatemala, en 1954, contre le président Arbenz, en République dominicaine, en 1965, contre le président Bosh, ou à la Grenade, en 1983, contre le président Bishop, pour ne pas parler de leur rôle dans le renversement du président Allende, au Chili, en 1973, ou bien de leur action en Bolivie dans les années soixante ou au Nicaragua tout au long des années quatre-vingt. Seul Fidel Castro, à Cuba, a réussi jusqu'à présent à leur tenir tête : échec de la tentative de débarquement dans la baie des Cochons en 1961, échec aussi de près de quarante ans d'un blocus économique impitoyable. Partout, l'apparition et le développement de guérillas révolutionnaires, en réaction directe à toutes ces pratiques et comme autant de recherches désespérées d'autres solutions, n'eurent d'ordinaire pour résultat que de provoquer d'autres interventions militaires ou policières américaines, directement ou par l'intermédiaire de forces nationales formées par eux dans des centres spécialisés.

De tous ces centres, l'École militaire des Amériques, créée et financée par le Pentagone dès le début de la guerre froide, en 1946, à Panama, avant d'être transférée en 1984 à Fort Benning, en Georgie, est le plus célèbre. La plupart des plus sinistres dictateurs et des plus abominables tortionnaires de l'Amérique latine sont passés par là pour y « finir » leur formation — les d'Aubuisson (El Salvador), les Noriéga (Panama), les Galtièri (Argentine), les Banzer (Bolivie), entre autres. Au total, de 1946 à aujourd'hui (car l'école existe toujours), plus de 60 000 militaires ou policiers latino-américains — un corps d'élite, si on peut dire — y ont été instruits aux techniques de la lutte anti-insurrectionnelle, le chantage, la torture et l'assassinat sous toutes ses formes figurant en très bonne place dans ses programmes d'enseignements. Ainsi, peut-on lire dans les manuels des stagiaires, « la coopération d'un éventuel informateur sera grandement facilitée par l'arrestation de ses parents, sa mise en détention ou son passage à tabac » ; « susciter la peur, verser des récompenses pour la mort d'un ennemi, simuler l'emprisonnement ou l'exécution peut produire le même résultat » ; « ne pas manquer non plus d'offrir des cadeaux pour toute information conduisant à l'arrestation, à la capture ou à la mort de guerilleros ou de tout individu considéré comme un criminel par le gouvernement légitime ». Édifiant !

Aujourd'hui — de même que, du Maroc à l'Asie centrale, la croisade contre le péril vert relaie à présent le combat contre le péril rouge, plus guère crédible pour justifier des mobilisations guerrières et le maintien du contrôle du Proche-Orient pétrolifère par les grandes compagnies yankees — la lutte contre la drogue, le péril blanc, se conjugue avec l'action contre les guérillas insurrectionnelles, en perte de vitesse, pour servir de prétexte au maintien de la présence policière et militaire américaine en Amérique latine, dans la perspective de la mise en place d'un vaste marché des Amériques qui devra s'étendre sans entraves de l'Alaska à la Terre de Feu.

Il est bien exact que les États-Unis sont confrontés à un très gros problème face à la drogue. Ils sont, de très loin, le pays du monde qui compte le plus grand nombre de consommateurs de psychotropes : alors que leur population ne représente que 4 % de la population mondiale, ils absorbent, à eux seuls, plus de 60 % de la drogue consommée sur toute la planète et cette consommation, qui n'est pas sans rapport avec l'augmentation exponentielle de la criminalité urbaine, ne cesse de s'accroître — symptôme évident d'une société peut-être politiquement correcte mais beaucoup plus malade moralement que le laissent supposer les cow-boys virils de ses publicités commerciales et les bonnes joues de son président, qui, il est vrai, préfère quant à lui, assez sainement, courir les jupons plutôt que sniffer de la cocaïne (Ah ! Monica !).

Cependant, de bonne ou de mauvaise foi, les Américains ne perçoivent guère ce fléau qui les frappe que comme un problème de production, dont ils seraient les premières victimes, et non pas comme un problème de consommation. Au lieu de s'attaquer aux causes internes de leur malheur, ils consacrent l'essentiel de leurs efforts à la lutte, hors de leurs frontières, contre la production et le trafic des stupéfiants, pour l'essentiel à la lutte contre la cocaïne, dont la matière première, la feuille de coca, est surtout cultivée, traditionnellement, dans les pays andins de l'Amérique latine, notamment en Colombie, au Pérou et en Bolivie. Ils sont, en revanche, bien plus tolérants pour le Mexique, qui est le principal pays de transit de la marchandise, réduite en pâte puis raffinée, à destination de leur territoire, mais qui est d'abord pour eux, comme pour le Canada, leur partenaire au sein de l'« Alena », le marché commun nord-américain.

Durant la guerre froide, les Américains ne s'étaient pas beaucoup souciés de ce trafic, qui n'avait pas pris l'ampleur qu'il connaît aujourd'hui et qui, surtout, s'exerçait d'ordinaire avec la complicité des régimes dictatoriaux alliés de Washington dans la lutte contre le communisme, comme leurs homologues de plusieurs pays d'Asie producteurs d'opium. À la fin des années quatre-vingt, ils ont changé d'attitude. La menace communiste ayant disparu, la lutte contre les « narco-trafiquants » a pris le relais de leur combat contre les Rouges, pour justifier le maintien de leur présence policière et militaire, toujours aussi pesante, dans un grand nombre de pays du sud du Rio Grande.

Le président Reagan fut l'initiateur de ce nouveau cours. Dans une circulaire d'avril 1986, il a, le premier, qualifié le trafic de stupéfiants en provenance des pays andins de « grave menace pour la sécurité des États-Unis ». En 1988, il a créé l'*Office of National Drug Control Policy*, qui a pour mission de coordonner l'action de toutes les instances américaines chargées de la lutte contre la drogue. Puis il a organisé à Carthagène, en Colombie, le premier sommet des pays concernés. Ses successeurs, les présidents Bush et Clinton, ont poursuivi et amplifié son action, notamment en Colombie, où les « cartels » de Cali et de Medelin se sont alliés aux anciens et toujours puissants mouvements de guérilla. Cependant, tout ce déploiement de forces n'a toujours pas pu stopper la progression alarmante de la consommation de cocaïne, de morphine, de crack et de toute une gamme de drogues de synthèse sur le territoire américain.

L'oncle avare d'Amérique

Avec les Noirs d'Afrique, les États-Unis ont un problème tout aussi sérieux que celui qui les oppose aux Latino-Américains. Ce problème, on ne peut pas le comprendre, lui non plus, sans remonter également au crime originel : dans ce cas, la traite négrière, dont ils furent les principaux commanditaires et les principaux bénéficiaires, avant d'avoir à en supporter ensuite, et ce n'est pas fini, les inextricables conséquences.

Cette page très sombre de leur histoire, les Américains n'ont eu de cesse d'essayer de l'occulter dans leurs rapports avec les élites africaines modernes, en mettant systématiquement en avant le fait que leur pays n'a jamais été, lui, une puissance coloniale et qu'à l'origine il fut lui-même, au contraire, une colonie, qui un jour se révolta contre sa métropole, oubliant simplement de dire que les glorieux « pères » de leur indépendance contre l'Angleterre, George Washington en tête, dans sa ferme de Gettysburg, avaient tous à leur service des dizaines d'esclaves noirs. Dès la Seconde Guerre mondiale, les États-Unis se firent même les champions des luttes de libération africaines qui s'annonçaient, concurremment avec la Russie et, un peu plus tard, avec la Chine. Au nom de la liberté des peuples et de la démocratie, telle que chacun de ces bons apôtres l'entendait, les trois nouvelles puissances impériales se livraient entre elles à une vive surenchère dans la dénonciation des vieux pays colonialistes d'Europe occidentale, dans le but, évident, de se tailler des parts de marché politiques, diplomatiques et commerciales dans les possessions anglaises, françaises et portugaises en voie d'émancipation.

Après les indépendances noires et tant que dura la guerre froide, dans le contexte du conflit Est-Ouest dominant, les États-Unis levèrent un peu le pied, mettant quelques bémols à leur discours libérateur à forts relents démagogiques. Ils prirent même le parti de laisser les anciennes puissances coloniales européennes tant décriées continuer à tenir en main, pour leur compte en dernier ressort, face aux Russes et aux Chinois, les nouveaux États africains indépendants. Ils n'intervinrent eux-mêmes, assez rarement, que lorsque Paris, Londres ou Bruxelles furent défaillants. Ainsi, dans la Guinée de Sekou Touré, après la rupture entre celui-ci et la France du général de Gaulle, et, surtout, dans l'ex-Congo belge, le futur Zaïre (déjà !), où ils mirent en place, contre Patrice Lumumba soutenu par le camp socialiste et qui fut assassiné dans de sombres conditions, ce Mobutu, fabriqué par la CIA, qu'ils devaient pousser vers la sortie, après un tiers de siècle de bons et loyaux services, dès qu'il ne leur fut plus d'une quelconque utilité.

Plus tard, les Chinois puis les Russes s'étant retirés de la partie, tout danger communiste disparu, ce ménagement des anciennes puissances coloniales n'a plus eu de raison d'être et les États-Unis ont donc repris leurs manœuvres anti-européennes là où ils les avaient laissées au moment des indépendances. L'Union européenne et surtout la France, qui a réussi vaille que vaille à maintenir jusqu'à ces tout derniers temps son influence dans les pays africains qu'elle avait administrés autrefois et même à l'étendre à quelques autres, ont vu alors se développer contre elles une politique américaine de plus en plus agressive, sur les plans politique et diplomatique comme sur le plan commercial.

A priori, on peut penser que les Américains ne sont pas très bien placés pour mener une telle offensive. Leur aide publique au développement, qui a tourné toutes ces années-ci autour de sept milliards de dollars, ne les place, en volume, qu'au troisième rang des apporteurs d'aide dans le monde, derrière le

Japon et la France, et fait d'eux les derniers contributeurs des pays membres de l'OCDE en terme de pourcentage du PNB : 0,15 % seulement, contre plus de 0,50 % pour la France, qui se situe en ce domaine très nettement au-dessus de la moyenne[4]. Qui plus est, sur ces sept milliards de dollars, Israël et l'Égypte, les deux vaches sacrées de l'aide américaine, reçoivent ensemble cinq milliards (trois pour Israël, deux pour l'Égypte, essentiellement consacrés, dans les deux cas, il faut le rappeler, à l'aide militaire), les autres pays du tiers-monde n'ayant que les deux milliards restants à se partager et l'Afrique subsaharienne, au terme d'une baisse régulière depuis plusieurs années, devant se contenter de moins de 500 millions de dollars par an — à comparer aux cinq milliards apportés par la France, avec une forte concentration sur ses anciennes colonies, qui sont ses vaches sacrées à elle. *A priori*, au moins sur cette partie du continent noir, Paris ne devrait donc rien avoir à redouter de cet oncle avare d'Amérique, quelles que soient les mauvaises intentions de celui-ci à son encontre. En fait ce n'est pas tout à fait vrai.

Ces dernières années, l'image de la France en Afrique s'est dégradée, en dépit de l'importance de son aide financière. Elle a inscrit à son débit un soutien trop affiché, même s'il n'a pas toujours été aussi important qu'on le dit, à des équipes en place décriées ou, plus récemment, comme au Niger, à des centurions arrivés au pouvoir par la force et non pas par des procédures démocratiques sincères. Elle s'est vu reprocher aussi une politique de visas considérée à juste titre comme xénophobe et qui apparaît en outre comme en totale contradiction avec les efforts qu'elle déploie pour promouvoir la francophonie. Les diplomates américains en poste dans les capitales subsahariennes

---

4. Tous ces chiffres relatifs à l'aide publique au développement représentent les montants cumulés des diverses formes d'aides : bi et plurilatérales, dons et prêts, coût des assistances techniques civiles et militaires.

n'ont pas manqué de mettre l'accent sur ces comportements erratiques et de faire savoir que l'Amérique, quant à elle, était aux côtés des jeunes cadres africains contestataires, qui dénoncent généralement de tels comportements — et qui, en outre, sont de plus en plus souvent sortis de leurs universités, où elle les accueille libéralement. L'Amérique, il faut en convenir, a, en ce dernier domaine, une politique bien plus intelligente que celle pratiquée jusqu'à ces tout derniers temps par la France qui, pour en quelque sorte « rentabiliser » les universités qu'elle a financées elle-même à grands frais dans de nombreux pays du sud du Sahara, mais qui se sont très vite dégradées, refuse presque complètement d'accueillir dans ses propres universités les étudiants africains francophones des premiers cycles du supérieur — ce qu'elle faisait, pourtant, autrefois avec leurs aînés. (Ceci était, du moins, la raison officielle avancée par Paris, en particulier sous la droite, dont l'attitude en cette affaire s'expliquait par d'autres raisons, moins avouables.)

Cette politique universitaire, confortée par des discours vertueux sur la démocratie, ne coûte vraiment pas très cher aux États-Unis, qui, en conséquence, ont désormais au sud du Sahara leurs *Chicago boys* bien endoctrinés, comme ils en ont depuis plus longtemps déjà au sud du Rio Grande ; mais elle commence à leur rapporter gros, notamment des contrats assez juteux, décrochés par leurs firmes au détriment de leurs concurrentes françaises et européennes, dans quelques secteurs technologiquement et financièrement intéressants : télécommunications, eau et électricité, entre autres, pour ne pas parler du pétrole. À ce jour, ils ne réalisent encore en Afrique noire que 1 % de leurs exportations totales ; ils ne peuvent donc que progresser.

Forts de ces succès, les Américains, faisant de nécessité vertu, tiennent même de plus en plus un discours audacieux sur le thème du *Trade, not aid*, qui agace prodigieusement Paris et Bruxelles mais qui n'en trouve pas moins, quoi qu'on puisse en dire, des oreilles attentives à Abidjan et à Dakar, à Yaoundé et à Libreville, les oreilles de ces jeunes cadres formés à leur image, et qu'ils ont l'habileté d'intéresser personnellement à leurs affaires, même si ces affaires ne sont pas toujours conformes à l'intérêt général des pays concernés. Et tant pis si tout cela débouche à la longue sur une dégradation accrue des systèmes d'éducation et de santé, que les Européens — tout particulièrement la France, qui est bientôt la seule à continuer à pratiquer une politique de coopération « globale » dans ces contrées — sont de plus en plus las de tenir à bout de bras.

Ouvrant les travaux de la réunion annuelle du G7, en juin 1997 à Denver, Bill Clinton, qui décidément ne manque pas de culot, n'a pas hésité à affirmer, en présence d'un parterre de diplomates et d'hommes d'affaires africains, invités pour la circonstance et qui n'ont pas pipé mot, qu'il était urgent de passer en Afrique « d'une relation de donateur à assisté à une relation de vendeur à client ». Et d'annoncer dans la foulée « une grande initiative pour l'Afrique », qui a en commun avec quelques autres grandes initiatives de ces dernières années, « pour l'Amérique » ou « pour le Pacifique », de reposer sur une doctrine toute simple de « laisser faire, laisser passer », sur une déréglementation économique la plus totale possible, favorable aux plus forts, au plus fort, tout le monde comprend de qui il s'agit. Tous ces thèmes ont été repris, avec une grande assurance, à la faveur de la grande tournée-spectacle que le président américain a effectuée en Afrique noire du 22 mars au 2 avril 1998 — au Ghana, en Afrique du Sud, au Botswana, en Ouganda et au Sénégal.

D'assurance, d'arrogance, l'Amérique n'en avait déjà pas manqué, en septembre 1996, pour débarquer Boutros Boutros-Ghali de son poste de secrétaire général des Nations unies. Le mandat du diplomate égyptien venait à échéance. Comme la plupart de ceux qui l'avaient précédé, il pouvait en briguer un second, normalement sans difficulté. Mais les États-Unis lui reprochaient une mauvaise gestion financière, ce qui était loin d'être prouvé, alors que chacun sait, en revanche, que si la grande organisation mondiale connaît des difficultés en ce domaine, c'est essentiellement parce que l'Amérique, qui entend par ce biais la paralyser et mieux la tenir en main, lui doit plus d'un milliard et demi de dollars de contributions obligatoires impayées, soit l'équivalent de plus d'une année de frais de fonctionnement. En fait, sans l'avouer, les Américains reprochaient surtout à Boutros-Ghali de leur avoir tenu tête en quelques affaires, notamment au Proche-Orient — ce qu'on n'avait pas admis à la Maison Blanche, au Pentagone et au département d'État. C'est Madeleine Albright, la titulaire actuelle de ce dernier poste, qui représentait alors son pays à l'ONU, qui se chargea de l'opération. Elle la réussit brillamment, les quatre autres membres du Conseil de sécurité, dont la France chiraquienne, s'étant couchés devant elle. Elle n'eut plus alors qu'à pousser la candidature d'un autre diplomate qu'elle tenait en réserve, parce que les dirigeants américains l'avaient depuis longtemps dans leur poche, le Ghanéen Kofi Annan, qui a fait toute sa carrière à New York, dans la grande maison de verre, et qui, lui, ne risquait pas de poser de problèmes au maître américain, comme on devrait le voir, début mars 1998, dans le désamorçage de la nouvelle crise du Golfe dans laquelle Washington s'était fourvoyé. L'Oncle Sam avait trouvé son Uncle Ben's. N'était-ce pas là la marque d'une grande politique africaine ?

The Business of America

« The business of America is business », « L'affaire de l'Amérique, ce sont les affaires », disait déjà en 1923 le président Calvin Coolidge. Trois quarts de siècle plus tard, c'est toujours aussi vrai. Au demeurant, ce l'était déjà dès les toutes premières années de l'existence des États-Unis : « Notre seule règle de conduite dans nos rapports avec les nations étrangères », avait dit George Washington dans son discours d'adieu, « doit être d'établir avec elles des relations commerciales comportant aussi peu de contacts politiques que possible. » Même si, comme on vient de le voir, la deuxième partie de cette recommandation n'est plus du tout suivie aujourd'hui par les dirigeants américains, qui, au contraire, ont été amenés tout au long de ce siècle à s'impliquer de plus en plus dans la politique mondiale, au fur et à mesure que leur pays montait en puissance, sa première partie demeure, en revanche, plus que jamais d'actualité. En ce domaine, le président Clinton est le disciple on ne peut plus fidèle de la plupart de ses prédécesseurs depuis le premier et le plus illustre d'entre eux. Dès son premier mandat en 1993, son action au-dehors, par-delà ses objectifs stratégiques, a été dominée par ce souci mercantile. Les États-Unis ont l'ambition de dominer indéfiniment toute la planète par goût de la puissance et parce qu'ils ont la conviction d'en avoir reçu de Dieu la mission, mais aussi parce qu'ils aiment tout autant gagner de l'argent, de plus en plus, toujours plus, tout cela étant mêlé de la façon la plus étroite : « In God, in gold and in colt, we trust. »

Avec la fin de la guerre froide, la bataille principale pour l'hégémonie mondiale est passée, au moins pour un temps, du champ militaire au domaine économique. Pour les Américains, dont la puissance des armes est aujourd'hui incontestée, bien qu'on puisse tenir pour assuré que, à terme, au moins la Chine leur tiendra tête, et peut-être aussi l'Europe et à nouveau la Russie, le commerce international est devenu d'une importance stratégique majeure : leurs exportations augmentent aujourd'hui trois fois plus vite que le reste de leur économie et elles contribuent à hauteur des deux tiers à leur croissance nationale, même si leur balance commerciale demeure la plus déséquilibrée du monde — ce que compense seulement le fait que le dollar reste quant à lui la monnaie de compte de toute la planète (seul l'euro pourra remettre un jour en cause cette suprématie). Ces années-ci, les États-Unis ont donc réorienté leur politique extérieure dans un sens familier pour eux : conquérir les marchés étrangers, avec une volonté de l'emporter en toutes circonstances qui n'épargne pas plus leurs anciens alliés du temps du conflit Est-Ouest dominant — les pays de l'Europe occidentale et le Japon — que leurs adversaires de cette période à présent révolue. « Lorsqu'on n'a plus d'ennemis communs », expliquait récemment, maniant l'euphémisme, un ancien secrétaire d'État au Commerce extérieur du président Clinton, Jeffrey Garten, « on n'est plus aussi amènes les uns avec les autres. » En fait, dans cette lutte pour les marchés étrangers, les Américains sont devenus d'une agressivité, d'un cynisme et d'une arrogance que leurs partenaires ont de plus en plus de mal à supporter.

En succession de ce qu'avait déjà entrepris son prédécesseur George Bush, le président Clinton a fait du commerce international, dès son arrivée à la Maison Blanche, une priorité absolue, dépensant une très grande énergie pour faire aboutir ou réactiver dans tous les domaines et tous azimuts, en Amérique latine, en Asie, en Europe et même, plus récemment, en Afrique, de grands accords commerciaux, qui ont tous pour objet essentiel — comme les nouveaux accords du Gatt, signés à Marrakech en avril 1994 et qui ont débouché sur la création de la nouvelle Organisation mondiale du commerce (l'OMC) — de libérer au maximum l'accès, pour leurs firmes, à tous les marchés du monde. Quand on estime être les plus forts, qu'y a-t-il de mieux que la liberté sans réglementation et sans entraves ? Au XIXe siècle, on ne voyait pas les choses autrement dans l'Angleterre qui était alors la première puissance de la planète. Bien avant Adam Smith et Ricardo, qui avaient théorisé quelque cent ans plus tôt la doctrine du « laisser faire, laisser passer », le jurisconsulte Grotius, dans une Hollande dont la flotte était alors supérieure à toutes les marines réunies des autres pays de la chrétienté, avait publié, en 1609, son *Mare liberum*, pour conforter la puissance maritime des Bataves sur toutes les mers du monde. On pourrait trouver bien d'autres ancêtres aux économistes néo-libéraux de l'école de Chicago, défendant toujours, au bénéfice exclusif de leur nation et dans des contextes historiques semblables, au nom de la liberté, la loi du plus fort ou, plus précisément, la loi de celui qui se voit comme tel et qui pense qu'il le demeurera indéfiniment — même s'il s'agit d'une grande illusion, que dément toute l'histoire de l'humanité.

Comme des grands qui fixent les règles du jeu à leur profit dans la cour des petits, tout en se réservant de se dispenser de les respecter, si, dans une phase de la partie, elles peuvent les gêner, les Américains n'agissent pas en cette affaire avec une parfaite loyauté vis-à-vis de leurs concurrents. Après s'être battus pendant sept ans, avec un rare acharnement, pour une extension du champ de compétence et un renforcement de l'autorité du Gatt[5] — les négociations de l'Uruguay Round, qui devaient déboucher sur une beaucoup plus grande libéralisation du commerce mondial —, ce n'est qu'avec force réticences et sous d'importantes réserves qu'ils ont ratifié, à la fin de novembre 1994, l'accord de l'OMC, qui est entré en fonctionnement le 1er janvier 1995. En fait, le Congrès n'a ratifié l'accord de Marrakech que sous l'expresse réserve que les États-Unis pourraient se dispenser de le respecter chaque fois qu'ils jugeraient qu'ils sont victimes d'une concurrence « déloyale », terme on ne peut plus vague, laissant la porte ouverte aux *desiderata* des responsables de pratiquement toutes les branches de leur économie éventuellement menacés par la concurrence internationale. Depuis, les crises provoquées par ces « faux derrières » n'ont cessé de se succéder. Ils ne cessent de

---

5. Le *General Agreement on Tariffs and Trade*, qui, à partir de 1947, a permis de commencer à libéraliser le commerce international des marchandises.

manœuvrer pour opposer leurs partenaires entre eux, au sein de l'Union européenne ou entre celle-ci et la Chine ou le Japon. Quand cela ne suffit pas, ils n'hésitent jamais à recourir au chantage et à user de menaces, notamment celle de recourir à leur « super 301 ». En fait, ils se comportent avec l'OMC comme autrefois avec le Gatt. Ils font appel à elle quand cela les arrange ; ils s'en abstiennent et agissent unilatéralement quand leur cause est tout à fait contestable.

Ainsi, après avoir circonvenu les Allemands, ils ont engagé auprès de l'OMC en 1997, et ils ont gagné, une « guerre de la banane » contre l'Union européenne, obtenant que soient abolies les préférences commerciales qui avaient été accordées jusque-là par l'Europe aux producteurs de bananes de ses pays associés d'Afrique, des Caraïbes et du Pacifique (les accords CEE-ACP) mais qui étaient refusées aux producteurs de plusieurs pays d'Amérique latine, derrière lesquels se trouvent, en fait, deux grandes multinationales nord-américaines, *Dole (Castel and Cooke)* et *Chiquita* (l'ex-*United Fruit*, dont le grand romancier guatémaltèque Miguel Angel Asturias a dénoncé les agissements, il y a cinquante ans déjà, dans un de ses livres les plus célèbres, *Le Diable vert*). C'est un très dangereux précédent qui a ainsi été créé pour la poursuite harmonieuse des relations, mutuellement fructueuses, entre l'Europe et l'Afrique.

Presque au même moment, autre exemple, les États-Unis ont obtenu de l'OMC l'annulation de l'interdiction européenne d'importer sur le marché des Quinze de la viande aux hormones de croissance, au motif que les préoccupations sanitaires européennes n'étaient pas scientifiquement prouvées (alors que, bien évidemment, seraient tout à fait fondés les interdits absolus des Américains à l'encontre des fromages français !). Cette décision, qui constitue une importante victoire pour l'industrie américaine du bétail, ouvre la porte aux exportations vers l'Europe — où, il faut le reconnaître, de puissants intérêts locaux militent pour cela — d'aliments génétiquement modifiés, comme déjà le maïs, en en attendant bien d'autres.

En revanche, toujours à la même époque, les Américains sont parvenus, par des pressions diverses — dont, une fois de plus, la menace de la mise en œuvre des procédures unilatérales de leur « super 301 » et de manipulations du dollar à la baisse, qui poussaient à la hausse le yen et les autres monnaies, handicapant d'autant les exportations nipponnes et européennes —, à soustraire à l'arbitrage de l'OMC leur litige avec le Japon sur le commerce des automobiles. « Nous allons lâcher sur eux la bombe atomique », avait délicatement déclaré dix-huit mois plus tôt — l'année du cinquantième anniversaire du bombardement d'Hiroshima et de Nagasaki — l'ineffable Mickey Kantor, qui avait été le principal négociateur américain de l'Uruguay Round et qui était alors secrétaire d'État au Commerce. Les Japonais n'ont cependant pas démantelé pour autant leurs « Kereidtsus », leurs cartels industriels, commerciaux et financiers, qui, de fait, verrouillent leur marché.

De même, pour continuer à protéger le plus possible leurs banquiers et leurs assureurs, les Américains, craignant la concurrence européenne, se sont dérobés jusqu'à présent à la conclusion de tout accord international sur la libéralisation des services financiers, dont le flux annuel, évalué à 300 milliards de dollars, représente environ le tiers des échanges mondiaux de services toutes catégories confondues, qui eux-mêmes constituent le quart du total des transactions commerciales de toute la planète.

Que dire, enfin, de la fusion monopolistique à l'échelle mondiale, au pays de la loi antitrusts, des firmes aéronautiques Boeing et Mac Donnel-Douglas, que l'Union européenne, pas très unie une fois de plus, n'a pu empêcher, Bill Clinton intervenant en personne auprès de tous ses leaders, un à un ?

Face à l'Europe, les Américains sont aussi mobilisés — tous leurs diplomates et leurs avocats en tête — dans une quantité d'autres guerres : du blé, de l'acier, de l'aéronautique, des

« produits » culturels, pour ne parler que des querelles où ils font le plus de bruit.

De même, refusent-ils de se plier à la volonté de la plus large partie de la communauté internationale en ce qui concerne la renonciation à la fabrication et à l'utilisation des mines antipersonnel, ou bien encore en ce qui concerne la réduction des gaz à effet de serre, responsables d'un réchauffement climatique qui menace les équilibres de la planète.

Deux lois adoptées coup sur coup en mars et en août 1996, par lesquelles ils prétendent imposer leur façon de voir au monde entier au nom des seuls impératifs de leur politique étrangère, ont mis le feu aux poudres. Par ces deux lois, la première, la loi Helms-Burton, dirigée contre Cuba, et la seconde, la loi d'Amato-Kennedy, qui vise l'Iran et la Libye, les États-Unis souhaitent atteindre ces trois pays ennemis par un boycottage renforcé, en s'attaquant à d'autres qu'ils assurent être leurs amis, mais qu'ils entendent néanmoins soumettre à des décisions contraires à leurs propres intérêts, décisions auxquelles ceux-ci n'ont en tout état de cause pas été associés. Voilà que l'Amérique entreprend à présent de légiférer pour les autres nations souveraines !

La loi Helms-Burton a pour objectif le renversement de Fidel Castro et elle vise surtout les sociétés mexicaines et canadiennes qui ont investi dans l'économie cubaine. Elle comporte deux mesures on ne peut plus contestables. Elle accorde tout d'abord aux ressortissants américains dont les biens à Cuba ont été autrefois nationalisés par le régime communiste la possibilité de poursuivre devant les tribunaux des États-Unis toute personne ou société dans le monde qui se livrerait à un « trafic » sur ces biens, c'est-à-dire qui les rachèterait ou s'associerait avec leurs détenteurs cubains. Elle prévoit, d'autre part, de refuser l'entrée aux États-Unis à ces personnes ou aux dirigeants de ces sociétés et à leurs familles.

La loi d'Amato-Kennedy concerne surtout les compagnies pétrolières européennes, comme, par exemple, la française Total, qui a repris en Iran un permis de l'américaine Conoco et qui s'apprête à réaliser, à hauteur de 40 % et en association avec des partenaires iranien (la Nioc), russe (Gazprom) et malaisien (Petromas), un investissement de 2 milliards de dollars dans la mise en exploitation d'une partie du gisement gazier géant de South Pars Field, dans les eaux du golfe Persique. Elle interdit tout investissement étranger de plus de quarante millions de dollars dans les secteurs pétrolier et gazier iranien et libyen. À l'appui de cette interdiction, elle prévoit toute une gamme de sanctions : refus de crédit par les banques américaines, interdiction de toute exportation de technologie américaine, interdiction d'importation aux États-Unis de biens produits par la société ou la personne sanctionnées.

Ces deux lois ont provoqué un tollé dans les capitales concernées. Même si elles n'ont été que de peu d'effets jusqu'à présent, elles constituent un précédent très inquiétant. Jusqu'où les Américains vont-ils vouloir aller pour imposer leur façon de voir aux autres ? Jusqu'à quand les autres accepteront-ils d'être régis par la loi impériale américaine ? Qui dira le premier : « Les Américains, ça suffit » ?

Au moins six grands pays ou ensembles de pays ont, en fait, d'ores et déjà entrepris de dire non et de se renforcer en conséquence, même si, pour plusieurs d'entre eux au moins, cela ne va être ni facile ni rapide : l'Union européenne, en cours de constitution ; la Chine, en pleine renaissance ; la Russie, qui renaîtra, même si, pour le moment, on ne sait pas quand ; le Japon, qui, dans ce nouveau contexte, s'affranchira un jour, lui aussi, de la tutelle américaine qui lui est imposée depuis la fin de la Seconde Guerre mondiale ; l'Inde, qui sort lentement mais sûrement d'une très longue léthargie ; l'Amérique latine, qui s'en laissera de moins en moins conter.

De ce retour à un nouveau monde pluripolaire ne pourront que bénéficier, plus tard, les autres acteurs aujourd'hui impuissants de l'histoire, principales victimes des affrontements et des crises de l'après-guerre froide et de l'exercice, provisoire mais impitoyable pour eux, de l'hégémonie américaine.

Autant de peuples, grands ou petits, qui sont de plus en plus tentés de faire leur, de façon excessive certes, la célèbre apostrophe de Caton l'Ancien : « *Delenda, America !* »

Deuxième partie

CEUX QUI DÉJÀ DISENT NON

Chapitre 2

L'EUROPE AUX EUROPÉENS !

BRUXELLES

Depuis cinquante ans, les Européens ont-ils entrepris de s'unir pour seulement pouvoir acheter moins cher leurs boîtes de petits pois, dans un marché mondial dérégulé dominé par les Américains ? Ou bien pour retrouver la maîtrise perdue de leur destin, face à ces mêmes Américains ? Telle est la seule question que tous les citoyens et tous les dirigeants de l'Europe en construction doivent se poser en cette fin de siècle où tombent des échéances capitales — monétaires, militaires, institutionnelles — qui, précisément, vont sceller leur destin pour toujours. Oui à l'Europe-puissance, non à l'Europe-supermarché ! Telle est la seule réponse que peuvent apporter à cette question tous ceux qui, plutôt que de rester comme des chiens bien gras attachés à la niche américaine, préfèrent vivre, peut-être un peu maigres mais sans protecteur, la liberté du loup.

Aux deux extrémités de l'immense continent eurasiatique se lèvent les forces de la remise en cause de l'hégémonie américaine sur le monde, qui n'aura été finalement qu'éphémère. La chute du mur de Berlin n'a pas marqué la fin de l'histoire, elle continue. La Chine est en train de reconquérir sa puissance ancestrale, l'Europe doit retrouver son rang. Après cela, la Russie renaîtra, le Japon s'affranchira, l'Inde s'éveillera ; le monde arabo-musulman, l'Amérique latine, l'Afrique bénéficieront de marges de liberté plus grandes qu'aujourd'hui. Au cœur de l'Europe, la France, qui ne peut plus être seule, aura retrouvé sa vocation universelle.

Dans cette marche vers la reconquête de la maîtrise de son destin, l'Europe aura franchi d'ici quelques mois une étape essentielle, celle de la création d'une monnaie à la mesure de sa puissance économique, qui sera dès lors, définitivement, la première du monde. Mais elle devra encore en parcourir deux autres, tout aussi cruciales. Elle devra se doter d'institutions politiques fortes et démocratiques, car ce sera la condition de son extension à la totalité de son espace géographique, historique et culturel. Elle devra redevenir une puissance militaire autonome, sans quoi elle ne sera jamais véritablement maîtresse de sa politique extérieure.

Battre monnaie

Le 1er janvier 1999, l'Europe aura sa monnaie, pour la première fois depuis la chute de l'Empire romain la même monnaie, de Cadix à Heidelberg, de Dublin à Venise, de Brest à Helsinki. Cela va être un des événements les plus importants de cette fin de siècle, peut-être même le plus important.

L'Europe est depuis longtemps la première puissance commerciale de la planète. Alors qu'elle ne rassemble, dans les frontières actuelles des « Quinze », que 6 % de la population mondiale, elle produit 30 % de la richesse des cinq continents et elle assure le tiers de leurs transactions. Jusqu'à présent, cependant, son rôle monétaire est demeuré très faible, sans rapport avec cette richesse. Plus de la moitié du négoce international s'effectue en dollars et 80 % des transactions sur le marché des changes se font dans la devise américaine. La création de l'euro va changer cette donne.

L'euro va devenir très vite, aux côtés du dollar et, secondairement, du yen, une grande devise internationale de transaction et de placement, la première peut-être d'ici quelques années.

Monnaie de transaction, l'euro, dès sa création, va être utilisé par les entreprises européennes pour la facturation de leurs échanges intracommunautaires. 60 % des échanges européens vont ainsi être mis à l'abri, *ipso facto*, des fluctuations monétaires internationales, tout d'abord, de celles du dollar (dans le cas de la devise américaine, il serait au demeurant plus exact de parler de manipulations plutôt que de fluctuations). Cette stabilisation va être d'un grand intérêt : lors de la crise du printemps 1995, les fluctuations monétaires au sein de l'Union européenne ont coûté à celle-ci deux points de croissance et un million et demi d'emplois.

L'usage de l'euro s'étendra rapidement, d'autre part, au-delà des frontières de l'Union, aux pays de l'Europe centrale et orientale, dont les monnaies sont déjà rattachées au deutschemark, officiellement ou *de facto*, ainsi qu'à près d'une quinzaine de pays de l'Afrique subsaharienne, qui sont déjà liés au franc français selon une parité fixe (le changement du franc en euro n'empêchera pas du tout, en effet, le Trésor public français de continuer à gérer, en toute souveraineté, cette relation spécifique). Enfin, l'euro sera utilisé comme monnaie de facturation par les pays du bassin méridional et oriental de la Méditerranée pour leurs transactions avec leurs partenaires de l'Union européenne, avec lesquels ils vont être associés de plus en plus par des accords de libre-échange, puis, dans une phase ultérieure, par des accords d'union douanière, analogues à celui dont bénéficie déjà la Turquie.

Dans le même temps, l'euro va devenir une très importante

monnaie de placement. Il va, tout d'abord, se substituer à des monnaies européennes qui sont déjà, ensemble, des vecteurs d'investissement considérables : de 1981 à 1995, la part des devises européennes dans les portefeuilles d'obligations internationales est passée de 18 % à 37 %. Par ailleurs, dès janvier 1999, les États membres de la nouvelle zone monétaire feront basculer dans celle-ci tout le stock de leurs dettes publiques déjà existantes à cette date. Pour se faire une idée de l'importance des sommes en jeu, il suffit de savoir que, à elle seule, la dette publique française représente actuellement environ 5 500 milliards de francs, soit autour de 900 milliards de dollars, soit encore l'équivalent de sept à huit mois de la production nationale de la France. Par la suite, toutes les nouvelles émissions d'obligations publiques à l'intérieur de la zone se feront en euros. Enfin, l'importance conjuguée de toutes ces liquidités va abaisser automatiquement les coûts des transactions sur l'euro à un prix analogue aux coûts de celles sur le dollar. La nouvelle devise européenne en deviendra aussi attractive que l'américaine pour tous ceux qui, de par le monde, voudront diversifier leurs placements financiers.

Pour lors, le 1er janvier 1999, il en sera bien fini de la suprématie du dollar. Comme tout le monde, les Américains vont devoir commencer à payer leur dette publique, de loin la plus élevée de toute la planète (de l'ordre de 5 500 milliards de dollars, soit environ 33 000 milliards de francs contre, à titre de comparaison, environ 900 milliards de dollars, soit 5 500 milliards de francs, pour la France). Comme tout un chacun, ils devront commencer, enfin, à y regarder à deux fois avant de faire marcher leur « planche à billets ».

Au-delà de ces considérations de puissance, pour les entreprises européennes, les avantages qui vont découler de cette monnaie forte sont évidents. L'euro va supprimer les coûts de conversion au sein de l'Union (on les estime à environ 200 milliards de francs par an, soit un demi-point du PIB communautaire). Dans son espace, l'euro fera disparaître le coût du risque de change (en France, on l'estime à 1 % du chiffre d'affaires « export », alors que la rentabilité nette des entreprises à l'exportation est en moyenne de 4 %, soit un gain de l'ordre de 25 %). Pour toutes les transactions en euro, disparaîtront aussi les coûts, pas du tout négligeables non plus, surtout pour les grandes entreprises, de la tenue de comptabilités multidevises. Enfin, une concurrence financière, forcément accrue sur ce grand marché euro, ne pourra que rendre moins onéreux le coût du crédit bancaire pour tous.

Cependant, pour que les quinze États membres de l'Union européenne (onze dès à présent, les quatre autres dans relativement peu de temps) parviennent à admettre qu'il est devenu de leur intérêt majeur de battre monnaie en commun et qu'ils doivent renoncer à l'exercice solitaire de cette prérogative de leur souveraineté, le chemin parcouru a été rude. Même pour ceux qui étaient convaincus du bien-fondé de ce partage de leur indépendance monétaire, la marche a été difficile. Dans une période de dépression économique, marquée depuis plusieurs années par de faibles taux de croissance et, en revanche, par des niveaux de chômage très élevés, il leur fallait néanmoins assainir en très peu de temps leurs finances publiques et donc s'engager dans des politiques d'austérité assez drastiques, *a priori* peu à même de contribuer à une reprise de l'expansion.

Le traité de Maastricht du 10 décembre 1991 qui, en parachèvement du marché unique [1], avait décidé la création de la

---

[1]. Durant les dix années de la présidence Delors, la Communauté européenne est devenue l'Union européenne à travers quelques grandes étapes : suppression des frontières à l'intérieur de la Communauté (31 décembre 1992) ; harmonisation des législations des États membres avec l'adoption de l'Acte unique débouchant sur le marché unique (1er janvier 1993) ; adoption de la limitation des dépenses agricoles, de l'aide aux régions et de la réforme du budget commu-

monnaie unique (l'euro) posait, en effet, comme principe de base de la mise en place de celle-ci, l'alignement préalable des futurs États membres de la nouvelle zone monétaire sur des critères identiques de bonne gestion financière. Des « critères de convergence » précis avaient été fixés, difficiles à atteindre pour les États membres. Deux d'entre eux faisaient tout particulièrement problème, celui relatif à la dette publique, qui ne devait pas être supérieure à 60 % du PIB du pays candidat à l'euro, et celui du déficit public, qui ne devait pas dépasser le seuil, assez bas, de 3 % du PIB [2]. En 1993, seul le Luxembourg répondait à ces critères. L'Italie, l'Espagne, le Portugal et la Grèce — le « Club Med », comme on disait alors à Bonn avec mépris — paraissaient tout à fait incapables de les satisfaire d'ici l'échéance du 1er janvier 1999, fixée pour le lancement de la nouvelle monnaie. La France et l'Allemagne elles-mêmes allaient avoir du mal à y parvenir ; la première en ce qui concernait ses déficits publics, du fait de la gestion très laxiste du gouvernement d'Édouard Balladur qui, les élections présidentielles approchant, avait fait sauter allégrement les anses du panier, tout en voulant se faire prendre néanmoins pour Poincaré et Pinay réunis ; la seconde, en ce qui concernait sa dette publique, en conséquence du coût très élevé de la remise à niveau des länders de l'ex-RDA.

À partir de là, pour des raisons de politique intérieure évidentes, tous les démagogues allaient surenchérir dans leur

---

nautaire ; adoption du traité de Maastricht, signé en décembre 1991 et entré en vigueur le 1er janvier 1994, instituant la monnaie unique et jetant les bases de l'Union politique européenne. Les prochaines étapes qui devront être pilotées par Jacques Santer sont, pour l'essentiel, le passage à la monnaie unique, la réforme des institutions dans la perspective de nouveaux élargissements et ces nouveaux élargissements eux-mêmes.

2. Par dette publique et déficit public, il faut entendre ceux, cumulés, de l'État, des collectivités locales et des institutions sociales.

opposition à l'entreprise, en invoquant, bien sûr, les raisons les plus nobles, qui se proclamant les sauveurs de la patrie en danger et de ses « valeurs » menacées, qui se posant en défenseurs des « acquis sociaux » ou bien des particularismes nationaux, face à l'hydre bureaucratique bruxelloise, aux « eurocrates » sans racines et sans âme, élaborateurs de « directives » niveleuses des différentes cultures nationales constitutives jusque-là de la vraie Europe, l'« Europe des patries »[3]. Pour la plupart des Anglais, il était inconcevable que la livre sterling, institution majeure du vieil Empire britannique, puisse disparaître un jour, au bénéfice d'une monnaie « continentale »,

---

3. Au plus gros de cette bataille de Maastricht, en fait, de l'euro, on entendit en Europe les citoyens, mal informés, dire n'importe quoi. Les Français, par exemple, se battaient pour la sauvegarde de leurs fromages au lait cru et pour la reconnaissance de leur droit à chasser la palombe. Deux sujets de sa Gracieuse Majesté sauvèrent cependant l'honneur, c'est-à-dire le sens de l'humour. À partir d'une circulaire 79/112/CE du 8 décembre 1978 de la Commission de Bruxelles concernant la circulation de la saucisse en Europe, un compositeur écossais, William York, et un librettiste gallois, David Clough, créèrent en 1994, aux Pays-Bas où ils vivaient, un opéra qui fera certainement date dans la petite histoire de la construction européenne : *Toward a Single European Sausage (Vers une saucisse européenne unique)*. Dans la première scène de cette œuvre, les députés des Quinze sont réunis à Strasbourg pour une conférence de trois jours sur la directive relative à la saucisse. « Here in Strasbourg, at this time, top Euro-mats are gathered in a quest to unify the Euro-Worst... » (« Ici à Strasbourg, en ce moment », chante le chœur, « des Euromates supérieurs se réunissent au sommet pour tenter d'unifier l'eurosaucisse ! Pour décider quelle sera la saucisse dans nos assiettes. La "wurst" allemande ou hollandaise ? Le "salami" italien ? Le "chorizo" espagnol ? Le "saucisson" français ? ou le "banger" anglais ? » Après de nombreux rebondissements, dont une tentative franco-allemande, qui tourne court, d'imposer à tout le monde une « saucisse d'Alsace-Lorraine », l'opéra-conférence se termine sur un constat provisoire d'échec, qui est cependant aussi un chant d'espoir. « May be another place, another time... » (« Peut-être qu'en d'autres lieux, en d'autres temps, nous marcherons enfin tous ensemble vers une saucisse européenne unique. »)

napoléonienne. À quoi aurait servi alors Trafalgar et Waterloo ? Pour la très grande majorité des Allemands, il n'était pas question de remplacer le deutschemark, symbole de la renaissance de la République fédérale et garant de sa puissance économique, par une devise au statut et à l'avenir incertains, qui ne pouvait être que fragilisée et discréditée par la cogestion forcément insouciante des Français, des Italiens et des Grecs.

En France, à l'occasion d'un référendum de ratification du traité de Maastricht, qui ne fut acquise, en septembre 1992, qu'à quelques centaines de milliers de voix, on vit se constituer une étrange coalition europhobe, rassemblant des personnalités emblématiques de toutes les familles politiques, du communiste Robert Hue au leader du Front national Jean-Marie Le Pen, en passant par le socialiste en rupture de ban Jean-Pierre Chevènement, qui jouait les Déroulède, par les gaullistes Charles Pasqua et Philippe Séguin, qui faisaient dans le populisme pour tenter de supplanter Jacques Chirac, timide partisan du oui, à la tête du RPR, et par le vicomte vendéen Philippe Le Jolis de Villiers de Saintignon, un nostalgique chouan de l'ancienne monarchie, soutenu par un excentrique franco-anglais, Jimmy Goldsmith, qui avait fait fortune dans la spéculation sur le sucre et le blé et qui, depuis lors, se prenait pour un grand penseur politique. Très vite, ces batteurs d'estrades anti-maastrichtiennes à la bonne foi pas très évidente fixèrent l'attention sur les procédures contraignantes du projet qu'il s'agissait de ratifier et firent accroire à un très grand nombre de Français — mais il en allait de même dans les autres capitales de l'Union — que le traité de Maastricht n'était qu'un cilice que ses auteurs irresponsables et inconscients voulaient les contraindre à porter, et qu'il n'avait pour objet, sans aucune raison sérieuse, que la mortification et la discipline. Refusant d'admettre, et *a fortiori* de dire, que les efforts demandés au pays n'avaient pour objet que d'établir une zone monétaire stable, sans dévaluations sauvages, de donner naissance à une monnaie puissante et indépendante de toutes les autres, dont les retombées économiques et sociales ne pourraient être que bénéfiques, ces champions autoproclamés du patriotisme et du progrès social, violemment anti-atlantistes pour la plupart d'entre eux, ne se comportaient, en fait, que comme des agents de l'Amérique impériale qui, elle, en revanche, a vraiment beaucoup à perdre dans cette histoire.

Avant de s'apaiser, ces combats firent quelques victimes dans les rangs de ces croisés d'un autre temps, qui devaient finalement perdre la partie. À Londres, où les conservateurs s'étaient divisés entre pro-européens, proches de la *City*, et « eurosceptiques », qui partageaient les phantasmes de la *lower middle class*, dont Margaret Thatcher elle-même était issue, le Premier ministre John Major, successeur de la « Dame de fer », perdit dans l'aventure le 10, Downing Street, au bénéfice du travailliste Tony Blair, dont le parti, devenu le New Labour, était dans son ensemble moins hostile que celui des *tories* à la construction communautaire. À Paris, Charles Pasqua ruina ses chances de devenir président du Sénat — qui étaient sérieuses avant que, coutumier des conduites d'échec, il ne s'engage avec fougue dans le combat anti-Maastricht ; surtout, Jacques Chirac se lança tête baissée, en mai 1997, dans une « expérience hasardeuse » de dissolution anticipée de l'Assemblée nationale fatale à ses amis, parce qu'il avait jugé habile, à tort, de renvoyer ceux-ci devant leurs électeurs avant l'adoption, qu'il jugeait inévitable, de nouvelles mesures d'austérité selon lui nécessaires pour permettre à la France d'atteindre les fameux « critères ». À Rome, les communistes orthodoxes de *Rifondazione*, qui faisaient de la surenchère gauchiste au gouvernement pro-européen de centre-gauche de Romano Prodi, manquant même de renverser celui-ci à l'automne 1997, furent finalement réduits à jouer piteusement les *Pantalones*[4], votant la confiance après

---

4. *Pantalone*, personnage fanfaron et hâbleur de la *commedia dell'arte*, qui se

l'avoir retirée quarante-huit heures plus tôt, et ruinant ainsi ce qui leur restait de crédit.

En fin de compte, cependant, « les tuiles remontèrent sur le toit », comme eût dit Georges Bidaut. Au printemps 1998, onze des États membres de l'Union, sur quinze, s'apprêtaient à adopter l'euro : l'Allemagne, l'Autriche, la Belgique, l'Espagne, la Finlande, la France, l'Irlande, l'Italie, le Luxembourg, les Pays-Bas et le Portugal, certains, notamment l'Espagne et l'Italie, ayant fait des efforts considérables pour y parvenir. Sur les quatre États qui allaient rester en dehors de l'entreprise pour un temps, trois d'entre eux, le Danemark, le Royaume-Uni et la Suède, remplissaient, en fait, les critères de Maastricht ou pouvaient y parvenir dans les délais ; mais, pour des raisons de politique intérieure, ils avaient préféré se donner quelques années supplémentaires de réflexion. Seule la Grèce n'était pas encore parvenue à aligner son économie et ses finances sur celles du reste de la troupe. Déjà, cependant, il était clair qu'au tout début du troisième millénaire, la famille serait au complet. À peu près unanime, la presse américaine elle-même qui, pendant des années, en avait systématiquement douté, l'admettait à présent sans réserve, même si c'était souvent de mauvaise grâce.

Le 5 octobre 1996, réunis à Dublin, les chefs d'État ou de gouvernement des Quinze s'étaient même mis d'accord à l'unanimité — à la demande pressante de l'Allemagne — sur l'adoption d'un « Pacte de stabilité » budgétaire très contraignant, dont le but était d'assurer la stabilité et la crédibilité internationales de l'euro après sa création [5].

---

dégonfle toujours au dernier moment, se couvrant de ridicule. D'où le terme pantalonnade.

5. Le Pacte de stabilité, repris dans le traité d'Amsterdam du 2 octobre 1997, signé en complément de celui de Maastricht, comportait un système de mesures

À côté de la performance remarquable des pays de l'Europe latine, on remarquait la solidité dont avait fait preuve une fois de plus le couple franco-allemand, malgré quelques chamailleries[6], et aussi l'ampleur de l'évolution des Anglais après l'arrivée des travaillistes au pouvoir au printemps 1997 : dès la fin de l'été suivant, tout en refusant de prendre le « premier train » de l'euro, parce que son opinion publique n'y était pas encore prête, Tony Blair faisait savoir sans ambiguïté à ses partenaires qu'il serait à coup sûr dans le second et que, en attendant, il était bien décidé à faire un succès de la présidence de

---

correctives et éventuellement de sanctions, afin de pérenniser la stricte observance des critères de Maastricht, en particulier en ce qui concernait la limitation des déficits publics de chaque État membre à 3 % de son PIB. Par ailleurs, les Quinze étaient également parvenus à un accord sur les fondements du futur mécanisme de change qui associerait les pays qui auraient adopté l'euro dès 1999 (les « ins ») aux autres pays de l'Union qui n'y seraient pas parvenus à cette date (les « pré-ins »), le problème de ceux qui s'obstineraient encore à refuser la monnaie unique et toute règle de rattachement à celle-ci restant toutefois, pour l'heure, sans solution. L'euro servirait de point d'ancrage autour duquel les autres monnaies pourraient fluctuer dans des bandes assez larges, de plus ou moins 15 % par rapport au taux pivot (une sorte de Système monétaire européen bis), et, en échange d'engagements sur des « programmes de convergence », qui définiraient leur progression vers les conditions exigées pour le passage à la monnaie unique, ils bénéficieraient d'appuis de la Banque centrale européenne. Enfin, pour rassurer les marchés financiers et les entreprises, qui s'interrogeaient sur les modalités techniques du passage à la monnaie unique le 1er janvier 1999, les quinze ministres avaient dégagé un consensus politique sur le statut juridique de l'euro, qui garantirait la continuité des contrats et affirmerait la parité absolue (1 pour 1) entre l'« écu-panier de monnaies » actuel et l'euro.

6. Ainsi, quand, à Paris, certains avançaient l'idée que les critères de convergence pourraient, le moment venu, être interprétés « en tendance », comme, selon eux, l'autorisait une disposition du traité de Maastricht, à Bonn, le ministre des Finances Théo Vaigel et même le chancelier Kohl leur répliquaient sans aménité que « 3 %, c'est 3,00000 % ! » ou même mieux : « 2,99999 % ! »

l'Union qui, le 1ᵉʳ janvier 1998, selon les statuts de celle-ci, allait lui échoir pour six mois.

Mais que voulait exactement dire le beau et sémillant Tony, lorsqu'il parlait de succès ?

Arrêter des frontières et construire un État

Il est incontestable que l'Angleterre s'est définitivement convertie à l'euro. Mais en vue de quelle Europe ? Là est la question essentielle, qui ne concerne pas que le Royaume-Uni et qui domine désormais le débat européen. De la réponse qui va être apportée à cette question dans les mois et les années à venir dépend, en effet, l'issue, le succès ou l'échec final, de l'entreprise initiée, aux lendemains immédiats de la Seconde Guerre mondiale, par Jean Monnet, Konrad Adenauer, Robert Schumann, Alcide de Gasperi, Paul-Henri Spaak. Ces « pères fondateurs » étaient des visionnaires et l'Europe qu'ils imaginaient ne pouvant être, un jour, que politique — une nouvelle et grande nation, rassemblant et transcendant toutes celles qui la composeraient. Ils n'en étaient pas moins des réalistes et ils savaient, dès le départ, que ce but ultime ne pourrait être atteint que par étapes prudentes, afin d'accoutumer progressivement les esprits. Ainsi était née, en 1951, la Communauté européenne du charbon et de l'acier (la CECA) puis, un peu plus tard, avancée capitale, la Communauté économique européenne (la CEE), créée par le traité de Rome du 25 mars 1957 et que le traité de Maastricht de 1991 devait transformer en Union européenne — ceci, pour s'en tenir à l'essentiel. Mais, jusqu'à présent, les Anglais n'ont jamais partagé cette vision politique de Jean Monnet et de ses amis. À toutes les étapes de la construction européenne, ils n'ont rejoint qu'avec retard leurs partenaires du continent, simplement pour ne pas être isolés, dès qu'ils constataient que l'affaire marchait, ou allait marcher, mais avec chaque fois la ferme volonté d'imposer le plus possible leur façon de voir à l'entreprise en cours. Même s'il se rallie en définitive à l'euro, renonçant à poursuivre sur ce terrain le combat d'arrière-garde de ses deux prédécesseurs Margaret Thatcher et John Major, qui faisaient courir au Royaume-Uni un risque trop grand de marginalisation, il ne semble pas, en tout cas pour le moment, que Tony Blair ait changé fondamentalement de point de vue sur tout le reste, qui n'en est pas moins aussi capital, voire plus encore. Dans les mois à venir, le débat européen va être à nouveau très animé, avec, une fois de plus, les États-Unis s'activant en arrière-plan.

Pour le moment, il est plutôt piquant de constater que, après avoir tenté, huit années durant, de freiner, voire de torpiller, le projet d'union monétaire européenne, c'est la Grande-Bretagne qui, ces jours-ci, du 30 avril au 2 mai 1998, par le simple jeu des présidences semestrielles tournantes de l'Union européenne, préside à Bruxelles le sommet extraordinaire programmé depuis de longs mois pour le lancement — devenu inéluctable malgré ses efforts qui ont donc été vains — d'un euro dont elle persiste, pour au moins quelque temps encore, à ne pas vouloir faire partie. C'est elle qui va présider à la désignation des États qui vont être en mesure d'intégrer tout de suite la nouvelle zone monétaire, à la nomination d'un premier président de la nouvelle Banque centrale, installée à Francfort, à la première fixation du taux de change de l'euro avec les autres devises, et tout d'abord avec le dollar. Après quoi, tout sera en place pour l'entrée en scène de la nouvelle monnaie, le 1er janvier 1999 pour les grandes institutions financières européennes, publiques et privées, et, trois ans plus tard, en 2002, pour les porte-monnaie des ménagères, qui ne contiendront plus que des euro-billets et des euro-pièces, à l'exclusion totale des anciens francs, marks, lires, pesetas et autres escudos.

Dès 1999, commencera, d'autre part, à fonctionner un Conseil de l'euro, appelé à coordonner les politiques économiques des pays membres et à faire contrepoids à la toute puissante Banque centrale de Francfort, indépendante mais qui ne pourra pas ignorer totalement les avis de ce Conseil, en matière de fixation des taux d'escompte par exemple. Au départ, il ne s'agira guère que de l'organisation régulière de réunions des ministres des Finances et de l'Économie des pays membres de la zone euro, qui discuteront de façon assez informelle de leurs nouveaux problèmes communs ; mais il ne fait aucun doute que ce Conseil de l'euro est appelé à devenir, au fil des ans, le gouvernement économique de l'Europe. Assez vite, par exemple, afin de ne pas fausser les règles de la concurrence entre les pays membres de l'euro, il va bien falloir commencer à parler d'harmonisation des systèmes fiscaux et des coûts du travail. Or, de cette institution promise à un grand avenir, arrachée de haute lutte aux Allemands par un gouvernement Jospin tout particulièrement pugnace, en échange de l'acceptation du Pacte de stabilité — comme il leur a arraché un accord sur des concertations périodiques en matière de lutte contre le chômage (une Résolution sur la croissance et l'emploi) —, la Grande-Bretagne ne fera pas partie tant qu'elle n'aura pas intégré la zone monétaire commune. Elle ne saurait accepter très longtemps cette situation où elle a beaucoup trop à perdre.

Mais si, en dépit de cet handicap provisoire, Tony Blair, comme il l'a promis, joue vraiment le jeu de la création de la nouvelle monnaie, s'il parvient aussi à convaincre ses compatriotes qu'en ce domaine ils n'ont plus aucun intérêt à continuer à faire bande à part, alors, pour ce qui est des autres grands chantiers de la construction européenne, la Grande-Bretagne a, en revanche, un rôle très important à jouer.

L'euro à peine en place, l'Union européenne se trouvera, en effet, confrontée à deux grands problèmes, étroitement liés entre eux et tout aussi difficiles à résoudre : celui de son élargissement et celui de la réforme de ses institutions centrales. Autrement dit, jusqu'où l'Union européenne peut-elle étendre ses frontières ? Combien d'autres pays peut-elle admettre en son sein ? À quelles conditions et à quel rythme ? Doit-elle modifier ou non ses institutions et leurs modes de fonctionnement avant ces élargissements et, si oui, jusqu'à quel point ? À toutes ces questions, il n'y a pour le moment presque pas de réponses car, entre les quinze membres actuels de l'Union, les avis divergent profondément. Le traité d'Amsterdam devait prolonger et parfaire en ces domaines celui de Maastricht. Sa négociation, dans le cadre d'une conférence intergouvernementale, s'est déroulée une année entière, du printemps 1996 au printemps 1997. Le climat était délétère, dominé par la tenue ou l'approche de consultations législatives cruciales dans tous les principaux pays de l'Union. À l'occasion de celles-ci, on a assisté à de nombreux changements de gouvernements, tandis que d'autres s'annonçaient [7]. À peu près rien d'important n'est sorti, de ce fait, de ces discussions menées par des fonctionnaires que n'aiguillonnait aucune réelle volonté politique d'aboutir, hormis le souci de ne pas compromettre la prochaine création de l'euro — un sujet qui n'était cependant pas du tout, au départ, le point le plus important de l'ordre du jour, puisque déjà réglé pour l'essentiel par le traité de Maastricht lui-même. Bien que jugé par la plupart des observateurs comme un quasi-échec, le traité d'Amsterdam a néanmoins été adopté, sans enthousiasme, le

---

[7]. En Espagne, le 5 mai 1996, le leader de la droite José-Maria Aznar a remplacé le socialiste Felipe Gonzalez, et en Italie, le 17 mai suivant, c'est, à l'inverse, une coalition de centre-gauche, conduite par Romano Prodi et soutenue par la majorité des anciens communistes, qui en a supplanté une autre de centre-droit. Au Royaume-Uni, le 1er mai 1997, les travaillistes de Tony Blair ont écrasé les tories de John Major, tandis qu'en France, un mois plus tard, le 1er juin, le socialiste Lionel Jospin infligeait le même sort au gaulliste Alain Juppé. En Allemagne, enfin, après dix-sept ans de règne, Helmut Kohl lui-même n'est pas assuré de l'emporter une nouvelle fois, en septembre 1998, sur ses vieux adversaires sociaux-démocrates, alliés aux écologistes.

16 juin 1997, puis signé à la sauvette, le 2 octobre suivant, par les chefs d'État ou de gouvernement. Il va être à présent ratifié, par les parlements ou par voie référendaire, pour une entrée en vigueur début 1999. Personne, cependant, ne nourrit beaucoup d'illusions sur son intérêt pour le chemin que l'Europe doit encore parcourir, au point que nombreux sont ceux qui parlent déjà de l'indispensable organisation d'un nouveau sommet. Dans l'attente de cette éventualité, il va cependant falloir s'en contenter, et la diplomatie anglaise va pouvoir trouver un large champ de déploiement.

Dans un livre au titre un peu énigmatique, *Le Syndrome du diplodocus*, publié chez Albin Michel à l'automne 1996, alors que se déroulaient les travaux de la Conférence intergouvernementale chargée d'approfondir le traité de Maastricht, le commissaire européen responsable des affaires économiques et financières, Yves-Thibault de Silguy, qui craignait déjà un échec de cette entreprise et tentait de conjurer ce sort néfaste, plaidait avec force pour que l'Europe « échappe à la paralysie qui fut fatale aux créatures géantes de la préhistoire ». « La préhistoire de l'Europe se termine », affirmait-il, « et elle doit impérativement évoluer. » « Nous ne poursuivrons pas l'aventure comme nous avons, vaille que vaille, progressé jusqu'à présent. » Les travaux de la Conférence intergouvernementale doivent « impérativement être couronnés de succès », puisque c'est six mois après la fin de son travail que les négociations pour les nouvelles adhésions s'ouvriront. « Comment envisager de vivre vingt-cinq ou trente dans une "maison commune" que les quinze locataires actuels n'auraient pas été capables de rénover en profondeur ? Ce serait, toute proportion gardée, comme si, refusant sa propre croissance, un adolescent décidait de s'en tenir toujours à la pointure de chaussures de ses douze ans. Il commencerait par boiter puis bientôt il ne pourrait plus du tout marcher. Se lancer dans des conditions analogues dans une nouvelle et spectaculaire ouverture de l'Union européenne serait le plus sûr moyen de la transformer, au mieux, en une simple zone de libre-échange. » En quelques phrases, tout était dit. Bientôt deux ans après, l'échec pour l'essentiel de la CIG et ce piteux traité d'Amsterdam ne permettent guère de dire autre chose, alors que viennent de démarrer les négociations d'admission de six nouveaux prétendants et qu'autant d'autres, et même davantage, frappent avec insistance à la porte.

Le traité d'Amsterdam contient quelques chapitres incantatoires sur la croissance et l'emploi, une décision de mettre progressivement en place un espace de libre circulation qui devra aboutir à la suppression totale des contrôles aux frontières internes de l'Union (avec une exception pour la Grande-Bretagne et l'Irlande), en contrepartie d'un sérieux renforcement des contrôles de sécurité à ses frontières extérieures (mais tout cela se trouvait déjà dans la convention dite de Schengen, de 1985) et, enfin, quelques retouches cosmétiques sur les prérogatives du Parlement européen, face à la Commission et au Conseil des ministres, qui demeurent fort peu démocratiquement tout puissants. Mais, en dehors de tout cela, qui est mineur, le traité d'Amsterdam, du fait de ses carences, installe bel et bien l'Union européenne dans une contradiction majeure qui risque d'être mortelle pour elle : ses auteurs se sont résignés à « payer la réunification géographique de l'Europe au prix de la dislocation politique de l'Union », pour reprendre une formule on ne peut plus exacte de Jean-Louis Bourlanges, dans un article du *Monde* du 21 juin 1997.

D'une part, en effet, le nouveau traité confirme la décision de l'Union de s'ouvrir dans les années à venir à une bonne douzaine de nouveaux pays, pour la plupart d'Europe centrale et orientale, anciens membres du camp socialiste, mais pas seulement eux, et il précise que les négociations dans ce but commenceront dès le printemps 1998 avec au moins cinq ou six d'entre eux (à la faveur d'un sommet tenu à Luxembourg en décembre 1997, il a été décidé que ces premiers heureux élus seraient la Pologne, la

République tchèque, la Hongrie, la Slovénie, l'Estonie et Chypre)[8]. D'autre part, aucun progrès réel n'est en revanche enregistré sur ce qui était, cependant, l'objet essentiel de la Conférence intergouvernementale : en préalable à ces élargissements, une profonde réforme des institutions centrales européennes, qui sont toujours celles de l'Europe initiale des six (la France, l'Allemagne, l'Italie et le Bénélux). Déjà, en 1995, lors du passage de l'Union de douze à quinze membres, lorsque avait été décidée l'adhésion de l'Autriche, de la Finlande et de la Suède, cette réforme indispensable avait été dangereusement reportée à plus tard[9].

La généralisation du vote à la majorité qualifiée (71 % des voix tout de même) au sein du Conseil des ministres était la réforme minimale mais fondamentale qu'il fallait réaliser à tout prix. Elle est passée à la trappe. Tout comme les projets de bon sens relatifs au nombre des membres de la Commission (actuellement, un pour chacun des « petits » pays et deux pour les « grands » — ce qui est beaucoup trop) et la pondération des voix en fonction du nombre d'habitants, afin de rendre le

---

8. Trois critères ont fondé les recommandations de la Commission : existence d'institutions stables, garantissant la démocratie, la primauté du droit, les droits de l'homme et le respect des minorités ; l'existence d'une économie de marché viable ainsi que la capacité de faire face à la pression concurrentielle au sein de l'Union et de souscrire aux objectifs de l'Union économique et monétaire ; la capacité d'appliquer l'acquis législatif et réglementaire communautaire. La Commission a ainsi distingué la Hongrie, la Pologne et la République tchèque, dont l'adhésion de devrait pas poser de problèmes ; la Slovénie et l'Estonie, qui vont devoir accomplir des efforts considérables ; Chypre qui, pour des raisons politiques, constitue un cas à part. Les adhésions de la Slovaquie, de la Roumanie, de la Bulgarie, de la Lettonie, de la Lituanie, de l'Albanie, des pays de l'ex-Yougoslavie et de la Turquie étant repoussées.

9. Entre-temps, la Grande-Bretagne, l'Irlande et le Danemark avaient adhéré en 1973, la Grèce en 1981, l'Espagne et le Portugal en 1986.

« gouvernement » de l'Union gouvernable. Tout comme, en contrepartie démocratique, une transformation du Parlement européen en deux chambres, à la façon du Congrès américain, une Chambre des représentants, élue au prorata de la population de chaque État, et un Sénat, où chacun de ces États aurait, en revanche, le même nombre de sièges, ces deux chambres étant dotées de pouvoirs réels. Tout comme, enfin, une répartition claire des compétences entre la Fédération (que doit devenir rapidement l'Europe), ses États fédérés et ses régions. Autant de dispositions qu'il n'était pas très difficile de concevoir. Encore fallait-il avoir la volonté politique de les adopter. C'est, précisément, cette volonté-là qui a manqué, chacun restant obnubilé par ses problèmes de politique intérieure, personne n'étant en mesure d'imposer aux autres une vision d'avenir. On en reparlera, s'est-on contenté de convenir, après le prochain élargissement de l'Union, aux alentours de 2002, si tout va bien. Mais comment pourra-t-on se mettre d'accord à vingt ou vingt et un, la règle de l'unanimité étant encore en vigueur, alors qu'on n'y est pas parvenu à quinze ?

Déjà, il y a tout lieu de penser que les très importantes et très difficiles décisions — celles répertoriées dans un document (de mille trois cents pages !) baptisé « Agenda 2000 » dans le jargon eurocrate — qui vont devoir être prises en vue des six premières adhésions programmées ne pourront pas l'être en l'état actuel de telles institutions. Ainsi, va-t-on faire bénéficier les nouveaux adhérents des mêmes avantages que les Quinze en matière de Politique agricole commune (la fameuse PAC, qui absorbe déjà la moitié du budget communautaire, alors qu'elle ne concerne que 5 % au plus de la population active de l'Union) ? Ce serait normal. Mais alors, qui paierait pour ces nouveaux venus, aux économies encore rurales, la Pologne (37 millions d'habitants) en tête ? Même question pour les Fonds structurels, eux aussi très coûteux (un tiers du budget communautaire), destinés à mettre à niveau les régions les plus pauvres de l'Union, alors que ce sont quasiment la totalité des régions des futurs adhérents qui se trouvent dans des situations de développement très insuffisant. Ou bien, va-t-on décider d'une égalisation par le bas, en supprimant, pour tout le monde, la PAC et les Fonds structurels ? Ou, au moins, les réduire de façon drastique ? On entend déjà le tollé. Un tollé qui ne serait guère moindre, si on décidait de réserver ces avantages onéreux aux derniers arrivants, ne serait-ce que pour ne pas les livrer sans défense à la concurrence impitoyable des plus compétitifs. En fait, comme le suggère, en substance, Jack Lang, dans un autre article du *Monde* du 19 août 1997, où il reprend en des termes encore plus vifs l'argumentation de Bourlanges, ne vaudrait-il pas mieux avoir le courage de dire sans plus tarder à tous ces peuples qui aspirent légitimement à rejoindre la grande Europe en construction, dont une histoire cruelle les a injustement séparés durant d'interminables décennies de souffrance : « Vous ne gagnerez rien à entrer dans une Europe affaiblie, impotente et incapable de conduire la moindre politique — industrielle, agricole, diplomatique et culturelle. Nous savons que pour vous le temps presse ; mais laissez-nous le temps de reprendre nos esprits, de nous réorganiser pour mieux vous accueillir. »

Le temps presse aussi pour les Quinze. Le traité d'Amsterdam n'est guère que le produit d'une entreprise avortée. Il faut le remettre en chantier, réunir une nouvelle conférence intergouvernementale, comme Helmut Kohl lui-même en émettait l'hypothèse dès décembre 1996 à Dublin, comme l'a dit à son tour le président luxembourgeois de la Commission, Jacques Santer, le successeur de Jacques Delors, en octobre 1997, comme l'ont réclamé au même moment, par une déclaration commune, la France, l'Italie et la Belgique, qui subordonnent expressément à une réforme institutionnelle préalable le prochain élargissement. Sinon, comme l'écrit encore Jack Lang dans l'article précité, « face à une Amérique vigoureuse, créative, conquérante, l'Europe va continuer à offrir le navrant spectacle de l'inertie. Ce sera le triomphe de l'Europe ultralibérale de Mme Thatcher sur l'Europe de la volonté », c'est-à-dire l'instauration d'un vaste marché dérégulé, où ne régnera que la loi des firmes internationales les plus fortes. Très exactement, ce que souhaite l'Amérique, pour l'Europe, comme pour toute la planète, seul l'engrenage législatif et réglementaire de la monnaie unique pouvant freiner cette évolution.

Face à ce dilemme « élargissement-approfondissement », que va faire l'Angleterre du New Labour qui va présider au démarrage des travaux du prochain élargissement ? Que fera l'Allemagne, plutôt quant à elle fédéraliste, une fois débarrassée de l'hypothèque paralysante de ses prochaines élections législatives ? Rien n'est encore joué. Dans le passé, l'entreprise européenne s'est sortie plusieurs fois de situations tout aussi difficiles et, chaque fois, elle l'a fait par le haut. Comme lorsque, après l'échec de la Communauté européenne de défense, en 1954, trois ans plus tard seulement, le traité de Rome créait la CEE, la Communauté économique européenne. Mais, il faut le répéter, le temps presse. L'Europe doit se doter d'un véritable appareil d'État.

Il est grand temps, aussi, et ce n'est pas moins important, que ses dirigeants se mettent d'accord sur les frontières qui seront un jour définitivement les siennes, c'est-à-dire sur le nombre de pays que, d'élargissement en élargissement, il est logique et raisonnable d'admettre encore dans l'Union. Cette question rejoint la précédente — « qui trop embrasse mal étreint ». Mais elle la dépasse, car, en fait, elle est d'une autre nature, essentielle, fondamentale : qu'est-ce que l'Europe exactement, géographiquement, culturellement, politiquement ? Ou bien, si l'on préfère, quels sont les pays qui, tout en étant ses voisins immédiats, ne peuvent pas pour autant être considérés comme européens, par rapport à ces trois grands critères, géographique, culturel et politique et qui, de ce fait, ne pourront jamais être intégrés dans l'Union européenne en construction, même s'il est souhaitable qu'ils lui soient associés de diverses manières, en fonction des intérêts et des façons de voir de chacun ?

Au-delà, pour mémoire, des trois ou quatre pays qui, bien que situés dans l'aire géographique et culturelle de l'Union actuelle, ne veulent pas, au moins pour le moment, en faire partie, pour des raisons de particularisme exacerbé, marqué d'égoïsme à courte vue — on pense, bien sûr, à la Suisse, à la Norvège, à Malte et à l'Islande —, la question posée concerne deux groupes de pays : ceux d'Europe orientale et ceux du pourtour oriental et méridional de la Méditerranée.

De Gaulle, qui ne croyait pas à la pérennité du communisme mais qui avait foi en revanche en celle des nations — « La Russie », disait-il, « absorbera un jour l'Union soviétique comme le buvard absorbe l'encre » —, évoquait parfois l'avènement futur d'une Europe qui s'étendrait « de l'Atlantique à l'Oural ». C'était une belle formule, pour dire son espoir, sa conviction, de la fin à venir d'un conflit Est-Ouest alors dominant, de l'effondrement du « rideau de fer » qui coupait ces années-là l'Europe en deux. Mais, précisément, ce n'était que de cela, qui était circonstanciel, que dans son esprit, nourri d'histoire, il s'agissait : la Russie ne pouvait s'arrêter à l'Oural, ni l'Europe s'étendre jusqu'à Vladivostok. Malgré le repli russe actuel à l'intérieur, approximativement, des anciennes frontières de Pierre le Grand, celà est toujours vrai. Malgré l'amputation des conquêtes tsaristes du XIXe siècle en Transcaucasie et en Asie centrale, la Russie d'aujourd'hui demeure eurasiatique et elle entend le rester. Assurément, le cœur de l'Europe bat tout autant à Zagorsk, dans la basilique de Saint-Serge-le-Bienheureux, qu'à Reims, où étaient sacrés les rois de France, ou à Tolède, qui fut un temps la ville des trois religions révélées. Mais, si nous ne voulons pas entrer dans le jeu des Américains, qui, eux, rêvent d'un espace euro-atlantique qui s'étendrait, précisément, jusqu'au Pacifique, si nous ne voulons pas que l'Europe se dissolve dans l'Otan, n'allons pas, non plus, disputer Kiev à Moscou. Si les Européens veulent que s'affirme un monde pluripolaire qui mettra un terme aux visées hégémoniques américaines, ils ne doivent pas contribuer à affaiblir davantage la Russie. Ils doivent, au contraire, l'aider à renaître, ils doivent laisser dans sa zone d'influence l'Ukraine, qui est russe par toute son histoire et par sa culture. L'Union européenne doit arrêter ses frontières orientales aux frontières orientales des pays baltes, de la Pologne, de la Roumanie et de la Bulgarie.

Au sud, un raisonnement analogue vaut pour la Turquie. Quelque quatre siècles d'occupation ottomane de l'Europe balkanique et d'une partie de l'Europe centrale n'ont pas fait de ce pays qui, lui, est fondamentalement asiatique, un pays européen. Sa proximité géographique et l'« occidentalisation » de ses élites ne changent rien à l'affaire, même si la France ne doit pas oublier que, au temps de leur apogée, les Turcs furent ses principaux « alliés de revers ». L'intégration de la Turquie dans l'Union douanière européenne (ne pas confondre cette institution avec l'Union européenne elle-même), devenue effective le 1er janvier 1996, mais que le Parlement de Strasbourg s'emploie depuis à saboter pour des raisons discutables, constitue la juste solution. Elle permet une association économique étroite, sans aller pour autant jusqu'à une admission dans l'Union politique. Un heureux précédent est, en outre, ainsi créé, préfigurant le sort qui devra être réservé dans les années à venir, s'ils le souhaitent, aux autres pays de l'est et du sud de la Méditerranée, en particulier à Israël, à l'Égypte et aux trois principaux pays du Maghreb, dont les rapports économiques avec l'Union européenne sont déjà régis par des accords partiels de libre-échange (le « processus de Barcelone », initié dans la capitale catalane les 27 et 28 novembre 1993).

L'Europe devra par ailleurs maintenir et renforcer son association avec ces pays de l'Afrique subsaharienne avec lesquels elle a développé une coopération exemplaire (les accords de

Yaoundé, puis de Lomé), et qui auront besoin de son aide pendant très longtemps encore. Elle doit également fortifier les liens qu'elle a déjà noués avec le « Mercosur » sud-américain (un accord-cadre du 19 décembre 1995 qui prévoit la libéralisation totale des échanges en dix ans entre les deux entités). Déjà, l'Europe est le second partenaire commercial du Mercosur, après les États-Unis.

Forger ses armes

Mais, si l'avènement de la monnaie unique européenne est désormais assuré, si le renforcement des institutions centrales de l'Union, indispensable à son élargissement progressif jusqu'à ses « frontières naturelles », demeure possible, au moins à terme, dans le domaine de la défense et de la sécurité, en revanche, la construction européenne marque le pas, au point de paraître bloquée.
« L'Europe peut et doit s'affirmer à nouveau comme l'un des grands acteurs du monde », déclarait le président Chirac le 8 juin 1996 à Paris, devant les auditeurs de l'Institut des hautes études de défense nationale. « D'abord, il faut à l'Europe assurer sur son sol la paix et la sécurité. Pour les garantir, une nouvelle architecture de sécurité doit être construite, fondée sur trois piliers : une Union européenne forte, une Alliance Atlantique rénovée et une organisation de sécurité européenne donnant toute sa place à la Russie. Mais l'Europe doit également contribuer à la stabilité globale du monde, comme le commande son histoire, son niveau de développement et ses intérêts. Elle doit donc, pour tout cela, se doter d'une véritable politique étrangère et de défense commune et la France peut et doit jouer un rôle d'impulsion majeur, pour promouvoir, en Europe et dans le monde, ce nouvel équilibre qui se cherche depuis la fin de la

guerre froide. » Qui ne saurait souscrire à ces propos ? Mais, concrètement, où en est-on aujourd'hui ?

La question de la guerre et de la paix sur le Vieux Continent est depuis un demi-siècle au cœur de la construction européenne. Ses premiers inspirateurs voyaient dans celle-ci un moyen de mettre un terme à la confrontation permanente des nations qui allaient l'entreprendre, en créant entre elles un tissu d'interdépendances tel qu'il leur interdirait très vite et définitivement de retomber dans les conflits qui les avaient ensanglantées et de plus en plus affaiblies dans le passé, jusqu'à leur faire perdre une grande part de leur poids et de leur influence dans les affaires du monde — recouvrer ce poids et cette influence étant l'objectif ultime de l'entreprise.

Dans l'immédiate après-guerre, les États d'Europe les plus concernés n'étaient pas encore mûrs pour accepter les dessaisissements de souveraineté qu'aurait impliqué un projet de défense commune. En 1954 encore, le projet de Communauté européenne de défense (la CED) fut rejeté ; quelque dix ans plus tard, le plan Fouché, pourtant moins ambitieux, subit le même sort. Surtout, dans le contexte de la guerre froide, la menace soviétique qui allait peser plus d'une quarantaine d'années sur la partie occidentale de l'Europe ne pouvait que contraindre les nations constitutives de celle-ci à se placer sous la protection de leur tout puissant allié d'outre-Atlantique, les États-Unis d'Amérique. Elles confièrent pour l'essentiel à ceux-ci l'assurance de leur sécurité, la France du général de Gaulle et de ses successeurs, dotée de l'arme atomique, étant un peu moins dépendante de Washington que ses voisins mais, aussi, à due proportion et dans ce domaine-là, isolée. En 1948, fut néanmoins créée (par le traité de Bruxelles) l'Union de l'Europe occidentale (l'UEO) afin de donner quelque consistance à l'idée de défense européenne. Mais cette institution se trouva très vite marginalisée au profit de l'Otan (l'Organisation du traité de l'Atlantique Nord), le bras armé de l'Alliance Atlantique, mise en place un an plus tard (par le traité de Washington), et cette situation a perduré jusqu'à présent.

Cependant, l'effondrement de l'Union soviétique et la fin de la guerre froide ont tout changé. En faisant disparaître la menace globale qui pesait sur l'Europe occidentale, elle a remis en question le rôle militaire prépondérant des États-Unis dans cette partie du monde qui, entre-temps, du traité de Rome à celui de Maastricht, est devenue la première puissance économique de la planète, sa monnaie unique ayant vocation à supplanter un jour le dollar. Dans un environnement qui n'est pas devenu pour autant sans dangers pour elle, l'Europe doit donc repenser l'architecture de sa sécurité en fonction de données très différentes de celles qui prévalaient au temps du conflit Est-Ouest dominant. Désormais elle doit d'abord compter sur elle-même.

La Russie ne peut échapper à son destin eurasiatique d'État-empire. Mais, tout occupée, au milieu de mille difficultés, à se doter à nouveau d'un pouvoir central fort et à réaffirmer sa prééminence sur les autres républiques qui constituaient avec elle l'Union soviétique, elle ne fera plus peser, au moins avant longtemps, une réelle menace sur son ancien glacis d'Europe centrale et *a fortiori* plus à l'ouest. Tout en s'attachant à rechercher avec elle le maximum de terrains d'entente, l'Union européenne n'en doit pas moins, tout comme les États-Unis eux-mêmes, rester vigilante, et elle ne peut pas se permettre de trop baisser sa garde.

Dans cette même Europe centrale, dans les Balkans, où l'ex-Yougoslavie n'en finit pas d'imploser et où, après la Bosnie, des conflits interethniques qui risquent d'être aussi sanglants menacent d'éclater au Monténégro, au Kosovo, en Macédoine et en Albanie, tandis que l'avenir incertain des minorités hongroises de Slovaquie et de Roumanie est tout à fait inquiétant, l'Union européenne doit se donner rapidement des moyens de maintien et de rétablissement de la paix beaucoup plus sérieux que ceux qu'elle a déployés en vain en Bosnie, avant que les Américains ne s'en mêlent.

Elle ne peut pas davantage faire comme si elle ne sera plus jamais militairement impliquée sur son flanc sud, en Méditerranée orientale, au Maghreb et, au-delà, en Afrique subsaharienne, c'est-à-dire dans une partie du monde qu'elle a un intérêt majeur à aider à se développer et à se stabiliser mais qui est loin d'être sortie de la zone des turbulences.

Dans toutes ces contrées, les intérêts vitaux des États-Unis ne peuvent être désormais que très marginalement et exceptionnellement mis en cause en cas de conflits. *A priori*, ils n'ont donc plus de raisons majeures de s'y impliquer en permanence, aux côtés des Européens.

Ce changement de donne stratégique n'a cependant pas conduit les Américains à dissoudre l'Otan, comme l'a été le Pacte de Varsovie, qui était son pendant à l'est durant la guerre froide. Ils se sont attachés, au contraire, à pérenniser la grande organisation militaire de l'Atlantique Nord, à la tête de laquelle ils jouent toujours un rôle majeur, en lui trouvant d'autres raisons d'être, fussent-elles fallacieuses, car c'est à travers cette institution qu'ils maintiennent leur hégémonie sur le Vieux Continent. Bien plus, ils ont entrepris d'y faire adhérer par étapes les pays d'Europe centrale et orientale qui appartenaient au camp socialiste jusqu'à la chute du mur de Berlin. Ils ont même réussi à associer à leur entreprise la Russie elle-même, en lui accordant, en contrepartie, un droit de regard sur les affaires d'Europe d'occidentale — un de ses objectifs les plus anciens, qu'elle n'avait jamais pu atteindre jusque-là (le Pacte fondateur Russie-Otan, de juillet 1997). Tout ceci est longuement expliqué dans le chapitre précédent de ce livre.

L'Union européenne doit-elle se résigner à cette situation ? Certainement pas. En tout cas, si elle veut retrouver la maîtrise de son destin. Mais, en ce domaine beaucoup plus que dans tout autre, la marge de manœuvre des partisans d'une « Europe-puissance » est des plus étroites. La France, sortie de l'Otan en 1966 et toujours à la pointe de ce combat-là, demeure isolée. La plupart de ses partenaires hésitent à la suivre sur ce terrain, quant ils ne s'y refusent pas carrément. Certains sont convaincus de l'intérêt stratégique majeur du maintien des États-Unis sur le théâtre européen ; d'autres répugnent à se heurter de front à ceux-ci pour des raisons plus prosaïques, en particulier d'ordre commercial ; tous appréhendent peu ou prou le coût financier d'une autonomie européenne en ce domaine, qui ne se conçoit pas sans d'importantes dépenses d'armement. Ainsi, les diplomates américains manœuvrent à leur guise, et les chefs du Pentagone continuent à imposer sans mal leur volonté : la chronique des relations Paris-Washington-Bruxelles de ces toutes dernières années le démontre amplement.

À Paris, où l'ambition européenne est commune à la grande majorité de la classe politique, à droite comme à gauche, on n'ignore pas toutes ces réticences, et on sait bien que, pour le moment, il n'est pas possible de mettre en place une Europe de la défense totalement indépendante des États-Unis, *a fortiori* si celle-ci risquait de provoquer la disparition de l'Otan. Ces dernières années, on n'en a pas moins caressé l'espoir de voir se constituer, au sein de la grande organisation militaire transatlantique, un « pilier européen de défense » qui y ferait contrepoids au pilier américain, le commandement de l'ensemble se trouvant dès lors partagé jusqu'à n'être plus un jour que celui d'une alliance d'un type assez classique. En fonction de ce projet, deux offensives diplomatiques ont été lancées et conduites parallèlement par la France, l'une au sein de l'Union européenne elle-même, l'autre en direction des États-Unis. À ce jour, elles ont à peu près complètement échoué toutes les deux.

La guerre froide terminée, on a pensé à Paris que la vieille Union de l'Europe occidentale qui, pendant quatre décennies, n'avait guère existé que sur le papier, mais qui était néanmoins la seule organisation strictement européenne compétente en matière de défense, allait pouvoir être enfin activée et qu'elle pourrait très bien constituer, alors, ce « pilier européen » de l'Otan équilibrant le poids des États-Unis. On le pensait d'autant plus que le traité de Maastricht prévoyait expressément que l'UEO serait intégrée dans les institutions de l'Union européenne et chargée de l'élaboration de sa Politique étrangère et de sécurité commune (la PESC)[10]. Cette disposition était, cependant, une de celles, comme la réforme des institutions en vue des élargissements futurs, qui devaient être précisées par la fameuse conférence intergouvernementale qui serait convoquée deux ans après l'entrée en vigueur du traité, pour l'approfondir. On se doute de ce qu'il advint : faute de volonté politique suffisante, rien n'est sorti, non plus, de la CIG en ce domaine essentiel. Le traité d'Amsterdam ne fait guère que répéter ce qui existait déjà sur ce point dans le traité de Maastricht, et l'UEO, selon le souhait des Anglais, et, bien sûr, des Américains, demeure en dehors de l'Union et pratiquement sans moyen. Personne n'a finalement voulu sauter le pas, la France n'étant pas parvenue à convaincre ses partenaires.

En raison des sentiments américanophiles de la plupart des autres membres de l'Union, un sort identique a été réservé aux propositions françaises sur une réforme de l'Otan. Là aussi, l'affaire parut tout d'abord plutôt bien partie. Lors d'un sommet atlantique qui s'était tenu à Bruxelles en janvier 1994, l'« émergence d'une identité européenne de défense », au sein de l'Orga-

---

10. Cette solution paraissait d'autant plus logique que, pour une très large part, les mêmes pays sont membres des deux organisations :
— de l'Union européenne : Allemagne, Autriche, Belgique, Danemark, Espagne, Finlande, France, Grande-Bretagne, Grèce, Italie, Irlande, Luxembourg, Pays-Bas, Portugal et Suède ;
— de l'Union de l'Europe occidentale : les mêmes, moins l'Autriche, la Finlande, l'Irlande et la Suède, mais plus l'Islande, la Norvège et la Turquie.

nisation du traité de l'Atlantique Nord, avait été admise par tous les participants, y compris par Bill Clinton, présent à la réunion. Entre-temps, pensant encourager la bonne volonté des Américains, Jacques Chirac avait fait un pas important dans leur direction. Après avoir reconnu l'évidence qu'il n'y aurait pas de défense européenne sans les Européens et pris acte du fait que la plupart des partenaires de la France au sein de l'Union ne voulaient pas que cette défense puisse s'organiser en dehors de l'Alliance Atlantique, il avait accepté de commencer à tourner la page ouverte en 1966 par le général de Gaulle, lorsque celui-ci avait décidé, non pas de quitter l'Alliance en tant qu'entité politique et diplomatique, mais de se retirer de son organisation militaire intégrée, l'Otan[11]. Le nouveau chef de l'État, élu en mai 1995, avait fait connaître, au mois de décembre suivant, la décision de la France de réintégrer le Conseil des ministres de la

---

11. En quittant l'Otan, de Gaulle avait bien précisé, par écrit, que l'« intégration », qu'il refusait, était la « subordination » des forces françaises au commandement américain et l'« automaticité » de leur participation à des actions décidées, par une instance dominée par les Américains. En revanche, il avait aussi fait savoir qu'il ne refusait pas la possibilité, pour la France, de conclure des accords pratiques qui préciseraient les conditions d'engagement de ses forces aux côtés de celles de leurs alliés, à condition seulement que la décision de le faire puisse être prise en toute souveraineté, et au cas par cas, par Paris. Les successeurs du Général — Pompidou, Giscard d'Estaing, Mitterrand — s'en étaient tenus là et, pendant trente ans, la doctrine stratégique française et celle de l'Otan étaient demeurées, de ce fait, fort différentes et même incompatibles. Ainsi, en matière de dissuasion nucléaire, François Mitterrand n'avait jamais cessé d'insister sur le refus de la France d'adhérer à toute forme de « riposte graduée » — ce qui était précisément la ligne stratégique de l'Otan — et, à l'inverse, sur sa volonté de maintenir sa propre doctrine : une dissuasion totalement indépendante et tous azimuts, arme ultime de défense de l'intégrité territoriale nationale et de riposte contre une attaque de même nature, susceptible d'être utilisée sans « tirs classiques de préavis » (la « dissuasion du faible au fort »).

Défense de l'Alliance et le Comité militaire de l'Otan, sa plus haute instance, placée sous l'autorité de ce Conseil. Dès le mois de juin 1996, cette décision était entrée dans les faits. En revanche, le retour de la France dans l'organisation militaire intégrée proprement dite restait subordonné à une transformation assez profonde de l'Otan dans le sens de la mise en place d'un réel partenariat États-Unis-Europe au sein de l'organisation — ce qui, pour Jacques Chirac, ne pouvait que consacrer, au moins à terme, la fin de la toute puissance du commandement américain sur l'organisation. Mais, à partir de ce moment-là, il avait fallu assez vite déchanter.

La France, mal soutenue une fois de plus par les autres membres de l'Union — par la Grande-Bretagne mais aussi par l'Allemagne et par l'Espagne, qui ne devaient s'avérer prodigues que de vagues paroles d'encouragement —, demandait notamment aux Américains qu'ils acceptent la création, à côté du poste de Commandement suprême des forces alliées en Europe (le « Saceur »), détenu depuis toujours par un des leurs, un poste de commandement adjoint européen et la mise en place, sous l'autorité de celui-ci, d'une chaîne de commandement européenne nettement identifiable et permanente. Elle demandait aussi que le Commandement sud de l'Otan, à Naples, également toujours assuré jusqu'à présent par un officier américain, patron par ailleurs de la VIe flotte qui opère en Méditerranée, soit désormais confié à un Européen de cette zone, autant que possible même à un Français, à défaut à un Italien ou à un Espagnol. Mais le Pentagone devait faire tout de suite savoir son hostilité absolue à ces requêtes, et Washington n'a pas changé d'avis depuis lors.

Une seule concession apparemment importante — mais ce n'était qu'une apparence — fut faite aux Européens, qui durent s'en contenter : un accord conclu, les 3 et 4 juin 1996, à Berlin, entre tous les partenaires de l'Alliance sur la définition de Groupes de forces interarmées multinationales qui permettraient à des pays européens (mais pas à l'UEO elle-même, condamnée à rester ectoplasmique) d'intervenir, le cas échéant et au coup par coup, avec les moyens de l'Otan mais sans les Américains, pour des opérations humanitaires ou de maintien ou de rétablissement de la paix. Il était toutefois clairement précisé, dans le texte adopté à Berlin, que toute décision d'intervention européenne par le biais de l'Otan serait soumise à l'autorisation unanime du Conseil Atlantique, autrement dit à l'acceptation des États-Unis, qui conserveraient ainsi un droit de veto absolu sur toutes les opérations européennes utilisant les moyens de l'Organisation, même quand leurs « boys » ne seraient pas concernés ! Bref, l'accord de Berlin n'était qu'une duperie. Adieu « pilier européen de défense » ! Adieu « co-leadership » euro-américain ! On se trouvait toujours pour l'essentiel — c'est-à-dire l'autorité exclusive des Américains sur l'Europe de la défense — dans la situation qui prévalait en 1966, lorsque, de guerre lasse, le général de Gaulle avait claqué la porte, après n'avoir pu obtenir des États-Unis la moindre concession sur la revendication majeure que, rompant avec la résignation des gouvernements de la quatrième République, il leur avait présentée aussitôt après son retour au pouvoir en 1958 : l'instauration d'un co-leadership franco-anglo-américain sur l'Alliance Atlantique (on ne parlait pas encore d'Europe, alors). Face à cette situation totalement bloquée, nombreux sont ceux qui, à Paris, surtout après le retour de la gauche au gouvernement, plaident pour que la France reprenne une nouvelle fois ses billes, dans l'attente de jours meilleurs, c'est-à-dire de l'évolution des esprits dans les autres grandes capitales européennes.

Cependant, à défaut d'une mutation institutionnelle majeure, peu probable désormais dans un avenir proche, les relations militaires au sein de l'Union européenne ont commencé à évoluer ces années-ci, de façon pragmatique mais positive et prometteuse, dans deux domaines : celui de la coopération interarmées et celui du rapprochement entre les industries d'armement.

Dans l'attente de la mise en place effective d'une véritable politique européenne de défense et de sécurité commune, des résultats significatifs ont déjà été obtenus en ce qui concerne la création et l'harmonisation de forces de pays membres de l'Union plus déterminés que d'autres à agir ensemble : l'« Eurocorps » franco-allemand, créé en 1992, auquel se sont joints plusieurs autres pays et qui est opérationnel depuis l'automne 1996, avec notamment plus de 50 000 hommes et 645 chars de combat ; l'« Euroforce » et l'« Euromarforce », de création plus récente (mai 1995) et qui sont, eux, de simples états-majors multinationaux destinés à coordonner au cas par cas des forces d'action rapide terrestres et maritimes françaises, italiennes, espagnoles et portugaises ; l'état-major aérien combiné franco-britannique, créé en novembre 1994 selon le même principe ; ou bien encore le corps amphibie anglo-néerlandais, qui a vu le jour à peu près au même moment. Il y a bel et bien là des jalons importants vers la création, un jour, d'une véritable armée européenne par la mise en place d'un état-major inter-armées commun permanent, dont dépendront des chaînes de commandement également permanentes et dont feront partie, comme pour la monnaie unique, les pays qui le pourront et, surtout, ceux qui le voudront.

Mais, pour que tout ceci ait un sens, il faut, en même temps, aller également beaucoup plus loin dans un domaine de coopération tout aussi essentiel, celui de l'armement.

S'appuyant sur des ressources humaines, technologiques et industrielles du plus haut niveau mondial, l'industrie européenne de l'armement se caractérise aujourd'hui encore par une grande hétérogénéité qui la fragilise et la rend de plus en plus vulnérable dans un contexte d'élévation constante des coûts, de restrictions budgétaires généralisées et de concurrence accrue, américaine notamment.

Bien que concentrée à hauteur de 90 % dans quatre pays seulement (France, Royaume-Uni, Allemagne et Italie), l'industrie européenne de l'armement n'en est pas moins encore beaucoup trop dispersée, avec des résultats financiers qui tendent à devenir calamiteux pour presque toutes ses entreprises, de taille généralement très insuffisante. Ainsi, pour ne citer que quelques exemples, il existe actuellement quatre producteurs de chars en Europe contre un aux États-Unis, onze constructeurs de frégates contre un, six constructeurs d'avions d'attaque au sol contre un, neuf fabriquants de missiles anti-navires contre trois.

Le cas de la France, plutôt décourageant pour ses partenaires, allemands et anglais en particulier, est assez exemplaire. Par-delà des querelles de clocher (comme celles qui ont opposé jusqu'à présent l'Aérospatiale, Matra et Dassault, dans l'aérospatial, ou bien Thomson-CSF, Alcatel, Sagem et à nouveau Matra, dans l'électronique de défense), il s'explique par des raisons historiques précises, qui limitent considérablement la marge de manœuvre et d'adaptation des responsables de ses forces armées aux réalités stratégiques mondiales nouvelles.

Dans la décennie qui a suivi la guerre d'Algérie, la France, débarrassée de ses anciens engagements coloniaux, s'était enfin dotée, sous l'impulsion du général de Gaulle, d'une armée « moderne » apte à tenir son rang dans le conflit Est-Ouest alors dominant, tout en préservant, le plus largement possible, son autonomie décisionnelle et opérationnelle par rapport à ses alliés, au premier rang desquels les Américains.

Tout en accordant une priorité absolue à la construction d'une force de dissuasion nucléaire nationale, elle s'était attachée, dans le même temps, à mettre en œuvre toute une série de grands programmes d'armement conçus quelques années plus tôt, sous la quatrième République (comme la bombe atomique elle-même, dont la construction fut décidée par Pierre Mendès-France), mais qui, pour la plupart, avaient été laissés jusque-là dans leurs cartons : le porte-avions *Clémenceau*, les sous-marins nucléaires lance-engins de première génération, les avions de combat Jaguar et Mirage, les avions de transport Transall, les chars AMX...

Aujourd'hui, tous ces armements sont encore en service, mais ils sont plus ou moins frappés d'obsolescence, et il faut donc, *a priori*, les remplacer. D'où les nouveaux programmes lancés voilà quelque dix ans et qui vont aboutir d'ici la fin du siècle ou peu après : le porte-avions à propulsion nucléaire *Charles de Gaulle*, les sous-marins nucléaires lance-engins de seconde génération du type Triomphant, l'avion de combat Rafale, le char Leclerc, à quoi on peut ajouter l'hélicoptère franco-allemand Tigre. La réalisation de tous ces programmes est très onéreuse et à la limite des possibilités françaises, pour ne pas parler du coût du nucléaire militaire maintenu. Mais, en même temps, il apparaît que, pour faire face aux conflits de type nouveau qui résultent du contexte géostratégique de l'après-guerre froide, il faudrait que l'on développe aussi, et même en priorité, d'autres programmes, encore plus coûteux, dans les domaines, essentiels à présent, de la surveillance militaire spatiale, de l'aérotransport pour la projection de forces à moyenne et à longue distances, des nouvelles armes de frappe de précision de longue et de très longue portée.

Mais, pour réaliser ces armements du futur, un futur presque immédiat, la France n'a pas beaucoup d'argent, presque tous ses deniers restant mobilisés par la poursuite de la fabrication des chars et des avions de la « guerre froide » qui, pour elle apparemment, n'est toujours pas terminée. Seules des avancées décisives et rapides dans la mise en place de l'Europe de la défense et de l'armement pourront lui permettre de sortir de cette impasse. Or c'est là que les Américains, qui n'ont pour objectif que de préserver leur prééminence sur le Vieux Continent, sont à l'affût.

La France s'épuise ainsi à produire, seule qui plus est, le char Leclerc et l'avion de combat Rafale (après avoir refusé de s'associer aux Anglais et aux Allemands dans la construction en commun de son équivalent, *Eurofighter*), des matériels qui ont été conçus, surtout le premier, dans un contexte géostratégique qui n'existe plus, pour repousser jusqu'à l'Oural les forces d'un camp socialiste aujourd'hui disparu. Pendant ce temps, les Américains, eux, débauchent ses partenaires européens potentiels dans le domaine crucial des nouveaux armements. Ainsi, les Allemands, pour les programmes satellitaires Hélios et Horus, que, outre-Rhin, on est de plus en plus tentés de lui laisser sur les bras [12].

Pour d'autres raisons, ou non, des constatations analogues peuvent être faites en Allemagne ou en Grande-Bretagne.

Néanmoins, l'industrie européenne de l'armement est entrée ces dernières années dans une phase de restructuration profonde, un nombre grandissant de ses responsables prenant enfin conscience du danger de voir se transposer dans leur domaine l'histoire des frères Curiaces face au survivant des Horaces, et donc de la nécessité de s'associer pour rester dans la course. Désormais, de plus en plus de programmes tendent à être réalisés en commun, dans le cadre de partenariats à géométrie variable, qui devraient déboucher progressivement sur des concentra-

---

12. Le satellite Hélios I est un satellite d'observation optique par temps clair, pour des images en noir et blanc. Le satellite Hélios II est un satellite d'observation infrarouge, de jour mais pas seulement par temps clair, capable de produire des images en couleurs. Le satellite Horus est un satellite d'observation radar, utilisable de nuit.

Pour mettre au point Hélios I, entré en service en juillet 1995, la France n'a pu bénéficier que de petites contributions espagnoles et italiennes. L'Allemagne, notamment, n'a pas voulu se joindre au « tour de table ». Il est très probable du reste qu'elle observera la même attitude pour la construction d'Hélios II et à craindre qu'il en soit encore ainsi pour Horus. Les Américains lui proposent de lui livrer leurs propres images à très bas prix, pour les ancrer encore un peu mieux dans l'Otan, évidemment.

tions européennes encouragées, voire provoquées, par les États concernés, comme, depuis plusieurs années déjà, Arianespace et Airbus, en passe de commencer à fabriquer des avions militaires, en plus de sa production civile. C'est la tâche à laquelle s'était attelé, dans le cadre de l'UEO, le Groupe armement de l'Europe occidentale, pour préparer la mise en place d'une Agence européenne de l'armement prévue par le traité de Maastricht et qui a finalement vu le jour en 1996, les principaux pays concernés, dont, fait remarquable, la Grande-Bretagne elle-même, y adhérant aussitôt.

Il ne faut pas se dissimuler que le chemin qui reste à parcourir est encore long et difficile. L'Agence européenne de l'armement a beaucoup de mal à se mettre en place. Même si ces toutes dernières années, on a commencé à avancer dans le bon sens, la tentation d'acheter des armements « sur étagère », c'est-à-dire, en fait, sur l'étagère américaine, demeure encore très forte, car c'est moins coûteux que de les produire soi-même, y compris en association entre plusieurs fabricants européens, les produits des firmes américaines étant déjà amortis sur leur vaste marché domestique avant d'être vendus à l'exportation. Ainsi, ce n'est qu'un exemple parmi beaucoup d'autres, durant l'été 1995, les Pays-Bas, pour trente appareils, puis la Grande-Bretagne, pour soixante-sept, faisaient connaître leur décision d'acheter des hélicoptères de combat Apache à l'américain Mc Donald Douglas, plutôt que des Tigres à Eurocopter (filiale de la française Aérospatiale et de l'allemand Dasa, du groupe Daimler-Benz). Depuis, les cas d'infidélité au projet européen ont encore été très nombreux, trop nombreux.

Il est pourtant clair que, tant que l'Europe ne sera pas en mesure de fabriquer elle-même la totalité de ses armements, tant qu'elle dépendra en ce domaine capital du fournisseur américain, elle n'aura pas de politique étrangère et de défense commune véritablement indépendante, qu'elle ne sera toujours pas maîtresse de son destin. Forger ses armes, c'est aussi fondamental que battre monnaie, pour que l'Europe appartienne à nouveau aux Européens.

Chapitre 3

RETROUVER LA PUISSANCE ET LA GLOIRE
DE L'EMPIRE CHINOIS ANCESTRAL

PÉKIN

Au XXIe siècle, la Chine sera au cœur des affaires du monde. Bien plus que l'Amérique, qui, aujourd'hui et pour un temps encore, les domine. Tout autant que l'Europe, qui a entrepris, à travers de trop nombreux atermoiements, de redevenir maître de son destin et de peser elle aussi, à nouveau, sur le cours de l'histoire. Davantage que la Russie, que l'Inde et que le Japon, attelés à la même tâche dans une perspective plus lointaine encore.

Peuplée de plus d'un milliard deux cents millions d'habitants — le cinquième de l'humanité —, s'appuyant sur une économie en pleine expansion et sur une puissance militaire — nucléaire et conventionnelle — qui s'affirme d'année en année, la Chine est en train de retrouver son rang éminent d'autrefois sur la scène mondiale ; tout d'abord, de redevenir la première puissance d'Asie et d'y étendre à nouveau, sinon toujours, ses frontières, en tout cas son influence prépondérante « jusqu'aux bornes de sa culture pluri-millénaire », selon le mot de Tchang Kaï-chek, en 1950. Alors, de plus en plus, la Chine, à la fois, fascine et fait peur. Elle échappe même à ses observateurs les plus avertis, alors que, si l'on accepte de s'en tenir à l'essentiel, les ressorts les plus profonds et les grandes lignes de force de cette renaissance sont sans mystère.

Dans la vision chinoise traditionnelle, le monde s'organise en cercles concentriques, culturellement hiérarchisés. Au centre se situe la Chine, civilisée, rayonnant sur sa zone d'influence. Le reste de l'univers, barbare, constitue la périphérie de cet empire du Milieu, dont le mythe fondateur repose sur une foi absolue en sa supériorité culturelle. En fait, cette vision sinocentrée du monde n'est pas d'une nature différente de celle, eurocentrée, de l'Occident judéo-chrétien ou de ses avatars laïques contemporains. Tout simplement, l'une et l'autre sont radicalement antagonistes.

La rencontre brutale avec l'Occident au siècle dernier a d'autant plus traumatisé les Chinois. Dans leur humiliation d'alors, leur nationalisme, leur désir de revanche et leur volonté de modernisation plongent aujourd'hui leurs plus profondes racines. Effacer toutes les conséquences de cette perte historique de statut, rétablir la puissance et la gloire de son empire ancestral, telle est, depuis la révolution de Sun Yat-sen, en 1911, la seule ambition de la Chine moderne. Après Tchang Kaï-chek, les communistes, avec Mao Tsé-toung puis Deng Xiao-ping, l'ont reprise à leur compte. Il n'y a aucune raison de penser que leurs successeurs remettront en cause en quoi que ce soit cette ambition fondamentale, malgré les évolutions en cours de la société chinoise et les mutations politiques internes que celles-ci vont entraîner. Les autres nations du monde, États-Unis en tête, vont devoir de plus en plus compter avec elle.

« La Chine est debout », s'était écrié Mao Tsé-toung, en proclamant l'avènement de la république populaire de Chine, le

1er octobre 1949 à Pékin, au soir de sa victoire sur le Kuomintang, alors que son vieil adversaire Tchang Kaï-chek se réfugiait à Formose, avec une poignée de fidèles et les survivants de son armée en déroute. Tout, déjà, était dit.

La Chine est debout, tournée vers un très grand avenir, avec la perspective de devenir, vers le milieu du XXIe siècle, une des toutes premières puissances du monde, la première même, peut-être. Ses dirigeants n'en sont pas moins enracinés dans ce siècle d'histoire qui, de 1840 à 1945, de la première guerre de l'Opium à la défaite japonaise, a été celui de toutes leurs humiliations (sac de la Cité interdite, incendie du Palais d'été par la soldatesque franco-anglaise ; tous ces aventuriers blancs arrogants, qui interdisaient l'entrée de leurs demeures « aux chiens et aux Chinois ») ; ce siècle qui fut aussi celui du démantèlement d'une très large partie de leur pays par des forces étrangères venues de tous les horizons : Russes, qui neutralisèrent leurs parages sibériens et les bloquèrent en Asie centrale ; Anglais, qui firent de même dans leurs marches coloniales himalayennes ; Anglais encore et, aussi, Français, Allemands et Américains, autant de barbares qui, les armes à la main, les contraignirent à signer des « traités inégaux » et prirent le contrôle de leurs provinces maritimes ; Japonais, enfin, qui s'emparèrent de leur grande province de Mandchourie, de Formose et de plusieurs de leurs autres possessions insulaires. Comment oublier tout cela et, aussi, tout ce qui l'a permis : la déliquescence du vieil Empire mandchou, celle, ensuite, du régime du Kuomintang, qui se disait cependant nationaliste, puis, aussi, les affrontements claniques de ces seigneurs de la guerre qui avaient perdu tout sens de l'intérêt supérieur de leur patrie face aux occupants étrangers ? Oui, comment oublier tout cela ? Précisément, à Pékin, on ne l'oublie pas.

La reconquête sur tous les fronts

Aujourd'hui, bien décidée à prendre sa revanche sur cette douloureuse histoire, la Chine entretient des contentieux ouverts ou non, simple question d'opportunité, avec tous ses voisins, tout au long de ses frontières terrestres et dans toutes les mers qui la bordent. Partout, elle entend reprendre ce qu'on lui a pris. Elle a la ferme intention d'étendre à nouveau son emprise ou au moins son influence dans tous les pays d'où ses anciens agresseurs l'ont faite naguère refluer, dans ceux d'Asie tout d'abord. Cette ambition ouvre un très large champ à ses initiatives diplomatiques et éventuellement militaires pour les décennies à venir. Tout cela n'a strictement rien à voir avec les oripeaux communistes dont les dirigeants de Pékin continuent encore à s'affubler pour des raisons assez prosaïques de préservation de leur pouvoir politique. C'est beaucoup plus fort, beaucoup plus profond, d'une tout autre portée stratégique.

En prélude à ce vaste tour d'horizon des ambitions nationales chinoises au-delà des frontières internationalement reconnues de la République populaire, il faut s'arrêter sur les problèmes de « nationalités » auxquels les dirigeants de Pékin sont confrontés à l'intérieur même de celles-ci. Quel sort entendent-ils réserver, réservent-ils déjà, aux populations allogènes de leurs provinces périphériques du Tibet lamaïste, du Xinjiang musulman et d'une partie de la Mongolie intérieure, auxquelles il est possible de rattacher, au moins jusqu'à un certain point, celles de Hong Kong et de Taiwan, chinoises quant à elles mais assez « occidentalisées » en raison d'un siècle de colonisation, européenne ou japonaise ? Au total, il s'agit de quelque 100 millions de personnes, soit de 8 % de la population chinoise ; mais, surtout, ces populations sont réparties sur les deux tiers du territoire du pays, d'immenses étendues riches, qui plus est, de très importantes ressources et d'un intérêt stratégique majeur.

À cette question, la réponse de Pékin est on ne peut plus

claire : ces populations ne peuvent que se soumettre à l'autorité du pouvoir central, tout au plus disposé à leur concéder quelques très chiches libertés culturelles et religieuses. Le statut de Région autonome consenti à la Mongolie intérieure, au Xinjiang et au Tibet n'est guère plus que de pure forme, eu égard à la répression policière et militaire constante dont ces régions font l'objet, eu égard aussi à la politique de colonisation méthodique et massive, de submersion démographique des populations autochtones par les Hans — l'ethnie dominante du pays — venus de l'autre tiers, surpeuplé, de la Chine. Quant au slogan « un pays, deux systèmes », forgé pour amadouer les Hong Kongais et, à un peu plus long terme, les Taiwanais, les paris sont ouverts sur la façon dont il sera mis en œuvre, dès les prochaines années dans le premier cas, plus tard, éventuellement, dans le second.

Héritière de l'empire de Gengis Khan, qui, au XIIIe et au XIVe siècles, domina une très large partie de la Chine actuelle, avant d'en devenir une simple province frontalière semi-autonome, la Mongolie est, depuis 1921, un territoire déchiré. Cette année-là, une partie de ce territoire, la Mongolie dite extérieure, devint indépendante sous la protection de la Russie bolchevique, tandis que l'autre, la Mongolie dite intérieure, resta rattachée à Pékin. En ce qui concerne cette dernière, l'affaire était dès lors entendue. Aujourd'hui, les trois millions et demi de Mongols qui continuent à y vivre sont submergés par dix-huit millions de Chinois. Quant aux moins de deux millions et demi de leurs compatriotes qui sont installés dans la Mongolie indépendante, ils vivent dans la hantise de subir le même sort, depuis qu'au début des années quatre-vingt-dix les Russes ont plié bagage — petites souris à portée de patte du gros matou, qui, pour le moment, feint de ne pas s'intéresser à elles. On en reparlera certainement un jour, tout comme on reparlera d'une partie des territoires russes d'au-delà de l'Amour et de l'Oussouri, qui ont été arrachés autrefois à la Chine par les tsars. Pékin fait mine, pour l'heure, de s'en désintéresser, mais n'en opère pas moins déjà un retour discret, quoique porteur d'avenir, par le biais des capitaux de sa diaspora et grâce à son inépuisable réservoir de main-d'œuvre (ces toutes dernières années, plus de quatre millions de travailleurs chinois ont rejoint les chantiers de l'Extrême-Orient russe sous-peuplé, dont l'accès leur était naguère interdit).

Les problèmes posés à la Chine par son immense province occidentale du Xinjiang — le Turkestan chinois, un sixième de son territoire — sont beaucoup plus graves et d'une bien plus grande actualité, même s'il est difficile de s'en faire une idée exacte, du fait de la fermeture à peu près totale de cette région aux observateurs étrangers.

Pays de confins, frontalier de l'Inde, du Pakistan, de l'Afghanistan, de la Mongolie, ainsi que de trois pays issus de l'Union soviétique, le Kazakhstan, le Kirghizistan et le Tadjikistan, le Xinjiang est une zone de haute valeur stratégique, où, en outre, ont eu lieu jusqu'à présent tous les essais nucléaires chinois — dans la région quasi désertique du lac Lopnor, autour de la base de Malan. D'autre part, pays de déserts et de montagnes, au climat très rude hiver comme été, le Xinjiang n'en est pas moins doté d'un très riche sous-sol : plomb, zinc, houille et surtout pétrole (les plus importantes réserves chinoises d'hydrocarbures se trouvent là, dans le désert du Tarim). Sa population d'origine, estimée à environ sept millions de personnes, est musulmane, pour l'essentiel sunnite ; elle est composée en majorité de Ouïghours turcophones (autour de cinq millions), secondairement de Kazakhs (un peu plus d'un million) et, pour le reste, de Kirghiz, d'Ouzbeks, de Tatars et de Tadjiks, ainsi que de quelques milliers de Chinois de tradition islamique, les Huis. Mais, comme les Mongols et de la même façon, ces musulmans du Xinjiang sont de plus en plus envahis par les Hans, désormais majoritaires, avec environ huit millions d'individus, poussés à venir s'installer là par le pouvoir central, qui leur réserve le quasi-monopole des emplois modernes. Il convient, toutefois, de distinguer entre le sud du pays, resté patriarcal, encore peuplé majoritairement de Ouïghours, qui ont conservé leurs traditions et qui semblent donner le plus de fil à retordre aux autorités de Pékin, et le nord, plus développé et plus moderne, où se trouvent la plupart des Chinois (Urumqi, la capitale, est peuplée de Hans à 80 %).

Après plusieurs siècles de vassalisation progressive, le Xinjiang avait été rattaché à la Chine en 1884, sous la dernière dynastie qui ait régné à Pékin, la dynastie mandchoue des Qing (1644-1911) qui, au XIXe siècle, s'était lancée à la conquête de l'Asie centrale, concurremment avec les Russes et les Anglais. À partir de 1911, à la suite du renversement, par Sun Yat-sen, du dernier empereur de cette dynastie — un enfant sous tutelle — et à la faveur des troubles qui s'étaient ensuivis, les Russes s'étaient implantés au Turkestan chinois : ils ambitionnaient de rattacher celui-ci au leur, pour, à partir de là, d'une part, pénétrer au Tibet et atteindre le balcon occidental de l'Himalaya, qui surplombait l'Inde anglaise, et, d'autre part, parachever l'encerclement de la Mongolie. Après la révolution d'Octobre, les bolcheviques avaient repris à leur compte ces ambitions tsaristes (« Derrière Staline, Pierre le Grand », l'adage s'appliquait ici comme ailleurs). En 1933-1934, puis, de 1944 à 1949, ils avaient même parrainé une éphémère République turkie indépendante, placée en fait sous leur contrôle.

Dès 1949, la victoire des communistes aussitôt acquise à Pékin, la reprise en main chinoise fut rapide et brutale (cette année-là, le gouvernement turki tout entier, invité à venir discuter avec Mao, périt, fort opportunément, dans un accident d'avion). Depuis lors, toutes les tentatives autonomistes ont été durement réprimées, la vie culturelle traditionnelle a été systématiquement bridée, l'islam persécuté (fermeture de mosquées et d'écoles coraniques en grand nombre, interdits vestimentaires et de comportements).

Avec l'indépendance des anciennes républiques soviétiques d'Asie centrale, une partie des élites turcophones du Xinjiang se sont mises à rêver du rétablissement de leur éphémère État indépendant des années quarante, d'un « Ouïghourstan », qui se détacherait de la Chine et pourrait se confédérer un jour avec ses voisins et frères tadjiks, kirghiz et kazakhs. Plusieurs petits partis clandestins, dont il est difficile d'évaluer l'audience et dont la plupart des dirigeants, qui ont du mal à s'entendre entre eux, vivent réfugiés au Kazakhstan, se sont constitués. Ils sont à l'origine des quelques vagues d'attentats, toujours très vite et très rudement réprimés par les forces de l'ordre chinoises, qu'a connues le Xinjiang en 1996 et en 1997, sans qu'il soit possible pour autant de parler de soulèvements, comme ont tenté de l'accréditer les exilés d'Almaty (l'ex-Alma-Ata).

Au-delà de cette répression immédiate, les dirigeants chinois comptent venir à bout de cet irrédentisme par la poursuite de leur politique de sinisation, liée elle-même à la réalisation d'importants travaux d'équipement ferroviaire et routier et de mise en valeur des richesses minières, notamment du pétrole. Une énorme entité qui dépend directement de l'armée, le Corps de production et d'encadrement du Xinjiang, est tout spécialement affectée à cela. Il contrôle la plupart des grands travaux et la majeure partie des ressources et de la production du pays, ainsi que le « laogai », le goulag chinois. L'ultime objectif est de faire du Xinjiang, et tout d'abord de sa capitale Urumqi, aujourd'hui peu accessible mais en train d'être dotée d'un aéroport très moderne, un trait d'union essentiel entre l'Asie orientale et l'Asie centrale, vers l'Europe.

En attendant de gagner ce gigantesque pari, les responsables chinois ont conclu ces années-ci des accords commerciaux, diplomatiques, policiers, militaires, avec tous leurs homologues des autres pays de cette immense région issue de l'Union soviétique, à la stabilité pas très bien assurée non plus pour le moment, sous l'œil approbateur des dirigeants de Moscou qui

CHINE : LES PROVINCES IRRÉDENTISTES

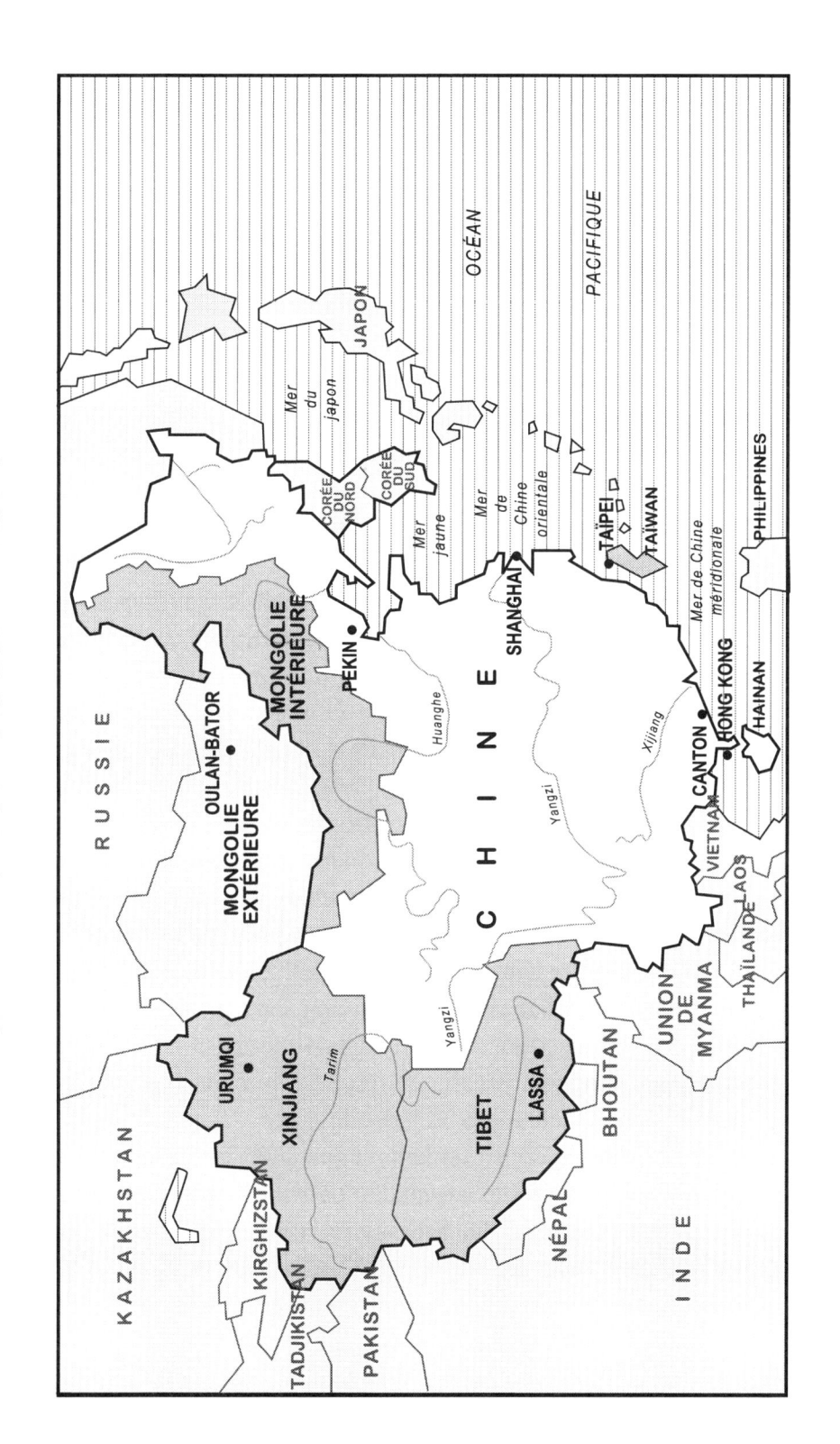

souhaitent, tout autant qu'eux, que l'ordre continue à régner au cœur de l'Eurasie.

L'entente qui s'est établie entre Pékin et Almaty mérite d'être regardée de près. Derrière l'accord frontalier de 1996, qui a officiellement pour objet de contrôler les activités des organisations indépendantistes ouïghoures repliées au Kazakhstan, il est permis de se demander si ne se cache pas, en fait, un autre accord, beaucoup plus important, qui aurait pour but de pousser le million de Kazakhs du Xinjiang à le quitter définitivement, au grand soulagement des Chinois, pour aller s'établir à demeure dans ce pays voisin et y renforcer leurs frères de race encore minoritaires chez eux, face aux Russes et aux membres d'autres ethnies.

Le problème posé à la Chine par sa Région autonome du Tibet, rebaptisée Xizang, est très semblable à celui du Xinjiang, sauf que là, la dynastie mandchoue n'avait pas pu atteindre son objectif annexionniste avant son déclin et que ce sont les communistes qui ont réalisé cette œuvre, aussitôt qu'ils furent devenus les maîtres du pays, en 1949. Dès 1950, l'Armée populaire de libération chinoise avait, pour l'essentiel, réglé la question, et un nouveau régime politique, administratif et policier aux ordres de Pékin se mettait en place, sous la supervision d'un jeune cadre déjà en vue et plein d'avenir, du nom de Deng Xiaoping.

Pour la Chine, l'intérêt du Tibet est essentiellement stratégique, alors que l'intérêt du Xinjiang est, aussi, économique. Elle réalise là ce dont avait rêvé la Russie tsariste. Depuis le haut plateau tibétain, où elle entretient d'immenses exploitations agricoles et des élevages et où elle trace de nouvelles routes, l'armée chinoise, confortablement installée derrière le rempart himalayen, bloque toute expansion de l'Inde vers le nord, même simplement commerciale. Elle ouvre en même temps aux ambitions de ses responsables un passage vers le golfe Arabo-Persique, via le Pakistan voisin, à l'ouest. C'est à partir de cette vision géopolitique que se sont développées les relations étroites qui unissent aujourd'hui Pékin à Islamabad et, aussi, de plus en plus, à Téhéran ; que s'est mis en place, entre ces capitales, un axe diplomatique privilégié, qui coupe celui qui relie Moscou à New Delhi, la Russie à l'Inde, les deux grands rivaux traditionnels de la Chine et du Pakistan, dont on redoute également les visées en Iran, même si le pays des ayatollahs, boycotté par les États-Unis, entretient, aussi, un important négoce avec la nouvelle Russie, y compris dans le secteur de l'armement, tout comme la Chine elle-même au demeurant — rien n'est simple et « business is business ».

Le rappel de ces réalités permet de se faire une idée des chances du Tibet de recouvrer un jour son indépendance : elles sont nulles, même si ses élites intellectuelles en exil, sous la conduite prestigieuse de sa Sainteté le Dalaï-Lama, font beaucoup de bruit en Occident, fortes de l'héritage d'une des plus grandes civilisations de l'histoire humaine. (Mais, de cela, on n'a cure à Pékin, où, en fait de civilisation, on a également une très haute idée de soi.) Rien n'arrêtera la machine répressive chinoise, ni, comme en Mongolie et au Xinjiang, la sinisation en marche, encore plus redoutable. Déjà, on compte au Tibet quelque sept millions et demi de Hans, contre six millions de Tibétains, et une bonne connaissance du mandarin constitue la condition *sine qua non* d'accès aux postes de responsabilité dans tous les domaines. Le Dalaï-Lama lui-même, réfugié en Inde depuis 1959, avec quelques dizaines de milliers de fidèles, vieillissants comme lui, ne se fait plus beaucoup d'illusions. Partisan convaincu de la non-violence, ce qui lui a valu le prix Nobel de la paix, il y dirige, à Dharamsala, dans l'État himalayen de l'Himachal Pradesh (quand il n'est pas en tournée chez ses adeptes un peu fêlés d'Europe ou d'Amérique, sa gourmandise, un gouvernement en exil plutôt fantomatique, qu'aucun État au monde ne reconnaît comme tel, même pas son pays d'accueil, soucieux de ne pas trop mécontenter son voisin du nord. De toute évidence, le guide spirituel des Tibétains se contenterait, pour sa terre et son peuple, d'un statut d'autonomie interne. Mais, même cela, à Pékin, on ne le lui accordera pas. Et, dans les chancelleries des cinq continents, on ne fera jamais plus que de verser quelques larmes de crocodile, à chaque nouvelle fermeture de temples dont on aura été informé, à chaque emprisonnement ou expulsion de lamas en nombre suffisamment significatif, tant qu'il en restera quelques-uns. Realpolitik oblige.

En comparaison de ces rudes mises au pas du Xinjiang et du Tibet, la rétrocession de la colonie britannique de Hong Kong, le 1er juillet 1997, n'a été qu'une bluette — tout comme le sera encore davantage, en 1999, celle du tripot portugais de Macao, la vieille « concession » voisine, sur l'autre rive de l'embouchure de la rivière des Perles. L'affaire n'en a pas moins constitué une étape d'une haute valeur symbolique et d'une grande importance stratégique dans la reconquête par la Chine de ses territoires autrefois spoliés par les Européens. Elle marque, à l'est, le point de départ de son retour dans son espace maritime traditionnel, d'un intérêt géopolitique au moins aussi grand pour elle que, à l'ouest, la réaffirmation de sa présence en Asie centrale et dans les confins himalayens. Dans cette zone, la Chine poursuit deux grands objectifs à présent : la récupération de Taiwan et la reconnaissance internationale de sa souveraineté sur une très large partie de la mer de Chine du Sud, maîtresse du passage entre l'océan Pacifique et l'océan Indien.

Les Anglais avaient fait main basse sur le rocher insulaire de Hong Kong en 1841, à la faveur de la première guerre de l'Opium. L'année suivante, ils s'en étaient vu reconnaître la possession pour une durée indéterminée par le traité de Nankin, imposé à la Chine affaiblie des Mandchous, qui fut alors contrainte d'ouvrir plusieurs de ses ports aux Européens et aux Américains. S'étaient ensuite ajoutés à cette première concession la péninsule de Kowloon, face à l'île, en 1860, puis, en

1898, plus loin sur le continent, les Nouveaux Territoires, cédés quant à eux pour quatre-vingt-dix-neuf ans seulement.

L'accord de rétrocession — une Déclaration commune érigeant Hong Kong en région administrative spéciale de la République populaire — fut signé, après deux ans de discussions marquées par une grande volonté commune d'aboutir, le 19 décembre 1984, à la grande Maison du peuple de Pékin, par Margaret Thatcher et son homologue chinois Zao Ziang. Pour le Royaume-Uni, le souci de préserver de bonnes relations avec la Chine ne pouvait que l'emporter sur la volonté nostalgique de s'accrocher davantage à son rocher asiatique comme à celui de Gibraltar : le partenaire à ménager était, là, d'une tout autre taille et beaucoup moins accommodant. Après la signature de cet accord, tout se passa pour le mieux pendant les treize années qui suivirent. Les Chinois du continent pénétrèrent discrètement mais méthodiquement, souvent par Hong Kongais interposés, dans tous les domaines clés de la colonie, notamment dans la banque et dans les médias. Seules les velléités bien tardives de certains milieux britanniques, nostalgiques du passé bien plus que réellement libéraux, qui essayèrent, avant de partir, de doter leur vieille colonie de quelques institutions parlementaires s'inspirant de celles de Westminster, provoquèrent un peu de tension. Le gouverneur Chris Patten, un ancien leader du Parti conservateur anglais, très représentatif de ces milieux en fait fort minoritaires, se fit même traiter un jour, par un grand quotidien de Pékin, de « prostituée en fin de carrière qui se met à prêcher la vertu ». Shocking !

Le 1er juillet 1997, les cérémonies de passation de pouvoir ne furent que de simples formalités. Les « Royals », représentés par leur grand dadais de prince Charles qui présidait la délégation anglaise, furent d'une dignité parfaite, contrastant avec la raideur des soldats d'élite chinois entrés les heures précédentes dans Hong Kong. Dans la journée, l'Union Jack fut ramené à Government House, sur fond de *God Save the Queen* et de *Ce n'est qu'un au revoir.* Au dernier coup de minuit, la trompette ouvrant l'hymne national chinois retentissait dans l'immense salle de réception du Palais des congrès, tandis qu'était hissé le drapeau rouge à cinq étoiles d'or. Un peu plus tard, dans la nuit, le *Britannia*, avec à son bord les personnalités venues de Londres, quittait lentement le port, où un siècle et demi auparavant avaient accosté les canonnières d'Albion.

La suite, déjà bien engagée, ne devrait pas poser beaucoup de problèmes. Les dirigeants de Pékin veulent que la rétrocession de Hong Kong soit un modèle pour ce que pourrait être un jour le rattachement de Taiwan. Ils ont donc un intérêt majeur à ne pas attirer des critiques trop vives de la communauté internationale, ce qui ne veut pas dire pour autant qu'ils vont laisser faire n'importe quoi.

Aux termes de l'accord de rétrocession de 1984, la nouvelle région administrative spéciale de Hong Kong, bien que placée sous l'autorité du gouvernement central de Pékin, bénéficie d'un haut degré d'autonomie, sauf dans les domaines des affaires étrangères et de la défense. Elle est investie de pouvoirs législatif, exécutif et judiciaire indépendants. Elle demeure maîtresse de ses finances et de sa fiscalité et elle conserve dans les instances économiques internationales un statut autonome, qui préserve notamment sa représentation à l'Organisation mondiale du commerce, dont la Chine elle-même n'est pas encore membre.

Bien évidemment, la portée réelle de ces franchises et de ces libertés va être fonction de la propre marge de manœuvre des personnes en charge des nouvelles institutions. Or, en ce domaine, plusieurs mois avant la date officielle de la rétrocession, les dirigeants de Pékin — qui ne peuvent laisser s'épanouir à Hong Kong, au-delà d'une certaine limite, un modèle politique libéral dont pourraient s'inspirer d'autres villes ou d'autres provinces, notamment les plus prospères — avaient pris leurs précautions. Le 21 décembre 1996, ils avaient fait élire, par un collège électoral de quatre cents membres sélectionnés par eux, un Conseil législatif provisoire qui leur était entièrement acquis et qui allait remplacer, le 1er juillet suivant et jusqu'en mai 1998 en principe, un autre Conseil législatif, démocratiquement élu quant à lui quelques mois plus tôt, pour la première fois dans l'histoire de la colonie, à l'initiative du gouverneur Patten. Surtout, le 11 décembre 1996, le même collège électoral avait élu le futur chef de l'exécutif de Hong Kong, Tung Chee-hwa, un très riche armateur originaire de Shanghai, patron de la compagnie maritime Orient Overseas, qui est la seconde compagnie maritime du monde et que les financiers communistes avaient sauvée de la faillite au début des années quatre-vingt, se créant ainsi un obligé. Très représentatif au demeurant des milieux économiques — chinois et étrangers — du territoire, avant tout soucieux de continuer à s'enrichir, Tung avait nommé, dès le 24 janvier 1997, un cabinet avec lequel il allait gouverner en double commande, avant de prendre en main tous les leviers cinq mois plus tard. Puis, sans plus attendre, il avait annoncé la couleur. Le 9 avril, il avait rendu publiques toute une série de « propositions » tendant à limiter diverses libertés, de rassemblement et de manifestation, octroyées un peu plus tôt seulement par Patten, qui s'obstinait à faire de la résistance, autant à Londres qu'à Pékin, au demeurant. Les journaux qui n'étaient pas encore passés sous propriété communiste étaient invités, avec discrétion mais fermeté, à commencer à s'exercer à l'autocensure. Le conseil a été à peu près entendu. Après le 1er juillet 1997, ce nouveau cours a continué tout doucement à s'imposer, sans grands incidents.

En tout cas, pour ce qui est depuis toujours la préoccupation quasi unique des habitants de Hong Kong, chinois comme étrangers, les affaires, le changement de régime politique est presque passé inaperçu.

Dès les débuts du régime communiste, Hong Kong a été considérée, par les dirigeants de la Chine continentale, comme une indispensable et très précieuse fenêtre sur l'économie capitaliste mondiale. Dès ces années-là, ceci a été très bien compris par les milieux d'affaires de la colonie britannique, et ils ont fondé leur prospérité sur cette situation, qui s'inscrivait dans la grande tradition « compradore » de l'Asie orientale depuis ses premiers contacts avec les Européens. Après la victoire de Deng Xiaoping en 1978 et la conversion de la Chine à l'économie socialiste de marché, alors que la révolution industrielle asiatique, dont l'épicentre est le Japon, atteignait ses côtes, ce compromis de Hong Kong finit de prendre tout son sens. La bourgeoisie hongkongaise, hyperactive et apolitique, mit de plus en plus son épargne, et celle de toute la diaspora du Sud-Est asiatique, qu'elle collectait, au service des projets de développement économique des communistes chinois réformés, restaurant et renforçant avec eux leurs liens ancestraux, familiaux et autres. Très vite, il n'y eut plus une grande région de la Chine continentale, un ministère de Pékin, une famille de la nouvelle dynastie rouge qui ne se retrouvât rattaché par mille fils aux grands groupes financiers de Hong Kong. Or ces groupes étaient depuis longtemps les vrais maîtres de la colonie et, par l'effet de ces synergies, ils allaient en faire un des grands centres de l'économie mondiale : la seconde place financière d'Asie, derrière Tokyo ; le premier port du monde, devant Rotterdam ; un PNB par habitant qui, à hauteur de 21 000 dollars par an, est un des plus élevés de toute la planète. Il n'y avait aucune raison que cela changeât avec le transfert du pouvoir politique de Londres à Pékin ; il n'y a aucune raison que cela change.

Au cours des dix prochaines années, plus de 60 milliards de dollars devraient être investis dans des programmes impressionnants. Parmi ceux-ci : l'aéroport international de Chek Lap Kok (une capacité d'accueil annuelle de 35 millions de passagers et de 3 millions de tonnes de fret à son ouverture en 1998, de 80 millions de passagers et de 8 millions de tonnes de fret vers 2002) et les voies de communication pour le desservir

(20 milliards de dollars, au total) ; de nouvelles lignes de métro et de tramways (10 milliards de dollars) ; une liaison ferroviaire avec Canton et la province voisine du Guangdong, où les entreprises à capitaux en provenance de Hong Kong emploient déjà plus de 5 millions de salariés (10 milliards de dollars) ; de nouvelles installations portuaires sur la rivière des Perles (5 milliards de dollars) ; la ville nouvelle de Tsenng Kwan O. Pour toutes ces réalisations, les problèmes de financement ne se posent pas : le territoire détient 60 milliards de dollars de réserves en devises (septième rang mondial).

Qui pourrait être assez fou pour laisser tuer une telle poule aux œufs d'or ? Donc, après comme avant la rétrocession, « business as usual ». Tout le reste est littérature.

Un retour bien amorcé au centre de l'échiquier international

Même s'ils relèvent, eux aussi, de la même politique de reconquête, les autres objectifs de la Chine, tout à fait fondés, dès lors qu'il s'agit de récupérer Taiwan, pour partie contestables, en revanche, en ce qui concerne ses revendications sur les îlots et les archipels de la mer de Chine orientale et de la mer de Chine du Sud, posent beaucoup plus de problèmes. Pour être bien compris, ils doivent être replacés dans le contexte général des relations de l'empire du Milieu, en pleine renaissance, avec les autres grandes puissances mondiales, au premier rang desquelles les États-Unis et le Japon, qui s'estiment concernées à des degrés divers. Il est difficile de savoir ce qui se passe en Mongolie, au Xinjiang et au Tibet. La rétrocession de Hong Kong s'est faite en douceur. Pour ce qui est de Taiwan et de la mer de Chine du Sud, la situation et les enjeux sont bien mieux connus et faciles à comprendre qu'à Urumqi ou à Lhassa ; mais elles risquent fort de ne pas se passer aussi bien qu'à Hong

Kong. La partie de bras de fer est, en fait, déjà très engagée et, aujourd'hui, personne ne peut en prévoir l'issue.

Progressivement débarrassée de menaces russes sérieuses depuis l'enlisement de l'Armée rouge en Afghanistan et l'effondrement de l'URSS, la Chine a opéré ces dernières années un très important retournement stratégique. Jusqu'alors, l'essentiel de son effort de défense, en dehors du développement d'une puissante force de dissuasion nucléaire, était concentré sur la protection de ses très longues frontières terrestres du nord et de l'ouest, et son Armée populaire de libération n'était guère qu'une armée de plus de quatre millions de fantassins du type soldats de l'an II. Aujourd'hui, l'APL a déjà vu ses effectifs réduits d'un quart et elle se professionnalise de plus en plus, en même temps qu'elle est devenue un gigantesque conglomérat d'entreprises économiques les plus diverses, une bonne partie de ses cadres ayant plongé dans les affaires et même dans l'affairisme. En même temps, la Chine est passée d'une posture diplomatique et militaire défensive à une posture offensive. Renonçant moins que jamais à obtenir un jour, fût-ce à très long terme, une révision de tous les « traités inégaux » qui lui ont été imposés par la force au XIXe siècle, faisant seulement mine, pour le moment, de se désintéresser du plus gros morceau, celui qui lui a été ravi par les Russes, les immenses territoires d'au-delà de l'Amour et de l'Oussouri, elle a donné la priorité à une politique de reconquête de ses anciennes possessions insulaires situées à l'est et au sud de ses provinces maritimes. Dans ce but, elle a entrepris de se doter d'une grande marine de guerre, à la hauteur de ses ambitions régionales.

La Chine, qui a tardé jusqu'en 1995 à ratifier la Convention internationale sur le droit de la mer, a promulgué, le 25 février 1992, une loi sur sa mer territoriale et sa zone contiguë qui est en contradiction avec ce traité international sur des points importants. En son article 2, cette loi énumère, de façon on ne peut plus précise, ses revendications en mer de Chine orientale et en mer de Chine du Sud : « La mer territoriale de la RPC, affirment ceux qui l'ont rédigée, est constituée par les eaux adjacentes à son territoire terrestre. Le territoire terrestre de la RPC comprend la partie continentale du pays et les îles au large de ses côtes : Taiwan et les différentes îles connexes, y compris l'îlot de Diaoyu (Shenkaku), les îles de Dongsha (Pratas), les îles de Xisha (Paracels), les îles de Namsha (Spratleys) et les autres îles qui appartiennent à la République populaire de Chine (c'est-à-dire les îles de Penghu (Percadores), au sud de Taiwan, et l'île de Natuna, au sud des Spratleys). Les eaux de la RPC sont les eaux situées en deçà de la ligne de base servant à mesurer la largeur de la mer territoriale. » La rédaction de ce texte est passablement lourde ; pour partie, celui-ci n'est pas du tout conforme, d'autre part, aux normes internationales, notamment en ce qui concerne le calcul des eaux territoriales autour de ces archipels ; les intentions de ses auteurs n'en sont pas moins parfaitement claires.

Il n'y a aucune raison de penser que les responsables chinois, quels qu'ils soient dans l'avenir, renonceront à ces revendications-là, au moins à la plupart d'entre elles. Ils les confirment du reste à toutes occasions par des actes de souveraineté, qui sont autant de coups de force (débarquements de troupes, poses de pierres de bornage, octrois de permis de recherche pétrolière à des compagnies étrangères).

Fût-ce au prix d'un déficit passager d'image, dont ils auront de moins en moins cure, ils ne laisseront pas se développer très longtemps encore les manœuvres sécessionnistes des dirigeants de Taipei. Convertie ou non aujourd'hui à la démocratie parlementaire, Taiwan était on ne peut plus chinoise avant son occupation par le Japon de 1895 à 1945. Après la rétrocession de Hong Kong et de Macao, le problème posé par son avenir constitue plus que jamais une des préoccupations majeures de la diplomatie chinoise, et on peut s'attendre à de nouvelles périodes de forte tension dans les prochaines années. Même si l'enjeu qu'elle représente est de moindre importance, on ne peut que dire des choses analogues sur la petite île désolée de Diaoyu (Shenkaku), en mer de Chine orientale, dont le Japon s'était également emparé en 1895 et qu'il occupe aujourd'hui encore, après qu'elle eut été placée provisoirement sous administration américaine après la Seconde Guerre mondiale, alors que Taiwan était rendue définitivement, quant à elle, à la Chine de Tchang Kaï-chek.

Les droits géographiques et même historiques de la Chine paraissent tout aussi fondés sur les archipels méridionaux, à l'exception peut-être des Spratleys, également revendiquées pour quelques bonnes raisons par le Vietnam (qui a aussi des prétentions sur les Paracels), Brunei, la Malaisie et les Philippines. Beaucoup plus au sud, les revendications chinoises sur l'archipel de Natuna, que l'Indonésie estime, quant à elle, relever de sa souveraineté, sont, en revanche, tout à fait contestables.

Quoi qu'il en soit, ces visées de Pékin ne peuvent qu'inquiéter beaucoup de monde : les pays du Sud-Est asiatique directement concernés, bien sûr, mais aussi l'Inde, le Japon, les États-Unis et toutes les autres puissances industrielles. Rien d'étonnant dès lors si, sous l'impulsion des Américains, tous ces pays sont en train de mettre en place une sorte de « cordon sanitaire » autour de la Chine continentale, et s'ils se montrent de plus en plus décidés à ne faire aucune concession où que ce soit dans cette zone et, tout d'abord, sur Taiwan, plus que jamais érigée en bastion avancé de la présence occidentale, face au géant chinois.

Pour les États-Unis, le « Communiqué de Shanghai », signé par Richard Nixon en 1972, sert toujours officiellement de référence dans leurs relations en dents de scie avec Pékin : ils reconnaissent le caractère chinois de Taiwan en droit international. Mais, sur la base d'un texte en contradiction avec cette déclaration, le Taiwan Relations Act, voté ensuite par le Congrès en 1979, ils n'en font pas moins tout ce qu'ils peuvent pour que la grande île demeure autonome par rapport au reste de la Chine, soutenant ses dirigeants de toutes les manières, militaires (fournitures d'armes de haute technologie) et diplomatiques (ils sont rarement étrangers aux reconnaissances, fluctuantes, de la république de Chine, l'appellation officielle de Taiwan, face à la république *populaire* de Chine, par un certain nombre de petits pays d'Afrique ou d'Amérique latine). Ils ne cachent pas qu'ils sont prêts à aller beaucoup plus loin, s'il le fallait. De ce point de vue, leur démonstration de force dans le détroit de Formose au printemps 1996 fut tout à fait exemplaire : face aux tirs d'intimidation des Chinois, qui, pendant un mois, du 20 février au 25 mars, dans le cadre de manœuvres aéronavales, expédièrent à plusieurs reprises des missiles à proximité de Taiwan, au moment même où allaient se tenir dans l'île des élections présidentielles pluralistes, qui ne pouvaient que consolider son statut de quasi-indépendance, en même temps que le pouvoir de son chef Lee Teng-hui, bête noire de Pékin, les Américains n'ont pas hésité à envoyer patrouiller dans les parages deux porte-avions de leur flotte du Pacifique — l'*Independance* et le *Nimitz* — et leurs escortes. Quelques mois plus tard, les Japonais ont fait preuve de la même fermeté à propos de l'îlot dépeuplé de Shenkaku, en laissant y accoster, par deux fois, des commandos de militants ultra-nationalistes, venus y remettre en place le drapeau nippon enlevé par les Chinois.

À terme, cependant, la partie n'est pas jouée. Même si elle est aujourd'hui difficile à imaginer, l'hypothèse d'un retour de Taiwan dans le giron de Pékin, selon un scénario et sous une forme analogues à la rétrocession de Hong Kong, n'est pas à écarter. Déjà, les dirigeants chinois ont des alliés de poids dans les milieux d'affaires de l'île, comme ils en avaient dans la colonie britannique ; ce sont du reste souvent les mêmes. Depuis plus d'une dizaine d'années, les industriels taiwanais, handicapés par la montée de leurs coûts salariaux, ont été amenés à délocaliser massivement leurs activités sur le continent, en particulier dans la province proche du Funjian, d'où nombre d'entre eux sont en outre originaires, leurs homologues de Hong Kong leur servant souvent d'intermédiaires. Prisonniers de leurs mises, ils ont tremblé lors de la crise du printemps 1996 ; en tête à tête à présent avec Pékin, ils trembleront de plus en plus à chaque nouvelle recrudescence de tension. La marge de manœuvre des autorités de Taipei s'en trouve réduite. De même, ne peut que se réduire à terme, au fur et à mesure que s'accroîtra la capacité de rétorsion chinoise, la possibilité pour Taiwan d'entretenir ne fût-ce qu'un petit réseau de véritables relations diplomatiques (de cela, le retournement de l'Afrique du Sud en faveur de Pékin, en 1997, est tout à fait exemplaire). À terme aussi, sera remise en question la possibilité pour Taiwan de maintenir son armement au niveau très élevé qui est encore le sien aujourd'hui : placés devant le risque de perdre leur part du marché chinois, ou simplement de ne plus pouvoir l'accroître, les fournisseurs traditionnels des héritiers de Tchang Kaï-chek hésiteront de plus en plus à continuer à leur vendre avions de combat, missiles, corvettes et hélicoptères — la France en a déjà fait l'amère expérience. Bref, sans renoncer pour autant à l'usage éventuel de la force, on semble faire le pari à Pékin que Taiwan tombera un jour comme un fruit mûr, que cela plaise ou non à Tokyo et à Washington.

En revanche, Pékin risque d'avoir beaucoup plus de mal à faire prévaloir ses ambitions autour des Spratleys, en mer de Chine du Sud, pour ne pas parler des Natunas encore plus méridionales. Les petits îlots dépeuplés de ces deux archipels, parfois de simples rochers, ne sont que d'un médiocre intérêt économique, même s'ils s'avèrent être situés dans une zone réellement pétrolifère, ce qui n'est pas prouvé. Par contre, l'enjeu stratégique qu'ils représentent est capital. De la sûreté de leurs parages dépend le maintien de la sûreté de la navigation maritime entre l'océan Pacifique et l'océan Indien pour presque toutes les grandes nations industrielles du monde. Par là passent, notamment, plus de 70 % des approvisionnements pétroliers du

Japon. Jamais le pays du Soleil Levant, ni non plus les États-Unis, et même les États européens, sans parler de la plupart des pays de l'Asie du Sud-Est qui ont sur ces îlots des revendications concurrentes de celles de Pékin, n'admettront que la marine chinoise puisse faire un jour la pluie et le beau temps dans un tel endroit, fort éloigné au demeurant des côtes de la Chine continentale, ni, non plus, au-delà, dans le détroit de Malacca, qui semble bien être l'objectif ultime de la Chine dans cette région du monde, quand on constate, d'autre part, ses menées au Myanmar (l'ex-Birmanie) et dans la mer d'Andaman, à l'ouest de celui-ci. (La marine chinoise y a déjà obtenu ces années-ci, des autorités de Rangoon, d'importantes facilitations.) Il faudra donc bien trouver un compromis. Il pourrait être le suivant. Les Spratleys et, plus au sud, Natuna, se verraient dotées d'un statut international de neutralité. En contrepartie, la pleine souveraineté chinoise serait reconnue sur tout le reste, plus proche du continent, de Shenkaku aux Paracels, en passant bien évidemment par Taiwan. Il suffit de regarder une carte pour admettre la pertinence d'un tel compromis éventuel. En attendant, la partie de bras de fer continue, de Taiwan au Myanmar, où la junte au pouvoir est de plus en plus dans le collimateur des Américains, qui la jugent bien trop complaisante avec son grand voisin du nord.

En tout état de cause, on touche là, au sud, à un des deux seuls points cruciaux, parce que de grande portée stratégique, des revendications territoriales chinoises, l'autre, pour le moment en sommeil, concernant, au nord, la Russie extrême-orientale, où le Japon n'a pas dit non plus son dernier mot. Même si, dans ces deux endroits, et *a fortiori* dans le reste du monde, elle n'a pas encore les moyens de ses ambitions, notamment les moyens militaires, en dépit de sa forte montée en puissance de ces dernières années, la Chine joue déjà dans la cour des grands, et ceux-ci vont devoir tenir de plus en plus compte

LA POUSSÉE CHINOISE EN MER DE CHINE DU SUD

de cette réalité relativement nouvelle. « La Chine s'est éveillée », écrit Peyrefitte. Les États-Unis, le Japon, la Russie et les pays de l'Union européenne, c'est-à-dire les quatre autres grandes puissances mondiales, sont les plus concernés par ce retour de l'ancien empire du Milieu au cœur des affaires internationales.

Dans un monde qui devient pluripolaire, la Chine sera la première puissance globale, avant même l'Europe en cours d'unification, qui contestera le statut actuel des États-Unis d'unique superpuissance planétaire. Déjà, alors que sa montée en puissance est encore fort loin d'être achevée, elle affiche avec de moins en moins de retenue ses ambitions au plan régional, en Asie orientale, où la défense de ses intérêts et de sa vision des choses l'amène de plus en plus à s'opposer à l'exercice de l'hégémonie américaine. À Washington, où, en 1996, un livre sur ce thème, *Le Conflit à venir avec la Chine* (de Richard Berstein et de Ron Munro), a connu un grand succès, on est tout à fait conscient de ce nouveau rapport de forces qui se dessine. On sait parfaitement que, dans les prochaines années, la Chine va devenir un partenaire difficile pour l'Amérique. Mais, face à cette échéance, on ne sait trop encore quelle politique mettre en œuvre ou, plutôt, on hésite entre deux lignes de conduite : faire la part du feu, en escomptant parvenir à canaliser l'évolution en cours, ou s'opposer dès à présent à cet hégémonisme rival, aujourd'hui régional, demain mondial.

Les partisans de la première attitude estiment que traiter la Chine en ennemie serait faire en sorte qu'elle se conduise de plus en plus comme telle. Ils préconisent donc, vis-à-vis d'elle, un « engagement constructif » de l'administration américaine. Admettant qu'il est légitime que la Chine souhaite prendre toute sa place dans les organisations de coopération internationale et que, une fois présente en leur sein, tenue de respecter leurs règles de comportement pour tirer tout le fruit de cette présence, elle ne pourra que s'y assagir, ils estiment qu'il est plus judicieux de ne pas faire obstacle à la réalisation de cette ambition, et même d'aider Pékin à l'atteindre plutôt que de s'y opposer. En vertu de ce raisonnement, ils soutiennent, à chaque échéance, avec succès jusqu'à présent, le renouvellement par le Congrès de l'octroi à la Chine de la clause de la nation la plus favorisée. Surtout, ils se battent pour son admission à l'Organisation mondiale du commerce (l'OMC), qui n'est toujours pas acquise, en attendant son entrée au Fonds monétaire international, à la Banque mondiale et au G7, devenu le G8. Derrière ce combat, il y a, bien sûr, une conscience aiguë de l'importance grandissante du marché chinois pour les exportateurs américains, en même temps que la prise en compte du statut international déjà éminent de la Chine, membre permanent du Conseil de sécurité des Nations unies et puissance nucléaire, qu'il importe d'associer le plus possible à la politique de non-dissémination à laquelle se sont ralliés, ces années-ci, les autres membres du club atomique.

Face à ces optimistes, les tenants d'une ligne dure n'ont guère de mal à faire valoir que, en fait, la Chine se conduit déjà comme un adversaire des États-Unis et qu'il convient donc de la traiter en conséquence. Mettant pêle-mêle en avant le non-respect des droits de l'homme par la direction chinoise actuelle (la répression de la place Tien Anmen, en 1989, à Pékin, est constamment rappelée), les menaces qui, de ce point de vue, pèsent sur Hong Kong rétrocédée, ou bien le martyrologe tibétain ; le pillage par les entreprises chinoises de la propriété intellectuelle étrangère ; le déficit considérable de la balance commerciale sino-américaine (autour de 60 milliards de dollars annuels, hors Hong Kong), et les pressions de tous ordres qui peuvent, à partir de là, être exercées sur les États-Unis ; les prétentions de Pékin sur Taiwan et sur les Spratleys ; l'aventurisme de la Chine en matière de prolifération nucléaire, en particulier l'aide qu'elle apporte en ce domaine au Pakistan et à l'Iran ; ils se battent, quant à eux, pour la mise en œuvre immédiate d'une politique de « containment », d'endiguement, de ce nouvel « empire du Mal », qui a pris le relais de celui des Soviets et contre lequel ils engagent l'Amérique et ses alliés à entrer en croisade, comme autrefois contre la Russie communiste. *A fortiori* sont-ils hostiles à toute concession américaine en matière commerciale et financière, sans amendement préalable des dirigeants chinois.

À Pékin, où la direction politique n'est plus aussi monolithique qu'autrefois, on devine un clivage analogue, derrière un discours officiel unanime, populaire, nationaliste et anti-occidental. Aux réalistes qui sont soucieux de comprendre le monde tel qu'il est, et qui sont désireux d'y intégrer la Chine au mieux, s'opposent tous ceux, et ils sont nombreux en ces temps successoraux où la surenchère est tentante, qui n'admettent cette intégration qu'aux conditions chinoises et qui refusent les règles du jeu international élaborées par les Occidentaux, notamment par l'Amérique. Ils refusent, par exemple, de payer le prix de l'admission de la Chine à l'OMC par une réelle libéralisation de très importants secteurs économiques encore à peu près totalement fermés aux étrangers, tels que la banque, l'assurance ou les télécommunications.

Alors, qu'il s'agisse de Taiwan, du Tibet, de l'entrée de la Chine dans l'Organisation mondiale du commerce, de la propriété intellectuelle ou de la prolifération nucléaire et balistique, il y a toujours beaucoup de gens qui, tantôt dans l'une des deux capitales, tantôt dans l'autre, crient comme des charrons à chaque concession accordée, ou sur le point de l'être, à l'autre partie. Jusqu'à présent, cependant, à des périodes de tension plus ou moins forte, en ont toujours succédé d'autres marquées par une réelle volonté d'apaisement, sur à peu près tous les problèmes qui viennent d'être évoqués. On ferme quelques usines pirates dans la province chinoise et l'Amérique renouvelle sa clause de la nation la plus favorisée. On fait des gesticulations guerrières dans le détroit de Formose, puis chacun rejoint ses bases de départ.

Il y a fort à parier que cette alternance de chaud et de froid va durer. C'est la conclusion la plus sûre qu'il soit possible de tirer de la visite officielle qu'a effectuée aux États-Unis le président Jiang Zemin, du 27 octobre au 3 novembre 1997, et qui s'est conclue par quelques promesses chinoises intéressantes, dont il faut attendre à présent si elles seront toutes bien tenues, notamment en ce qui concerne l'engagement de Pékin de ne plus livrer de matériel nucléaire et balistique à l'Iran, en contrepartie d'une collaboration sino-américaine en ce domaine. Mais au moins deux ou trois choses paraissent quasiment assurées. D'une part, pas plus les États-Unis que la Chine ne souhaitent que leur opposition débouche sur un véritable conflit armé, dont l'issue ne pourrait être que désastreuse pour chacune des deux parties — ce qui sera de plus en plus vrai au fur et à mesure que va se poursuivre la montée en puissance militaire de la Chine. Au pis, un affrontement passager n'est pas tout à fait à exclure. D'autre part, on ne méconnaît pas plus à Pékin le caractère indispensable à la poursuite du développement chinois, pendant de longues années encore, des apports financiers et technologiques occidentaux, qu'on n'ignore à Washington l'importance du marché de l'empire du Milieu pour les industries américaines, y compris celles du secteur de l'armement.

De semblables atermoiements marquent les relations sino-japonaises.

Là, le poids de l'histoire se révèle considérable. Pendant dix-huit siècles, cette histoire s'est caractérisée par une alternance d'ouverture et de repli radical sur soi, qui a été surtout le fait des Japonais et qui, après une longue période de fermeture de leur archipel aux Chinois comme aux autres étrangers, de 1636 à 1853, s'est terminée, de 1895 à 1945, par plusieurs décennies d'agression de la Chine par l'empire du Soleil-Levant, de colonisation d'une grande partie de son territoire (Formose et la Mandchourie), et d'exactions effroyables, dont furent victimes, selon les estimations généralement admises, plus de 35 millions de Chinois, avant de se solder par une défaite nippone sans précédent. C'est impossible à oublier, tout cela. Même si les rapports entre les deux nations, malgré ces temps de mépris, de haine et de malheur, n'ont jamais cessé d'être également marqués, et ils le sont aujourd'hui encore, par une admiration réciproque, celle du Japon pour la Chine, à qui il sait être redevable d'une partie de sa culture, celle de la Chine pour le Japon, qui, à partir du XIXe siècle, a été pour elle l'exemple de la modernité en Asie et qui le demeure pour une large part.

Après 1945, les relations entre les deux pays se sont inscrites dans le cadre de la guerre froide. En 1952, les Américains, tout puissants à Tokyo, ont obligé les dirigeants japonais à reconnaître le régime de Taipei. Après les retrouvailles sino-américaines de 1972, le Japon a reconnu à son tour la république populaire de Chine, qui lui a imposé, en 1978, un traité de paix à son avantage. Une clause « anti-hégémonique », qu'il n'a pu alors qu'accepter, allait empoisonner durablement ses rapports avec l'Union soviétique. Surtout, en renonçant à tous dommages de guerre, la Chine, magnanime et habile à la fois, renforçait le sentiment de culpabilité de son ancien adversaire et se donnait, pour l'avenir, la possibilité de faire appel quasiment sans limite à son aide financière. Aujourd'hui encore, c'est du Japon que la Chine reçoit, à des conditions exceptionnellement avantageuses, plus de la moitié de l'aide publique au développement dont elle bénéficie (810 milliards de dollars de prêts de 1990 à 1995 et 580 de 1996 à 1998), sans que ceci l'empêche de rappeler à ses bienfaiteurs, jusqu'à obtenir excuses et reculades, sa générosité à elle et la noirceur de leurs crimes passés, dès qu'à Tokyo on prend des initiatives, fût-ce très prudemment, qui lui déplaisent à un titre quelconque. Le Japon fut le premier à passer l'éponge après le massacre de la place Tien Anmen.

Ainsi humiliés à leur tour, les dirigeants japonais n'en poursuivent pas moins, avec une infinie patience, leurs efforts pour se concilier leur redoutable voisin, dont ils doivent en tout état de cause s'accommoder. La montée en puissance de la Chine les préoccupe cependant de plus en plus. Mais, à Pékin, on paraît jouer de cette préoccupation elle-même, pour accentuer la pression, dans une perspective à long terme qui n'est rien d'autre que l'exercice du *leadership* en Asie.

De prime abord, vu de Tokyo, le développement de la Chine apparaît comme une formidable opportunité. La conclusion du traité de paix de 1978 a été suivie, par-delà quelques périodes de gel et de tension, par la conclusion de très gros contrats commerciaux, qui ont vite justifié l'importante aide publique nippone à la Chine. L'empire du Milieu est aujourd'hui le second partenaire commercial du Japon, qui est devenu, d'autre part, son second apporteur de capitaux, derrière Hong Kong aujourd'hui rétrocédé, mais resté autonome financièrement. Ce commerce sino-japonais dégage un excédent annuel de près de 20 milliards de dollars en faveur de la Chine — à comparer toutefois aux 60 milliards de dollars que celle-ci engrange sur le marché américain, comme au fait que ce sont néanmoins les « Nouveaux Pays industriels » (la Corée du Sud, Hong Kong, Taiwan, Singapour, etc.) qui, ensemble, sont ses meilleurs clients, comme ils sont ses plus grands investisseurs étrangers, grâce notamment au rôle clé joué dans la plupart d'entre eux par la très riche diaspora chinoise (peut-être bien la plus importante puissance financière du monde).

En fait, on est de plus en plus contraint à admettre, à Tokyo comme ailleurs, la force économique désormais incontestable de la République populaire et du reste du monde chinois. Le développement de cet ensemble ne peut que signifier à terme un déclin relatif de la puissance économique japonaise. Déjà, certains responsables japonais se demandent même si, dans quelques années, le yuan chinois ne deviendra pas, à la place du yen, la grande monnaie asiatique de référence, face au dollar et à l'euro.

À terme également, les perspectives militaires et stratégiques sont, elles aussi, plus souriantes pour la Chine que pour le Japon. L'archipel nippon est aujourd'hui invulnérable à une agression chinoise classique. Il faudra plusieurs décennies encore pour que la Chine, qui ambitionne de lancer de véritables *task forces* dotées de porte-avions et soutenues par des sous-marins lance-missiles, ait la capacité de contrôler totalement la mer et le ciel dans son environnement géographique au sens large. Mais, grâce à ses missiles CSS-E, de 2 500 kilomètres de portée, la Chine est dès maintenant en mesure de frapper toutes les villes du Japon avec des têtes conventionnelles ou nucléaires d'une à trois mégatonnes, sauf si à Tokyo on décidait de doter l'archipel d'un système complet de missiles antimissiles très coûteux et donc, en fait, peu envisageable. Dès à présent, on peu tenir pour peu probable que les Japonais s'opposeraient par la force à la marine chinoise, cependant très inférieure à la leur, si Pékin décidait de s'emparer de Shenkaku, et, en revanche, pour certain qu'ils feraient appel aux Américains, si la liberté de navigation en mer de Chine du Sud était mise en cause.

Face à ces menaces latentes, le Premier ministre Ryutaro Hashimoto ne pouvait guère qu'accepter de signer, le 17 avril 1996, la Déclaration d'alliance pour le XXIe siècle, que lui proposait Bill Clinton, c'est-à-dire de renouveler et de renforcer les accords de sécurité qui lient le Japon à son vainqueur de la Seconde Guerre mondiale, au détriment de sa volonté de plus grande indépendance.

Malgré des apparences contraires, la volonté de la Chine d'avoir barre un jour sur la Russie est tout aussi évidente que son ambition d'atteindre à terme une position prééminente par rapport au Japon. Les « traités inégaux » qu'elle a dû accepter de signer dans le passé avec les tsars ne sont pas oubliés, ni les immenses terres abandonnées alors à cet ennemi pluriséculaire venu des confins de l'Europe. Tôt ou tard, cet irrédentisme, tenu aujourd'hui en veilleuse, deviendra d'actualité, il ne faut pas en douter.

En attendant, la page de haute tension de la « seconde guerre froide », celle qui, de 1960 à 1985, s'était développée entre les deux géants du communisme, se greffant sur la première, jusqu'à conduire Pékin à s'allier *de facto* à Washington contre Moscou, est tournée. En avril 1996, au moment même où le Japon signait avec les États-Unis une Déclaration d'alliance pour le XXIe siècle, la Chine signait, quant à elle, avec la Russie une déclaration conjointe définissant un « partenariat stratégique pour le XXIe siècle », qui était à maints égards son pendant. On revenait à la case départ, celle des années où le camp socialiste affirmait son unité face au camp capitaliste, dit alors occidental, sauf qu'à présent l'entente réactivée entre les anciens frères ennemis du communisme n'a plus rien d'idéologique.

Dans les dernières années de l'Union soviétique, la Russie, bousculée à l'ouest, avait manifesté un très net regain d'intérêt pour la zone Asie-Pacifique, où elle pensait pouvoir compenser son recul en Europe orientale, même si elle était déjà menacée de se replier, aussi, du Vietnam et de l'océan Indien. Mais le discours « asiatique » qu'avait prononcé Mikhaïl Gorbatchev, en 1986, à Vladivostok (la bien nommée : en russe, le Dominateur de l'Orient), n'avait pas convaincu les dirigeants chinois, qui désapprouvaient viscéralement la grande braderie du communisme s'engageant alors à Moscou et dont ils redoutaient la contagion. La visite officielle que leur avait rendue, en juin 1989, à Pékin, le dernier président de l'URSS, au moment même où, place Tien Anmen, leur propre pouvoir était dangereusement contesté, n'avait pas réussi à ébranler leur prévention, au contraire : « Gorby » ne tombait vraiment pas au bon moment ! Mais, lorsque un peu plus tard, Boris Eltsine, devenu, lui, le premier président de la nouvelle Russie convertie au capitalisme, avait repris à son compte cette politique orientale, ces préventions anti-réformistes n'étaient plus d'actualité : l'ancien « grand frère », en pleine déconfiture, ne pouvait plus séduire la jeunesse chinoise. Le chaos postcommuniste qui s'était instauré à Moscou offrait, en revanche, aux maîtres de la Chine toujours en place, eux, une fantastique occasion d'exploiter leur ancien adversaire désorganisé et affaibli, en quête de nouveaux partenariats et de marchés.

Au demeurant, les points de convergence entre Pékin et Moscou ne manquent pas. Les deux capitales cultivent la même hostilité à l'hégémonie américaine. Leurs vues convergent sur la Corée. Derrière quelques précautions diplomatiques, l'une et l'autre soutiennent Pyongyang, dernier bastion stalinien de la planète, comme au plus beau temps de la guerre froide, face aux Américains, aux Japonais et aux Sud-Coréens, tous inquiets des ambitions nucléaires des communistes du nord de la péninsule. Elles sont aussi soucieuses l'une que l'autre de calmer le jeu dans les républiques devenues soudainement indépendantes de l'ancienne Asie centrale soviétique, travaillées par un ethnicisme culturel et religieux, qui pourrait faire tache d'huile, tant dans le Xinjian, que dans plusieurs autres régions voisines de la Fédération de Russie. Devenus l'un et l'autre pragmatiques, les deux pays sont bien plus conscients de leurs intérêts commerciaux convergents. Pour la Russie, la Chine apparaît, avant tout, comme un marché lucratif, où elle peut vendre, avec l'assurance d'être payée, des armes de toutes sortes, qui « constituent l'une des rares marchandises dont elle dispose encore », comme le disait Andréi Kozirev, son ancien ministre des Affaires étrangères. Pour la Chine, qui a du mal à acquérir aux États-Unis et en Europe les armements indispensables à la modernisation de ses forces, un tel souhait est, si on peut dire, pain bénit.

À partir de 1992, les visites au plus haut niveau se sont succédées entre les deux capitales, et celles d'experts civils et militaires encore davantage, jusqu'à cette déclaration de « partenariat stratégique » d'avril 1996, signée à Pékin à la faveur d'un voyage de Boris Eltsine, qui était le pendant de celui qu'effectuait Bill Clinton à Séoul et à Tokyo presque au même moment. Cette déclaration devait être complétée quelques jours plus tard, à Shanghai, par un accord frontalier, auquel se sont associés le Kazakhstan, le Kirghizistan et le Tadjikistan, ainsi que par une bonne douzaine d'accords de coopération économique et technologique, avant que le tout soit ratifié à Moscou, un an plus tard, à l'occasion, cette fois, d'une visite officielle du président chinois Jiang Zemin en Russie. Dans ce cadre, la progression des échanges entre les deux pays a été impressionnante, passant de 2 milliards et demi de dollars en 1986 à près de 10 en 1997, et la Chine devenant le second partenaire commercial de la Russie, même si l'inverse est loin d'être vrai. Les perspectives, évaluées à 20 milliards de dollars au début du siècle prochain, sont très engageantes. La Russie a notamment vendu à la Chine ces années-ci des avions de combat Sukhoï 27, des destroyers et des missiles antiaériens ; elle s'est engagée à construire une très importante centrale nucléaire dans la province septentrionale du Liaoning ; le marché chinois paraît être également prometteur pour l'écoulement futur du pétrole et du gaz de Sibérie, aujourd'hui largement inexploités. En retour, la Chine approvisionne de plus en plus l'Extrême-Orient russe, qui souffre de graves pénuries en produits de consommation les plus divers, notamment alimentaires.

Pourtant, en dépit de cette croissance remarquable des échanges et de cet intérêt stratégique commun face aux États-Unis, les facteurs de rupture entre les deux puissances sont loin d'avoir totalement disparus. Entre une Chine soucieuse de retrouver sa gloire d'antan et une Russie qui accepte difficilement de se voir réduite à un rang secondaire, les motifs de suspicion, fondés sur un passé de rancœur et sur des menaces de déséquilibres futurs, ne manquent pas. Plus concrètement, la Russie s'inquiète de l'immigration clandestine chinoise. Celle-ci prend de l'ampleur et elle risque de submerger un jour ses provinces extrêmes-orientales, conquises autrefois par les tsars mais très peu occupées par leurs sujets, dont, au contraire, les descendants l'abandonnent de plus en plus à présent. La plupart des chefs militaires russes se demandent, de leur côté, si toutes ces ventes d'armements, pour des raisons mercantiles, sont bien judicieuses et ils se montrent très réticents face aux promesses des dirigeants civils de Moscou de les accompagner de transferts de technologie. De leur côté, ces mêmes dirigeants civils se sont cependant engagés, plus récemment, dans une politique de rapprochement avec le Japon, qui doit, semble-t-il, faire contrepoids à leurs accords avec la Chine. L'empire du Soleil-Levant a, lui aussi, des revendications territoriales à l'encontre de Moscou (plusieurs îles de l'archipel des Kouriles, dont il a été spolié par l'Union soviétique après la Seconde Guerre mondiale et que la Russie ne veut toujours pas lui restituer). Mais il nourrit en même temps des ambitions territoriales rivales de celles de l'empire du Milieu, rêvant en particulier d'une sorte de « colonisation » économique de la Sibérie. Bref, le retour d'affection risque fort de ne pas être éternel. Et les Américains, tout à leur politique, non avouée mais bien réelle, de « containment », suivent ces évolutions avec la plus grande attention.

A priori, l'Europe, qui n'est pas, elle, riveraine du Pacifique, n'est que peu concernée par cette partie de quatre coins. Dans la mesure où son unification en cours va lui donner de plus en plus de poids pour peser à nouveau, d'ici à quelques années, dans les affaires internationales, elle n'en intéresse pas moins la Chine, soucieuse de voir émerger le plus vite possible un monde multipolaire, dont la triade de tête serait, non pas celle, Washington-Tokyo-Bruxelles, généralement évoquée jusqu'à présent par la plupart des observateurs, mais celle qui réunirait Washington et Bruxelles à Pékin. Comment, de leur côté, ceux des responsables européens qui ambitionnent de mettre en place, un jour le plus rapproché possible, une Europe-puissance, et pas seulement une Europe de marchands avides et à courtes vues, ne verraient-ils pas, dès à présent, dans l'empire du Milieu en train de reprendre force et vigueur, un allié objectif et de poids face aux visées américaines ?

Jusqu'à présent, cependant, ce sont les marchands qui continuent plutôt à l'emporter dans ce « petit cap de l'Asie » dont parlait Paul Valéry et, à Pékin, on n'a aucune raison de ne pas traiter l'Europe autrement — jusqu'à ce que la situation y évolue de façon décisive dans un autre sens, beaucoup plus stratégique — que comme, dans l'empire du Milieu, on a toujours traité les « barbares », c'est-à-dire en les opposant les uns aux autres. En l'occurrence, ils mettront systématiquement en compétition entre eux les pays membres de l'Union européenne, tant que ceux-ci ne se seront pas dotés de politiques industrielles et commerciales communes d'envergure et, aussi, d'une grande politique extérieure unique.

De ce fait, on a vu défiler à Pékin toutes ces années-ci, sous l'œil narquois et intéressé des maîtres des lieux, les représentants de tout ce monde européen pagailleux des affaires et les dirigeants politiques, pas mieux inspirés, de leurs États respectifs, tous avec une seule idée en tête, enlever des contrats, et un seul slogan à la bouche, ne pas mécontenter les Chinois. Pourquoi donc ceux-ci ne profiteraient-ils pas d'une telle aubaine ? À leur tour ils imposent sans état d'âme à leurs partenaires des « contrats inégaux », que « paieront » un jour les contribuables des pays concernés — fantastique et amusant retournement de l'histoire ! Ils sanctionnent sans pitié tous ceux d'entre eux — leurs rangs diminuent — qui prétendent leur donner des leçons sur la façon dont ils doivent gouverner leur pays ou bien qui tentent encore, voulant avoir le beurre et l'argent du beurre, de développer leur commerce avec Taiwan, notamment dans le domaine crucial des fournitures d'armements. Les années qui ont suivi la répression sanglante des manifestations de la place Tien Anmen, en juin 1989, ont été, de ce point de vue, édifiantes, la France se faisant tout particulièrement remarquer par sa capacité à manger son chapeau.

En fait, la France ne s'était associée que mollement aux sanctions occidentales contre la Chine, prises à la suite de ces tristes événements. On lui reprochait surtout, à Pékin, au début des années quatre-vingt-dix, la vente de six frégates de type La Fayette et de soixante chasseurs Mirage 2000-C à Taiwan, et, aussi, son intention de livrer également à Taipei quelque cinq cents missiles antiaériens Mistral. En même temps, les dirigeants chinois lui faisaient miroiter des contrats mirobolants, si elle acceptait de renoncer à ce négoce inadmissible avec l'île rebelle et si elle voulait bien envisager, aussi, de lever en ce qui la concernait l'embargo international qui frappe la Chine en ce domaine depuis, précisément, les événements de 1989 : contraints depuis lors de se rabattre presque exclusivement sur les matériels soviétiques, souvent moins performants, dans l'attente d'être capable de pouvoir se suffire à elle-même, elle voudrait s'affranchir un peu de ce fournisseur quasi exclusif, sa politique de modernisation et de montée en puissance de ses forces impliquant une diversification de ses sources d'approvisionnement. On parlait à Pékin d'avions de combat Rafale, d'Airbus, de la mise au point en commun d'un avion de transport régional de cent places avec Aérospatiale, et aussi de la relance de la construction par la France de la gigantesque centrale nucléaire de Daya Bay, de la participation de GEC-Alsthom à l'équipement du barrage des « Trois-Gorges », sur le Yang Tsé Kiang (le fleuve Bleu), qui sera le plus grand barrage du monde, de télécommunication, d'électrification, de camions, etc. Autant de contrats juteux en perspective qui faisaient rêver les dirigeants des grandes firmes françaises. Mais, en attendant, envoyée au piquet pour sa « faute », la France avait dû fermer son consulat de Canton et c'étaient ses concurrents, allemands et américains notamment, qui enlevaient des contrats. En 1993, elle était tombée au treizième rang des partenaires commerciaux de la Chine, avec une balance nettement déficitaire.

On alla donc à Canossa, la corde au cou comme des pénitents, toute honte bue. Après avoir envoyé des émissaires personnels sur le Toit du monde où, le 12 janvier 1994, ils avaient signé un communiqué conjoint par lequel la France renonçait à « participer à l'avenir à l'armement de Taiwan » par des livraisons de matériels offensifs, Édouard Balladur, alors Premier ministre, s'y était rendu à son tour quelques mois plus tard, en avril, aussi à l'aise que Chamberlain à Munich, sans ramener pour autant les fameux contrats, dont on avait simplement à nouveau parlé, comme on devait le faire encore, le 8 septembre suivant, à la faveur, cette fois, d'une visite du président Jiang Zemin à Paris, puis, de façon alors un peu plus précise, en avril 1995, quand Jacques Chirac avait reçu le Premier ministre Li-Peng. Celui-là, il avait fait fort : il n'avait accepté de se rendre au dîner de gala organisé en son honneur à l'Élysée que très tardivement, alors que le soufflé était retombé depuis longtemps et que les autres invités avaient un gros creux dans le ventre, lorsque le chef de l'État français lui avait finalement fait savoir qu'il garderait dans sa poche le petit discours humaniste, cependant bien vague et bien anodin, qu'il se proposait de tenir à son hôte et qu'il ne lui parlerait que de la pluie et du beau temps, entre la poire et le fromage. C'était, en effet, bien audacieux d'envisager d'évoquer la question du respect des droits de l'homme en Chine à la faveur d'une rencontre aussi sérieuse. En mai 1997, cependant, Jacques Chirac, premier chef de l'État français à se rendre à Pékin depuis 1983, avait pu avoir l'impression qu'il commençait à recueillir les fruits de ses patients efforts. Sur Airbus et sur le nucléaire, notamment, ses interlocuteurs ont paru cette fois s'engager pour de bon. Mais, le mois précédent, à Genève, la France avait refusé de s'associer à une résolution des Quinze de l'Union européenne, qui condamnait précisément les violations des droits de l'homme en Chine !

Il serait possible d'évoquer des anecdotes tout aussi édifiantes sur les mésaventures du chancelier Kohl et de son gouvernement à propos de leur défense élastique des lamas tibétains, ou bien sur les déboires anglais à propos de tous ces sujets. Sans oublier les États-Unis eux-mêmes ni le Japon, qui savent fort bien eux aussi mettre leur mouchoir dans leur poche.

Oui, vraiment, sur la scène mondiale, la Chine est de retour.

Est-elle en mesure d'y occuper durablement les tout premiers rangs ? Bien évidemment, cela dépend surtout d'elle, assez peu de ses adversaires ou de ses rivaux.

Menaces d'implosion et ciment nationaliste

C'est d'abord de leurs forces et de leurs faiblesses morales que les empires tirent ou perdent leur capacité à s'imposer aux autres, même si, bien sûr, cette capacité dépend aussi d'autres facteurs, démographiques, économiques ou militaires. La perte du contrôle de leurs « nationalités » par des dynasties qui n'avaient plus les vertus ni l'assurance de leurs fondateurs explique la dislocation des Empires austro-hongrois et ottoman au début de ce siècle. C'est parce que presque plus personne, à Moscou et dans toute l'Union, ne croyait encore vraiment à la révolution communiste que l'URSS a implosé dans les années quatre-vingt. C'est, en revanche, parce qu'ils ont encore une foi sans limite dans la supériorité de leur civilisation, qui leur donne la force de l'imposer aux autres sans états d'âme, que les Américains prétendent régenter aujourd'hui toute la planète et qu'ils y parviennent pour une large part. D'où l'attention qu'il convient d'accorder à leur crise culturelle, multiforme, actuelle. À l'inverse, c'est parce que sa défaite de la Seconde Guerre mondiale lui a fait perdre une telle conviction et une telle assurance que le Japon, au-delà du contexte stratégique qui est le sien et qui ne lui est pas favorable, n'arrive pas à redevenir, même s'il est très riche, une puissance politique régionale, *a fortiori* mondiale. De même, c'est parce que beaucoup trop de ses dirigeants n'ont encore que très insuffisamment la volonté de voir leur Vieux Continent redevenir vraiment maître de son destin, que l'Europe peine tant à poursuivre et à parfaire son unification, seule à même cependant de lui permettre de s'imposer réellement, à nouveau, sur la scène internationale. C'est parce qu'elle demeure beaucoup trop empêtrée encore dans les contradictions de son héritage social et culturel, par ailleurs prestigieux, que l'Inde a autant de mal, elle aussi, à devenir une très grande nation moderne.

Alors, de ce point de vue, où en est la Chine ?

Pendant vingt ans, de 1976 à 1996, la Chine a traversé, sous la conduite de Deng Xiaoping, une longue période de transition, qui succédait à l'ère idéologique du maoïsme mais qui doit déboucher, à présent que le « Petit Timonier »[1] n'est plus là pour lui donner ses impulsions majeures et en moduler le rythme, sur une ère nouvelle qui devrait la faire entrer définitivement dans le XXIe siècle. Mais, deux ans après la mort de Deng, cette nouvelle métamorphose paraît avoir encore beaucoup de mal à s'accomplir, en doctrine et en pratique. Les dirigeants chinois semblent bien comprendre que le chemin de la modernisation ne peut être que celui du capitalisme, sur lequel leur pays est déjà bien engagée ; ils ne parviennent toujours pas, néanmoins, à l'admettre officiellement, car ils n'ont pas trouvé jusqu'à présent de doctrine de rechange au communisme, pour continuer à justifier leur exercice autoritaire du pouvoir, dans leur intérêt personnel, bien sûr, mais aussi, c'est beaucoup plus important, dans l'intérêt supérieur de leur pays, ou au moins de l'idée qu'ils se font de cet intérêt supérieur, ce qui, en pratique, revient au même. Ayant accepté de suivre Deng Xiaoping sur la voie de la libéralisation de leur économie jusqu'à un certain point, ils hésitent beaucoup, comme leur maître disparu, à aller au-delà et, *a fortiori*, à s'engager sur la voie parallèle du libéralisme politique, tant, déjà, le chemin a débouché sur le dévelop-

---

1. Le « Grand Timonier », c'était Mao.

pement de contradictions sociales qui menacent, selon eux, le maintien d'une unité nationale qui est la condition *sine qua non*, cependant, de la poursuite de la montée en puissance de leur pays sur la scène internationale. Ils veulent lui éviter le sort de l'Union soviétique, victime des réformes incontrôlées de Mikhaïl Gorbatchev.

Depuis 1979, le PIB de la Chine s'est accru en moyenne de 10 % chaque année, sa production industrielle et ses exportations de 15 %. Même si ces chiffres officiels doivent, selon certains experts, être un peu revus à la baisse, la performance est remarquable. Tout a commencé en juillet de cette année-là, lorsque Deng Xiaoping, définitivement maître du pouvoir, a annoncé l'ouverture de deux premières Zones économiques spéciales dans lesquelles les entreprises seraient régies pour l'essentiel par les lois du marché et échapperaient à la plupart des réglementations en vigueur dans le reste du pays, et dans lesquelles, aussi, les investissements étrangers allaient être autorisés, en association avec des capitaux chinois, publics ou privés. Quelques mois plus tard, deux autres zones et quatorze villes côtières étaient ouvertes. En quelques années, toutes les provinces maritimes bénéficiaient de ce nouveau régime, tandis que le système étatique continuait à prévaloir dans toutes les provinces de l'intérieur, à quelques pôles urbains près. Dans ces zones et dans ces villes, tout d'abord dans celles du sud (l'île de Hainan, Hong Kong, Canton et le Guangdong, le Fujian, Shanghai, Nankin, le Jiangsu), la croissance annuelle a été, en fait, non pas de 10 % mais de 15 à 20 %, voire plus, ce qui signifie qu'elle a été beaucoup plus faible ailleurs, à l'intérieur du pays, au fur et à mesure que grandit la distance par rapport à la mer de Chine orientale et méridionale. Cette distorsion, qui ne cesse de s'accroître, pose un grave problème à la Chine entrée dans la voie du développement capitaliste.

En vingt ans, la Chine est devenue une très grande puissance commerciale, qui attire des capitaux considérables. La part des échanges dans la formation de son PIB dépassait déjà les 40 % en 1995, un taux exceptionnellement élevé, le double de celui de l'Inde et le triple de celui du Brésil. L'économie chinoise paraît donc très ouverte. En fait, la réalité est assez différente. Pour l'essentiel, en effet, cette progression dans les échanges commerciaux et financiers internationaux est due à un vaste mouvement de délocalisation des industries asiatiques, qui étaient déjà implantées à Hong Kong, à Taiwan et dans les principaux pays de l'Asie du Sud-Est, et, pour 90 %, ces capitaux sont ceux de la diaspora chinoise, originaire de ces provinces maritimes et attirée par le coût très faible de la main-d'œuvre, ainsi que par toutes les mesures de déréglementation, qui permettent d'exploiter celle-ci encore plus qu'en Thaïlande, en Indonésie ou en Malaisie, cependant encore très attractives de ce point de vue. Mais, malgré ces flux financiers, l'essentiel du marché chinois reste fermé. En fait, plutôt qu'une économie ouverte, l'économie chinoise est devenue une économie duale, dans laquelle coexistent, plutôt mal que bien, une économie traditionnelle, quasi moyenâgeuse, rurale et pauvre, et une économie moderne, plaquée sur l'autre, au bénéfice des Chinois d'outre-mer et de leurs associés du continent, toujours des proches du pouvoir, quand ce ne sont pas ses hiérarques eux-mêmes ou leurs fils et neveux : très schématiquement, une Chine du Nord, du Centre et de l'Ouest au climat continental et rude, la « Chine jaune », jaune comme le lœss de ses terres, quant ce n'est pas comme le sable de ses zones quasi désertiques, agraire, conservatrice et introvertie, et une Chine méridionale et maritime, la « Chine bleue », bleue comme le grand large marin, cultivée, aspirée par le progrès, pays d'innovation, naguère pépinière d'émigrants et de révolutionnaires.

Aujourd'hui, la Chine bleue s'enrichit de plus en plus, même si les salaires y sont faibles, voire très faibles, alors que la Chine jaune ne parvient pas à sortir de sa pauvreté, même si elle bénéficie un peu des retombées de la croissance globale du pays, dans la mesure où le pouvoir central réussit vaille que vaille à redistribuer une petite partie de la richesse du Guangdong, du Fujian ou du Jiangsu, de Canton ou de Shanghai. Cet écart grandissant entre ces deux Chines aux évolutions divergentes reflète, en fait, la relative faiblesse de ce pouvoir central. C'est là-dessus que spéculent tous ceux qui prédisent un éclatement de l'empire du Milieu, qui, de fait, en a connu d'assez nombreux autres dans son histoire.

À l'appui de leurs sombres prévisions, ces mêmes observateurs relèvent par ailleurs tout un faisceau d'autres phénomènes qui, eux aussi, ne peuvent être considérés que comme préoccupants par les dirigeants chinois.

Les disparités grandissantes de développement et de revenus entre les provinces et, plus généralement, entre les villes et les campagnes, provoquent un exode rural très classique mais à l'échelle de la Chine, c'est-à-dire gigantesque. Ces dernières années, il a jeté sur les routes plus de 100 millions de paysans pauvres à la recherche d'un travail salarié quelconque ; sans aucune qualification de départ, ces migrants ont un mal extrême à en trouver. Cette masse errante de chômeurs forme dans les faubourgs des villes une classe dangereuse, prête à tout, et elle constitue le principal terreau d'une criminalité qui ne cesse de croître, en dépit d'une répression impitoyable, marquée, chaque année, par des milliers de condamnations à mort et d'exécutions expéditives.

L'agitation sociale désordonnée et violente, la criminalité, trouvent aussi leurs sources, en l'absence de vraies organisations syndicales qui pourraient canaliser les mécontentements, dans l'énorme disparité de revenus qui sépare la grande masse des salariés des quelques centaines de milliers de nouveaux riches, qui étalent sans pudeur leur fortune plutôt mal acquise, avec, entre les deux, plusieurs millions de fonctionnaires cupides et corrompus, à tous les niveaux, les policiers et les militaires n'étant pas les derniers.

La prostitution, la drogue, tous les vices d'antan ont refleuri, des plus vulgaires aux plus raffinés. Sur ce terrain, les redoutables « triades », maîtresses de tous les trafics, sont redevenues toutes puissantes.

En contrepoint, les religions traditionnelles, le taoïsme, le bouddhisme et le confucianisme, qui poussent au fatalisme et invitent au respect de l'ordre établi, ont opéré, elles aussi, un retour en force, de même qu'une très grande quantité de sectes — le Lotus blanc, le Chemin de l'unité, le Chemin vers la grande paix ou la Porte du suzerain suprême —, ou bien encore les religions chrétiennes importées et les nombreux syncrétismes qui en sont issus. Les dirigeants communistes, en principe restés athées, tolèrent de plus en plus tout cela, comme autant d'« opiums du peuple », dans cette nouvelle société passablement imprévisible, engendrée par le socialisme de marché, par ses succès comme par ses dérives.

Bref, un fantastique et redoutable chaudron de sorcières.

C'est en ne perdant pas de vue cette toile de fond, à maints égards inquiétante pour les détenteurs du pouvoir, comme le soulignent la plupart des observateurs, qu'il faut apprécier les évolutions politiques en cours dans l'empire du Milieu. Cependant, il ne faut pas oublier pour autant tous les points forts de la renaissance chinoise, à commencer par cette fantastique volonté de retrouver la puissance et la gloire de l'empire ancestral qui a animé les acteurs de cette histoire tout au long de ce siècle et qui anime plus que jamais ceux d'aujourd'hui. Alors que l'idéologie communiste est entrée dans une phase de déclin inexorable, ce ciment nationaliste suffira certainement à maintenir l'unité du pays, quelles que soient les péripéties des prochaines années.

« Le pouvoir chinois est une énigme entourée de mystère », dit-on souvent. Si on peut tenir pour assuré qu'il est très classiquement marqué par de fortes luttes de clans et par de vives rivalités de personnes, qui sont elles-mêmes, dans une grande mesure, la traduction au sommet des importants conflits d'intérêts qui opposent les uns aux autres les grands secteurs de la vie nationale et, tout d'abord, les grandes administrations entre elles, il est vraiment difficile de savoir comment se situent les principaux dirigeants chinois les uns par rapport aux autres dans cette période successorale de l'après Deng Xiaoping. À la veille du XVe Congrès du Parti communiste, qui s'est tenu à Pékin du 12 au 18 septembre 1997, la plupart des spécialistes des affaires chinoises estimaient que le Premier ministre Li Peng était le chef de file des conservateurs, que le président de l'Assemblée nationale populaire Qiao Shi, flanqué du vice-Premier ministre chargé des Affaires économiques Zhu Rongji, représentait les réformistes, et que le chef de l'État Jiang Zemin se situait très exactement au centre de ces forces antagonistes. Ces assertions — qu'ont paru confirmer dans une large mesure les travaux du Congrès, qui se sont terminés par l'éviction de Qiao Shi, remplacé par Li Peng à la présidence de l'Assemblée nationale, et par la confirmation de Jiang Zemin à la tête de l'État, Zhu Rongji devenant Premier ministre — se fondaient sur le passé de ces leaders ; mais, pour chacun d'eux, ce passé a été fort divers et même contradictoire et il ne préjuge que fort peu de l'avenir, qui sera surtout tributaire des circonstances. Au demeurant, ces personnages n'ont pas l'épaisseur et le prestige historique de leurs grands aînés, qui avaient fait, eux, la révolution. Même s'ils sont très intelligents et habiles, ils sont, tout compte fait, plutôt ternes. Plutôt que d'essayer de deviner quel ultime sort le destin leur réserve, avant leur retrait définitif de la scène, il paraît beaucoup plus important de recenser les grands problèmes auxquels ils sont confrontés en ce moment et d'examiner les solutions qu'ils peuvent être amenés à mettre en œuvre pour les résoudre dans les prochaines années.

Vont-ils ou non poursuivre la libéralisation de l'économie chinoise au-delà du stade qu'elle a déjà atteint ? Si oui — ce que paraît avoir décidé le Congrès —, ils doivent, pour cela, démanteler l'énorme secteur d'État obsolète et mal géré, qui a survécu aux premières réformes mais qui pèse de façon de plus en plus insupportable sur les finances publiques, engendrant un déficit annuel de plus de 200 milliards de yuans, soit plus de 33 milliards de dollars, ce qui est considérable et ne pourra pas durer éternellement. La remise en ordre de ce secteur implique cependant des privatisations massives, qui toucheront des dizaines de millions de salariés, dont un assez grand nombre seront licenciés et viendront gonfler la masse des chômeurs. D'autre part, beaucoup de ces entreprises d'État déficitaires ont à leur tête des membres très influents de la nomenklatura et tous ces « princes rouges » s'accrochent à leurs fauteuils et à leurs prébendes. Le démantèlement éventuel du secteur d'État est par ailleurs étroitement lié à une bien plus grande ouverture du marché chinois aux opérateurs économiques étrangers, ce que réclament précisément les Occidentaux, notamment les Américains, pour admettre la Chine à l'Organisation mondiale du commerce. Mais, à Pékin, on hésite toujours à franchir le pas et à mettre à bas la pharaonique réglementation protectrice de cette économie encore très largement administrée.

Par ailleurs, c'est le second grand défi auquel ont à faire face les dirigeants chinois, cette libéralisation à hauts risques sociaux nécessite, paradoxalement, au moins dans un premier temps, un renforcement préalable du pouvoir central sur des pans entiers de l'administration, dont les chefs, organisés en puissants lobbies, n'en font qu'à leur tête, ceux de l'armée et de la police, fortement impliquées dans tout le secteur industriel et commercial parapublic, n'étant pas les derniers. C'est dans des termes analogues que se pose aussi le problème de la reprise en main, notamment fiscale, des riches provinces maritimes, qui répugnent de plus en plus à reverser une partie raisonnable de leurs recettes à Pékin, pour une redistribution équitable aux provinces pauvres de l'intérieur. Ce problème est, lui aussi, hautement politique, et explosif, dans la mesure où les principaux dirigeants de ces provinces riches, qui tendent à se replier sur elles-mêmes, sont souvent, en même temps, des membres éminents de la direction centrale, ou au moins très proches de ceux-ci. Le « clan des Shanghaiens », dont le chef de file n'est autre que le président de la République, Jiang Zemin lui-même, n'est que l'exemple le plus connu de ces porteurs de double casquette, de ces « cumulards de mandats ».

Confrontés à ces problèmes cruciaux pour l'avenir de la Chine, sans oublier ceux posés par les irrédentistes du Xinjiang et du Tibet, même si ceux-là sont d'une gravité secondaire par rapport aux premiers, les dirigeants chinois ne peuvent que très difficilement répondre aux aspirations d'une partie des élites intellectuelles à plus de liberté politique. C'est la troisième grande question qui leur est, cependant, posée. On ne voit pas comment ils pourront parvenir à maintenir le *statu quo* en ce domaine. Mais on comprend très bien pourquoi ils ont refusé jusqu'à présent de jouer aux apprentis sorciers, comme naguère Gorbatchev en Union soviétique. Quand on veut se mêler de ces questions, c'est au cœur de leur pouvoir que l'on touche et, aussi, à l'idée qu'ils se font de l'avenir de leur pays. Ils n'ont pas oublié, eux, la réplique que lança un jour Khrouchtchev à Kennedy : « Mais pourquoi voulez-vous donc tant que nous nous mettions des puces dans nos chemises ? » À bon apôtre, bon apôtre et demi.

« La Chine se libérera sans passer par une perestroïka », affirme Alexandre Adler dans un numéro d'avril 1997 de *Courrier international*. La Chine est passée jusqu'à présent, fait-il remarquer en substance, par toutes les étapes qu'a connues l'Union soviétique. Mais elle s'est toujours ingéniée à inventer des dénouements heureux à des épisodes qui en Russie se sont terminés tragiquement. Avec les Cent Fleurs, en 1957, et les campagnes antidroitières qui s'ensuivirent, la Chine a connu l'équivalent de la liquidation des amis de Boukharine en 1930 à Moscou. Le Grand Bond en avant de 1958 est l'exact et meurtrier équivalent de la collectivisation des campagnes par Staline, et la Révolution culturelle celui de la répression de masse et des procès de Moscou qui s'ensuivirent. La visite de Nixon et de Kissinger à Mao, en 1972, évoque la grande alliance Staline-Roosevelt-Churchill, trente ans plus tôt, contre l'Allemagne hitlérienne et le Japon. Deng Xiaoping a entrepris la démaoïsation comme Khrouchtchev la déstalinisation. Entre Jiang Zemin et Leonid Brejnev, on relève de troublantes ressemblances.

Seulement, à la différence de la Russie, la Chine a l'art de pratiquer le *happy end*. En tout cas pour ses dirigeants, car pour le « menu fretin », c'est autre chose. Si Boukharine a été fusillé, Zhu Rongji s'en est tiré par un passage dans des écoles de rééducation. La vieille garde bolchevique a été exterminée, mais — à l'exception de la bande des quatre, qui a fait les frais du changement — les vieux de la vieille de la Longue Marche ont survécu à Mao, et ils ont entrepris eux-mêmes, sous la conduite du « Petit Timonier », de défaire de leurs mains les institutions dogmatiques que leur maître leur avait fait édifier. Une fois au pouvoir, Deng, enfin, n'a pas bavassé pour autant sur Mao, comme Khrouchtchev sur Staline ; il l'a installé, momifié, sur la place Tien Anmen, comme le Petit Père des peuples l'avait été un temps dans le mausolée de la place Rouge ; mais il n'en a pas moins entrepris, lui, de changer radicalement le visage de la Chine.

Quand il a disparu, en février 1996, cette œuvre de transformation et de modernisation n'était pas achevée. On peut néanmoins faire le pari que, par-delà quelques soubresauts, ses successeurs poursuivront dans la même voie, tôt ou tard. Pour maintenir l'essentiel, ils sauront rester unis. Les disgrâces ont rarement été sanglantes et définitives à Pékin, en tout cas au sommet de l'État. Gageons que cela continuera. L'évolution à venir de la Chine se fera peut-être lentement ; mais elle se fera pour l'essentiel en douceur, en dérapage contrôlé ; y compris, le moment venu, sur la question des droits de l'homme et des libertés publiques.

Chapitre 4

LA RUSSIE RENAÎTRA

MOSCOU

Le « mur de la honte » coupait Berlin en deux, symbole du partage du monde entre le camp occidental, capitaliste, dominé par les États-Unis d'Amérique, et le camp socialiste, dirigé par l'Union soviétique. Long de 155 kilomètres et haut de plus de trois mètres et demi, il était doublé de 106 kilomètres de fossés et de 61 kilomètres de palissades de grillage métallique et renforcé par 293 miradors et autant de postes de chiens de garde, par des champs de mines et par des dispositifs automatiques de tir. Il avait été construit, en août 1961, pour mettre un terme à la fuite massive des Allemands de l'Est, qui profitaient du statut, relativement libéral, d'occupation quadripartite de Berlin — mis en place, après la défaite hitlérienne, par les Russes, les Américains, les Anglais et les Français — pour passer à l'Ouest, en République fédérale, saignant à blanc la République démocratique et affaiblissant les autres pays membres du Pacte de Varsovie : de 1945 à 1960, une hémorragie de plus de trois millions et demi de personnes, sur moins de vingt millions d'habitants. Le mur de Berlin constituait la fortification la plus avancée de cette nouvelle « prison des peuples » qu'était devenue l'Union soviétique, héritière de l'empire tsariste.

Pendant près de trente ans, le mur avait rempli son office : le franchir était très difficile et meurtrier, en dehors d'assez rares passages autorisés, prévus surtout pour des ressortissants étrangers en Allemagne et, exceptionnellement, pour de très brèves visites familiales d'Ouest en Est. Cependant, à partir du début des années quatre-vingt, le camp socialiste tout entier avait commencé à se fissurer, conséquence, notamment, de la pression occidentale, qui poussait l'URSS dans une course aux armements hautement préjudiciable à son développement économique et social et à celui de ses alliés, et de plus en plus insupportable pour ses peuples. En Europe orientale, dans la Caucase, en Asie centrale, en Russie même, les manifestations de mécontentement et de révolte se multipliaient.

À Moscou, les dirigeants communistes commençaient à comprendre que la pérennisation de leur pouvoir ne pouvait passer que par la mise en œuvre de réformes ; mais ils n'étaient pas d'accord entre eux sur l'ampleur de celles-ci, ni non plus sur la façon de les engager. Brillant mais éphémère successeur de Brejnev, devenu gâteux plusieurs années avant sa disparition, Andropov s'était lancé dans une politique de modernisation de la vie publique ; mais il avait été lui-même emporté presque aussitôt par la maladie. Après la brève présidence de Tchernenko, un vieillard cacochyme, Mikhaïl Gorbatchev, d'une génération nettement plus jeune, avait repris à son compte les idées d'Andropov, engageant l'URSS dans une politique de détente accélérée avec les Occidentaux et de réformes intérieures tous azimuts, dont il allait assez vite perdre le contrôle, précipitant la Russie dans un nouveau « temps des troubles », assez semblables à ceux qu'elle avait déjà connus dans son histoire et dont elle n'est toujours pas sortie. En fait, même si c'était moralement louable, il avait commis l'erreur stratégique,

que ne commettront pas, à la même époque, les dirigeants chinois, de donner la priorité aux réformes politiques sur les réformes économiques ; mais on était en Europe, et non pas en Asie, et peut-être ne pouvait-il pas faire autrement. Toutes les oppositions trop longtemps contenues avaient alors éclaté au grand jour, de moins en moins maîtrisables ; tous les contestataires s'étaient engouffrés dans la brèche, de plus en plus béante.

La République démocratique allemande, fleuron industriel du camp socialiste, qui avait été tenue d'une main de fer pendant quarante ans, avait été touchée à son tour par la contestation, puis emportée. Dans la nuit du 9 au 10 novembre 1989, le verrou de Berlin sauta. Vers minuit, la police céda sous la pression de la foule qui se pressait à *Check Point Charlie* et aux autres passages moins célèbres du mur. Les Berlinois de l'Est se précipitèrent pour aller vivre, les poches vides, quelques heures de liberté à l'Ouest — en Trabant ringardes pour quelques centaines de personnes, à pied pour les autres. Ce fut la fête, une immense explosion de joie, et les « vopos » eux-mêmes avaient perdu tout d'un coup leurs mines de flics communistes, patibulaires et renfrognées. Le lendemain, le démantèlement du mur, par des milliers de gens des deux côtés, commença, pierre par pierre, chacun emportant la sienne en souvenir, parfois plusieurs pour les vendre.

Dans l'après-midi, Mstislav Rostropovitch, qui vivait en exil depuis 1974 et qui avait été déchu de sa nationalité pour être resté fidèle à Soljenitsyne, était arrivé là, avec son violoncelle, venu de Paris dans le jet privé de son ami français Antoine Riboud, pour accomplir une célébration personnelle de l'événement et remercier Dieu. Il s'était tout simplement assis au pied du mur qu'on démolissait et il s'était mis à jouer du Bach, à la mémoire de ceux qui étaient tombés en tentant de s'évader. Pendant un moment, les badauds, sous le charme, n'avaient plus entendu les coups de pioches et les coups de marteaux sur les burins.

Ils n'entendaient pas davantage le bruit pourtant assourdissant du vieil Empire russe, le plus vaste de tous les temps, en train, lui aussi, de s'effondrer, après plus de quatre siècles d'expansion dans l'immense Eurasie, d'Ivan IV le Terrible, le premier des tsars, à Leonid Brejnev, le dernier des dirigeants soviétiques conquérants.

La chute du mur de Berlin marquait la fin de la guerre froide. Elle signifiait aussi la fin, au moins pour un temps indéterminé, de la grande aventure impériale des Slaves : au regard de l'histoire, c'était probablement plus important ; mais la musique transcende les siècles et la Russie renaîtra, semblait vouloir dire Rostropovitch, en jouant *Sarabande*.

Flux et reflux

Issus de tribus indo-européennes, qui, à partir de l'an mille avant le Christ, s'étaient établies progressivement dans la vallée du Dniepr, les Slaves, du Ve au VIIIe siècles de l'ère chrétienne, s'étaient lentement répandus en Ukraine, dans le haut Donetz et en Biélorussie, fondant, du sud au nord, Kiev, Smolensk, Novgorod, Ladoga et plusieurs autres villes encore. Au IXe siècle, Kiev et Novgorod avaient été organisées en principautés militaires par des Varègues venus de Suède et elles étaient devenues les deux places fortes d'un axe commercial reliant la Baltique à la mer Noire, en direction de Byzance. Les grands-ducs puis grands-princes de Kiev, de Vladimir et de Moscou (fondée en 1147 par Vladimir Dolgorouki, prince de Rostov-Souzdal) avaient successivement dominé ces terres slaves qui, durant les cinq siècles suivants, s'étaient étendues au nord et à l'est. Ces cinq siècles avaient été marqués par l'introduction du christianisme en Russie (par Vladimir le Grand, aux alentours de l'an mille), par des luttes féroces et anarchiques pour le pouvoir et par une résistance difficile face aux Mongols de la Horde d'Or, plus heureuse face aux chevaliers teutoniques Porte-Glaive et aux Suédois (en 1240, le prince Alexandre, de Novgorod, avait battu ceux-ci sur la Neva, ce qui lui avait valu le surnom de Nevsky). En 1503, Vassili III, grand-prince de Moscou, avait pris le titre de grand-prince de Russie et, en 1547, son fils Ivan IV, celui de tsar, de « César » : c'est alors que l'histoire de l'Empire russe — réincarnation de l'Empire romain — avait vraiment commencé.

Pendant quatre siècles, d'Ivan IV à la fin de l'époque soviétique, cette histoire a été marquée par deux grandes constantes : une forte volonté de moderniser et de développer la Russie, jusqu'à lui faire atteindre un niveau européen (plus tard, sur la fin, on dira américain : « rattraper et dépasser l'Amérique » fut un des grands slogans de l'époque stalinienne) et l'ambition d'étendre les frontières de l'empire des tsars, puis des soviets, le plus loin possible en direction des « mers chaudes » : vers la Baltique et la mer du Nord, vers la mer Noire et, au-delà, la Méditerranée et l'océan Indien, vers l'océan Pacifique. Cet immense empire terrestre entendait devenir aussi une grande puissance maritime. Dès lors, il ne pouvait que faire la guerre à tous ses voisins, pour s'emparer de leurs territoires (la Suède, la Pologne, la Turquie, l'Iran et la Chine), de même qu'à tous les pays qui avaient des ambitions rivales des siennes : l'Angleterre, le Japon et l'Amérique. Cette double politique de modernisation et de conquêtes fut suivie par ses plus grands dirigeants : Ivan IV, Pierre Ier, Catherine II, Staline, qui furent aussi de parfaits autocrates et d'abominables tyrans, peuplant avec constance la Sibérie quasi inhabitée de déportés politiques destinés à la mettre en valeur dans des conditions inhumaines ; mais, même si ce ne fut pas toujours avec autant d'éclat, d'excès et de succès, tous ses autres tsars, comme tous ses autres dirigeants de l'époque communiste, s'attelèrent, tour à tour, avec constance, à la même tâche, par-delà quelques « temps des troubles », comme celui, d'une trentaine d'années, qui sépara la disparition d'Ivan le Terrible, en 1504[1], de l'avènement de la dynastie des Romanov, en 1613 — la période de Boris Goudounov, à la légitimité mal assurée, et des faux Dimitri, trois imposteurs, qui se prétendaient héritiers du trône et qui l'emportèrent chacun un temps, avant d'être assassinés, pendus ou empalés. À la faveur de ces troubles, les Polonais occupèrent même Moscou, de 1610 à 1613.

Ivan IV le Terrible avait maté les boyards, fait exécuter des milliers d'opposants et commencé à mettre en place une administration centralisée. En même temps, il avait chassé les Mongols de Russie, enlevé Khazan[2] aux Tatars de la Volga, en 1552, conquis Astrakhan et amorcé l'expansion russe en Sibérie par l'expédition, en 1582, au-delà de l'Oural, de huit cents cosaques chasseurs de zibelines, sous la conduite de Yarmak. Soixante ans plus tard, la mer d'Okhotsk et le Pacifique seraient atteints. En 1589, cinq ans après la mort du premier des tsars, Moscou avait été érigée en Patriarcat orthodoxe et on avait commencé à parler à son sujet de « troisième Rome » (la seconde étant Constantinople, l'ancienne Byzance, conquise par les Turcs en 1453).

En 1654, sous le règne d'Alexis Romanov, l'Ukraine où du Xe au XIIIe siècle avait commencé l'histoire de la Russie, avec Kiev, sa première capitale, avait été reprise aux Polonais.

En 1682, avait débuté le règne de Pierre Ier le Grand. Fasciné par la modernité de l'Angleterre, de la Hollande, de l'Allemagne et de la France, où il avait longuement voyagé, il s'était attaché

---

1. Ayant tué lui-même son fils unique, dans un moment de colère, il était mort sans héritier, et la vieille dynastie rurikide, fondée, au IXe siècle, par un certain Riourik, ou Rukik, s'était éteinte avec lui.

2. C'est pour célébrer la victoire de Khazan, qu'il avait fait construire la plus célèbre des églises russes, la basilique, aux neuf bulbes, de Basile-le-Bienheureux, face au Kremlin, sur l'actuelle place Rouge.

à « occidentaliser » la Russie, à la moderniser, avec des méthodes tout aussi brutales que celles d'Ivan IV, allant jusqu'à faire torturer à mort son propre fils, le tsarévitch Alexis, chef de l'opposition religieuse et traditionaliste (le Terrible, lui, n'avait tué le sien, d'un violent coup de pique, que dans un accès de colère). Il avait mis au pas le clergé orthodoxe, en remplaçant, en 1721, le Patriarcat par un Saint-Synode, plus malléable (il n'a pas cessé de l'être depuis). Il avait, de même, réduit encore un peu plus le pouvoir des boyards (qu'il avait même contraints à se couper la barbe !). En revanche, il avait favorisé systématiquement la classe des marchands, sur lesquels il s'était appuyé pour développer l'industrie minière, métallurgique et textile. En 1771, il avait fondé Saint-Pétersbourg, sur les rives du golfe de Finlande, symbole d'ouverture sur l'Occident marin, et il en avait fait la nouvelle capitale de la Russie, abandonnant Moscou, « l'asiatique », enclavée à l'intérieur des terres, qui ne devait retrouver son rang qu'après la révolution d'octobre 1917. L'administration avait été professionnalisée, l'armée et la marine renforcées. Pierre avait, enfin, consolidé les conquêtes de ses prédécesseurs et repoussé encore un peu plus les Turcs et les Suédois, infligeant, en 1709, à ceux-ci la terrible défaite de Poltava. (À l'issue de celle-ci, la Suède avait dû renoncer à ses ambitions ukrainiennes et abandonner l'Estonie aux Russes.) À sa mort, en 1725, usé à cinquante-trois ans par la débauche, l'Empire russe recouvrait à peu près la même surface que la Russie d'aujourd'hui, après l'éclatement de l'Union soviétique, dans des frontières assez semblables.

Puis, sur la lancée, l'Alaska avait été annexée en 1732, de même que, en 1743, une bonne partie de la Finlande jusque-là suédoise.

De 1762 à 1796, Catherine II, despote éclairée et grande amoureuse, avait poursuivi dans tous les domaines, avec le même acharnement, la politique de Pierre Ier, à qui elle voua toute sa vie une très grande admiration. (« À Pierre Ier, Catherine

181

Seconde », peut-on lire, en latin, sur le socle de la célèbre statue équestre que, orgueilleux hommage, elle avait fait exécuter et couler dans le bronze par Falconet et qui se dresse au bord de la Neva, au cœur de Saint-Pétersbourg). Quant à elle, en 1775, elle avait écrasé la révolte des Cosaques du Don, conduits par Pougatchev, arraché, en 1783, la Crimée aux Tatars et aux Turcs et annexé, à la faveur de trois partages avec la Prusse et l'Autriche, en 1772, en 1775 et en 1795, une bonne partie de la Pologne et, dans le même temps, la Lituanie et la Lettonie.

Puis, à l'issue d'une longue guerre contre l'Iran, de 1804 à 1813, Alexandre Ier avait annexé le Daghestan et une bonne partie de l'Azerbaïdjan. En 1829, Nicolas Ier avait obtenu des Turcs, par le traité d'Andrinople, l'ouverture des détroits à la flotte russe. Pendant tout ce temps, la modernisation et le développement de l'industrie et des voies de communication se poursuivait. En 1855, face aux Anglais et aux Français, qui s'inquiétaient de plus en plus de toutes ces avancées et qui s'étaient portés au secours des Ottomans, il avait fallu rendre pour un temps la Crimée aux Turcs, tandis qu'en 1867 l'Alaska était vendu aux Américains. Mais la marche en avant n'avait pas tardé à reprendre : Sakhaline avait été annexée en 1875 et, trois ans plus tard, le traité de Berlin, signé sous l'égide du prince Otto von Bismarck par toutes les puissances européennes, reconnaissait expressément l'influence russe au Caucase, au Turkestan, c'est-à-dire dans presque toute l'Asie centrale, et dans les terres au nord de l'Amour et à l'est de l'Oussouri, dans l'Extrême-Orient septentrional, considéré, cependant, par la Chine très affaiblie des Mandchous comme lui appartenant.

C'est néanmoins dans cette même région, considérablement éloignée de Moscou, que devait être donné le premier grand coup d'arrêt à l'expansion russe, qui menaçait à présent le Tsin Kiang, la Mongolie et la Mandchourie. Le 27 mai 1905, l'amiral japonais Togo Heihachiro anéantit, à Tsouchima, en mer de Chine, la flotte de la Baltique de l'amiral Rojdestovenski, envoyée à Port-Arthur — via Dakar, le Cap et l'océan Indien — pour y secourir la garnison russe bousculée par les Nippons. (C'est, en effet, à Port-Arthur, sur une « mer chaude », débarrassée de glace toute l'année, que devait alors aboutir le Transsibérien, dont la construction avait commencé en 1891 et qui ne sera achevé qu'en 1917, avec pour terminus Vladivostok.)

Cette première victoire d'un pays d'Asie sur un pays européen dans les temps modernes devait avoir d'immenses conséquences. À l'annonce de la défaite, la monarchie — depuis longtemps contestée par l'*intelligentsia*, qui réclamait la fin de l'absolutisme et la mise en place d'institutions politiques libérales — avait failli être renversée, à Saint-Pétersbourg, par une première révolte ouvrière, dont les instigateurs revendiquaient, déjà, la propriété collective des usines pour leurs travailleurs salariés et le partage des terres entre les paysans, à peine sortis du servage — prélude à la révolution de 1917. Nicolas II, velléitaire et discrédité par l'ascendant qu'avait pris sur lui Raspoutine[3], ne devait jamais s'en remettre. Douze ans plus tard, ils

---

3. Le moine sibérien Grigori Iefimovitch Novykh, surnommé Raspoutine (le débauché), ou encore le *starets* (le saint), était en fait un paysan inculte, membre d'une secte mystique, doté d'un pouvoir de magnétiseur-guérisseur. La tsarine Alexandra lui avait confié son fils, le tsarévitch Alexis, atteint d'hémophilie, et elle avait en lui une confiance absolue, au point d'en faire son directeur de conscience, malgré ses orgies connues de tous, auxquelles il mêlait des dames de la Cour. Il exerçait également une forte influence sur le tsar, notamment dans la nomination des fonctionnaires — ce qui lui valait beaucoup d'ennemis. Mais, aussi, il défendait auprès de lui, non sans bon sens, quelques bonnes causes (ainsi, lui conseillait-il de se montrer plus tolérant avec les juifs et les peuples musulmans de l'Empire, et également de procéder à une réforme agraire favorable aux paysans). Mais c'est son opposition à l'entrée en guerre de la Russie, dont il prévoyait les pires conséquences pour la famille impériale, qui causa sa perte. Accusé de germanophilie, il fut assassiné, le 30 décembre 1916, dans des conditions hallucinantes, par le prince Youssoupov (qui a raconté plus tard la

étaient balayés par un soulèvement d'une bien plus grande ampleur, provoqué par une autre guerre, où l'Empire russe avait été entraîné par ses alliances avec la France et l'Angleterre, face aux Empires allemand et austro-hongrois, mais aussi par sa politique de soutien aux peuples slaves et orthodoxes des Balkans.

La révolution d'Octobre et sa défaite face aux « empires centraux » avaient coûté à la Russie la perte de la Pologne, de la Bessarabie, des pays baltes et de la Finlande. Mais son repli s'était arrêté à peu près là. De 1918 à 1925, Trotski, commissaire à la Guerre et fondateur de l'armée Rouge, avait battu, sur tous les fronts, les armées « blanches », contre-révolutionnaires, et mis un terme à toutes les tentatives de sécession des provinces allogènes, que les derniers généraux du tsar avaient encouragées — dans les pays baltes, en Ukraine, dans le Caucase, en Asie centrale, en Sibérie et en Extrême-Orient. Une large partie de la Mongolie dite extérieure devenait même indépendante, mais sous protectorat russe de fait, au détriment de la Chine.

La mise en place de l'Union soviétique, sous l'impulsion principale de Staline — commissaire aux Nationalités, avant de succéder à Lénine à partir de 1924, en éliminant tous ses rivaux —, avait définitivement réglé la question. L'ancien empire tsariste avait été redécoupé, par peuples dominants, en républiques fédérées, chacune subdivisée en régions et districts autonomes et toutes membres de l'Union des républiques socialistes soviétiques, avec, théoriquement, égalité de statut et, même, droit de sécession. En fait, il s'était vite retrouvé plus centralisé que jamais, solidement tenu en main par le pouvoir politico-policier communiste, à forte prédominance « grand-russe », de Moscou, capitale, à la fois, de l'immense république fédérative socialiste de Russie (qui s'étendait de la frontière

---

scène, depuis son exil de Biarritz, où il est mort en 1967) et par plusieurs autres grands dignitaires de la Cour.

polonaise à l'Extrême-Orient) et de toute l'Union. Les purges sanglantes, les déportations et le goulag avaient fini d'assurer la tranquillité de l'ensemble, le Petit Père des peuples parvenant à surpasser la brutalité et la cruauté d'Ivan le Terrible.

Une vingtaine d'années plus tard, sa victoire conjointe dans la Seconde Guerre mondiale, avec les États-Unis, la France et l'Angleterre, face à l'Allemagne et au Japon, avait permis à la Russie de remettre la main sur une bonne partie des territoires qu'elle avait dû abandonner en conséquence de sa défaite dans la Première : une partie de la Finlande et de la Pologne (repoussée à l'ouest au profit de l'Ukraine, mais recouvrant, en compensation, la Silésie et la Poméranie colonisées autrefois par les Allemands), ainsi que les pays baltes, la Bukovine septentrionale et la Bessarabie. Elle annexait même, en plus, le sud de Sakaline et les îles Kouriles, qu'elle avait dû abandonner au Japon en 1905.

Par régimes communistes interposés, mis en place par l'armée Rouge dans l'Europe centrale et balkanique libérée du joug allemand, elle avait, d'autre part, étendu son emprise sur la Pologne dans ses nouvelles frontières, sur le tiers de l'Allemagne, sur la Tchécoslovaquie, la Hongrie, la Roumanie et la Bulgarie et, pendant un temps, sur la Yougoslavie et sur l'Albanie — autant d'États satellites, qui, durant la guerre froide, allaient constituer, avec l'URSS, le camp socialiste européen, allié, pendant près d'une quinzaine d'années, à la Chine, devenue elle aussi communiste après la défaite du Japon, ainsi que, beaucoup plus durablement, à la moitié nord de la péninsule coréenne.

À partir de ces années-là, à la faveur des luttes du tiers-monde pour sa décolonisation, l'influence russe s'était aussi étendue à plusieurs pays d'Asie (ceux de l'ex-Indochine française), d'Afrique (le Ghana de Kwame Nkrumah, la Guinée de Sékou Touré, le Mali de Modibo Keita, les anciennes colonies portugaises d'Angola et du Mozambique, la Somalie, l'Éthiopie) et même d'Amérique (Cuba et le Nicaragua). Dans de très nombreux autres pays, la Russie pesait sur la vie publique, par l'intermédiaire de partis communistes à sa dévotion, comme en France et en Italie, par un appui à des pouvoirs nationalistes anti-occidentaux, comme en Égypte, en Syrie ou au Yémen, ou bien encore en soutenant, plus ou moins en sous-main, des guérillas, comme en Amérique latine.

Sous Brejnev vieillissant, l'Empire russe, membre du Conseil de sécurité des Nations unies, détenteur de l'arme nucléaire, de moyens balistiques considérables, d'une armée conventionnelle et d'une marine de guerre qui n'avaient cessé de monter en puissance, brillamment présent dans l'espace, était à son apogée. Sa chute n'en était pas moins toute proche et, depuis celle-ci, les lointains héritiers des tsars ont le plus grand mal à enrayer son repli en deçà même des frontières de Pierre le Grand.

Après la victoire sur l'Allemagne nazie, les alliés occidentaux de la Russie n'avaient pas tardé à s'inquiéter des visées de Staline. Sa rapide mainmise sur les pays d'Europe centrale et balkanique, occupés par l'armée Rouge à la fin de la guerre — une occupation dont, à Yalta, en février 1945, Roosevelt et Churchill n'avaient guère pu que prendre acte — les avaient définitivement convaincus de la nécessité de s'organiser pour s'opposer à d'autres avancées du rouleau compresseur communiste, tout d'abord en Europe occidentale. En avril 1949, à Washington, ils signaient entre eux le traité instituant l'Otan (l'Organisation du traité de l'Atlantique Nord), qui, sous la direction des États-Unis, allait s'opposer, en Europe, à de nouvelles avancées territoriales de l'Union soviétique et de ses satellites. Deux autres organisations analogues, mais moins solides, furent mises en place, en Asie méridionale (l'Otase — l'Organisation du traité de l'Asie du Sud-Est, créée en 1954) et au Proche-Orient (le Pacte de Bagdad, ou Cento, « Central Treaty Organization », créé en 1955, pour mener la même politique de « containment »).

Quarante ans après, au terme d'une inquiétante et coûteuse

course aux armements, qui avait débouché sur un « équilibre de la terreur », à travers de nombreuses crises et péripéties, l'Amérique et ses alliés l'avaient emporté, face à leurs adversaires qui, en 1955, s'étaient regroupés quant à eux dans le Pacte de Varsovie. Ensuite, dans la foulée, sans que cela fût jamais expressément dit, les États-Unis, leur politique de « containment » ayant atteint ses objectifs, allaient aussitôt s'engager dans une politique de « rolling back », de refoulement de la Russie le plus loin possible dans ses terres, une politique à laquelle, pour des raisons stratégiques évidentes, ils avaient dû renoncer au début des années cinquante, mais qu'ils poursuivent méthodiquement aujourd'hui encore, dans l'intention de démanteler à jamais l'empire des Slaves et d'écarter le danger que son éventuelle renaissance pourrait faire courir au maintien de leur hégémonie dans le monde.

Au début des années soixante, le divorce survenu entre Pékin et Moscou, qui devait vite s'avérer irrémédiable, avait rompu l'unité du camp socialiste, dont, à partir de ce moment-là, la Russie ne fut plus l'unique chef de file — prélude à l'avènement d'un monde pluripolaire, qui se poursuit depuis, malgré la volonté contraire des Américains. Pendant trente ans encore, l'Union soviétique n'en avait pas moins continué à faire jeu égal avec les États-Unis, même si, à partir des années quatre-vingt, les signes de tension se multiplièrent sur ses marches et même à l'intérieur de ses propres frontières.

En s'engageant en Afghanistan, en 1979, Leonid Brejnev, qui reprenait imprudemment à son compte le rêve tsariste d'accession à l'océan Indien, avait cependant déclenché le commencement de la débâcle. Les temps avaient changé. Les anciennes colonies des puissances maritimes européennes, les Pays-Bas, l'Angleterre, la France, le Portugal, s'étaient toutes émancipées. On crut pendant un temps que celles de l'empire terrestre des tsars ne suivraient pas, du fait de la continuité territoriale et, aussi, des vertus égalitaires du système soviétique. Dans la mesure où l'oppression des populations non slaves, et même non russes, de l'empire était néanmoins réelle, ce n'était cependant qu'une illusion et la reprise, à un siècle de distance, de la conquête en Asie centrale avait fait éclater la contradiction coloniale maintenue par la révolution de 1917 et pendant plus de soixante ans ensuite, au nom d'un idéal égalitaire et libérateur, auquel, les Russes eux-mêmes, cependant, étaient de moins en moins nombreux à croire encore.

Il faut avoir réellement bonne conscience pour coloniser d'autres peuples ; mais, cette bonne conscience, les Russes, qui avaient conservé les conquêtes tsaristes au nom des idéaux de la révolution d'Octobre, ne l'avaient désormais pas plus que les Français de la quatrième République, qui s'étaient efforcés en vain de maintenir leur empire sur les pays d'Afrique et d'Asie, dont leur pays s'était emparé, sous la troisième République, au nom des idéaux de la révolution de 1789. Dans le monde nouveau du XXe siècle qui commençait à s'achever, les Russes, fatigués par des décennies d'épreuves de toutes sortes, souvent dramatiques, étaient désillusionnés. L'Afghanistan fut leur Indochine. Pour la première fois, l'armée Rouge fut vaincue. En 1989, après dix ans de combats meurtriers et inutiles, dans lesquels ses soldats avaient perdu leur âme, elle repassait la frontière. Presque au même moment, le mur de Berlin s'effondrait. C'était la fin.

Tout au long de la guerre froide, le camp socialiste européen a été considéré comme une forteresse inexpugnable et menaçante. Il s'est pourtant effondré comme un château de cartes, en quelques très brèves années.

Les démocraties populaires d'Europe orientale ont, les premières, fait sécession, leurs populations réussissant presque toutes ensemble à secouer le joug russe qui, pour la plupart d'entre elles, était celui de l'ennemi héréditaire, même si les pouvoirs communistes, qui leur avaient été imposés à la fin des années quarante, semblaient le leur avoir fait oublier. Des mouvements de révolte avaient bien éclaté à plusieurs reprises durant ces années de plomb ; mais ils avaient été tous impitoyablement écrasés et, ensuite, chaque fois, tout était apparemment rentré dans l'ordre totalitaire, comme à Budapest en 1956 ou à Prague en 1968. La Pologne, marquée par une longue et tragique histoire de résistance à la Russie, s'était montrée la plus rétive (émeutes de Poznan en 1956, de Gdansk en 1970). En 1978, l'élection à la papauté de l'archevêque de Cracovie, le cardinal Wojtyla, avait galvanisé sa population restée profondément catholique. Mais ce n'est qu'à partir des grèves des chantiers navals de Gdansk, en février 1980, à la faveur desquelles avait commencé à s'imposer la personnalité charismatique de Lech Walesa, qu'une véritable opposition politique au régime communiste prosoviétique avait émergé, de plus en plus irrésistiblement, jusqu'à l'emporter en 1990. Quelques mois auparavant, la révolution de velours, conduite par Vaclav Havel, avait gagné la partie en Tchécoslovaquie, au moment même où s'effondraient le mur de Berlin et la République démocratique allemande. Déjà, en 1988, les partis nationalistes et démocratiques avaient contraint le Parti communiste à s'effacer en Hongrie, où des réformes importantes avaient été mises en œuvre depuis quelque dix ans, notamment dans la gestion, devenue plus libérale, de l'économie (la Hongrie était ainsi devenue « la plus joyeuse baraque du camp socialiste », disait-on ces années-là, avec humour, à Budapest). La conversion politique de la Roumanie et de la Bulgarie devait être un peu plus longue à venir ; mais leurs liens avec Moscou s'étaient très vite détendus. Dès 1990, l'Union soviétique avait perdu tout son glacis est-européen. Quelques mois plus tard, elle implosait.

Cette même année 1990, la Lituanie avait, elle aussi, proclamé son indépendance, suivie en 1991 par l'Estonie et la Lettonie : pour la première fois depuis quelque trois siècles, à l'exception de guère plus de vingt-cinq ans, entre la révolution de 1917 et la fin de la Seconde Guerre mondiale, les pays baltes s'affranchissaient ainsi de la tutelle de la Russie.

Mais, ce sont les dirigeants russes eux-mêmes qui, pour régler leurs querelles personnelles, devaient donner le coup de grâce. Le 8 décembre 1991, à l'initiative de Boris Eltsine, déjà devenu président de la Russie et qui n'avait alors qu'une idée en tête, évincer définitivement à son profit Mikhaïl Gorbatchev, encore président de l'URSS, c'est-à-dire toujours hiérarchiquement son supérieur, les chefs d'État de la Russie, de l'Ukraine et de la Biélorussie — les trois grands pays slaves de l'Union —, s'étaient réunis dans le parc naturel de Belovechskaïa Pouchtcha, près de l'ancienne Brest-Litovsk, pour décider de « la fin de l'Union soviétique en tant que sujet de droit international » et de « l'arrêt de fonction » de toutes ses institutions. Cet événement avait mis aussitôt un terme définitif à la carrière de Gorbatchev, mais il avait consacré, en même temps, l'indépendance de la Biélorussie, de l'Ukraine et de la Moldavie, en Europe, sans parler des pays baltes, qui avaient pris les devants ; de la Géorgie, de l'Arménie et de l'Azerbaïdjan, en Transcausasie ; du Turkménistan, du Kazakhstan, de l'Ouzbékistan, du Kirghizistan et du Tadjikistan, en Asie centrale. Bravo l'artiste ! La Russie elle-même était entrée dans un « nouveau temps des troubles ». L'intégrité de la république fédérale, qu'elle constituait encore avec d'autres peuples allogènes, était a son tour menacée, comme le montrait, alors, l'agitation des Tatars de la Volga, presque aux portes de Moscou, celle de plusieurs nationalités musulmanes du nord du Caucase, comme les Tchétchènes, qui réclamaient, eux aussi, leur indépendance, ou bien encore celle de diverses populations sibériennes ou extrême-orientales. Dans le même temps, en conséquence de la profonde désorganisation de son économie et faute de moyens financiers, la Russie devait abandonner ses bases navales et militaires avancées et ses points d'appui politiques lointains en Asie, en Afrique et en Amérique latine (au Vietnam, en Éthiopie, en

Angola, à Cuba). Son effondrement géopolitique était presque total.

Recommencer l'histoire

Aujourd'hui, la Russie doit en quelque sorte recommencer son histoire.

La conscience nationale des Russes s'est toujours distinguée de celle des citoyens ou des sujets des autres pays européens, dont l'identité s'est formée au cours des siècles autour du sentiment d'appartenance à un même peuple, à l'intérieur de frontières englobant à peu près la totalité de celui-ci et quasi exclusivement celui-ci. Depuis ses origines, la Russie n'a jamais été historiquement un État-nation, comme la France, l'Angleterre, l'Allemagne ou l'Espagne ; elle a toujours été un empire multinational, dont la majorité slave et *a fortiori* « grand-russe » s'est même progressivement réduite en pourcentage au fur et à mesure de son extension territoriale dans les immensités eurasiennes — « un univers », disait Catherine II.

À la suite de l'effondrement de l'URSS, quatorze entités étatiques nouvelles, en plus de la Russie elle-même, ont émergé sur la scène internationale, dans leurs anciennes frontières de républiques fédérées, avec chacune un peuple prépondérant, non russe évidemment, mais aussi, bien souvent, non slave : les trois États baltes (l'Estonie, la Lettonie et la Lituanie) ; les trois pays d'Europe orientale : la Biélorussie, l'Ukraine et la Moldavie ; les trois républiques du sud du Caucase (la Géorgie, l'Arménie et l'Azerbaïdjan) ; les cinq républiques d'Asie centrale autrefois constitutives du Turkestan tsariste (le Kazakhstan, le Turkménistan, l'Ouzbékistan, le Tadjikistan et le Kirghizistan).

Les Russes, en revanche, ont eu le sentiment, dans leur très grande majorité, de perdre leur propre État, le seul qu'ils avaient considéré comme tel jusque-là, cet immense empire multinational et pluriséculaire, hérité de leurs anciens tsars, maintenu et même agrandi (la « perte » de la Finlande et de la Pologne mise à part) par les bolcheviques. Pour eux, la Fédération de Russie — réduite aux frontières impériales du milieu du XVIIe siècle, sans réelles traditions étatiques, minée par les aspirations sécessionnistes de plusieurs de ses minorités ethniques — n'est qu'une base de repli provisoire, même si, avec ses 17 millions de kilomètres carrés, soit trente fois la France, elle demeure le plus vaste pays du monde. Seuls quelques cercles intellectuels « occidentalistes » estiment au contraire que ce repli territorial, selon eux définitif, est l'occasion historique de faire enfin de la Russie un État-nation « normal », moderne et démocratique ; mais leur influence politique est plutôt marginale, en tout cas si on en juge par leur faible représentation à la Douma, où les élections de décembre 1995 ont amené une énorme majorité de nostalgiques de l'empire, parmi lesquels les députés communistes sont les plus nombreux.

Les hommes à présent au pouvoir à Moscou sont tout à fait conscients de cet état d'esprit, qu'ils partagent dans une très grande mesure, même s'ils s'attachent, dans les circonstances actuelles et pour ménager leurs partenaires, à ne pas le dire trop haut. Dans un contexte historique différent, mais qui n'est pas sans analogies, ils ne nourrissent pas l'ambition de reconstituer l'Union soviétique, mais ils travaillent avec détermination à l'avènement de quelque chose qui ressemblerait à cette Communauté que, dès son retour au pouvoir, en 1958-1959, de Gaulle avait tenté de mettre en place, en succession de l'Union française, entre la France et ses anciennes colonies d'Afrique noire en train d'accéder à l'indépendance. C'est tout le sens de cette Communauté des États indépendants, qu'Eltsine et ses homologues d'Ukraine et de Biélorussie ont décidé de créer le jour même où ils proclamaient la disparition de l'URSS, et à laquelle ont adhéré assez rapidement ensuite toutes les autres anciennes républiques fédérées, à l'exception des trois pays baltes.

Il est fort possible que, institutionnellement, cette Communauté à la russe n'aura pas beaucoup plus d'avenir que celle à la française, qui fut éphémère. Mais, même si, à son tour, elle ne doit être finalement qu'une étape dans le réaménagement des rapports entre Moscou et les capitales des autres anciennes républiques fédérées de l'époque soviétique, issues des conquêtes tsaristes, il ne faut pas minimiser la valeur exemplaire de tous les liens, économiques, culturels, militaires et diplomatiques, bilatéraux ou multilatéraux, très forts, que la France, malgré l'échec de la Communauté, a su préserver ou nouer, ensuite, avec ses anciens territoires africains. Vaille que vaille, elle a gardé la plupart d'entre eux jusqu'à aujourd'hui dans sa mouvance et elle a pu continuer, ainsi, à peser davantage dans les affaires du monde, beaucoup plus que si elle s'était résignée, en 1960, à se replier sur l'Hexagone. Comparaison n'est pas raison, dira-t-on ; le précédent français n'en est pas moins médité à Moscou.

Pour mener cette politique de rétablissement de sa zone d'influence, la Russie dispose de quelques solides atouts, humains, culturels, économiques, militaires et diplomatiques, assez semblables à ceux de la France des années soixante et d'aujourd'hui encore.

Tout au long de ce siècle, la langue russe est devenue la « lingua franca » de l'Union aujourd'hui disparue. Il ne fait guère de doute qu'elle le restera, comme s'est consolidée ces années-ci la francophonie. Il ne faut pas perdre de vue, non plus, que les dirigeants et les cadres actuels de tous les pays membres de la CEI ont été formés dans le même moule politico-policier et que, par-delà les intérêts spécifiques de leurs peuples respectifs, qui peuvent être plus ou moins divergents, il existe entre eux de multiples connivences, voire des intérêts de caste à sauvegarder, comme celles qui ont perduré entre les anciens députés et ministres africains de la quatrième République avec leurs anciens collègues français. Enfin, il y a la force des minorités ethniques. Il s'agit, tout d'abord, de l'importante diaspora russe dans la plupart des anciennes républiques allogènes de l'URSS, qui tend actuellement à décroître, notamment en Asie centrale et, plus encore, en Extrême-Orient, mais qui peut servir à tout moment de prétexte à des interventions, pour peu que les circonstances soient favorables (on l'a déjà vu en Moldavie, dès 1991 ; on pourrait le voir un jour dans les pays baltes, en Ukraine ou au Kazakhstan). Il s'agit aussi des peuples minoritaires des anciennes républiques fédérées, qui peuvent faire l'objet de nombreuses manipulations de Moscou, comme c'est le cas en Géorgie, avec les irrédentistes d'Abkhasie, d'Ossétie du Sud et d'Adjarie, ou bien dans le conflit qui oppose l'Arménie et l'Azerbaïdjan, à propos du Haut-Karabakh.

Même très affaiblie, du fait de sa politique mal maîtrisée de passage au libéralisme, la Russie dispose, aussi, de solides atouts économiques. Ils pourraient se révéler à nouveau décisifs, lorsqu'elle aura réussi à sortir de sa crise actuelle. Les économies des anciennes républiques fédérées étaient très interdépendantes les unes des autres ; elles le demeurent, au moins potentiellement. Une union douanière, rassemblant un bon nombre d'entre elles, pourrait fort bien, un jour, être remise en place, à l'instar, par exemple, de l'Alena (l'Accord de libre-échange de l'Amérique du Nord, qui rassemble le Canada, les États-Unis et le Mexique) ; on en parle de plus en plus et, en mars 1996, un accord qui va dans ce sens a même été signé entre la Russie, la Biélorussie, le Kazakhstan et le Kirghizistan. En attendant, la Russie multiplie les accords de commerce bilatéraux, bien souvent des accords de troc, avec ses anciens partenaires de l'URSS, et elle ne manque pas de s'en servir comme moyens de pression chaque fois qu'elle le peut. C'est ainsi que, très dépendante de Moscou pour ses approvisionnements en hydrocarbures, l'Ukraine a dû réviser très fortement à la baisse ses prétentions sur la flotte de la mer Noire et renoncer assez rapidement à conserver sur son sol toute force nucléaire.

Les atouts militaires russes ne sont pas négligeables non plus. Très affaiblie, ayant vu fondre de près de la moitié ses effectifs et ayant dû brader une large partie de ses armements, démoralisée par son retrait d'Europe orientale et par la chute brutale du train de vie de ses officiers, l'armée russe n'en demeure pas moins une force, sans même parler de son potentiel nucléaire, toujours le second du monde, après celui des États-Unis. Elle continue à veiller à presque toutes les frontières de l'ancien empire, entendant se maintenir dans l'océan Arctique et sur la Baltique, dans le Pacifique, et, entre ces deux points extrêmes, tout au long des immenses frontières de l'ex-URSS avec la Turquie, l'Iran et la Chine. Au demeurant, la plupart des nouveaux États indépendants ainsi protégés y trouvent eux-mêmes bien souvent leur compte, en tout cas leurs nomenklaturas dirigeantes, presque toujours les mêmes qu'à l'époque communiste, et qui constituent un verrou face aux islamistes.

Enfin, la Russie conserve de sérieux atouts diplomatiques. Les États-Unis, nostalgiques, au moins jusqu'à un certain point, de l'ancien « partnership » des dernières années de la guerre froide, l'Union européenne, la Chine aussi, inquiète des tentations sécessionnistes du Xinjiang musulman et turcophone, ont un intérêt évident à ce que la Russie maintienne un minimum d'ordre dans son ancien empire, même si, contradictoirement, à Washington tout au moins, on s'acharne par ailleurs à aggraver le démantèlement de cet espace. À Moscou, on joue très habilement de cet intérêt ambigu, comme de toutes les craintes, fondées ou fantasmatiques, que suscite en « Occident » l'extrémisme musulman.

On peut conclure ce très schématique tour d'horizon par l'évocation de quelques grandes constantes de l'histoire russe, autour desquelles s'articule le brillant essai publié en 1993, chez Fayard, par Paul Sokolov : *La Puissance pauvre*. Malgré l'échec considérable que constitue l'effondrement de l'URSS, la Russie demeure aujourd'hui encore cette « puissance pauvre », qu'elle a toujours été face aux autres pays du monde, économiquement plus riches qu'elle ; puissante malgré sa pauvreté, car toujours plus apte que ses rivaux, grâce à ses systèmes politiques autocratiques successifs, à asservir et à pressurer en priorité son propre peuple à des fins politiques et militaires. L'histoire de la Russie est bien, selon la formule célèbre, « l'histoire d'un pays qui se colonise lui-même » ; ce n'en est pas moins aussi celle d'un pays qui colonise les autres, et, si les tsars de toutes les Russies ont toujours été des despotes, c'est parce que, comme le disait Saint-Just, « un peuple qui opprime un autre peuple ne peut pas être libre ». Mais la fierté impériale n'a-t-elle pas été aussi de tout temps un sentiment plus fort dans le cœur des Russes que l'aspiration à la liberté ? Que saint André, saint Basile, saint Vladimir, saint Serge et tous les autres saints de la sainte Russie pardonnent cette question.

Sept ans après la fin de l'URSS, alors que la Russie cache de moins en moins sa volonté de reprendre en main sa zone d'influence traditionnelle, son « étranger proche », comme on dit à Moscou — par référence plus ou moins consciente à ce que fut autrefois, pour les États-Unis d'Amérique, la « doctrine de Monroe » —, où en est la Communauté des États indépendants ? Dans cet espace bouleversé, encore à la recherche des valeurs et des équilibres indispensables à sa recomposition, le bilan est contrasté. La CEI n'est pas devenue une nouvelle fédération, ni même seulement une confédération. Elle ne s'est dotée pour le moment que d'organismes de coordination, qui fonctionnent plus ou moins bien, plutôt mal que bien à vrai dire, et qui ne constituent pas, en tout cas, des institutions supranationales. Il reste, par conséquent, très difficile de prévoir si cette communauté pourra constituer, à terme, la base institutionnelle de départ d'un nouvel ensemble de nations parmi lesquelles la Russie pourrait jouer à nouveau un rôle de *primus inter pares*, même sous une forme différente de celles du passé. La volonté d'autonomie réelle de la plupart des anciennes républiques fédérées devenues indépendantes demeure incontestable, même si, aujourd'hui, elle s'exprime avec moins d'agressivité qu'au début des années quatre-vingt-dix. D'autre part, malgré un sensible redressement en cours, politique, économique et militaire, la Russie postcommuniste reste profondément désorganisée et, de ce fait, n'est toujours pas en mesure de mobiliser tous ses atouts au service de sa politique de « reconquista ». Il est tout à fait possible, néanmoins, de faire le point sur l'état d'avancement, disparate, de cette entreprise, région par région et pays par pays.

Après avoir accédé à l'indépendance en 1990-1991, à l'issue de la reprise calme, mais délibérée, d'un processus historique brutalement arrêté par Staline cinquante ans plus tôt, les trois pays baltes ont refusé d'intégrer la CEI, affichant, en revanche, leur volonté d'être admis un jour dans l'Union européenne, ce qu'à la rigueur à Moscou on pourrait peut-être comprendre, mais aussi dans l'Otan, ce que, par contre, les maîtres du Kremlin n'admettront probablement jamais. La présence de 20 % de Russes ou de russophones en Lituanie, de 38 % en Estonie et de 48 % en Lettonie, venus là à l'époque soviétique et installés à demeure, même s'ils y sont devenus aujourd'hui, pour la plupart d'entre eux, de quasi-apatrides, sans égalité de droits avec les Baltes, pose, aussi, de redoutables problèmes, qui pourraient bien s'avérer un jour explosifs, à l'occasion d'un dérapage toujours possible. Ces Russes ne peuvent accéder à la nationalité de leur pays de résidence, et aux divers droits qui en découleraient pour eux, que si, à la faveur d'un examen très difficile, ils sont en mesure de prouver leur parfaite connaissance de la langue de celui-ci — le lituanien, l'estonien ou le letton —, ce qui est impossible pour la quasi-totalité d'entre eux. Mais la principale bombe à retardement, c'est Kaliningrad, l'ex-Königsberg, qui fut autrefois la capitale de la Prusse orientale (et la

LES ANCIENNES RÉPUBLIQUES FÉDÉRALES DE L'URSS

« patrie » de Kant) et qui se trouve aujourd'hui enclavée entre la Pologne et la Lituanie. Plus de 300 000 soldats russes y sont cantonnés et, surtout, Kaliningrad est toujours le port d'attache de la flotte russe de la Baltique. La tentation peut devenir forte de relier territorialement à la mère patrie cette enclave d'un intérêt stratégique majeur — on ne peut pas ne pas penser, à ce propos, à ce que fut, non loin de là, entre les deux guerres, la question du couloir de Dantzig.

En Biélorussie, où les communistes et leurs alliés agrariens, également russophiles, tiennent toujours le haut du pavé, Moscou se trouve, en revanche, en terrain très favorable. Ces années-ci, les dirigeants de Minsk n'ont cessé de chercher à se rapprocher de la Russie, pour garantir leurs besoins énergétiques et retrouver leurs débouchés traditionnels. En janvier 1995, ils ont conclu huit accords importants avec leurs homologues russes, dont un accord d'union douanière et un autre tendant au retour à une politique de défense commune. Le 23 mai 1997, ils sont allés encore plus loin, en signant une Charte d'union, qui renforce le processus d'intégration institutionnelle des deux pays. Le russe a été rétabli comme seconde langue officielle et les anciens emblèmes soviétiques ont fait leur réapparition. Le comportement autocratique et imprévisible du président Loukachenko inquiète, cependant, les hommes du Kremlin, pourtant pas tout à fait irréprochables eux-mêmes sur ce chapitre.

Entre le nationalisme militant des pays baltes et la russophilie de la Biélorussie, l'Ukraine se tient, avec difficulté, sur une ligne médiane inconfortable — condition évidente du maintien de sa fragile unité étatique, structurellement menacée par de fortes différences régionales et culturelles.

Sa partie occidentale, qui, pour l'essentiel, n'a été rattachée à l'URSS qu'en 1939 ou en 1945, affiche une forte identité nationale, qui n'a cependant pour antécédent historique que l'éphémère et chaotique république, qui s'était établie, plus à l'est, de

1918 à 1920, à la faveur de l'effondrement de l'empire tsariste et des manœuvres des armées « blanches ». Ses populations affirment leurs différences dans tous les domaines, y compris religieux (ainsi, les catholiques uniates et les orthodoxes du patriarcat autocéphale de Kiev, sans rapport hiérarchique avec celui de Moscou). C'est de ces populations que sont issus la plupart des politiciens qui, avec l'encouragement à peine discret des États-Unis, réclament l'entrée de l'Ukraine dans l'Union européenne et dans l'Otan — une revendication qui, bien évidemment, révulse Moscou. (Le 9 juillet 1997, à Madrid, l'Ukraine a néanmoins réussi à signer un accord de partenariat avec la grande organisation transatlantique.)

L'Ukraine orientale et méridionale est, en revanche, peuplée essentiellement de Russes et d'Ukrainiens russifiés, avec quelques très solides bastions, comme celui de la grande région minière du Dombass, pour ne pas parler de la Crimée, où est depuis toujours basée la flotte russe de la mer Noire, mais qui, en 1956, fut néanmoins donnée à l'Ukraine par Staline, confiant en ses dirigeants de l'époque et qui ne prévoyait pas, alors, l'avenir. Tous ces Russes ou russifiés n'ont pas, dans leur conscience collective, d'autre tradition étatique que celle de l'empire tsariste puis de l'Union soviétique, et ils ne partagent évidemment pas les fantasmes indépendantistes du reste de leurs compatriotes. Ils sont, en outre, beaucoup plus sensibles qu'eux au fait que leur pays, qui subit très durement le contrecoup de l'effondrement de l'URSS, a hérité d'une économie, aujourd'hui en plein marasme, fortement dépendante de la Russie, en particulier pour son approvisionnement énergétique — ce sur quoi, au demeurant, on ne se prive pas de jouer à Moscou, pour calmer les ardeurs pro-occidentales des milieux ultra-nationalistes ukrainiens.

Sept ans après l'indépendance, les dirigeants de Kiev, qui ne veulent pas voir leur pays éclater, ne peuvent toujours guère que louvoyer. La Russie n'oublie pas, quant à elle, que Kiev fut, du

X^e au XIIIe siècle, sa première capitale. Même si, pour le moment, elle n'est pas en mesure d'agir par la force, elle surveille sa proie, dans l'attente patiente du retour à des temps plus favorables. Elle a renoncé à ses pressions sur la Crimée ; mais elle a obtenu, en retour, un rapatriement sur son sol de toutes les armes nucléaires entreposées en Ukraine, ainsi qu'un accord de principe sur le partage, qui lui est très favorable, de la flotte de la mer Noire, toujours stationnée à Sébastopol où, à vrai dire, faute de sorties et d'entretien, elle est en train de rouiller lentement et peut-être irrémédiablement. Le 31 mai 1997, un traité d'amitié russo-ukrainien a même été signé par les présidents Eltsine et Koutchma, qui marque, expressément, la reconnaissance par Moscou de l'identité internationale de la « petite Russie ». Il ne faut pas perdre de vue, par ailleurs, qu'au moins quinze millions d'Ukrainiens vivent encore en Russie.

Pour des raisons très semblables à celles qui s'imposent aux dirigeants ukrainiens, les responsables de la Moldavie s'attachent, eux aussi, à mener une politique de juste milieu entre la Russie, la Roumanie et les pays ouest-européens. La Moldavie est, en fait, elle aussi, coupée en deux. À l'est, sa partie située au-delà du Dniestr, la Transdnistrie, qui ne représente guère qu'un cinquième de son territoire mais où est implanté l'essentiel de son industrie, construite à l'époque communiste, est peuplée presque exclusivement de russophones. Cette région a, en pratique, fait sécession dès le début des années quatre-vingt-dix, avec le soutien de la XIVe armée russe, commandée alors par le général Alexandre Lebed. La ville de Tiraspol est devenue sa capitale. Mais cette république autoproclamée n'est même pas vraiment reconnue par la Russie, la Biélorussie et l'Ukraine qui, cependant, la soutiennent quelque peu. La plus grande partie du reste du pays, où se trouve située la capitale moldave, Chisinau, est peuplée de roumanophones, qui aspirent, quant à eux, à rejoindre leur mère patrie, la Roumanie. En sept ans, les menaces de partition de la Moldavie entre ces deux entités se sont, cependant, beaucoup apaisées, de même que, au sud, les autres revendications séparatistes des habitants de la troisième partie du pays, les Gagaouzes, des Turcs christianisés.

À Chisinau, pour éviter un éclatement définitif, on a pris son parti de la quasi-indépendance de la Transdnistrie, on a accordé un large statut d'autonomie aux Gagaouzes et on a renoncé à l'union avec la Roumanie. Les dirigeants moldaves, qui se savent, eux aussi, très dépendants commercialement de la Russie, s'attachent même à se montrer de bons élèves de la CEI, tout en cultivant, néanmoins, les meilleures relations possibles avec leurs voisins de l'Ouest : en 1995, ils ont réussi à se faire admettre au Conseil de l'Europe et, également, dans les instances francophones — ce qui est plus original, car les locuteurs français ne sont tout de même pas très nombreux dans cette sympathique république. Au printemps 1997 — à la suite de l'élection à la tête du pays, en novembre précédent, d'un président réputé russophile, Petru Lucinschi —, deux accords essentiels pour l'avenir de la Moldavie ont été conclus. Le 10 avril, à l'instigation du ministre russe des Affaires étrangères, un compromis, qui maintient l'intégrité territoriale du pays, tout en satisfaisant les principales revendications de la région séparatiste, a été signé entre Chisinau et Tiraspol. Puis, le 8 mai suivant, ce compromis sur l'avenir de la Transdnistrie a été avalisé par l'Ukraine, la Russie et l'OSCE (l'Organisation pour la sécurité et la coopération en Europe). Il prévoit, notamment, la suppression des frontières entre les deux entités, la suppression du rouble de Transdnistrie au profit du leu moldave et, *last but not least*, le retrait de la XIVe armée russe.

C'est en Transcaucasie, en Géorgie, en Arménie et en Azerbaïdjan, que, dans les toutes dernières années de l'Union soviétique, avaient explosé les mouvements nationalistes les plus radicaux. Mais ils tendaient plus à une recomposition territoriale et frontalière de cette région, traditionnellement multiethnique et multiconfessionnelle, qu'à une franche remise en cause de la tutelle de Moscou. La Russie en avait profité pour maintenir ou rétablir son influence, en jouant méthodiquement sur ces antagonismes locaux, et elle continue à le faire sans état d'âme mais non sans succès.

La Géorgie, patrie de Staline, qui n'en avait pas moins fait disparaître près d'un dizième de sa population (estimée, aujourd'hui, à environ cinq millions et demi d'habitants), illustre de manière parfaite cette politique russe. À la faveur du chaos politique qui a marqué les premières années de l'indépendance géorgienne et à l'issue de guerres civiles brèves mais violentes, soutenues en sous-main par la Russie, ses trois principales régions allogènes ont échappé à la tutelle de Tbilissi : l'Abkhasie (chef-lieu Soukhoumi), au nord-ouest, sur la mer Noire ; l'Ossétie du Sud (chef-lieu Tskhinvali), sur les pentes du Caucase, au nord ; et l'Adjarie (chef-lieu Batoumi), peuplée de Géorgiens musulmans, au sud-ouest, également sur la mer Noire. La première de ces entités est devenue une république autonome et les deux autres des régions autonomes. Arrivé à la tête de l'État en 1992 seulement, après une période de tumultes anti-russes, Édouard Chevardnazé, ancien patron du PC géorgien sous Brejnev et ancien ministre des Affaires étrangères de Gorbatchev, n'a guère pu que prendre acte des conséquences des errements de son prédécesseur Zviad Gamsakhourdia, renversé par une émeute populaire, et appeler l'armée russe à la rescousse, pour rétablir l'ordre et arrêter les dégâts. La Géorgie a alors adhéré à la CEI. En février 1998, ce comportement « réaliste » a cependant failli coûter la vie à Chevarnadzé qui n'a réchappé que de justesse à une embuscade meurtrière.

L'histoire récente de l'Arménie n'est pas moins édifiante. Dominée jusqu'à une date récente par la forte personnalité du président Ter-Pétrossian, qui a été contraint à la démission en février 1998 par de plus extrémistes que lui, elle a été marquée par l'annexion de fait de la région autonome du Haut-Karabakh, peuplée en très grande majorité d'Arméniens mais qui, à l'époque soviétique, faisait partie néanmoins de l'Azerbaïdjan, au sein de laquelle elle était enclavée, séparée de ce fait de la mère patrie par un large couloir peuplé quant à lui d'Azéris, le « corridor » de Latchine. À présent, celui-ci se trouve occupé par les troupes d'Érevan. Au sud-ouest, le long de la frontière iranienne, la région azerbaïdjanaise du Nakhitchevan, incluse depuis l'époque soviétique dans l'Arménie, ne contribue pas à simplifier la situation. L'armée russe, qui continue à camper dans la région, maintenant son contrôle sur les anciennes frontières de l'Union soviétique avec la Turquie et l'Iran, a fait preuve en cette affaire d'une très grande partialité, au détriment de l'Azerbaïdjan, qui a perdu dans l'aventure un cinquième de son territoire. En droit, cependant, rien n'est réglé pour autant, et des discussions laborieuses, que Moscou s'ingénie à faire traîner, en attendant peut-être de changer un jour son fusil d'épaule, se poursuivent, pour le moment sans résultat, dans le cadre de la CEI.

Pour la Russie, en effet, l'Azerbaïdjan constitue l'objectif majeur en Transcaucasie. Son président, Heidar Aliev, est, comme ses voisins, un ancien patron du PC de sa république à l'époque soviétique et un parfait autocrate. Ancien adjoint d'Andropov à la tête du KGB, il connaît la musique. Il a su échapper à plusieurs tentatives d'assassinat et de coups d'État, dont on devine les instigateurs. Bien qu'il ait accepté sans difficulté la participation de l'Azerbaïdjan à la CEI, il a obstinément refusé jusqu'à présent le retour de l'armée russe sur son sol, malgré ses ennuis dans le Haut-Karabakh.

L'enjeu de ce bras de fer sans merci, c'est bien évidemment le pétrole, celui de Bakou, déjà extrait avant la révolution de 1917, mais aussi celui de la mer Caspienne et, au-delà, du Turkménistan, dont les réserves apparaissent de mois en mois de plus en plus importantes, au fur et à mesure que les explorations se poursuivent. L'Azerbaïdjan et sa capitale sont un lieu de passage obligé pour l'évacuation d'une large partie de ces richesses, quels que soient les trajets envisagés, qu'il s'agisse des voies « occidentales », via la Géorgie ou via l'Arménie et la Turquie, ou qu'il s'agisse des voies russes, via le Daghestan et la Tchétchénie, difficilement contournable, elle aussi, même si, à Moscou, après l'échec de la reprise en main militaire, on agite de temps en temps la menace de la construction d'un nouvel oléoduc, qui passerait plus au nord. On est là en pleine guerre des « pipes », une guerre dans laquelle les Américains — qui, dans ce pays, mènent avec obstination leur politique de parachèvement de la dislocation de l'ancienne Union soviétique — sont tout particulièrement actifs. Pour le moment, Heidar Aliev se contente de faire monter les enchères, jouant entre les ambitions des Russes et des Américains, mais aussi entre celles des Turcs et des Iraniens. Mais il est certain que, si l'Azerbaïdjan acceptait un jour de privilégier les intérêts russes, l'Arménie ne pèserait plus très lourd dans la balance, le soutien actuel de Moscou à Érevan n'étant, c'est clair, qu'un moyen pour les maîtres du Kremlin de faire pression sur les dirigeants de Bakou.

En Asie centrale, la situation est tout aussi contrastée et, là également, pour des raisons à peu près les mêmes qu'en Transcaucasie, la Russie doit faire face aux mêmes ambitions concurrentes des siennes, celles, pétrolières et stratégiques, des États-Unis, celles de caractère, en outre, culturel de la Turquie et de l'Iran. Comme l'Azerbaïdjan, toute l'Asie centrale est turcophone, à l'exception du Tadjikistan, où on parle une langue persane. De plus, les populations musulmanes de tous ces pays se réclament du sunnisme, à l'exception, cette fois, des Kirghiz, qui sont chiites. Ces éléments favorisent incontestablement la diplomatie d'Ankara et, en second, celle de Téhéran.

Gouverné par un tyran mégalomane, largement imprévisible,

le président Separmourad Nyazov[4], le Turkménistan, situé sur l'autre rive de la Caspienne, est un désert presque aussi grand que la France, peuplé de quatre millions d'habitants. Mais ses réserves d'hydrocarbures sont les troisièmes, si ce n'est les secondes du monde, et ses dirigeants, eux aussi, s'efforcent de mettre en compétition tous ceux qu'elles intéressent. Pour le moment, ces immenses richesses ne sont presque pas exploitées, si ce n'est une partie des réserves de gaz, dont les exportations, pour des raisons historiques mais aussi géographiques, sont monopolisées par la compagnie russe Gazprom, qui tient la dragée haute à Nyazov. À Achkhabad, on souhaite donc trouver une alternative à cette situation inconfortable et on regarde dans toutes les autres directions possibles, du côté de l'Azerbaïdjan et, au-delà, de la Turquie, pour le pétrole, mais aussi du côté de l'Iran et de l'Afghanistan, pour le gaz. Cependant, l'Azerbaïdjan hésite lui-même entre plusieurs stratégies. La solution iranienne, qui serait la plus logique, s'est heurtée jusqu'à présent à de très fortes réticences américaines ; la solution afghane, la plus avancée sur le papier, pâtit de l'incertitude qui continue de prévaloir à Kaboul. En attendant, le Turkménistan qui, pour toutes ces raisons, pratique la politique de la chaise vide au sein de la CEI, dont il est cependant membre, se débat dans d'énormes difficultés économiques et sociales, qui n'empêchent cependant pas son président de mener grand train, dans un somptueux palais.

Également gouvernés par deux « grands démocrates », qui étaient, eux aussi, les patrons de leurs partis communistes respectifs à l'époque soviétique, les présidents Noursultan Nazarbaiev et Islam Karimov, le Kazakhstan et l'Ouzbékistan ne posent pas, quant à eux, de problèmes majeurs à la Russie, en

---

4. Se prenant pour Mustafa Kemal Atatürk, le *Père des Turcs*, il s'est donné le titre de Turkmenbachi, le *Père des Turkmènes*.

tout cas pour le moment, et ils sont même des partenaires assez loyaux de Moscou au sein de la CEI, même s'ils s'attachent, l'un et l'autre, à développer méthodiquement leurs relations avec leurs autres voisins et aussi avec les États-Unis, qui multiplient également chez eux leurs intrigues, pétrolières, diplomatiques et même militaires.

Très largement désertique, s'étendant sur plus de 2 700 000 kilomètres carrés, mais peuplé de seize millions et demi d'habitants, dont près de la moitié sont des russophones, le Kazakhstan — qui ne s'interdit pas de développer sa coopération, notamment pétrolière, avec la Chine — a conclu, en 1996, un important accord d'union douanière avec la Russie, auquel se sont joints la Biélorussie et le Kirghizistan. Moscou et Almaty (l'ancienne Alma-Ata, à la frontière du Xinjiang chinois, qui vient de perdre son rang de capitale en décembre 1997, au bénéfice d'Akmola, au centre-nord du pays, encore peuplé majoritairement de Russes, menacés à présent d'être bousculés par les fonctionnaires kazakhs) ont également signé d'importants accords dans le domaine militaire et spatial. Comme l'Ukraine, le Kazakhstan a accepté, en 1995, de remettre à la Russie toutes les ogives nucléaires qui étaient entreposées sur son sol. La même année, il a, d'autre part, placé le centre spatial de Baïkonour sous juridiction russe pour une période de vingt ans. La coopération entre les deux armées demeure, enfin, très étroite.

Nettement plus peuplé (près de vingt-trois millions d'habitants, répartis sur moins de 500 000 kilomètres carrés), mieux situé géopolitiquement, avec des frontières communes avec tous les autres pays d'Asie centrale, y compris l'Afghanistan et à la seule exception du Xinjiang chinois, pas très éloigné néanmoins, l'Ouzbékistan se considère comme l'héritier de l'empire de Tamerlan, enterré à Samarkand. Il nourrit des ambitions sous-régionales qui agacent un peu tous ses voisins. Il mène, aussi, une politique plus déterminée d'affranchissement de l'influence russe, qui frise même parfois la provocation. Sans frontière commune avec l'ancienne puissance tutélaire, voyant sa population russophone diminuer régulièrement (moins de 6 % aujourd'hui), il se dit favorable, pour des raisons commerciales, à une union douanière avec la Russie, comme le Kazakhstan ; mais il refuse toute collaboration militaire autre que ponctuelle avec elle. En revanche, il n'a pas hésité à signer, en 1995, un accord de coopération militaire avec les États-Unis et il a même posé sa candidature à l'Otan !

Quant au Kirghizistan, il est travaillé, lui aussi, par de fortes tensions régionalistes et ethniques, entre le Nord, à majorité kirghize, où est située sa capitale, Bichkek, et d'où est issu son président, Askar Akaïev, et le Sud-Ouest, où sont implantées de fortes minorités ouzbèques, notamment autour de la ville d'Och, frontalière de l'Ouzbékistan. Il a donc toujours grand besoin, lui aussi, de la puissance stabilisatrice russe, pour maintenir son unité.

Mais, le vrai point chaud en Asie centrale, c'est incontestablement, depuis 1990, le Tadjikistan. En plein accord avec les dirigeants des quatre autres républiques d'Asie centrale, où l'on s'inquiète de la renaissance islamiste militante dans toute la région, et encouragée aussi par Pékin, à cause du Xinjiang, l'armée russe est fortement impliquée dans le conflit de très grande importance stratégique, mais à l'issue incertaine, qui oppose dans cette république ses protégés issus de l'ancienne nomenklatura soviétique à leurs adversaires islamistes, appuyés quant à eux par plusieurs factions d'Afghanistan. C'est, en fait, la poursuite à Douchambé de la guerre déjà perdue à Kaboul.

Enfin, on ne saurait terminer ce tour d'horizon de l'état actuel des rapports entre la Russie et les autres anciennes républiques fédérées de l'Union soviétique, sans évoquer les menaces qui pèsent à terme sur l'Extrême-Orient russe — en train de se vider de sa population russophone —, même si ces régions font partie, quant à elles, de la Fédération de Russie. Les Chinois font mine, pour le moment, de ne pas s'en occuper ; mais ils n'ont très certainement pas renoncé à récupérer un jour les territoires d'au-delà de l'Amour et de l'Oussouri, que les tsars leur ont enlevés au XIXe siècle, en imposant des « traités inégaux » à la dynastie mandchoue affaiblie. Dans cette même partie du monde, les Russes continuent, d'autre part, à voir leur relations avec le Japon empoisonnées par la question des quatre petites îles du sud de l'archipel des Kouriles, dont deux sont totalement inhabitées. Ils s'en sont emparés à l'issue de la Seconde Guerre mondiale et ils refusent toujours de les restituer, se privant, par voie de conséquence, de précieux capitaux nippons, qui leur seraient cependant fort utiles pour développer ces mêmes territoires d'Extrême-Orient, que guignent précisément les Chinois. Mais ces îlots contrôlent le détroit d'Okhostk, par où les amiraux russes veulent pouvoir continuer à faire passer en toute tranquillité leurs bateaux, de Vladivostok et de la mer du Japon, dans le Pacifique.

Rétablir l'autorité de l'État

Ainsi va la Communauté des États indépendants : tout compte fait, pas très bien. Tout comme la Russie elle-même, qui n'est toujours pas sortie du nouveau « temps des troubles », dans lequel l'ont précipitée Mikhaïl Gorbatchev, au nom du libéralisme politique, et Boris Eltsine, au nom du libéralisme économique.

L'aventure communiste, telle qu'elle avait été engagée par Lénine et Staline, ne pouvait pas se terminer autrement, disent aujourd'hui la plupart des observateurs, qui oublient un peu vite combien ils ont été surpris par la soudaineté de l'effondrement de l'URSS. Même s'il est vain de vouloir réécrire l'histoire, il est possible d'imaginer que, sans ces deux apprentis sorciers de la fin du soviétisme, les choses auraient pu se passer autrement. C'est en tout cas ce que, à présent, pensent et disent bien souvent la plupart des Russes, et aussi des Biélorusses, des Ukrainiens, des Géorgiens et autres Kazakhs ou Tadjiks, tous confrontés à des problèmes énormes et inextricables, qui les amènent à considérer que, même si le bilan de l'URSS n'était pas aussi globalement positif que le pensait Georges Marchais, le chaos qui lui a succédé est, lui, globalement négatif.

Tout s'est écroulé. La croyance en des lendemains qui chanteraient, une organisation sociale qui permettait à chacun de vivre à peu près dignement, malgré le goulag et la nomenklatura, la fierté, aussi, d'être citoyen d'une très grande puissance, qui régentait, ou au moins influençait fortement, la moitié de la terre et qui était la première dans l'espace. Aujourd'hui, les Russes sont malheureux et désenchantés — à l'exception de quelques centaines de nouveaux « boyards » et de quelques milliers de jeunes écervelés, leurs fils ou leurs neveux, fascinés par l'*american way of life*.

Le premier week-end de septembre 1997, Moscou a célébré dans le faste le 850ᵉ anniversaire de sa fondation. Ouvertes le vendredi après-midi sur la place des Cathédrales, dans l'enceinte du Kremlin, les cérémonies étaient ordonnancées par le très dynamique et très affairiste maire de la ville, Youri Loujkov, un ancien apparatchik communiste haut en couleur, converti, comme tant d'autres, aux vertus du libéralisme économique tempéré par l'autocratisme. L'avant-veille, avait été consacrée, non loin de là, la nouvelle cathédrale du Christ-Sauveur, reconstruite, aux frais de Coca-Cola et de plusieurs banquiers mafieux, sur l'emplacement même de celle dont Staline avait commandé la destruction, pour y faire construire une piscine. Le dimanche soir, après deux journées de fêtes populaires, la célébration fut clôturée sur la place Rouge, par un concert de Luciano Pavarotti, en présence, dos tourné au mausolée de Lénine, de six mille invités triés sur le volet — le nouvel *establishment* russe et de nombreuses personnalités étrangères, enthousiastes ou narquoises.

Pour ceux qui n'ont pas la curiosité d'aller voir ce qui se passe derrière le décor, ces cérémonies baroques symbolisaient, jusqu'à la caricature, le Moscou d'aujourd'hui.

L'ancienne capitale du communisme mondial, aux avenues ternes, que n'empruntaient guère que voitures officielles aux rideaux tirés, autobus à bout de souffle et lourds camions, connaît désormais des embouteillages dignes des grandes métropoles occidentales, d'où sont importées à grands frais des milliers de voitures de luxe. Dans son centre, aux rues naguère mal éclairées, aux façades noires de crasse et aux vitrines vides et poussiéreuses, on redécouvre les petits immeubles vieillots de l'Arbat et les hôtels particuliers d'avant la Révolution, sur lesquels les nouveaux riches ont jeté leur dévolu et qui ont retrouvé leurs couleurs pimpantes d'autrefois — rose bonbon, jaune ocre, vert amande et bleu pervenche — comme les églises aux bulbes dorés, leur blancheur immaculée. Les anciens « gratte-ciel de Staline », aux derniers étages en pyramide, qui, à leur façon, ne manquaient pas d'allure, sont éclipsés par les nouvelles tours futuristes des grandes banques, flanquées de vastes centres commerciaux, comme à Londres, Milan ou Francfort, ou de fast-food, comme en Amérique — avec un impudent Mc Donald's sur la place Pouchkine. À présent, plus rien ne manque dans les magasins, à commencer par les produits de luxe (Yves Saint-Laurent, Cartier, Dior, Van Cleef et Arpels, Vuitton) ; il faut seulement pouvoir payer ; mais, de toute évidence, il y a, là, une clientèle. À Moscou, devenue une des villes les plus chères du monde, sont concentrés les trois quarts de la richesse financière du pays, les sièges de presque toutes les grandes sociétés, les hôtels et les restaurants de luxe, où, comme à Saint-Pétersbourg, sa vieille rivale aristocratique, se pressent les membres de la communauté étrangère, les nouveaux riches et les prostituées de haut vol.

Si on sort de ce périmètre doré, qui s'étend entre Tverskaïa (la rue de Tver) et Kouznetski Most' (l'ancien « quartier français » d'avant 1917), en passant par Staraïa Plotchad (la « Vieille Place »), territoire du gouvernement, du président et de la Banque centrale, on s'aperçoit que, derrière ce « décor à la Potemkine »[5], édifié aux couleurs du capitalisme sauvage par les nouveaux maîtres du pays, existe une tout autre ville, la même que sous Brejnev, avec ses rues à nids-de-poule et ses immeubles gris et fatigués, où s'entassent, d'ordinaire sans le moindre confort, quelque neuf millions de Moscovites, qui tirent plus que jamais le diable par la queue, s'adonnant à de petits boulots pour compléter leurs maigres salaires (900 francs par mois en moyenne) ou leurs retraites dérisoires (autour de 300 francs), qu'ils ne perçoivent même pas régulièrement, alors que les avantages en nature d'autrefois (des loyers au coût symbolique, l'enseignement et la santé gratuits) ont presque complètement disparus.

Des dizaines de milliers de Russes ne se battent pas moins chaque année, pour obtenir des autorités municipales la fameuse « propiska » — le « permis de résidence », instauré sous Staline pour tout le pays et qui n'a toujours pas été aboli à Moscou, ni non plus à Leningrad —, afin de pouvoir s'installer dans la nouvelle « Ville lumière », où ils escomptent avoir plus de chance de s'en sortir que dans le reste du pays : même si le travail y est très mal rémunéré, le taux de chômage y est, en revanche, beaucoup plus bas.

Au fur et à mesure que l'on s'enfonce à l'intérieur des terres, note Jacques Sapis dans *Le Chaos russe* (La Découverte, 1996), l'atmosphère change du tout au tout. Dans la Russie des mineurs de charbon et des ouvriers de la métallurgie, parqués dans des

---

5. Le prince Potemkine, responsable du gouvernement, qui voulait démontrer sa bonne gestion à Catherine II, dont il était un des amants, faisait construire, dit-on, de coquets villages de carton-pâte sur le passage de l'impératrice, quand celle-ci rendait visite à ses provinces.

villes-usines et pas toujours payés pour leur travail, dans la Russie des fermiers kolkhoziens, laissés de côté par les réformes, bien souvent désœuvrés, sans aucun espoir de reconversion, on se débat dans les contradictions de la nouvelle économie libérale, dont personne n'a compris la nécessité, et, faute d'argent, on survit de trocs en tous genres. Là, tout le monde regrette l'ancien système et se moque des libertés politiques, qui intéressent tant les politiciens de Moscou et de Saint-Pétersbourg : « Dites, vous êtes un démocrate ? — Ah non, citoyen ! Moi je suis un homme honnête ! » — une « anekdot » parmi des dizaines d'autres de la même farine de seigle, que l'on peut entendre ces années-ci en Russie. Au-delà de l'Oural, en Sibérie, en Extrême-Orient, Moscou n'est plus que la « putain des Américains », la ville des vendus et des combinards.

Il est vrai qu'ils ont fait fort, très fort, cet ivrogne d'Eltsine et sa bande de kleptocrates, anciens apparatchiks communistes devenus du jour au lendemain des stakhanovistes de l'accumulation primitive du capital en Suisse, au nom des vertus soudainement découvertes de l'économie de marché et de la foi orthodoxe de leurs ancêtres moujiks tout d'un coup retrouvée. Qu'il est drôle de voir ces nouveaux dévots célébrer, à chaque fête de Pâques, le « Christ ressuscité », debout, l'air concentré, devant l'iconostase, de petits cierges blancs dans leurs lourdes mains d'anciens kagébistes !

C'est dans ce climat de grande confusion intellectuelle et morale qu'à l'effondrement politique de l'URSS sous Gorbatchev a succédé l'effondrement économique de la Russie sous Eltsine — conséquence de deux grandes vagues de réformes calamiteuses, mises en œuvre à partir de 1992 et dont les maîtres d'œuvres ont été, successivement, Egor Gaïdar et Anatoli Tchoubaïs. Le premier, Egor Gaïdar, adepte d'une thérapie de choc, qui ne pouvait qu'achever le malade au lieu de le soigner, a démoli et a jeté bas tout le système de liaisons horizontales et verticales de l'ancienne économie socialiste (qui avait été déjà très fragilisée par la dissolution du Parti communiste)[6]. Tant bien que mal, ce système fonctionnait malgré tout, même si, dans de nombreux secteurs, pas dans tous (que l'on songe, notamment, à l'espace et à la recherche scientifique), il n'était pas très performant. Le second de ces deux compères, Anatoli Tchoubaïs, a attaché son nom à la politique de « privatisation », c'est-à-dire à un énorme et scandaleux transfert du patrimoine industriel et financier de l'État à quelques centaines de membres de l'ancienne nomenklatura, comme l'actuel Premier ministre Viktor Tchernomyrdine, qui, sans débourser un kopeck, a pris le contrôle, avec quelques complices prête-noms, d'un des plus gros combinats du pays, opérant dans le secteur, économiquement stratégique, des hydrocarbures, Gazprom, dont il n'était jusqu'alors que le directeur salarié : il s'est retrouvé du jour au lendemain richissime, en même temps qu'affublé du surnom de *Gazparatchik*.

Ces « transformations structurelles », comme on dit dans la « novlangue » aseptisée des grandes organisations financières internationales, ont provoqué aussitôt une chute considérable de la production (un PIB divisé par deux de 1992 à 1997) et, pendant trois à quatre ans, une inflation à trois chiffres (et même quatre, 1 500 %, en 1993), tandis que la parité du rouble par rapport au dollar passait de un dollar pour un rouble à un dollar pour six mille roubles (soit six « nouveaux roubles » depuis la réforme du 1er janvier 1998, qui a créé un « rouble lourd », par amputation de trois zéros — comme en France, sous Pinay, fut institué le « franc lourd » par amputation, alors, de deux zéros : des réformes d'intérêt pratique certain mais sans effet sur la

---

6. Dissous par Gorbatchev en 1991, le Parti communiste, qui était l'institution sur laquelle, dans l'URSS, toutes les autres reposaient, notamment les structures de coercition, a été réautorisé par Eltsine ; mais il n'est plus du tout le ciment de la société russe.

réalité des parités de change). Des millions de gens se sont retrouvés sans travail, des millions d'épargnants ruinés, et l'État en faillite. Très vite, faute de rentrées fiscales suffisantes — sans parler des détournements et de la gabegie généralisée —, celui-ci n'a plus été en mesure de faire face à la plupart de ses engagements, y compris à ses obligations de souveraineté, comme l'entretien de son armée (dont les crédits ont été divisés par quatorze depuis 1991) ou la poursuite de son effort spatial, orgueil jusque-là de la Russie. La flotte de la mer Noire en train de rouiller à Sébastopol, les mésaventures de la station Mir, de plus en plus déglinguée, tout comme la « pilée » prise en Tchétchénie par l'ancienne armée Rouge, sont quelques-unes des illustrations les plus connues des conséquences de cette paralysie financière, qui va s'aggravant. De proche en proche, l'économie russe est devenue une énorme pyramide d'impayés, qui menace de plus en plus de s'écrouler.

À maints égards, c'est devenu une économie du tiers-monde ; ne vivant guère que d'exportations de matières premières ; victime d'une fuite considérable de capitaux, estimée à plus de vingt milliards de dollars par an (pour une large part, les recettes de ces exportations, qui restent bloquées à l'étranger sur des comptes particuliers) ; rongée, aussi, par la corruption à tous les niveaux et par le crime organisé (Moscou, aujourd'hui, c'est le Chicago des années trente : bien des querelles d'affaires s'y règlent à la mitraillette). Comme dans le tiers-monde, plus d'un quart de la population, soit quelque 36 millions de personnes, vit en dessous du seuil de pauvreté, officiellement estimé ici à 300 francs de revenu mensuel ; la durée moyenne de vie régresse et la scolarisation aussi ; les classes moyennes ont disparu. En revanche, s'est mise en place une oligarchie stable et fermée, maîtresse du pays — cent cinquante à deux cents nouveaux « boyards », qui, dans l'ancienne « patrie du socialisme », justifient, au-delà de tout ce qu'on peut imaginer, la célèbre formule de Proudhon : « La propriété, c'est le vol. »

La Russie peut-elle néanmoins rebondir ? Grande puissance nucléaire, membre permanent du Conseil de sécurité des Nations unies, dotée d'immenses ressources naturelles, elle a conservé, en dépit de sa débâcle économique, de très solides atouts. Tout en s'acharnant à faire en sorte qu'elle ne redevienne plus une très grande puissance, les États-Unis la ménagent, car elle leur demeure utile dans le grand jeu d'équilibre planétaire dont ils se veulent les ordonnateurs. Les autres pays capitalistes et leurs firmes, mais la Chine aussi, s'intéressent également à elle. Il s'ensuit que, même amoindrie, la marge de manœuvre internationale de ses dirigeants est encore loin d'être négligeable ; héritiers d'une grande tradition diplomatique, ils l'utilisent du reste avec beaucoup d'habileté. Toutefois, se maintenir à un rang important dans le monde est une chose, retrouver le rôle éminent qui a été perdu en est une autre.

Bien évidemment, la renaissance de la Russie ne dépend que d'elle-même. C'est un problème politique et moral, qui se pose en termes simples et dont la solution est facile à trouver, même si, en revanche, elle est très difficile à appliquer. Comment mettre au pas les nouveaux boyards ? Qui saura et pourra le faire, comme, autrefois, Ivan IV et Pierre Ier, l'homme qui, aujourd'hui, selon les sondages, est le plus populaire de Russie ? Qui fera sortir la Russie de ce nouveau « temps des troubles », dans lequel Gorbatchev l'a précipitée, il y a une douzaine d'années déjà, et où Eltsine a achevé de l'enfoncer ? Qui rétablira l'autorité de l'État ? Certainement pas son président actuel, despote velléitaire et capricieux, au bout du rouleau et qui peut disparaître à tout moment. Pour l'heure, on n'aperçoit pas de futur Pierre le Grand dans le haut personnel politique qui occupe le devant de la scène à Moscou. Ainsi, déjà, le temps semble avoir joué contre le général Alexandre Lebed, prêt à rebondir (il a été limogé en octobre 1996) mais qui n'a pas l'oreille des milieux d'affaires, alors qu'il est coupé des communistes et qu'il n'a pas, non plus, le monopole du patriotisme. Mais, au fait, le défi ne pourrait-il pas être relevé, un jour, par un de ces nouveaux boyards eux-mêmes, qui réussirait à imposer sa loi à tous les autres, comme, dans la mafia sicilienne, « el capo di tutti i capi » ? Après tout, n'est-ce pas ainsi, qu'ont été fondées toutes les grandes dynasties monarchiques ? Un guerrier sans scrupules mais plus doué et résolu que les autres réussissant à obtenir de ceux-ci qu'ils lui prêtent allégeance, avant de les réduire, ensuite, à sa merci, avec, bien entendu, la bénédiction des plus hautes autorités religieuses du pays. De ce dernier point de vue, la Russie a déjà un solide atout dans sa manche : la servilité légendaire de son patriarcat face au pouvoir politique, chaque fois que celui-ci a été fermement exercé.

En attendant l'avènement éventuel de ce nouveau tsar, la capacité de redressement de la Russie paraît assez aléatoire. En paroles, tout le monde est d'accord, à Moscou, pour dire qu'il faut engager sans tarder de nouvelles réformes, ce qui veut dire lutter contre la corruption. En pratique, cependant, rien ne bouge, et il est aisé de comprendre pourquoi. L'État est prisonnier de la nouvelle oligarchie. En premier lieu, Boris Eltsine lui-même, qui lui doit sa réélection, difficile, en juillet 1996, alors qu'il était physiquement mourant et politiquement très menacé par le candidat communiste Guennadi Zougianov, principal porte-parole des victimes innombrables de la libéralisation de l'économie et des nostalgiques, non moins nombreux, de l'Union soviétique impériale. À l'approche du scrutin, l'argent avait coulé à flot, et les journaux et les chaînes de télévision, presque complètement aux mains des principaux privilégiés du système, avaient « matraqué » les citoyens. Ensuite, ne s'était plus posée qu'une seule question : « Qui t'a fait roi ? » Victor Tchernomyrdine a été reconduit dans ses fonctions de Premier ministre, flanqué de deux vice-Premiers ministres : Anatoli Tchoubaïs, le « père des privatisations », aujourd'hui l'homme le plus détesté de Russie qui, après quelques mois d'éclipse, avait refait surface pendant la campagne électorale, et un jeune loup aux dents longues, Boris Nemtsov, qui s'était fait remarquer, quant à lui, par sa gestion à la tête du gouvernorat de Nijni-Novgorod : une troïka emblématique dont on peut tenir pour assuré, malgré quelques déclarations contraires, qu'elle ne heurtera pas de front les anciens « lobbies » militaro-industriels et agricoles encore en place, les nouveaux groupes bancaires et industriels, les « monopoles naturels » (quel jargon !), tels que Gazprom, ni, non plus, les administrations régionales, de plus en plus indépendantes du Kremlin, dans cet immense archipel démographique qu'est restée la Russie ; sans oublier quelques édiles municipaux, tout aussi indépendants, tels que le maire de Moscou, l'intouchable Youri Loujkov, maître, à ce titre, de ce qui constitue un des plus grands holdings immobiliers et commerciaux du pays (Banque de Moscou, TV Centre, automobiles Zil et Moskvitch, les deux vieux hôtels de prestige le Métropole et le National, plusieurs centres commerciaux, de très nombreux immeubles, une grande compagnie de pétrole, etc.). Mais, au fait, ne se pourrait-il pas que ce soit ce Loujkov qui, après la disparition d'Eltsine ou bien à la faveur des prochaines élections présidentielles, prévues pour l'an 2000, devienne le nouveau tsar ? « Avec, comme le voit Sophie Sihab (*Le Monde* du 4 septembre 1997), son crâne nu comme une boule de billard et sa face de bouledogue, surmontant une masse ronde de muscles, de nerfs et d'énergie », jouant au moujik, à l'authentique homme russe, ne fumant pas, ne buvant pas, cassant la glace à coups de pic l'hiver, pour se baigner dans les rivières gelées, grand joueur de football, et non pas de tennis, comme les nouveaux petits messieurs du Kremlin, il a, à soixante ans à peine, le physique de l'emploi.

Sans doute, un jour, la Russie renaîtra. Mais on ne sait pas quand. En attendant, Rostropovitch a abandonné un instant l'archet de son violoncelle, pour sortir une poignée de roubles de la poche de son habit : sa contribution personnelle au financement de la reconstruction de la cathédrale du Christ-Sauveur, pour le cas où celles des mafieux n'auraient pas suffi. C'est beau d'avoir la foi.

Chapitre 5

LE JAPON VEUT REDEVENIR
UN PAYS NORMAL

TOKYO

En ce matin du 24 février 1989, à Tokyo, sous une pluie battante et glaciale, on enterrait l'empereur Showa — de son vivant, Hirohito —, décédé le 7 janvier précédent, après soixante-deux ans de règne [1]. Dans le jardin de Shimjuku, où

---

1. Depuis des temps très anciens, l'histoire du Japon est découpée en « ères » (*gengo*), dont le nom est choisi par des lettrés et des augures, dans des textes chinois classiques qui traitent de la vertu des souverains. Pendant très longtemps, ces ères ont changé en fonction d'événements heureux ou malheureux. À partir de la restauration Meiji, en 1868, il a été décidé qu'elles correspondraient désormais à chaque règne. À la mort du souverain qui lui sert de centralité, le nom de l'ère lui est donné, et on ne le dénomme plus ensuite que de cette façon-là. C'est son nom posthume. Ainsi, à sa mort en 1917, l'empereur Mitsuhito était-il devenu l'empereur Meiji (« Gouvernement éclairé »). Showa, le nom de règne de Hirohito, signifiait, quant à lui, « Paix rayonnante ». Comme quoi les élus des dieux (vieille de plus de quinze siècles, la dynastie japonaise préten-

était célébré l'office funèbre shinto, selon un rituel antique, le cercueil impérial avait été porté, sur un lourd palanquin, par une cinquantaine de gardes du Palais en tenues traditionnelles, aux sons plaintifs des flûtes, scandés par les coups sourds d'un tambour. Puis avaient retenti les accents graves, venus de la nuit des temps, du *Chant de la grande tristesse*, que l'on n'avait plus entendu depuis les obsèques du père du souverain défunt, en 1925. Le monde entier était représenté ; la France, par son président, François Mitterrand, le plus grand amateur de cimetières et d'enterrements de toute son histoire, pour qui ces funérailles d'une autre époque étaient un « must » indiscutable, qu'il savourait en connaisseur.

Le long règne d'Hirohito se confond avec l'extraordinaire et paradoxale histoire du Japon contemporain, dont il a incarné et symbolisé tous les temps forts et tous les retournements, du souverain demi-dieu au monarque constitutionnel, de l'orgueilleux chef militaire en uniforme sur son cheval blanc au représentant débonnaire du Japon industriel, portant cravate et complet-veston, de l'allié de Hitler à celui des Américains.

De la renaissance Meiji à Hiroshima

Hirohito était né en 1901. Il était le petit-fils du glorieux empereur Meiji, fondateur du Japon moderne, un Japon qui n'avait guère alors que trente ans et qui était encore très imprégné de traditions féodales, notamment pour tout ce qui touchait au statut et à la vie de l'empereur, du « tennö », du

---

dait descendre de la déesse du Soleil, Amaterasu), peuvent, eux aussi, ne pas tenir leurs promesses électorales. Pas découragé pour autant, le nouvel empereur, Akihito, a pris, quant à lui, pour nom de règne Heisei (« l'Accomplissement de la paix »).

Seigneur du ciel. Il avait été élevé à la dure, comme un fils de samouraï de jadis, mais en même temps comme un être sacré, soumis toutes les heures de son existence à un protocole infiniment précis et rigide, qui le coupait de ses sujets, frappés en sa présence de « stupeur et tremblements » — telle était la formule.

À partir de la restauration Meiji, la monarchie japonaise qui, pendant des siècles, n'avait guère eu pour rôle que de servir de référence à ceux qui exerçaient la réalité du pouvoir, était devenue le symbole sacralisé de l'État moderne et du nationalisme nippon. Les historiens considèrent généralement l'année 1868 comme celle du déclenchement de cette mutation, qui fut ensuite très rapide.

Au milieu du XIXe siècle, le Japon — qui était un pays attardé mais pas pour autant sous-développé au sens actuel — souffrait d'une très grave crise d'autorité. Dans l'esprit d'une large partie de ses élites, l'idée s'imposait de plus en plus que le pays ne pourrait résister aux États étrangers, qui le forçaient à s'ouvrir à leurs négociants [2], qu'en réformant d'abord très profondément son système de pouvoir central, beaucoup trop complexe et de ce fait impuissant.

À la tête du Japon se trouvait un empereur, source de la légi-

---

2. Des navigateurs et des commerçants européens — portugais, espagnols, hollandais — avaient commencé à fréquenter le Japon dès le milieu du XVIe siècle. Plus tard, s'étaient présentés les Anglais, les Français, les Russes et les Américains. Mais, à de très nombreuses reprises, le Japon avait fermé ses portes à tous ces aventuriers, de même qu'aux missionnaires qui les accompagnaient. C'est finalement un officier de marine américain, le commodore Perry, qui, en 1854, à la tête d'une solide escadre, l'avait définitivement contraint à laisser trafiquer dans ses ports tous les commerçants de la chrétienté. Les « traités inégaux » que le Japon avait dû signer alors, comme la Chine un peu plus tôt, l'avaient humilié. Ils avaient joué un rôle très important dans le déclenchement du processus qui devait conduire, une quinzaine d'années plus tard à peine, à la transformation de son système de gouvernement.

timité mais qui ne gouvernait pas, enfermé, quasi prisonnier, dans son palais de Kyoto, entouré d'une noblesse immémoriale, satisfaite de son état et comme frappée d'ataraxie et d'aboulie. Dans son château fortifié d'Edo — aujourd'hui Tokyo, qui était déjà à l'époque la ville la plus importante du pays, avec un million d'habitants (plus que Londres) —, une sorte de maire du palais, le « shogun », toujours choisi depuis deux siècles et demi dans la famille guerrière des Tokugawa, était chargé essentiellement du maintien de l'ordre public. Il s'appuyait pour cela sur un organisme d'origine militaire, le « bakufu », et, dans les provinces, il devait composer avec des princes autonomes, les « daimyo », maîtres de fiefs d'importances très variables, ainsi qu'avec plusieurs centaines de milliers de guerriers, les « samouraïs », qui constituaient, en fait, le vrai encadrement de la société mais qui, eux aussi, n'en faisaient guère qu'à leur tête. Toutes ces institutions, finalement, s'équilibraient, partageant un très fort sentiment d'unité ethnique et culturelle, et la paix régnait partout. Mais cela ne constituait pas pour autant un gouvernement, et là était le problème, alors que s'imposait de plus en plus la nécessité de moderniser le pays, de l'industrialiser et de le doter d'une armée forte.

Pour atteindre ce but, le choix fut fait de rétablir l'autorité impériale, dont la légitimité n'était au demeurant contestée par personne, et de bâtir à partir de là un État-nation moderne. Mais ceci supposait la fin du shogunat et du bakufu. C'est cette abolition, en même temps que le retour aux temps anciens, supposés meilleurs, du gouvernement par le tennö — cette restauration — qui furent proclamés le 3 janvier 1868, au palais impérial de Kyoto. En octobre suivant, le shogun avait dû capituler après quelques combats d'arrière-garde contre l'armée impériale, qui s'était constituée par ralliement d'un grand nombre de daimyo et de samouraïs. L'empereur entrait alors dans Edo, qui prenait le nom de Tokyo (la « capitale de l'Est », par opposition à Kyoto, la « ville-capitale ») et il faisait de son château son nouveau Palais. Les titres de noblesse furent presque tous abolis et les fiefs féodaux démantelés ; mais leurs anciens possesseurs, tous rangés à présent derrière le « tennö », lui-même transformé en souverain entreprenant, se retrouvaient codétenteurs du nouveau pouvoir. La restauration Meiji venait de commencer, le Japon abandonnait d'un coup les vieux habits dans lesquels il était engoncé, libre à présent d'assimiler sans entraves les façons occidentales de s'administrer, de se développer et de se battre. On a rarement vu dans l'histoire mutation aussi intelligente. « Il fallait que tout change, pour pouvoir tout conserver », fait dire à son héros, dans *Le Guépard*, le prince de Lampaduza.

En quelques années, le mouvement de modernisation toucha tous les secteurs de la vie nationale japonaise : les institutions (division du pays en préfectures en 1871, création d'un Sénat en 1875, puis d'une Diète en 1890, de conseils municipaux en 1880 ; adoption d'une Constitution, sur le modèle prussien, en 1889), les communications (une première ligne télégraphique fut établie en 1869, un système postal moderne fut mis en place en 1871, une première ligne de chemin de fer entra en service en 1872), l'économie (création d'une monnaie nationale, le yen, en 1871, de la bourse de Tokyo en 1878), l'éducation (la scolarité fut rendue obligatoire en 1871 et l'université de Tokyo fut fondée en 1877), la vie sociale (adoption du calendrier grégorien, pour les événements internationaux, et d'un nouveau système de poids et mesures en 1873 ; création d'une nouvelle noblesse — avec titres de prince, de comte, de vicomte et de baron — en 1884 ; lancement de la pratique des sports athlétiques, à côté des arts martiaux traditionnels, en 1884 ; levée de l'interdit sur la consommation de viande, après que l'empereur eut lui-même mangé un bœuf mode en 1871 ; engouement soudain pour la musique classique européenne et pour la valse ; adoption des façons occidentales de se vêtir, avec jaquette, haut-de-forme et pantalon rayé à tout bout de champ). Il y avait de quoi avoir le vertige ! Mais l'industrie fit ensuite un bond en avant prodigieux, tandis que, créées presque de toutes pièces, l'armée et la marine n'eurent bientôt plus grand-chose à envier à celles les mieux équipées des pays européens.

Très vite, cependant, cette modernisation menée au pas de charge déboucha sur une politique extérieure agressive, suivant le modèle colonial et impérialiste européen, à l'encontre, tout d'abord, de la Chine et de la Corée voisines. Le Japon s'était déjà frotté à cette dernière dans les tout premiers siècles de son histoire. En 1891, il y envoie un corps expéditionnaire au prétexte d'aider son souverain à mater une rébellion fomentée par les Chinois ; après l'avoir fait passer sous son protectorat en 1904, il l'annexera en 1910. En 1895, il entre en guerre avec la Chine décadente, s'empare de Port-Arthur (que guignaient aussi les Russes, désireux d'y faire aboutir leur Transsibérien) et il se fait remettre Formose et les Pescadores, par le traité de Shimonoseki. Les Russes, qui s'inquiétaient de cette politique d'expansion, opposée à la leur, devront à leur tour se replier face aux Nippons. En 1904, ils sont battus à Port-Arthur (dont ils s'étaient emparés à leur tour quelques années plus tôt) et à Moukden, en Mandchourie ; l'année d'après, le 27 mai 1905, leur flotte de la Baltique, qui avait fait le tour de l'Afrique pour arriver jusque-là, est anéantie dans le détroit de Tsoushima par l'amiral Togo. Ils doivent abandonner à leurs vainqueurs, par le traité de Portsmouth, le Liaotoung chinois et le sud de Sakhaline. En 1919, enfin, sous le règne de Yoshihito (qui a succédé à son père, l'empereur Meiji, en 1912, ouvrant l'ère Taisho, qui s'achèvera en 1925), le Japon obtient les possessions allemandes du Pacifique (les Carolines, les Mariannes et les Marshall), ainsi que le comptoir de Kiao-tchéou, en récompense de sa participation à la Première Guerre mondiale, aux côtés des Français et des Anglais. En 1920, il entre à la Société des nations, sans s'être converti pour autant aux vertus du pacifisme.

C'est alors que, en 1926, commence le règne de Hirohito.

Éduqué en vase clos, le nouvel empereur est d'un caractère fortement introverti, impassible jusque dans les pires moments, maladroit dans ses contacts humains. Il a été habitué à se laisser dicter ce qu'il faut faire et il a reçu de ses maîtres, notamment de son précepteur, le général Nogi, le vainqueur de Port-Arthur, alors à la retraite, un enseignement très marqué de nationalisme et de militarisme. De 1922 à 1926 — après un voyage en Europe (notamment à Paris, où, audace inouïe, il a pris le métro), qui a été sa seule évasion hors de cet univers hermétiquement fermé —, il a exercé la régence, après que son père, atteint d'un grave dérangement mental, eut été écarté. Il a été proclamé empereur, gardien des trois trésors du trône — le joyau, le miroir et le glaive —, aussitôt après la mort de celui-ci, le 25 décembre 1925 ; mais les cérémonies de son couronnement ne sont célébrées qu'en 1928, à Kyoto, l'ancienne capitale, dans le faste et le respect des plus anciennes traditions de la monarchie, telles que le « repas divin », que le nouvel empereur prend dans une cabane d'écorce, en la seule compagnie d'un hôte invisible, son ancêtre, la déesse du Soleil, Amaterasu. Ainsi conditionné, Hirohito cautionna sans états d'âme, jusqu'à l'apocalypse finale de 1945, la politique de conquêtes brutales engagée sous l'autorité de ses prédécesseurs.

Le Japon traversait dans les années trente une crise multiforme, qui discréditait le régime et favorisait la montée du nationalisme et du militarisme. La grande crise économique mondiale le frappait durement, comme tous les autres grands pays industriels ; dans les villes, des centaines de milliers d'ouvriers et d'employés étaient au chômage. Une partie grandissante de l'élite doutait à présent de la valeur des institutions relativement parlementaires héritées de la période Meiji et rêvait d'un système beaucoup plus autoritaire. De plus en plus nombreux étaient ceux qui ne voyaient le salut que dans la poursuite de la colonisation de la Chine, toujours désorganisée et impuissante, malgré le redressement entrepris par Sun Yat-sen à partir de 1911. Les chefs militaires tenaient de plus en plus le haut du pavé, gagnant Hirohito à leurs vues et, peu à peu, à leurs visées : créer, par la conquête, une « sphère de coprospérité de la Grande Asie », dont le Japon serait le centre et le principal bénéficiaire. Plusieurs personnalités qui tentaient de freiner cette évolution allaient être assassinées, et les libertés publiques remises en cause, jusqu'à la dissolution des partis politiques en 1940, prélude au déclenchement de la guerre contre les Américains à la fin de l'année suivante.

En 1930, le Japon s'était lancé, à partir de ses possessions coréennes, dans la conquête de toute la Mandchourie. En 1932, il avait érigé cette grande province chinoise en État fantoche, le Mandchoukouo, avant de placer à sa tête, en 1934, le dernier rejeton de la dynastie déchue, l'empereur Pou Yi, encore un enfant. Puis, alors qu'il était condamné par la Société des nations, dont il s'était retiré en 1933, ses forces avaient poussé leur avantage jusqu'en Mongolie intérieure. À partir de ce moment-là, la Chine tout entière était visée. Ses provinces du Liaoning, au nord de Pékin, et du Hebei, au sud, furent envahies, tandis que, du nord au sud, tombaient Shanghai et Nankin, en 1937, Hankéou et Canton, en 1938, l'île méridionale de Haïnan, en 1939. Pratiquement, toute la côte chinoise était occupée. À chaque nouvelle prise, des dizaines de milliers de Chinois étaient exécutés pour l'exemple, parfois même des centaines de milliers. Seuls les Russes, dans le nord de la Mandchourie, avec à leur tête le futur maréchal Joukov, parvenaient à contenir la déferlante nippone. Mais l'heure de la folie finale approchait. Le 7 décembre 1941, sans déclaration de guerre préalable, l'aviation japonaise anéantissait, par surprise, la flotte américaine du Pacifique, dans la rade de Pearl Harbor, dans les îles Hawaï. On connaît la suite, qu'on se contentera de résumer.

Le Japon vola d'abord de victoires en victoires. Il s'était déjà aventuré dans l'Indochine française en septembre 1940, au moment où il entrait dans une alliance tripartite avec l'Allemagne et l'Italie et où, d'autre part, il négociait un pacte de neutralité avec l'Union soviétique, pas encore en guerre contre Hitler. Après avoir raflé Hong Kong aux Anglais, les forces japonaises débarquaient les semaines suivantes, sans rencontrer beaucoup de résistance, en Malaisie et en Thaïlande, puis s'emparaient, durant les tout premiers mois de 1942, de Manille et de Singapour, des Philippines et de Java, et, enfin, en décembre, de la Birmanie. Le Japon contrôlait alors presque toute l'Asie du Sud-Est, en même temps que de nombreux archipels du Pacifique. Partout, les massacres avaient succédé aux massacres, les communautés chinoises étant tout particulièrement visées.

Puis vint le temps du reflux. Le premier coup d'arrêt fut donné par les forces aéronavales américaines, en juin 1942, dans l'archipel des Midway, au sud-ouest d'Hawaï. En décembre, les marines débarquaient à Guadalcanal, aux Salomons. Deux ans plus tard, les Américains et leurs alliés, notamment les Britanniques, avaient repris aux Japonais toutes leurs conquêtes. Au printemps 1945, l'étau américain se resserrait de plus en plus, tandis que les Russes s'apprêtaient à entrer à leur tour dans la guerre, au nord, en Mandchourie. Début mars, Tokyo avait subi, pour la première fois, l'assaut de plusieurs centaines d'avions porteurs de bombes incendiaires. En juin, Okinawa, la grande île de l'archipel des Ryukiu, était tombée. Puis, le 8 août, la première bombe atomique avait été lâchée sur Hiroshima et, trois jours après, la seconde, sur Nagasaki.

Le 15 août à midi, faisant pour la première fois acte d'autorité, Hirohito, contre la volonté des jusqu'au-boutistes forcenés de son entourage, annonçait lui-même, par message radio, la capitulation du Japon. Celle-ci fut officiellement reçue le 2 septembre par le général Douglas Mac Arthur, sur le croiseur *Missouri*, en rade de Tokyo. Plus de trois millions de Japonais étaient morts dans l'aventure, en criant une dernière fois : « Tennö banzaï ! » (« Vive l'empereur ! »). Plus de vingt-sept mille autres se suicidèrent durant les mois suivants, fous d'humiliation, de tristesse et de rage. Parmi eux se trouvaient quelques-uns des principaux responsables de la guerre : le général Tanaka, le maréchal Sugiyama, le général Hongo, le prince Konoye, qui échappèrent ainsi, par « seppuku », au tribunal des crimes de guerre, créé un peu plus tard et qui allait condamner à mort et envoyer au gibet les membres du cabinet qui avait décidé l'attaque de Pearl Harbor et quelques grands chefs militaires.

Hirohito fut épargné par Mac Arthur, soucieux d'assurer un minimum de légitimité historique et de stabilité aux nouvelles institutions démocratiques qu'il s'apprêtait à mettre en place. Mais le commandant en chef américain exigea du tennö qu'il vienne lui rendre visite à pied à son état major, installé juste en face du Palais. Il l'y reçut un matin, debout, en manches de chemise, col ouvert et les mains sur les hanches, lui posant rudement quelques conditions. Dans la soirée était publié un rescrit impérial, par lequel le monarque faisait savoir à son peuple qu'il n'était plus un dieu, qu'il ne l'avait même jamais été.

Redescendu sur terre, bientôt ramené, par la nouvelle Constitution qui allait être adoptée en 1946, à un modeste statut de symbole de l'État et de l'unité du peuple, Hirohito entamait une seconde existence. Pendant plus de quarante ans, il allait mener, en famille, une vie paisible et modeste de souverain constitutionnel, sans autres pouvoirs que de représentation, voyageant un peu à l'étranger — en 1971, il refit en Europe le périple de sa jeunesse —, se rapprochant de ses sujets, qu'il visitait de temps en temps sur leurs lieux de travail et de vie, en compagnie parfois de l'impératrice, s'adonnant à des recherches de biologie marine, continuant néanmoins à pratiquer discrètement les anciens rites, repiquant lui-même au printemps, dans une rizière de son parc, le riz consacré aux dieux, se vêtant chaque nouvel an en grand prêtre shinto, pour honorer les mânes de ses ancêtres. En 1974, renouant avec une tradition interrompue en 1945, il s'était même rendu au sanctuaire d'Ise, pour entretenir la déesse Amaterasu, « sa convive » de 1928, des problèmes de l'Empire.

Pendant ce temps, le Japon, tel le phénix, renaissait de ses cendres.

Les limites du succès

Une quinzaine d'années plus tard, l'empire du Soleil-Levant était devenu la seconde puissance économique mondiale. En dépit d'un net ralentissement de sa croissance depuis le début de cette décennie, il l'est encore aujourd'hui, avec, en 1997, un PIB de plus de 5 000 milliards de dollars, contre 7 500 milliards environ pour celui des États-Unis.

En 1945, malgré sa terrible défaite, son économie n'était pas pour autant anéantie. Pour la reconstruction de ses villes et de ses infrastructures touchées par les bombardements, comme pour la reconversion de son économie de guerre, il ne repartait pas de zéro. En outre, frappé presque complètement d'interdiction de réarmement, il allait pouvoir consacrer l'essentiel de ses ressources aux tâches de remise en ordre de son appareil de production et à son développement. En dépit de nombreuses victimes, son potentiel humain n'était pas considérablement entamé : une population nombreuse (75 millions d'habitants en 1945, 100 millions en 1970, 125 millions aujourd'hui), d'un haut niveau d'instruction, disciplinée, ayant un goût très élevé de l'épargne et une très grande capacité d'innovation. Quelques réformes structurelles, notamment une réforme agraire (partage des grandes propriétés), un bon climat social, grâce à un système performant de rapports de travail dans les grandes entreprises (emploi à vie, salaire à l'ancienneté et syndicats maison), une grande stabilité politique, enfin, allaient constituer d'autres solides atouts.

Durant plus de quarante ans, le taux de croissance moyen de l'économie japonaise a tourné autour de 7 %, se situant même à 10 % dans les années soixante. De 1965 à 1975, la production industrielle a crû de 175 %. Les produits japonais — qui n'ont plus rien à voir depuis longtemps avec la camelote d'avant-guerre — ont envahi le monde : les véhicules automobiles, les appareils de photographie, de radio et de télévision, les matériels de haute technologie (puces électroniques, cristaux liquides, fibres de carbone pour l'aéronautique, etc). Les noms de leurs principales marques et de leurs grandes sociétés productrices ou distributrices (Honda, Toyota, Fuji, Nikon, Sony, Mazda, Nissan, Mitsui, Mitsubichi, Canon, Yamaha) sont universellement connus. Avec ces marchandises, la culture japonaise, elle aussi, a pénétré de très nombreux pays : les arts martiaux, le cinéma, la littérature, la façon de se meubler et de se vêtir, de moduler son cadre de vie, de se divertir. Judo, ikébana et karaoké, nintendo et tamagotchis.

Cependant, depuis bientôt une décennie, le Japon est en crise, et les Japonais s'interrogent sur leur avenir.

En 1992, le taux de croissance du PIB japonais est tombé brutalement de 5,5 %, l'année précédente, à 1 % à peine, et, depuis lors, il continue à se traîner à ce bas niveau. La même année 1992, la production industrielle a chuté de 6,2 %, et les profits des sociétés cotées en bourse de 15 %. En dépit de plusieurs plans de relance (investissements publics, aides fiscales et autres aux investissements privés, mesures pour l'emploi), d'un coût total de plus de 500 milliards de dollars, à la fin de 1997, la reprise n'était toujours pas au rendez-vous.

À la différence de ce qui s'est passé à la suite des chocs pétroliers de 1973 et de 1979, la récession actuelle résiste aux traitements connus, parce qu'elle est, cette fois, d'origine endogène : l'éclatement d'une énorme « bulle » financière. C'est la conséquence d'une spéculation effrénée les années précédentes, qui trouve elle-même ses origines dans de graves dysfonctionnements de la société nippone, dans une crise morale, dont témoignent une succession ininterrompue de scandales financiers, qui touchent généralement les plus hautes sphères de la vie publique et où sont très souvent impliqués des membres du gouvernement, convaincus d'avoir touché des pots-de-vin et contraints à démissionner, comme les Premiers ministres Kakueï Tanaka (affaire « Lockheed »), en 1985, et Noburu Tukeshito (affaire « Recruit Cosmos »), en 1989.

Pour redresser cette situation, la marge de manœuvre des dirigeants politiques est très étroite. Tout le monde tient tout le monde et personne ne déploie beaucoup de zèle pour s'engager dans une profonde réforme du système qui a permis de telles dérives : le pilotage public des activités économiques, qui débouche sur des collusions, à tous les niveaux, entre l'administration et les milieux d'affaires, d'une part, et les ententes systématiques entre les entreprises, qui paralysent le jeu de la libre concurrence, d'autre part. Les syndicats eux-mêmes, satisfaits de la gestion paternaliste des relations de travail, trouvent leur compte dans cet état des choses (en dépit d'une augmentation de près de 2 points ces années-ci, le taux de chômage n'est encore que de 3,5 % à peine et le revenu moyen par habitant s'élève à 25 000 dollars environ, soit guère moins que celui des États-Unis, qui est de 29 000 dollars) ; ils ne souhaitent donc pas plus de réformes que les lobbies politico-affairistes qui gravitent autour des ministères, notamment autour de celui de l'Industrie et du Commerce extérieur, le fameux MITI.

Les grandes sociétés ont systématiquement entre elles des participations croisées, origine de conglomérats tout puissants, les « Keiretsus », qui rendent à peu près impossible l'émergence de nouveaux venus. Les tractations en coulisse entre les entreprises du bâtiment et des travaux publics débouchent sur des partages de marchés forts onéreux pour l'État et les collectivités. Les banques sont totalement impliquées dans ces manipulations, jusqu'à en perdre leur réputation internationale.

Ce système pervers a néanmoins bien fonctionné tant que le coût des terrains et les cours des valeurs boursières ont été constamment à la hausse. Les entreprises pouvaient s'arranger entre elles pour faire monter les prix, utiliser leurs actifs artificiellement surévalués pour effectuer de nouvelles acquisitions juteuses et se partager ensuite les parts du gâteau. Avec la fin de la phase de forte croissance et la chute des valeurs boursières et immobilières, le prix des actifs a dégringolé et les relations privilégiées n'ont plus servi à rien. Les banques et les industries, qui accusent une baisse importante de leurs bénéfices, doivent se débarrasser de leurs créances douteuses et vendre beaucoup d'actions ; mais il n'est pas facile pour elles de trouver des acquéreurs. La tempête qui, durant l'été et l'automne 1997, s'est abattue sur les places boursières de l'Asie du Sud-Est, où les firmes japonaises ont perdu beaucoup de plumes, ne leur a pas facilité la tâche.

Aujourd'hui, conséquence de cette récession persistante et de toutes ces dérives, le déficit des budgets publics et la dette cumulée de l'État et des collectivités locales s'établissent respectivement à 7 % et à 90 % du PIB. Le Japon est très loin des critères de Maastricht !

Aussitôt reconduit dans ses fonctions après les élections législatives d'octobre 1996, le Premier ministre Ryutaro Hashimoto, qui dirige le gouvernement depuis janvier 1996, à la tête d'une coalition de forces conservatrices, détentrices du pouvoir sans discontinuité depuis la fin de la guerre, par-delà les scissions et les querelles de clans et de personnes qui ont marqué ces années-ci leur principale formation, le Parti libéral démocrate (PLD) a annoncé à grand bruit sa détermination à prendre, enfin, le taureau par les cornes. Les plans de relance de type keynésien mis en œuvre depuis 1992 n'ayant pas produit les résultats escomptés, il a décidé d'engager le pays dans une politique de réduction drastique des déficits publics et de déréglementation, inspirée de celle engagée par les Américains et les Anglais il y a une quinzaine d'années déjà, allant même jusqu'à parler d'un véritable « big bang », annonciateur de la naissance d'un Japon nouveau, d'un nouveau « Meiji ». Un vaste programme de déréglementation touchant la plupart des secteurs de l'économie et le marché du travail, avec à la clé une concurrence étrangère accrue, a été mis au point.

Mais, aussitôt annoncées, la profonde réorganisation du ministère des Finances et les principales privatisations, notamment celle des services postaux, qu'implique ce plan de réformes, ont déclenché des débats houleux au sein de la majorité elle-même, et il n'est pas certain du tout qu'Hashimoto, prisonnier des luttes d'influence qui agitent le PLD, pourra arriver à ses fins, en tout cas de façon suffisante pour relancer vraiment la croissance dans un proche avenir. N'est pas Mitsuhito qui veut, et les élites japonaises d'aujourd'hui sont bien moins audacieuses que celles de la seconde moitié du XIXe siècle, qui, elles, étaient prêtes à « tout perdre pour pouvoir tout conserver ».

Pour un pays qui, malgré ses difficultés actuelles, demeure bel et bien la seconde puissance économique du monde, cette nécessité de se réformer à nouveau profondément est, au demeurant, loin d'être évidente. Lorsque, après la guerre, le redressement du Japon, puis la course à la prospérité, étaient les mots d'ordre officiels — d'autant mieux suivis que la très grande majorité de ses citoyens y trouvaient leur compte, les dirigeants n'ayant qu'à accompagner la poussée productiviste de mesures de compensation sociale —, les enjeux pouvaient être clairement définis et leur poursuite entraînait aisément l'adhésion. Ce n'est plus le cas depuis quelques années. La plupart des Japonais ne sont plus confrontés à de graves problèmes sociaux, mais, en même temps, ils souffrent de plus en plus, dans leur société de consommation très imprégnée du modèle américain, d'angoisse existentielle profonde, de manque de repères — leurs écrivains et leurs cinéastes en témoignent tous[3]. Pendant un demi-siècle, ils ont travaillé sans relâche, persuadés que la richesse économique leur apporterait en plus le bonheur spirituel ; mais celui-ci n'était pas au rendez-vous. Alors, leur système économique en panne, ils sont de plus en plus nombreux à vouloir s'arrêter de courir, notamment dans la jeune génération, fatiguée des cursus scolaires démentiels, et ils sont tout prêts à accepter la croissance zéro en échange d'une plus grande qualité de vie. Cela ne fait pas des samouraïs.

Le vieillissement de la population japonaise aggrave ces phénomènes. Aujourd'hui, plus de 20 % des Japonais ont plus de soixante-cinq ans, contre 10 % seulement il y a une dizaine d'années encore : une évolution beaucoup plus brutale que dans les autres pays développés, qui est loin d'être achevée[4] et qui conjugue ses effets avec ceux d'un éclatement, très rapide lui aussi, de la famille traditionnelle, dont les valeurs avaient, jusque-là, bien mieux résisté ici qu'ailleurs. Le recul de l'âge du mariage, le développement du célibat, de l'union libre et de la famille mono-parentale, la forte chute de la natalité, alors que l'espérance de vie ne cesse d'augmenter, le poids de plus en plus lourd des retraites sur les revenus des actifs, qui en découle et qui menace de devenir insupportable, tout débouche sur une incompréhension grandissante entre les générations, sur une grave dégradation de la cohésion sociale, jusqu'alors l'une des grandes forces du Japon.

---

3. Ainsi, Takeshi Kitano, dans son dernier film *Hana-bi*, longue et grave méditation sur un monde sans avenir, sur le déclin, la mort, la pourriture — un chef-d'œuvre, salué comme tel par toute la critique internationale.

4. Si l'indice de fécondité se maintient au taux actuel de 1,4 enfant par femme seulement, la population japonaise commencera à décroître à partir de 2007. En 2020, les plus de soixante-cinq ans représenteront le quart de l'ensemble des habitants, soit la proportion la plus élevée au monde.

Ses meilleurs essayistes et ses journalistes les plus en vue ne cachent pas leur pessimisme. « Alors qu'il y a peu de temps encore tout lui réussissait, le Japon semble avoir brusquement perdu confiance en lui. Sa crise identitaire est à la fois politique, économique et sociale. L'archipel ne sait plus qu'elle est sa place dans le monde », pouvait-on lire, en substance, en juin 1995 déjà, dans un article du grand quotidien *Asahi Shimbun*, très sévère pour ses élites. « Le Japon d'aujourd'hui n'est pas sans rappeler l'Angleterre de la fin de l'époque victorienne, il y a tout juste un siècle », écrivait, de son côté, plus récemment, en mars 1997, un journaliste du *Nihon Keizaï Shimbun*, le principal journal des milieux d'affaires, dans une série d'articles alarmistes, intitulée « Le Japon disparaît ». « Devenue l'usine du monde grâce à la révolution industrielle, l'Angleterre, bercée par sa nouvelle opulence, a tardé à modifier ses structures », explique l'auteur de l'article, qui poursuit : « Trente ans plus tard, ce pays s'est vu distancé dans le secteur sidérurgique par les États-Unis et l'Allemagne, entrés tardivement dans la course, et il a connu un déclin brutal. Aujourd'hui, le Japon, devenu à son tour "l'usine du monde", risque de se trouver lui aussi distancé dans la "surenchère de réformes" de ses rivaux et de finir dans un isolement total, sans même avoir eu le temps, comme jadis l'Angleterre, d'imposer son hégémonie. Un sentiment de solitude pèse sur les citoyens nippons. Dans le grand cimetière de Yanakaé, au centre de Tokyo, d'étranges panneaux de plastique fixés sur une trentaine de tombes portent l'inscription suivante : ceux qui viendraient se recueillir sur cette tombe, apparemment à l'abandon, sont priés de se faire connaître. »

Cette tendance à l'autoflagellation, très caractéristique du pessimisme ambiant qui prévaut en ce moment à Tokyo, est cependant tout à fait excessive. Certes, le Japon a perdu ces années-ci la plupart de ses avantages comparatifs avec l'Europe et les États-Unis, à commencer par celui des coûts salariaux

— car, en dernière analyse, par-delà les circonstances, c'est de cela qu'il s'agit. Mais de là à affirmer que le Japon est en train de disparaître, il y a un pas à ne pas franchir. Rien ne permet, en effet, de penser que ce pays, qui a su rebondir à plusieurs reprises dans le passé, et même de façon spectaculaire, ne sera pas en mesure de le faire une nouvelle fois, quand il en aura fini avec la gueule de bois des lendemains de sa fête spéculative des années quatre-vingt. Tous les observateurs étrangers qui le connaissent bien en prennent le pari.

Durant les cinq premières années de crise, de 1991 à 1996, les exportations japonaises se sont quand même accrues de plus de 30 %, passant de 315 milliards de dollars à 411, tandis que plus de quatre millions d'emplois nouveaux étaient créés. La capacité d'innovation du Japon est, d'autre part, demeurée exceptionnelle — ce dont atteste, par exemple, le fait que, en 1996, sur les dix premiers dépositaires de brevets aux États-Unis, huit étaient japonais, l'écart qui sépare Canon d'IBM, les deux premiers, n'étant que de 329 en nombre de brevets déposés : 1 538 contre 1 867. Voilà un malade qui, tout compte fait, ne se porte pas trop mal.

Sortie du dilemme Washington-Pékin

Paradoxalement, du reste, c'est dans ce Japon en crise, que se développent, depuis quelques années, des sentiments néo-nationalistes assez radicaux et des ambitions régionales et internationales nouvelles, qui tranchent avec la résignation diplomatique du demi-siècle écoulé depuis la fin de la guerre.

Aujourd'hui, à Tokyo, nombreux sont ceux qui pensent que, à l'instar de l'Allemagne et en conséquence, là aussi, de la fin de la guerre froide, le Japon doit redevenir « un pays normal » dans tous les domaines, mais tout particulièrement sur les plans diplomatique et militaire ; qu'il ne doit plus s'encombrer des réserves pacifistes qui, en contrecoup de la défaite et de l'aventure impériale qui l'avait précédée, ont beaucoup trop bridé jusqu'à présent, selon eux, son action au-dehors, tout d'abord dans sa vaste et traditionnelle zone d'influence asiatique.

À soixante ans à peine, le Premier ministre japonais Ryutaro Hashimoto est très représentatif d'une nouvelle génération d'hommes politiques qui sont de plus en plus excédés de s'entendre rappeler les crimes de l'empire du Soleil-Levant chaque fois qu'ils envisagent de prendre une initiative diplomatique sortant du cadre limité dans lequel nombre de leurs partenaires, à commencer par beaucoup de leurs homologues des pays voisins, les dirigeants chinois en tête, entendent les confiner, au nom des crimes de leurs aînés. Président de l'influente Association des vétérans de la dernière guerre mondiale — bien que, trop jeune alors, il n'ait pas participé personnellement à celle-ci —, il n'est pas de ceux, plus très nombreux à vrai dire, qui se couvrent la tête de cendres à l'évocation de ce passé-là, préférant mettre en avant, comme la majorité de ses compatriotes, quand on l'attrape sur ce sujet, le fait que son pays a été alors, et demeure à ce jour, la seule victime de la bombe atomique. Cela dit, Ryutaro Hashimoto est surtout un homme tourné vers l'avenir, avec des idées bien arrêtées sur le rôle que doit désormais tenir le Japon sur la scène mondiale (il les a exposées dans un livre assez décapant, publié en 1995, *Vision of Japan*). En particulier, comme l'Allemagne, l'autre grand vaincu de 1945, son pays, selon lui, doit devenir membre permanent du Conseil de sécurité des Nations unies, aux côtés des cinq grands vainqueurs d'il y a cinquante ans et à égalité de droits avec eux.

Mais, si ces ambitions japonaises sont compréhensibles, la marge de manœuvre des dirigeants nippons n'en est pas moins assez étroite. Dans une région dominée démographiquement et, de plus en plus, militairement par la Chine, détentrice de l'arme nucléaire, le Japon, grande puissance économique, est favorisé par une évolution de la hiérarchie des rapports de forces dans le monde, qui confère plus de poids qu'autrefois à ce facteur-là. Cependant, soucieux du maintien d'une stabilité régionale indispensable à sa prospérité et, tout d'abord, à la sécurité de ses approvisionnements pétroliers, il est pris dans une contradiction. D'une part, il doit ménager les intérêts commerciaux et stratégiques des États-Unis, même s'ils sont parfois en concurrence avec les siens propres, et collaborer assez étroitement avec ceux-ci, car c'est d'eux que dépend en dernier ressort cette sécurité. Mais, d'autre part, il ne peut pas aller trop loin dans cette voie sans éveiller les pires soupçons de ses voisins chinois, coréens et autres.

Pour échapper à ce dilemme, sans pour autant renoncer à ses ambitions régionales, le Japon doit s'interdire d'afficher un « grand dessein » pour l'Asie et se contenter d'y mener, avec détermination, mais discrètement, une politique d'influence, fondée essentiellement sur la force de ses investissements, avec pour objectif l'émergence progressive d'une « zone de coprospérité » nouvelle manière, pacifique et non plus guerrière, aux frontières incertaines et changeantes, mais qui, sans que cela soit dit, serait dans sa mouvance. En fait, à maints égards, ce projet est déjà, au moins pour partie, une réalité ; mais sa mise en œuvre ne va pas sans mal et son avancement est très variable selon les pays et les sous-régions concernés. La plupart des pays membres de l'ASEAN (l'Association des nations de l'Asie du Sud-Est, qui regroupe le sultanat de Brunei, le Cambodge, l'Indonésie, le Laos, la Malaisie, le Myanmar (l'ex-Birmanie), les Philippines, Singapour, la Thaïlande et le Vietnam) acceptent un certain renforcement du rôle politique du Japon, en conséquence de sa forte présence économique, préférant, quant à eux, des yens aux excuses pour le passé. En revanche, la Chine et les deux Corées, qui sont les pays qui ont le plus souffert du militarisme nippon, s'opposent fermement à une telle évolution, qui contrarie, en tout état de cause, leurs propres ambitions.

La stratégie japonaise en Asie du Sud-Est est claire : à une politique de sous-traitance et de développement de productions destinées aux marchés locaux, pratiquée dans les années soixante, a succédé, durant la décennie suivante, une politique de mise en place de « plates-formes » d'exportation vers le reste du monde, puis, à partir de 1985 et en conséquence de la flambée du yen, qui renchérissait beaucoup trop les coûts de production nippons, une politique de délocalisation industrielle, par pans entiers, pour bénéficier de coûts de main-d'œuvre beaucoup plus bas que dans l'archipel. Au total, l'empire du Soleil-Levant a investi plus de 100 milliards de dollars en un tiers de siècle dans les pays de l'ASEAN, dont plus de la moitié depuis 1985 seulement — ce qui représente un des flux financiers les plus massifs et les plus rapides de l'histoire contemporaine en direction du tiers-monde. Ces investissements privés ont été en outre accompagnés de très importants crédits publics : aujourd'hui, avec environ treize milliards de dollars par an, soit le double des États-Unis, le Japon est, de très loin, le plus important apporteur mondial d'aide publique au développement — devant la France, huit milliards et demi de dollars — et cette aide se répartit essentiellement entre la Chine et l'Asie du Sud-Est. Dans la mesure où ces investissements n'ont été que relativement peu spéculatifs, les entreprises japonaises délocalisées dans ces pays devraient bénéficier assez vite du fort décrochage de leurs monnaies par rapport au dollar, qui a suivi l'effondrement boursier de l'été 1997 et qui va rendre leurs productions destinées à l'exportation beaucoup plus compétitives. Mais, si tout cela est fort intéressant sur le plan économique, on n'en voit quand même pas très bien la traduction politique.

En Corée et en Chine, le Japon joue une partie qui est encore beaucoup plus compliquée pour lui. L'une et l'autre ont énormément souffert de la colonisation de l'empire du Soleil-Levant, qui s'est étendue de la fin du XIXe siècle au milieu du XXe et qui s'est traduite, pour eux, par plus de quarante millions de morts, généralement suppliciés pour faire régner la crainte de l'occupant. C'est très difficile à oublier et, en outre, c'est bien utile à rappeler chaque fois que le Japon veut un peu trop relever la tête et défendre des intérêts contraires à ceux de Séoul, de Piongyang ou de Pékin.

Par ailleurs, dans ces trois pays, les dirigeants japonais ne peuvent guère se prévaloir des investisssements de leurs firmes, ni même, en ce qui concerne la Chine, de leur aide publique au développement, pourtant, dans ce cas, très importante (810 milliards de dollars de prêts de 1990 à 1995 et 580 milliards de 1996 à 1998, accordés à des conditions fort avantageuses). La Corée du Nord vit pratiquement en autarcie et elle s'est méfiée au plus haut point jusqu'à présent des capitaux étrangers, *a fortiori* de ceux du Japon. La Corée du Sud est devenue un pays presque aussi développé que son ancien colonisateur, qu'elle concurrence même durement dans de nombreux domaines, comme l'industrie automobile, les constructions navales ou l'électronique. En Chine, en revanche, les investissements japonais, bien qu'importants en valeur absolue, sont néanmoins relativement faibles par rapport à l'ensemble des investissements étrangers dans ce pays, notamment par rapport à ceux de la diaspora chinoise, et Tokyo ne peut absolument pas s'en servir comme d'un moyen de pression — si tant est, au demeurant, que les industriels nippons, qui ont délocalisé là certaines de leurs activités pour des raisons de coût de revient et qui sont par ailleurs très intéressés, comme leurs homologues européens et américains, par les perspectives du marché chinois, puissent envisager un seul instant de se prêter à ce jeu.

Bref, que ce soit dans la péninsule coréenne ou dans la République populaire, les responsables japonais ne peuvent guère qu'observer un profil bas, quoi qu'il leur en coûte, et se contenter de tisser patiemment des liens de coopération multiples avec ces trois partenaires difficiles mais incontournables pour eux, ne serait-ce que parce que ce sont leurs plus proches voisins.

La Chine, surtout, est pour le Japon un partenaire tout particulièrement incommode et redoutable. Alors que sa montée en puissance économique et militaire s'affirme de plus en plus et qu'elle affiche sa volonté hégémonique en Asie sans guère de retenue désormais, le Japon, dont l'inquiétude grandit, continue, un quart de siècle après le rétablissement de ses relations diplomatiques avec Pékin, en 1972, à se comporter avec elle, en toutes circonstances, de façon on ne peut plus révérencieuse et à accepter sans broncher toutes les humiliations qu'elle lui inflige, s'excusant indéfiniment pour ses crimes passés, afin d'éviter le pire et, plus prosaïquement, de conserver ses parts de marché. Après bien des ministres nippons ces années-ci, l'empereur Akihito lui-même, en visite pour la première fois en Chine en 1992, s'est livré à un exercice officiel de repentance. Plus récemment, durant l'été 1997, le Premier ministre Ryutaro Hashimoto, qui avait accepté de se rendre en Mandchourie, haut lieu des exactions nippones dans la première moitié de ce siècle, a battu également sa coulpe en public à son tour. La Corée a droit périodiquement, elle aussi, à ces manifestations de la diplomatie du « fumie » (le « fumie » était une tablette gravée d'un crucifix que les chrétiens japonais devaient piétiner pour signifier qu'ils apostasiaient, lors des persécutions de l'époque des shoguns Tokugawa).

Cependant, tout soucieux qu'il soit de ne pas mécontenter son puissant voisin, le Japon, inquiet, n'en a pas moins accepté, en 1996, de renforcer sa coopération militaire régionale avec les États-Unis et de s'engager avec ceux-ci dans ce qu'il faut bien appeler une politique de « containment » de la Chine, même si cette politique demeure pour le moment tempérée par une réelle volonté de coopération, à Washington comme à Tokyo au demeurant, et alors que, par contre, les sentiments anti-américains se sont développés dans l'archipel ces dernières années.

Le forcing des États-Unis pour amener le Japon à ouvrir davantage son marché à leurs produits, notamment à leurs grandes marques automobiles, sous peine de représailles, au motif que leur balance commerciale avec lui est beaucoup trop déficitaire (de 50 milliards de dollars par an environ, il est vrai), est très mal perçu par les industriels de l'archipel. Ces entrepreneurs ont du mal à reconnaître que le mode de fonctionnement protectionniste de leurs « conglomérats », les fameux « keiratzus », pose un problème ; en revanche, ils sont toujours prompts à évoquer, face aux diplomates américains trop pressants à leurs yeux, la façon dont, au milieu du XIXe siècle, le commodore Perry et ses canonnières ont contraint le shogun à laisser les commerçants étrangers venir « trafiquer » chez lui.

Un demi-siècle après la défaite de 1945, les Japonais supportent mal, d'autre part, le maintien de la présence de près de cinquante mille GIs sur leur sol, une présence dont, en outre, ils doivent assurer eux-mêmes la charge financière, à hauteur de plus de quatre milliards de dollars par an. Le viol d'une fillette par trois marines, en septembre 1995, dans l'île d'Okinawa, au sud de l'archipel nippon, où sont stationnées la plus grande partie de ces forces, avait provoqué une grande émotion dans l'opinion publique japonaise, et de nombreuses voix s'étaient élevées, les mois suivants, pour demander un allègement de ce dispositif, voire son total démantèlement. Assez proche des cercles révisionnistes, qui estiment qu'il est grand temps que le Japon s'affranchisse des « relations privilégiées » que les États-Unis lui imposent depuis la fin de la guerre, Hashimoto était tenté de se laisser porter par la vague et d'exiger de ses partenaires de l'autre côté du Pacifique une révision à la baisse du traité de sécurité nippo-américain de 1960, qui définit les relations militaires entre les deux pays. C'est pourtant le parti contraire qu'il a pris.

La politique des États-Unis en Asie n'est pas différente de celle qu'ils mènent en Europe : y maintenir une influence la plus forte possible, voire une prépondérance, notamment sur le plan militaire, mais au moindre coût. Tout le monde sait cela à Tokyo (comme à Séoul, l'autre moitié des forces américaines dans cette région étant stationnée, dans des conditions analogues, en Corée du Sud). Mais, de même que la plupart des pays membres de l'Union européenne n'écartent pas toute possibilité de résurgence, à terme, du danger russe et demeurent donc attachés au maintien de l'Otan, même si certains d'entre eux ont l'ambition plus ou moins forte de rééquilibrer les rapports au sein de l'Organisation nord-atlantique, le Japon et plusieurs autres pays asiatiques non communistes sont finalement soucieux, eux aussi, face au danger chinois, et nord-coréen en ce qui concerne Séoul, de ne pas se couper des États-Unis, même s'ils n'ignorent pas la volonté hégémonique de ceux-ci et s'ils sont de plus en plus résolus à avoir avec eux des relations plus égalitaires que par le passé.

Les partisans d'une plus grande affirmation militaire du Japon se disent, aussi, que, tout compte fait et pour contraignant que ce soit, le maintien et même le renforcement de l'alliance stratégique avec les États-Unis est, pour leur pays, la meilleure façon, si ce n'est la seule, dans la phase historique actuelle, de continuer à développer ses industries d'armement et ses forces armées, en dépit des interdits militaires de sa Constitution et de l'hostilité des milieux pacifistes de l'archipel. Déjà, par la qualité de leur équipement et de leur entraînement, les cent cinquante mille hommes de ses Forces d'autodéfense ne constituent-ils pas une des toutes premières armées du monde, avec une marine et une aviation de combat de très haut niveau et des moyens balistiques et satellitaires très performants, sans oublier la capacité du Japon de se doter de l'arme atomique à tout moment, si la nécessité s'en fait sentir.

À partir de là, les Américains n'ont pas eu trop de mal à tirer prétexte de la crise du printemps 1996 dans le détroit de Formose — une crise à l'éclatement de laquelle ils n'ont pas été tout à fait étrangers — et aussi d'un regain d'agressivité de la Corée du Nord au même moment, pour renforcer, au lieu de les distendre, leurs relations militaires avec le Japon. Dans une déclaration conjointe, rendue publique à Tokyo le 17 avril 1996, à la faveur d'une visite officielle du chef de la Maison Blanche dans l'archipel, le président Clinton et le Premier ministre Hashimoto ont affirmé la détermination de leurs deux pays à constituer entre eux une « alliance pour le XXIe siècle », qui, sur le plan militaire, fait plus que jamais du Japon le principal point d'appui de la politique américaine en Asie et dans le Pacifique, face à la Chine essentiellement, même si cela n'est pas dit de façon expresse. Jusqu'alors, l'alliance nippo-américaine ne couvrait que le Japon lui-même, Taiwan, la Corée et le nord des Philippines. C'est là seulement que les forces japonaises pouvaient être appelées à intervenir. Désormais, une fois révisé, le traité de 1960 va concerner la totalité de la zone Asie-Pacifique et c'est dans celle-ci en son entier que l'armée nippone pourra se déployer en cas de crise, en même temps que celle des États-Unis ou en ses lieu et place.

Les dirigeants chinois ont, évidemment, fort mal pris la chose. Quelques jours seulement après l'annonce de la conclusion, à Tokyo, de cette nouvelle « alliance pour le XXIe siècle », on apprenait, à Pékin, qu'au terme d'une visite, fort opportune, de Boris Eltsine dans l'empire du Milieu, la Russie et la Chine venaient de signer, quant à elles, comme en réplique, un texte commun définissant les contours d'un « partenariat stratégique pour le XXIe siècle ». On était retourné aux grandes heures de l'alliance sino-soviétique du temps de la guerre froide, face au « tigre de papier » américain et à ses séides nippo-capitalistes. Sauf que tout cela n'a plus rien d'idéologique et ne fait que traduire une nouvelle phase du rapport de forces entre grandes puissances en Asie orientale. Depuis lors, Pékin dénonce périodiquement la renaissance du militarisme et de l'impérialisme nippons. Mais, jusqu'à présent, pour la première fois, à Tokyo on ne s'excuse pas et on laisse passer l'orage.

Il n'en reste pas moins que le Japon demeure plus que jamais, comme une chèvre, attaché au piquet américain. Cette condition humiliante ne plaît pas du tout aux dirigeants nippons. On peut se demander, en revanche, si, par-delà leurs criailleries, les Chinois, tout compte fait, ne se félicitent pas du tout de la situation. Ce statut de vassalité, qui n'est pas celui de « pays normal » dont on rêve à Tokyo, mais dont le Japon va devoir se contenter pour un temps indéfini, ne laisse-t-il pas le champ libre aux ambitions hégémoniques régionales d'une Chine, seul pays à avoir les coudées franches en Asie et dont les hiérarques sont les seuls, dans cette partie du monde, à pouvoir vraiment parler de pair à compagnon avec l'occupant de la Maison Blanche et avec les chefs du Pentagone ? Malgré sa richesse, le Japon est stratégiquement coincé. À l'échelle internationale, ce géant économique est toujours un nain politique, pour reprendre la célèbre formule naguère appliquée à l'Allemagne. Tout au plus, peut-il envisager de se donner un peu d'air en se rapprochant de la Russie, menacée elle aussi, à terme, par les ambitions chinoises, et en intensifiant sa collaboration économique avec elle en Sibérie, au Kamtchatka, à Sakhaline et dans les Kouriles — ce qui sera possible si, à Moscou, comme le laissent espérer les importants entretiens qu'ont tenus, début novembre 1997, à Krasnoïarsk, le président Eltsine et le Premier ministre Hashimoto, on accepte enfin de se montrer plus souple face à la volonté japonaise de récupérer les quatre petites îles méridionales de cet archipel des Kouriles, conquises par l'armée Rouge en 1945 (Etorofu, Kunashiri, Shikotan et Habomaï). Boris Eltsine était attendu en visite officielle à Tokyo à la mi-avril 1998.

Le Japon sera un des pôles stratégiques du monde de demain. Mais cela n'adviendra que lorsque d'autres, la Chine et l'Europe en tête, auront suffisamment desserré l'étau américain sur la planète. En attendant, l'ambition de l'empire du Soleil-Levant d'être admis de façon permanente au Conseil de sécurité des Nations unies a bien peu de chance de se réaliser, si ce n'est de façon fallacieuse, sans droit de veto — solution également envisagée par certains pour l'Allemagne et pour trois ou quatre grands pays du tiers-monde, mais qui, même telle quelle, va continuer à se heurter pendant longtemps à beaucoup d'obstacles, tant les ambitions rivales et les jalousies sont nombreuses dans la grande maison de verre sur les rives de l'Hudson. « Nous aussi, nous avons perdu la guerre ! » s'écriait ces années-ci le représentant de l'Italie aux Nations unies, chaque fois qu'on évoquait devant lui ces projets d'élargissement.

Chapitre 6

L'ÉVEIL DU GÉANT INDIEN

NEW DELHI

L'Inde, aujourd'hui, c'est un milliard d'habitants mais, néanmoins, un produit intérieur brut guère supérieur à celui de la Belgique (280 milliards de dollars en 1995). Ces données statistiques officielles ne prennent manifestement pas en compte de multiples activités « informelles » qui les corrigent de façon importante à la hausse (les conseillers commerciaux étrangers accrédités à New Delhi font alors des comparaisons, non plus avec la Belgique, mais avec l'Italie ou le Royaume-Uni). De prime abord, elles n'en sont pas moins surprenantes. D'autre part, si l'on en croit les démographes, l'Inde, d'ici une génération, avec un milliard et demi d'individus, sera devenue le pays le plus peuplé de la planète, devançant la Chine. Quel niveau de développement économique aura alors atteint ce géant qui, tel un éléphant, se meut encore lentement, quoique déjà puissamment ? Mais l'Inde pose d'autres questions, tout aussi cruciales, sur l'avenir de son unité et de sa démocratie, comme sur sa place et son rôle dans le monde, tout d'abord dans son immense environnement régional.

Il y a cinquante ans, lorsque, le 15 août 1947, l'Inde a proclamé son indépendance, elle ne comptait encore que 355 millions d'habitants, après sa séparation du Pakistan. Les trois quarts d'entre eux vivaient au-dessous du seuil de pauvreté, leur espérance de vie à la naissance n'était en moyenne que de 32 ans et 84 % étaient analphabètes. Le « joyau de la couronne » britannique, malgré son passé prestigieux, restait un pays colonial profondément sous-développé, comme la Chine et le reste de l'Asie, à l'exception du Japon. Le Pandit Jawaharlal Nehru, qui en avait pris la tête, n'en était pas moins déterminé à moderniser rapidement cette grande nation du tiers-monde. Impressionné par le système soviétique de développement qu'il avait observé sur place avant-guerre, sans pour autant vouloir le reprendre tel quel à son compte, dans un milieu social et culturel très différent, il était convaincu que l'État devait jouer un rôle non exclusif mais majeur pour sortir l'Inde de son archaïsme et de ses retards. Même s'il entendait ne pas étouffer la libre entreprise, ni empêcher de laisser s'exprimer le dynamisme de quelques grandes familles qui, comme celles des Tata et des Birla, avaient bâti de vrais empires industriels et financiers au temps des Anglais, il avait mis très vite en place un système d'économie mixte, dont les maîtres mots étaient planification, suprématie du secteur étatique, priorité à l'industrie lourde et aux infrastructures, contrôle de l'ensemble de la production, protectionnisme rigoureux. Les aciéries et les usines d'engrais, les grands barrages, allaient être les nouveaux temples de l'Inde moderne.

Un siècle plus tard, cette « voie indienne » du développement — en fait, un capitalisme d'État, qui avait pour but d'assurer la transition entre une société essentiellement agraire et une nation industrielle moderne — a débouché sur des progrès incontestables, même si bien des objectifs initiaux sont loin d'avoir été atteints. Malgré la forte croissance démographique et même si un bon tiers de ses habitants sont encore dans une situation de grande pauvreté, l'Inde est devenue autosuffisante sur le plan alimentaire, grâce à sa « révolution verte » des années soixante. L'espérance moyenne de vie y a doublé et l'analphabétisme y a été réduit de moitié. Voilà des résultats de grande importance, humainement mais aussi pour l'avenir du développement économique, mais des résultats en fait très inégaux. Avec une richesse nationale globale qui n'a donc guère dépassé celle d'un pays européen moyen, l'Inde a acquis la maîtrise de l'arme nucléaire, elle envoie des satellites dans l'espace et elle forme chaque année sur les bancs de ses universités — se situant même au troisième rang mondial en ce domaine — quelque 300 000 chercheurs et techniciens de haut et même de très haut niveau, comme ceux de ses laboratoires et de ses entreprises de pointe (informatique, électronique, télécommunications, aérospatiale) de Bangalore, la « cité jardin » de l'État méridional du Karnataka, sa « Silicon Valley ».

Depuis une bonne dizaine d'années, cependant, il est devenu évident que ce modèle « nehruvien » de développement, à qui l'Inde d'aujourd'hui doit beaucoup, a perdu l'essentiel de sa force et de sa vertu, qu'il est même, à présent et à maints égards, contre-productif.

Au début des années quatre-vingt-dix, le secteur public absorbait 40 % de l'investissement du pays et employait 70 % des employés et ouvriers officiellement recensés ; mais il ne contribuait qu'à hauteur de 27 % à la formation du produit intérieur brut. La priorité accordée aux infrastructures et aux industries lourdes jouait de plus en plus au détriment des campagnes, au détriment d'une « Inde aux soixante-mille villages », où les paysans, qui demeurent la composante majoritaire de la population, voient leurs terres se morceler sans cesse, en conséquence d'une forte croissance démographique persistante, et leurs revenus baissent à présent régulièrement — un phénomène qui risque d'annuler à terme les effets bénéfiques de la « révolution verte ». La production industrielle n'était pas parvenue pour autant à devenir la locomotive du développement, du fait du protectionnisme excessif dont elle bénéficiait et du manque de productivité qui s'ensuivait. Ses produits de large consommation étaient d'ordinaire d'une grande médiocrité et inexportables : des clous qui se tordent, du sucre qui a du mal à fondre, du savon qui ne mousse pas, des allumettes qui ne s'allument pas.

D'une façon générale, les carcans bureaucratiques paralysaient de plus en plus les initiatives et restreignaient à l'extrême les apports de capitaux étrangers, dont l'Inde avait cependant un besoin grandissant. Le pays vivait plus que jamais sous le « Licence Raj », pire à maints égards que l'ancien « British Raj » : un corset rigide de règlements, de procédures indispensables à l'obtention de permis de toutes sortes — autant de sources de retards et aussi de corruption à tous les niveaux. L'Inde, qui se dit volontiers « la plus grande démocratie du monde », était devenue, en tout cas, « la plus grande bureaucratie du monde », et elle était en train d'en périr étouffée.

Indira Gandhi, la fille de Nehru, devenue à son tour Premier ministre, avait bien essayé, peu de temps avant son assassinat en 1984, de commencer à remettre en cause ce lourd système, qui avait sécrété des millions de petits et grands privilégiés, membres pour la plupart de son propre parti, le Parti du congrès. Mais ces tentatives, tardives et beaucoup trop timides, n'avaient débouché sur rien de sérieux. Il en fut de même de celles, tout aussi timorées, de son fils Rajiv, assassiné, lui-aussi, en 1991.

À l'été de cette année-là, lorsque Narasimha Rao fut élu au pied levé Premier ministre, la situation était devenue catastrophique et l'Inde était au bord de la faillite. Avec son nouveau ministre des Finances, le sikh Manmohan Singh, un brillant haut fonctionnaire, formé dans les meilleures universités anglaises et américaines, Rao ne pouvait que contempler un spectacle désolé.

Le déficit budgétaire atteignait 8,4 % du PIB ; l'inflation était de 18 % ; les réserves en devises n'étaient plus que d'un milliard de dollars, ce qui ne permettait qu'à peine huit semaines d'importations.

Sans s'attaquer de front à la forteresse bureaucratique, jugeant politiquement moins risqué de la contourner, Rao et Singh prirent le parti de desserrer les contraintes, en exposant à la concurrence le secteur productif, privé comme public : démantèlement du système des autorisations administratives ; ouverture aux opérateurs privés de la plupart des secteurs économiques réservés jusque-là à l'État ou aux collectivités locales ; encouragement aux investissements étrangers, qui dès lors purent être majoritaires dans des *joint-ventures* ; libéralisation des importations et abaissement des droits de douane ; encouragements aux exportations ; dévaluation et convertibilité de la roupie ; déréglementation financière. C'était la fin du « Licence Raj ».

Dans tous les domaines (déficits publics, inflation, réserves de devises, exportations, investissements étrangers), le redressement fut presque immédiat. Ainsi, aujourd'hui, le déficit commercial de l'Inde (le déficit courant) est stabilisé autour de 2 % du PIB. Tout en restant encore faibles, surtout si on les compare à ceux qui se dirigent vers la Chine et vers plusieurs autres pays d'Asie orientale, les investissements d'origine étrangère sont en augmentation régulière (1,3 milliard de dollars en 1994-1995, 2 milliards en 1995-1996). La croissance du PIB tourne autour de 5,5 % l'an, pour moins de 1 % au début des années quatre-vingt-dix. La croissance industrielle se situe entre 9 et 10 % et celle de la production agricole autour de 4,5 % (les années de bonne mousson). L'inflation est stabilisée autour de 10 %.

Des points noirs subsistent, cependant. Les déficits publics restent trop élevés : plus de 9 % du PIB, avec pour conséquences néfastes d'interdire une résorption suffisante de la dette publique, toujours de l'ordre de 28 % du PIB, de pénaliser l'épargne, publique mais aussi privée, et donc de renchérir le coût des investissements nationaux, encore bien trop faibles.

En fait, pour des raisons politiques évidentes, une réforme essentielle n'a toujours pas été réellement entreprise : celle de la réduction drastique des effectifs de la fonction publique indienne, qui pourtant s'impose plus que jamais. Pour parler comme le ministre français de l'Éducation nationale, Claude Allègre ; le « mammouth » est moins nuisible qu'auparavant, mais il n'a toujours pas été « dégraissé ». On est là au cœur des problèmes actuels de la démocratie indienne, des problèmes d'une grande complexité et même tout à fait inquiétants.

Une démocratie parlementaire ébranlée

À l'approche du cinquantième anniversaire de la proclamation de son indépendance, le 15 août 1947, l'Inde est entrée dans une phase d'incertitude politique sur fond de tensions sociales grandissantes.

Aux élections législatives qui se sont déroulées du 27 avril au 7 mai 1996 et qui ont mobilisé quelque 600 millions d'électeurs (représentant plus de 950 millions d'habitants), le vieux Parti du congrès, le parti de la « dynastie » des Nehru-Gandhi, qui avait dominé jusque-là la vie publique de la plus grande démocratie du monde pendant pratiquement tout ce demi-siècle (à deux petites éclipses près, en 1977 et en 1989), a subi une défaite considérable et peut-être irrémédiable. Sa représentation à la « Lok Sabha », la Chambre basse, qui compte 545 députés, est tombée de 259 à 137 sièges, tandis que son principal concurrent, de droite, le Parti du peuple indien, le BJP (« Bharatiya Janata Party »), a vu le nombre de ses élus passer de 117 à 184 et que l'alliance de gauche « New Front-Left Front », devenue le Front uni, à assez forte composante communiste, voyait les siens s'accroître de 83 à 108, les 107 sièges restants (contre 26 dans la précédente législature) se partageant pour l'essentiel entre plusieurs partis régionaux. Bref, un éclatement inédit de la représentation politique indienne, lourd d'une sérieuse menace d'instabilité gouvernementale chronique — ce que la suite n'allait pas tarder à démontrer, certains commentateurs parlant même d'« un tremblement de terre sans précédent ».

Aux lendemains de l'indépendance, les choses apparaissent simples : le Parti du congrès était perçu comme le parti qui avait mis fin au joug britannique et le peuple indien s'identifiait à ses leaders, notamment au premier d'entre eux, Jawaharlal Nehru. « Nous sommes le parti de tous les Indiens », proclamait du reste celui-ci, se targuant non sans raison, alors, de diriger la seule formation nationale au sein d'une Union composée de vingt-cinq États, d'être la voix de tous, des intouchables aux brahmanes, du paysan du Bihar au bijoutier du Gujarat, des musulmans comme des hindous. Ses successeurs avaient repris tour à tour ce même credo : sa fille Indira Gandhi, puis son petit fils Rajiv, et, enfin, Nerasimha Rao, le Premier ministre qui a perdu les élections de 1996 et qui, lui, n'était pas de la famille et manquait singulièrement de charisme. Mais ce credo correspondait de moins en moins à une société indienne en profonde évolution. Faute d'*aggiornamento* doctrinal et d'efforts suffisants pour s'adapter à des réalités sociales nouvelles, le vieux Parti du congrès s'était réduit à une machine électorale, distributrice d'investitures, de fonctions et de prébendes ; c'est ainsi, en tout cas, qu'il était de plus en plus perçu par l'opinion publique. Il ne pouvait plus dès lors que perdre tôt ou tard. « À la faveur du processus démocratique », écrivait quelque temps avant le scrutin le directeur du Centre de recherche politique de Delhi, Pram Chopra, « notre société s'est atomisée, s'est fragmentée. Les castes se sont organisées autour de leurs intérêts respectifs, dans leurs régions, et le Congrès n'a plus les armes pour répondre à ces attentes nouvelles. De nouveaux partis se sont créés, notamment pour défendre les intérêts des intouchables et des plus défavorisés. Les hautes castes, elles, se sont repliées sur le BJP. » (À noter que les « hautes castes », très hiérarchisées, regroupent au moins 300 millions d'individus. Ce ne sont pas tous des brahmanes, tant s'en faut, mais, pour la plupart, des citoyens de condition fort modeste, vivant même souvent à la limite de la pauvreté. Ne pas commettre de contresens sur le mot « hautes ».)

En fait, le déclin était apparu peu après l'assassinat de Rajiv Gandhi et l'arrivée, à la tête du gouvernement et de la vieille formation dirigeante de Narasimha Rao. Vieux routier de la politique (il avait déjà plus de soixante-dix ans), stratège et manipulateur hors pair, il n'avait pas su s'imposer pour autant à ses propres troupes. En cinq ans, le Congrès avait connu dissidences sur dissidences et il avait perdu toute une succession d'élections locales, se voyant contraint de céder le pouvoir dans plusieurs grands États. L'abandon du dirigisme étatique et du protectionnisme pour une politique libérale, privilégiant l'initiative privée, et, en même temps, l'ouverture aux investissements étrangers avaient entraîné une accélération de la croissance économique. Mais ce nouveau cours avait heurté de puissants intérêts dans la tentaculaire bureaucratie indienne, et aussi dans les dizaines de milliers d'entreprises de toutes dimensions, à la gestion obsolète et ronronnante. D'autre part, les 120 millions de musulmans (l'Inde est le deuxième pays musulman du monde, derrière l'Indonésie : 200 millions de fidèles) n'avaient pas pardonné au Congrès d'avoir laissé les extrémistes hindous détruire leur mosquée sacrée d'Hayadhya à la fin de 1992 et ils l'avaient dès lors déserté, n'ayant plus confiance en la protection de ses dirigeants. Enfin, l'éclatement d'énormes scandales liés à la corruption — dont, en janvier 1996, celui baptisé *Hawala*, dans lequel avaient été impliqués plus d'une centaine de politiciens accusés de s'être réparti l'équivalent de 100 millions de francs de pots-de-vin, parmi lesquels sept ministres qui avaient été contraints de démissionner — avait fini de donner le coup de grâce au vieux parti de Nehru.

Le Parti du peuple indien avait été le principal bénéficiaire de cette déconfiture, au terme d'une progression régulière depuis une dizaine d'années. (Il n'avait que deux députés à la Chambre basse en 1984.) En fait, le BJP constitue le front politique d'un mouvement nationaliste bien plus ample, centré sur le « Rashtriya Siwayamezsvak Sangh » (le RSS, l'Association des volontaires nationaux), organisartion secrète et disciplinée de plus de deux millions d'adhérents, dont sont issus tous ses cadres. Il se réclame de l'Hindutva, une « hindouité » dont la religion n'est pas l'essentiel, même si elle en définit les contours (religion sans livre, l'hindouisme peut difficilement connaître des dérives fondamentalistes), mais qui constitue davantage une philosophie se réclamant d'un ensemble de valeurs traditionnelles, « une certaine idée de l'Inde ». La principale motivation de ceux qui se réclament de cette philosophie n'est rien de moins que prendre une revanche sur dix siècles de règne musulman turco-mongol, durant lesquels l'Islam a été imposé à l'Inde au fil de l'épée, et aussi d'effacer les séquelles du « British Raj » qui s'est ensuivi et qu'a prolongé, culturellement, le sécularisme nehruvien. On est, là, à l'opposé des idéaux du fondateur de l'Inde moderne : il ne s'agit plus de rassembler tous les Indiens mais d'assurer la renaissance des hindous. On est, en fait, en plein phantasme, avec des dérives de type national-socialiste. *Mein Kampf* est actuellement un best-seller en Inde. Eh oui !

Sur le plan politique, celui du Parti du peuple indien, le BJP, cela se traduit par des revendications d'un nationalisme assez radical : l'abolition des « statuts civils » particuliers reconnus aux musulmans et à d'autres minorités religieuses ou ethniques ; la fin de la politique de « discrimination positive » en faveur des basses classes, auxquelles sont réservés des quotas d'emplois dans la fonction publique ; une politique plus offensive au Cachemire, face au Pakistan (ce qui conduit le BJP à revendiquer pour l'Inde un franc développement d'une force de dissuasion nucléaire) ; un arrêt de la politique d'ouverture aux capitaux étrangers, facteur de corruption, en dehors de quelques secteurs bien délimités où ceux-ci sont indispensables. (En revanche, rien n'est dit à l'encontre de la politique de libéralisme économique à l'intérieur du pays.) Ce programme a séduit la classe moyenne urbaine et les hautes castes du Nord. En pratique, cependant, en l'état actuel des choses, s'il veut accéder au pouvoir, et donc rasembler une majorité parlementaire nécessairement plus large que son propre groupe d'élus, le Parti du peuple indien devra beaucoup assouplir ses positions sur nombre de ces chapitres.

En 1996, après son premier grand succès électoral, il n'était pas certain, cependant, qu'il voulait diriger tout de suite le pays. Le petit tour de piste dont s'était alors contenté l'un de ses leaders, Atal Behari Vajpayee, devait très vite le montrer. Le président de la République Shankar Dayal Sharma l'avait appelé, le premier, pour former le nouveau gouvernement. Mais, douze jours plus tard seulement, il avait passé la main, après un discours d'investiture de principe : sauf à mettre presque tout son programme dans sa poche, il n'était pas en mesure de convaincre l'essentiel des représentants des petits partis, pour pouvoir passer la barre majoritaire de 272 députés. Il était clair dès lors que les dirigeants du BJP spéculaient sur l'instauration en Inde d'une instabilité de type quatrième République française, dont ils pensaient pouvoir bénéficier un jour, à la faveur d'autres élections législatives succédant à des crises gouvernementales en cascade, qui décourageraient l'opinion publique. Dès le printemps de 1997, on avait craint que ce scénario catastrophe ne s'engageât encore plus tôt que prévu. Neuf mois plus tard, on y était déjà. Le calcul s'avérait payant.

Aussitôt après la renonciation de Vajpayee, le chef de l'État avait fait appel à un politicien de centre-gauche, Deve Gowda, pour former le gouvernement. Gowda n'était qu'une personnalité de second plan — un petit propriétaire terrien du Sud, de basse caste, parlant mal l'hindi, peu à l'aise dans les cercles politiques de New Delhi. Cependant, soutenu par les partis constitutifs de sa nébuleuse, et aussi par le Congrès — qui n'était pas décidé pour autant à participer au gouvernement —, il avait pu constituer une large alliance anti-BJP, et disposer ainsi d'une majorité. Chacun mesurait bien, cependant, la fragilité de l'équipe de bric et de broc rassemblée par Gowda, tant étaient nombreuses les contradictions de fond et les querelles de clans et de personnes entre toutes les parties concernées par cette alliance de circonstance. Le Parti du congrès, notamment, pouvait y mettre fin à tout moment. Pour des raisons assez obscures, il devait le faire un peu moins d'un an plus tard, au début d'avril 1997 ; puis, pour un motif guère plus sérieux, il avait récidivé en novembre suivant, s'abandonnant à la politique du pire.

Gowda renversé, une autre équipe gouvernementale avait été constituée, après quelque trois semaines de palabres, dans une situation dominée par la crainte, largement partagée par les dirigeants de la classe politique « traditionnelle », qu'une dissolution de la « Lok Sabha » et de nouvelles élections ne profitent qu'au BJP. Mais cette nouvelle équipe, à laquelle le Congrès n'avait apporté, une fois encore, qu'un soutien sans participation, ne différait guère de la précédente que par le changement de son chef : Deve Gowda, dont le Congrès ne voulait plus, avait été remplacé par Indu Kumar Guijral (soixante-dix-sept ans), qui était déjà ministre des Affaires étrangères de la formation sortante et qui conservait ce portefeuille, en plus de ses nouvelles fonctions de Premier ministre — une décision qui, au demeurant, avait été bien accueillie par la plupart des observateurs internationaux. Malgré la personnalité de Guijral, tout cela n'était, cependant, pas très sérieux, d'autant plus que les réformes économiques allaient rester bloquées au stade qui avait été atteint à la veille de la chute de Narasimha Rao — ce qui était loin d'être suffisant pour permettre à l'Inde de connaître des taux d'expansion économique comparables à ceux observés alors, depuis une bonne dizaine d'années, dans la plupart des pays de l'Asie orientale voisine. La bureaucratie et les petites et moyennes entreprises continuaient à faire de la résistance et l'essentiel de l'industrie lourde, parasitaire, restait étatisée. Le très libéral ministre des Finances Palaniajan Chidambaran ne parvenait pas à faire inscrire dans les faits sa politique de rigueur budgétaire — et, tout d'abord, à faire rentrer les impôts davantage que par le passé. L'Inde demeurait un « géant empêtré ». Mieux que quiconque, ses dirigeants le savaient : le 15 août 1997, ils avaient célébré le cinquantenaire de la proclamation de son indépendance dans un climat de relative désillusion.

Trois mois plus tard, ces mêmes dirigeants n'allaient pas moins la plonger dans une nouvelle crise. Au vu d'un rapport d'enquête officiel, mais à la crédibilité néanmoins douteuse, d'où il semblait ressortir qu'un parti de la coalition gouvernementale avait trempé dans l'assassinat de Rajiv Gandhi, en 1991, les leaders du Congrès sommaient Guijral de se séparer immédiatement de ses ministres de ce parti-là, et, suite à son refus, ils lui retiraient leur confiance, l'acculant à la démission, le 28 novembre. Aucune coalition de rechange ne pouvant être formée, le président de la République Kocheril Raman Narayanan (un « intouchable », qui avait succédé à Shankar Dayal Sharma au début de l'été) n'avait pas eu d'autre solution que de dissoudre la « Lok Sabha », alors que, cependant, aucun parti, hormis peut-être le BJP, ne souhait cela, surtout pas le Congrès, qui risquait fort de sortir une nouvelle fois affaibli de cette aventure. Comprenne qui pourra. La dissolution de la Chambre a donc bien été prononcée le 3 décembre ; mais, comme il fallait s'y attendre, les nouvelles élections législatives, qui se sont tenues de la mi-février au début mars suivant, n'ont pas permis de dégager une nouvelle majorité de gouvernement. La coalition électorale conduite par le BJP arrivait largement en tête, devançant le Congrès, qui avait cependant réussi à remonter un peu la pente, grâce à l'entrée en lice de Sonia Gandhi, la veuve d'origine italienne mais assez populaire de Rajiv Gandhi. Mais les élus des listes régionales, ethno-culturelles ou tout simplement dissidentes des grands partis demeuraient très nombreux. Au total, alors que le leader du BJP, Atal Behari Vajpayee s'apprêtait néanmoins à diriger le nouveau gouvernement, l'Inde n'avait toujours pas retrouvé vraiment sa stabilité politique, pour le plus grand dommage de son développement économique et de son poids international.

Du neutralisme à l'isolement

Malgré les efforts déployés ces dernières années par son Premier ministre, l'Inde est aussi, aujourd'hui, un « géant isolé ».

Dans le contexte de la guerre froide et du conflit Est-Ouest dominant, elle avait acquis sur la scène internationale une importance qui dépassait sa force économique et militaire, grâce notamment à sa politique de non-alignement, plutôt favorable néanmoins à l'Union soviétique. Aux côtés de Tito, de Nasser, de Soekarno, qu'il surpassa et en prestige et en autorité morale, Jawaharlal Nehru avait joué, au sommet de Bandoeng en 1955 et les années suivantes, un rôle majeur dans le tiers-monde. À Washington comme à Moscou on avait dû en tenir compte. Dans ce domaine comme dans tous les autres, sa fille Indira Gandhi avait poursuivi vaille que vaille son œuvre, même si elle n'avait pas son prestige ni son habileté.

Depuis le début de cette décennie, la diplomatie indienne a beaucoup plus de mal que d'autres à s'adapter à la nouvelle donne internationale. Le mouvement des non-alignés, auquel elle demeure attachée, comme à une certaine vision Nord-Sud des affaires internationales, s'est trouvé progressivement marginalisé. Surtout, l'effondrement de l'Union soviétique l'a privée du jour au lendemain de son principal allié. Elle n'est pas encore parvenue à remplacer ces deux cartes maîtresses.

Dès son accession à l'indépendance, l'Inde s'est trouvée confrontée à un univers régional hostile, avec deux ennemis majeurs : le Pakistan et la Chine.

Cinquante ans après la partition de l'Empire britannique des Indes en deux États séparés, les contentieux qui en ont résulté ne sont toujours pas résolus. Trois guerres très meurtrières ont opposé, en 1947, en 1965 et en 1971, les frères ennemis indiens, majoritairement hindous, et pakistanais, musulmans, à propos du Cachemire, la partie la plus septentrionale de l'Inde, la dernière de ces guerres se soldant par la sécession de la partie orientale du Pakistan, qui devint alors le Bangladesh.

Le conflit du Cachemire renvoie aux fondements de l'identité des deux États, et c'est la raison pour laquelle il n'a pas pu être résolu jusqu'à présent. Depuis la fin de la première guerre indo-pakistanaise, en 1949, il y a, en fait deux Cachemire, le territoire contesté s'étant trouvé coupé en deux à l'issue des combats : l'Azad-Cachemire, qui s'est intégré sans problème au Pakistan, et le Jammu-et-Cachemire, sur lequel Delhi a continué à exercer son autorité mais dont l'insertion dans l'Union indienne n'a pas été très bien réussie. Le Pakistan revendique le Jammu-et-Cachemire sous le prétexte que sa population est dans sa très grande majorité musulmane. L'Inde entend le conserver, en dépit de l'hostilité déclarée de cette même population, parce que, au-delà des aspects juridiques de l'affaire, qui sont plutôt en sa faveur, elle craint qu'un abandon, ou même simplement l'octroi d'un statut de large autonomie, crée un précédent dont s'inspireraient les mouvements séparatistes de plusieurs autres de ses États (la « désunion indienne », brocardent certains commentateurs), apportant de l'eau au moulin des nationalistes hindouistes du BJP, anti-musulmans et hostiles à la laïcité, un des principes fondateurs de l'Union. Depuis 1971, l'opposition des Cachemiris au pouvoir central indien n'est pas allée au-delà de mouvements de guerilla soutenus par le Pakistan. 350 000 soldats de l'Union parviennent à contrôler la situation — l'importance de cette force témoignant tout de même de sa gravité. Il y a, néanmoins, tout lieu d'être inquiet, quand on sait que les deux pays disposent, chacun, de l'arme atomique.

C'est à une autre puissance atomique, mais, elle, de taille majeure, la Chine, que l'Inde est par ailleurs confrontée, au nord de son territoire également. Dans ce cas, le conflit est plus classique, puisqu'il porte sur la dévolution de deux territoires de 115 000 kilomètres carrés au total, soit l'équivalent de plus du cinquième de la France : l'Aksai-Chin occupé par la Chine, à l'ouest de l'Himalaya, et l'Arunachal-Pradesh, à l'extrémité orientale de la grande chaîne montagneuse, tenu quant à lui par l'Inde, mais revendiqué par Pékin. En 1962, répondant à ce qu'elle considérait comme des provocations, l'Armée populaire de libération a infligé une sévère et humiliante raclée à l'armée indienne, qui en est aujourd'hui encore profondément mortifiée.

C'est dans ce double contexte conflictuel que, pour des raisons essentiellement stratégiques, l'Inde s'était rapprochée très tôt de l'Union soviétique et que celle-ci l'avait rapidement considérée comme un important allié de revers, l'axe Moscou-Delhi s'opposant à un axe Pékin-Islamabad, soutenu par Washington, en vertu du principe que « les ennemis de mes ennemis sont mes amis » (en 1995, le Pakistan était entré dans le Pacte de Bagdad et au début des années soixante-dix les Américains avaient noué des relations avec les Chinois, pour exploiter leur différend avec les Russes). En août 1971, l'Inde et la Russie avaient signé, pour vingt ans, un important traité d'amitié, dont les aspects militaires n'étaient pas les moindres. Sur ces bases, en quelques années, l'armée indienne se trouva équipée de matériel russe à hauteur de 70 %, tandis que les échanges commerciaux entre les deux pays se développèrent dans tous les domaines, jusqu'à atteindre quelque trois milliards de dollars par an à la fin des années quatre-vingt. En plus de ces armements, l'URSS livrait aussi du pétrole à l'Inde, qui pouvait payer ces fournitures en roupies, à un taux de change qui était en outre très avantageux pour elle. Quant aux deux diplomaties, elles conjuguaient bien souvent leurs efforts sur la scène mondiale, sans que ce soit cependant une règle, l'Inde étant restée constamment soucieuse de préserver son autonomie et de ne pas se couper de ses autres partenaires, en dépit de cette alliance privilégiée.

Ce système, qui s'est effondré en même temps que le mur de Berlin, a laissé l'Inde pendant un temps désemparée, et ce n'est qu'avec l'arrivée d'Indu Kumar Gujral à la tête de sa diplomatie, en juin 1996, qu'on a entrepris à New Delhi de mettre en œuvre une nouvelle politique extérieure, prenant réellement en compte la nouvelle donne internationale. En fait, il s'est agi essentiellement d'un effort de rééquilibrage de l'ensemble des relations du pays, un effort qui doit se poursuivre.

Membre pendant longtemps du Parti du congrès, mais proche des communistes, ancien ambassadeur à Moscou (de 1976 à 1980), Indu Kumar Gujral est un diplomate chevronné, réaliste et de grand talent. Sa politique extérieure s'articulait autour de trois grands axes : prendre mieux en compte que par le passé le poids des États-Unis et des pays capitalistes en général, rétablir sur des bases nouvelles mais toujours fortes les relations de l'Inde avec la Russie, améliorer les rapports de son pays avec ses voisins, en renforçant notamment ses liens avec les États d'Asie orientale.

Avant même qu'il prenne la direction de sa diplomatie, l'Inde s'employait depuis plusieurs années déjà à améliorer ses relations avec Washington, concomitamment avec la libéralisation progressive de son économie. Gujral a poursuivi dans cette voie. Aujourd'hui, le commerce entre les deux pays est proche de neuf milliards de dollars, et les États-Unis assurent 10 % des importations et près de 20 % des exportations indiennes. Leurs investissements cumulés, restés pendant quarante ans dérisoires, sont de l'ordre de deux milliards de dollars désormais et ils décupleront probablement dans les prochaines années. Enfin, grâce aux Américains, et, aussi, à sa nouvelle politique de libéralisation, l'Inde a désormais accès, pour des sommes importantes, aux crédits de la Banque mondiale et du Fonds monétaire international.

Malgré cette embellie économique, de gros nuages traînent pourtant encore, ou se forment, dans le ciel américano-indien. En dépit des pressions dont ils sont l'objet, les dirigeants de New Delhi continuent à penser que le développement de leurs programmes nucléaires et balistiques constitue la garantie de l'indépendance de leur pays, de sa sécurité et de son influence régionale et mondiale, face au Pakistan et à la Chine. Au grand dam des Américains, ils refusent donc toujours de signer le Traité de non-prolifération nucléaire, prorogé indéfiniment en 1985, et ils n'ont pas adhéré non plus, l'an d'après, au Traité pour l'interdiction totale des essais nucléaires. Sans être en mesure pour longtemps encore de jouer eux-mêmes un rôle majeur dans l'océan Indien, ils ne se privent pas, d'autre part, de faire connaître périodiquement l'irritation que leur cause la présence massive de la marine de guerre américaine dans cette zone, notamment les activités déployées à partir de la base aéronavale de l'île de Diego Garcia. De même, ont-ils été très contrariés, et ils l'ont fait savoir, par l'appui, indirect mais bien réel, apporté par Washington, en 1996 et en 1997, aux entreprises des Talibans et des Pakistanais en Afghanistan, face aux protégés des Russes et des Iraniens, dans la bataille engagée par les compagnies américaines et saoudiennes pour l'évacuation du pétrole et du gaz d'Asie centrale. Ils n'apprécient pas, non plus, les remontrances yankees sur le non-respect des droits de l'homme au Cachemire, ou bien leurs observations sur les atteintes qui seraient portés par les Indiens aux droits de propriété intellectuelle des Américains, surtout quand les observations s'accompagnent de la mise en œuvre des dispositions du fameux article « Super 301 » du code de commerce américain à l'encontre de certaines de leurs industries, celles des produits pharmaceutiques par exemple. D'une façon plus générale, les dirigeants indiens ne cessent de militer pour l'avènement d'un monde pluripolaire, qui briderait l'hégémonisme américain — ce qui les conduit à voir d'un œil tout à fait favorable le développement de la construction européenne et à se rapprocher également de pays comme la France et l'Allemagne. C'est dans ce même esprit qu'ils tiennent à tenir à bout de bras ce qui reste du groupe des non-alignés, dont ils attendent, peut-être un peu naïvement, le soutien à leur candidature au statut de membre permanent du Conseil de sécurité des Nations unies.

Pour les mêmes raisons, l'Inde s'est aussi attachée ces années-ci, après une période de flottement, à rétablir des relations fortes avec la Russie et les autres pays membres de la Communauté des États indépendants, issus de l'ex-Union soviétique, notamment avec ceux d'Asie centrale. Elle les a simplement redéfinies. En 1991, elle a reconduit, avec Mikhaïl Gorbatchev, le traité d'amitié de 1971, le débarrassant de ses dispositions relatives à la défense mutuelle. En 1993, elle a signé, avec Boris Eltsine, en visite à New Delhi, de nouveaux accords concernant le commerce et les changes, ainsi que la coopération militaire, scientifique et culturelle. En 1996, les deux pays ont conclu un important contrat de fournitures militaires, d'un montant de trois milliards et demi de dollars, portant sur la livraison de quarante avions de combat de type Sukoi-40, sur l'octroi de licence de fabrication d'autres modèles (Su-27 et Su-30), sur la modernisation des Mig-21 en service dans l'armée indienne et sur la vente de lance-roquettes sol-sol. En dépit de la forte opposition des États-Unis, la Russie continue, d'autre part, à soutenir les efforts de l'Inde dans le domaine spatial et balistique, en lui fournissant notamment des moteurs à cryogène très performants pour ses fusées. L'armée indienne, enfin, toujours équipée à hauteur de 70 % de matériel russe, continue vaille que vaille à trouver chez son vieux fournisseur les pièces de rechange et les munitions dont elle a besoin. Néanmoins, les échanges commerciaux de l'Inde avec l'ensemble des pays de la CEI n'ont pas encore retrouvé leur niveau annuel de trois milliards de dollars de la fin des années quatre-vingt.

Au-delà de ces transactions mutuellement intéressantes, les raisons profondes de cette relance des relations russo-indiennes sont évidemment d'ordre stratégique. Les deux pays restent, l'un pour l'autre, face à la Chine, des alliés de revers. Ils redoutent beaucoup, d'autre part, une montée en puissance de l'islamisme en Asie centrale, qui renforcerait le Pakistan et qui les affaiblirait tous deux, à la grande satisfaction des Américains, comme on a pu le voir dans les dernières évolutions de la situation en Afghanistan. Enfin, dans leur aspiration commune à l'avènement d'un monde multipolaire, on est convaincu, à New Delhi, que la Russie recouvrera un jour son statut de grande puissance, tout comme on est assuré, à Moscou, que l'Inde parviendra à se hisser parallèlement au même rang.

Dans cette perspective, avec l'aide de l'URSS, puis aujourd'hui de la Russie, l'Inde s'est dotée, en une trentaine d'années, après sa cuisante défaite de 1962 face à la Chine, d'une des plus puissantes armées du monde, en nombre et en équipement. Avec 1 100 000 hommes, ses forces terrestres se situent, de ce point de vue, au quatrième rang mondial. Ses forces aériennes comptent 110 000 hommes et disposent de plusieurs escadrons de combat, de reconnaissance et de transport, ainsi que de systèmes « Awac » et d'une large gamme de missiles. Ses forces navales, enfin, mobilisent en permanence 55 000 hommes et possèdent une centaine de navires. Ces toutes dernières années, la priorité beaucoup plus grande que par le passé accordée au développement économique a conduit les dirigeants indiens à pratiquer des coupes draconiennes dans leur budget de défense et à ne pas poursuivre, pour un temps assez long probablement, cette importante montée en puissance de leur armée au-delà du stade déjà atteint, et donc à mettre pour le moment en sommeil leurs ambitions hégémoniques, malgré leurs protestations contraires, en Asie du Sud et dans « leur » océan, où, après le repli russe, les Américains sont devenus les seuls maîtres du jeu. Mais leurs ambitions à long terme n'ont pas varié.

Ces années-ci, sous l'impulsion de son ministre des Affaires étrangères et Premier ministre Indu Kumar Gujral, l'Inde a, d'autre part, modifié son comportement avec ses voisins asiatiques, renonçant à l'incontestable arrogance qui l'avait caractérisé jusque-là, pour adopter une attitude plus conciliante et plus modeste. Finie la politique du passage en force. Désormais, on négocie sincèrement et on n'hésite plus à faire des concessions. L'objectif numéro un, c'est à présent de se faire des alliés, de s'insérer le plus possible dans l'environnement régional, et non plus de se contenter de se replier dans un isolement orgueilleux et assez vite agressif. À New Delhi, les journalistes appellent cela la « doctrine Gujral ».

Avec la Chine, l'Inde se retrouve, comme avec la Russie, dans une opposition commune à la consolidation d'un monde unipolaire dominé par les Américains. Le pragmatisme qui prévaut ces années-ci dans les deux capitales, les a conduites à développer leur coopération commerciale (leurs échanges dépassent à présent le milliard de dollars), sans faire plus longtemps un préalable de leurs différends territoriaux, qui se trouvent donc gelés pour une durée indéterminée. Cependant, les deux géants asiatiques n'oublient pas qu'ils demeurent géopolitiquement rivaux et à New Delhi la méfiance continue à prévaloir. On n'apprécie toujours pas, dans la capitale indienne, le soutien persistant que Pékin apporte à Islamabad dans le domaine militaire et nucléaire. On s'y inquiète aussi de la forte montée en puissance de la marine de guerre chinoise, de ses ambitions et de ses manœuvres en mer de Chine du Sud, comme des intrigues sino-birmanes. Cette montée en puissance et ces intrigues font peser à terme une très grave menace sur la liberté de navigation dans le détroit de Malacca, goulet d'étranglement commandant le passage entre l'océan Pacifique et l'océan Indien, où, grâce à la complicité des généraux de Rangoon, les amiraux chinois sont en train d'établir une base navale à deux pas du sous-continent.

En même temps qu'ils stabilisaient leurs rapports avec la Chine, les responsables indiens ont même fait des efforts pour améliorer leurs relations avec le Pakistan, sans pour autant baisser la garde face à la guérilla du Cachemire. L'équilibre de la terreur atomique paraît, la aussi, même à une échelle mineure, avoir des effets bénéfiques. Depuis 1971, les deux pays ne se sont plus fait ouvertement la guerre. Leurs dirigeants se rendent assez souvent visite et les échanges commerciaux entre les deux héritiers de l'Empire britannique des Indes tendent à se développer. Mais il est douteux que les deux protagonistes puissent vraiment sortir dans un avenir prévisible de l'état de tension tempéré par quelques politesses qui a prévalu jusqu'à présent, tant le problème cachemiri est, de part et d'autre, passionnel, et tant la marge de manœuvre dont disposent les responsables indiens et pakistanais est étroite, face à leurs opinions publiques respectives.

Avec ses autres voisins, de taille beaucoup plus modeste, l'Inde a renoncé ces dernières années à jouer plus longtemps au « grand frère ». Pour les amadouer, Gujral s'est au contraire engagé avec eux et en leur faveur dans une politique de concessions unilatérales, qui a assez vite porté ses fruits. Elle a signé avec le Népal un traité avantageux pour celui-ci à propos d'un barrage controversé sur la rivière Mahakali. Elle en a signé un autre, similaire, avec le Bangladesh, mettant fin à un vieux contentieux à propos des eaux du Gange : le Bangladesh devrait s'en trouver moins menacé par les crues diluviennes du grand fleuve et, en retour, l'Inde devrait pouvoir accéder plus aisément à ses États du Nord-Est, reliés au reste de la Fédération par un couloir très étroit, entre le Népal et le Bangladesh, dans une zone montagneuse infestée de coupeurs de routes, à proximité de l'inquiétant Myanmar (l'ex-Birmanie). De même, Gujral a-t-il normalisé les relations entre New Delhi et Colombo, où il jouissait personnellement d'un préjugé très favorable depuis qu'en 1989, alors qu'il occupait déjà, une première fois, les fonctions de ministre des Affaires étrangères, il avait joué un rôle clé dans le retrait des troupes indiennes du Sri Lanka, pour y soutenir la rébellion des « Tigres » tamouls.

Tout ceci n'est pas du tout sans intérêt. C'est néanmoins peu de chose au regard des difficultés considérables auxquelles, en dépit de ses efforts, récents mais importants, l'Inde continue à se heurter pour se faire admettre dans les diverses organisations de coopération de l'Asie orientale, auxquelles elle aimerait bien appartenir, notamment pour doper son développement économique, qui aurait bien besoin de bénéficier des capitaux de cette région. Mais, dans les capitales concernées, on paraît être bien décidé à la tenir reléguée dans son statut de puissance de l'Asie méridionale et, en vertu de cela, elle reste à l'écart, notamment, du Forum de coopération Asie-Pacifique (l'Apec) et de l'Association des nations de l'Asie du Sud-Est (l'Asean).

Pour le moment, l'Inde demeure bien un « géant isolé ».

Chapitre 7

GRINGOS GO HOME !

MEXICO

Le 21 août 1994, avec l'élection d'Ernesto Zedillo, candidat du Parti révolutionnaire institutionnel (le PRI), au pouvoir alors depuis soixante-six ans, la continuité, une nouvelle fois, l'avait emporté au Mexique, au terme d'une campagne et d'un scrutin qui s'étaient déroulés de façon plus régulière que par le passé, quoique dans un climat de violence sociale et politique.

Le 1er janvier, l'Armée zapatiste de libération nationale, d'un certain sous-commandant Marcos avait déclenché une révolte armée des Indiens du Chiapas, une des régions les plus pauvres du pays. Ses dirigeants entendaient marquer ainsi leur opposition à l'entrée en vigueur, le même jour, du traité de libre-échange que le Mexique avait signé avec les États-Unis et le Canada, l'Alena. Surtout, ils réclamaient une plus juste répartition des terres, relançant la révolution conduite par Emiliano Zapata au début du siècle et que, vingt ans plus tard, avait relayée et renforcée mais aussi canalisée le président Lazaro Cardenas, le fondateur du PRI.

Le 23 mars, le candidat initial du parti gouvernemental Luis Donaldo Colosio, qui devait succéder au président sortant Carlos Salinas de Gortari constitutionnellement inéligible pour un second mandat, avait été assassiné, probablement à l'instigation des vieux caciques « priistes », liés aux narco-trafiquants et opposés à la volonté de réforme de Salinas et de ses cadets, adeptes quant à eux du néo-libéralisme et formés, comme leurs émules de plusieurs autres grands pays d'Amérique latine, à Harvard ou au Massachusetts Institute of Technology. Pour les mêmes raisons, un sort semblable devait être réservé, le 28 septembre suivant, au secrétaire du PRI, José Francisco Ruiz Massieu.

Deux mois après ces événements, le 3 octobre 1994, au Brésil cette fois, après une campagne qui s'était déroulée, quant à elle, dans le calme, et à l'issue d'un scrutin sans bavures, le candidat du Parti social démocrate, que soutenait aussi deux partis de droite, Fernando Henrique Cardoso, avait été élu trente-huitième président du pays, face au leader du Parti du travail, Luiz Inacio « Lula » da Silva, candidat d'une coalition de partis de gauche et d'extrême gauche. Ministre des Finances du président sortant Itamar Franco jusqu'à son entrée en campagne, Fernando Henrique Cardoso était le père de la dernière réforme monétaire brésilienne, le plan « Real », du nom de la nouvelle devise du pays, entrée en circulation un peu plus tôt et dont le succès immédiat (d'un mois sur l'autre, le taux mensuel d'inflation était tombé de 45 % à 5 %) avait fait basculer au dernier moment en sa faveur une opinion publique jusque-là majoritairement acquise à son rival, qui promettait quant à lui d'en finir avec les inégalités sociales abyssales dont souffre le Brésil. Les électeurs avaient finalement préféré le candidat de la stabilisation et de la stabilité.

Ces deux élections présidentielles, qui s'étaient donc déroulées presque en même temps dans les deux plus grands pays d'Amérique latine, étaient l'une comme l'autre représentatives des évolutions en cours dans cet immense sous-continent, engagé sur les chemins difficiles et incertains d'une démocratisation néanmoins incontestable.

Par-delà la diversité des contextes et la singularité des situations, une vague électorale déferle sur l'Amérique latine depuis une vingtaine d'années. Elle a d'abord balayé le « césarisme torride » des Pérez Jiménez (Venezuela), Trujïllo (Saint-Domingue), Somoza (Nicaragua) et autres Stroessner (Paraguay), dont on disait : « Le fils importe, le gendre exporte et le papa déporte. » Puis sont tombés à leur tour les régimes prétoriens (Uruguay, Argentine, Brésil, Chili, entre autres). Aujourd'hui, du Rio Bravo del Norte à la Terre de Feu, il n'y a plus un seul Caudillo au pouvoir, auquel on n'accède plus que par les urnes et non par des coups d'État. Ainsi du Chili, avec Eduardo Frei, après le gouvernement de transition de Patricio Aylwin, successeur de celui de Pinochet ; de l'Argentine, avec Carlos Menem (« El Turco » — le seul chef d'État arabe élu à ce jour au suffrage universel, plaisantent ses adversaires) ; ou bien encore du Pérou, avec Alberto Fujimori (« El Chino »), même si les méthodes populistes et très autoritaires de ce dernier peuvent susciter bien des réserves.

Les Chicago Boys *du sud du Rio Grande*

Cette nouvelle rotation démocratique des gouvernants ne doit cependant pas masquer le côté fondamentalement élitiste de la plupart de ces régimes de transition entre les anciennes dictatures militaires patrimoniales et des systèmes d'alternance au pouvoir de représentants de groupes sociaux aux intérêts antagonistes qui n'ont encore été instaurés nulle part. Derrière la variété attractive mais fallacieuse des étiquettes — libérales, démocrates-chrétiennes, chrétiennes-sociales et même sociales-démocrates — qui peuvent tromper les observateurs non avertis sur la qualité des marchandises qu'elles recouvrent, les privilégiés héréditaires de la fortune maintiennent partout leur emprise quasi exclusive sur la société, les vainqueurs des affrontements électoraux étant au mieux des modernistes — simple phénomène de génération et résultat d'une meilleure formation universitaire.

Partout ces années-ci, dès qu'ils étaient un peu radicaux, les leaders issus de milieux sociaux défavorisés ou s'en faisant les défenseurs, qui luttaient pour la liberté politique mais aussi pour la justice sociale, n'ont pas réussi à sortir victorieux de l'épreuve des urnes, à laquelle ils s'étaient résignés après l'échec d'entreprises révolutionnaires armées souvent d'inspiration marxiste. Forts de leur mainmise antérieure sur les appareils d'État et sur les médias, soutenus par les groupes financiers les plus puissants et en arrière-plan par les États-Unis hostiles à toute remise en cause du libéralisme économique, leurs adversaires — tenants de l'ordre établi ancien qu'ils ne souhaitent guère que réformer, afin de mieux le conserver — leur ont fait aisément barrage. Les deux échecs de l'ancien ouvrier métallurgiste brésilien « Lula », face successivement au corrompu Fernando Color (qui devait être destitué en cours de mandat) en 1989, puis à l'universitaire patricien Cardoso, sont exemplaires de ce point de vue essentiel.

Très significative aussi est l'indulgence dont ont bénéficié, de la part des nouveaux pouvoirs sortis des urnes, les anciens dictateurs militaires, après leur destitution ou leur démission plus ou moins négociées. Nulle part, les tortionnaires galonnés n'ont véritablement payé pour leurs crimes. Après quelques brèves années de bras de fer et d'hésitation, les généraux argentins ont été amnistiés. Au Chili, le général Pinochet s'est assuré l'impunité et celle de presque tous ses comparses, en obtenant des dirigeants de « la transition démocratique » de conserver la haute main sur les forces armées.

Mais, çà et là, la victoire des *Chicago Boys* de la bourgeoisie d'affaires pourrait bien être remise en cause, à moyen terme, sous la pression du mécontentement grandissant des couches populaires, qui constituent la très grande majorité de la population et pour lesquelles le remplacement de la dictature militaire par la dictature du marché n'a eu que fort peu de conséquences bénéfiques. On doit noter aussi dans plusieurs pays la montée en puissance de la revendication indienne, la question sociale et la question ethnique étant de plus en plus en synergie (partout, dans ces pays-là, les plus pauvres sont les Indiens). Il faut enfin prendre très au sérieux la gravité croissante, bien souvent dans ces mêmes pays, des problèmes posés par le développement à peu près incontrôlable des narco-trafics — un facteur de violence qui se conjugue avec tous les autres. Le cas du Mexique est, de tous ces points de vue, tout particulièrement à méditer.

Dans ce pays, le mandat du président Carlos Salinas de Gortari (aujourd'hui en fuite, alors que son frère Raul, impliqué dans de graves trafics politico-financiers, est en prison) s'était mal terminé. L'année 1994 avait été ponctuée de drames. La confiance des investisseurs nationaux et étrangers dans une expérience qui servait de modèle à toute l'Amérique latine, au point que son promoteur paraissait avoir de bonnes chances de devenir le premier directeur général de la nouvelle Organisation mondiale du commerce, en avait été très fortement ébranlée.

Moins d'un mois après l'entrée en fonction du nouveau président Ernesto Zedillo, le 1er décembre 1994, le drame avait éclaté. Le 20 décembre, les dirigeants mexicains annonçaient qu'ils avaient décidé de laisser flotter le peso par rapport au dollar. La monnaie mexicaine perdait aussitôt 25 % de sa valeur, glissait jusqu'à moins 40 % et, après une rechute début février malgré une aide sans précédent du Trésor américain et du FMI, elle poursuivait sa descente aux enfers, menaçant d'y entraîner celles de plusieurs autres pays d'Amérique latine engagés dans des politiques inspirées du même modèle, l'Argentine et le Brésil notamment. Après avoir fui la place de Mexico, les capitaux spéculatifs se désengageaient aussi de celles de tous les pays émergents, en Asie notamment, et l'« effet Tequila » touchait l'escudo portugais et la couronne suédoise ; le franc français et plus encore la livre anglaise étaient également chahutés et le dollar lui-même inquiété (les États-Unis absorbent plus de 80 % des exportations du Mexique, qui de son côté est devenu leur second débouché étranger, et les banques américaines étaient de ce fait très impliquées dans les affaires mexicaines). À Washington, on voyait se profiler la menace d'un effondrement de tout le système financier mondial.

C'est donc dans un temps record que, dès janvier, à l'initiative des Américains, une vaste opération de sauvetage international avait été montée. En quelques jours, un crédit de 50 milliards de dollars avait été mis à la disposition du Mexique, dont 17,8 milliards de dollars par le FMI lui-même, qui accordait ainsi le prêt le plus important qu'il eût jamais octroyé en une seule fois. En contrepartie, le gouvernement mexicain acceptait d'apporter les revenus pétroliers du pays en garantie aux prêts américains et de mettre en œuvre un plan d'austérité draconien.

Que s'était-il passé ?

À la fin des années quatre-vingt, « la décennie perdue », les pays d'Amérique latine se trouvaient pour la plupart en faillite. Bâti sur le protectionnisme, un système fiscal inefficace, un secteur public omniprésent et une forte emprise de l'État sur les entreprises, le modèle de développement latino-américain se révélait un échec, débouchant sur des dettes publiques internes et externes gigantesques. Contraints et forcés, les pays de la région, du Mexique au Chili, du Brésil à l'Argentine et au Pérou, avaient dû changer de culture économique. Sous l'influence du Fonds monétaire international, qui avait trouvé, dans leurs nouvelles équipes dirigeantes, des relais souvent talentueux, formés dans les grandes universités nord-américaines, ils avaient fait de l'équilibre macro-économique un dogme, de l'ouverture des frontières une règle d'or et de la dérégulation financière et sociale une quête. En quelques années, la plus grande partie de l'Amérique latine avait renoué avec la croissance économique, atteignant même dans certains pays des taux dignes de ceux de l'Asie du Sud-Est, tandis que le déclin de l'inflation était spectaculaire.

Cette croissance était cependant beaucoup plus précaire, et elle le demeure, que le pensaient alors la plupart des observateurs. Fondamentalement, elle était le résultat d'un afflux de capitaux extérieurs, attirés par la fixité décrétée de la parité des monnaies concernées avec le dollar, le niveau élevé des taux bancaires de rémunération de l'argent placé, le démantèlement de toutes les réglementations étatiques antérieures, qui donnait l'impression aux opérateurs économiques que toutes les conditions étaient désormais réunies pour leur permettre de réaliser des fortunes rapides. Mais ces capitaux n'étaient que des capitaux spéculatifs. Ne se portant guère que sur des « achats de portefeuilles », en particulier sur des achats de bons du Trésor, ils n'avaient d'ordinaire servi qu'à faciliter des privatisations douteuses, marquées par la corruption. Surtout, en gonflant de façon artificielle la masse monétaire disponible sur le marché et en renforçant ainsi les effets de la surévaluation des devises concernées, rattachées au dollar par des parités arbitrairement fixées, ils avaient fortement contribué à accroître les importations de biens de consommation étrangers, au détriment des balances des paiements, qui s'en trouvaient de plus en plus fragilisées. Prêtés à court terme par leurs détenteurs — quelques dizaines de grandes banques internationales et de fonds de placements —, ils pouvaient être retirés aussi vite qu'ils avaient été apportés, à la moindre alerte, à la moindre inquiétude quant à la poursuite de ces politiques libérales, qu'au demeurant ils pervertissaient et qui entraînaient, du fait même des déréglementations, un fort accroissement des inégalités sociales et un mécontentement grandissant dans les couches populaires.

De tous les pays latino-américains, le Mexique était le plus vulnérable. Premier à se lancer dans l'aventure néo-libérale, il avait été tout naturellement le premier à s'en voir présenter la facture.

Un an seulement après sa mise en œuvre, le plan de sauvetage qui lui avait été imposé par la communauté financière internationale avait cependant commencé à porter ses fruits. Dopée par une succession de dévaluations, sa balance commerciale était redevenue excédentaire et l'équilibre de sa balance des paiements courants était à nouveau à peu près assuré. L'aide internationale avait permis d'autre part à l'État de retrouver la maîtrise de la dette publique et de l'équilibre budgétaire, malgré une crise persistante du système bancaire, plombé par des masses énormes d'impayés, conséquence de faillites en chaîne et de la chute considérable du pouvoir d'achat.

Mais ce rétablissement assez rapide des grands équilibres mexicains avait eu un coût très élevé : une récession sans équivalent depuis les années trente et dont le pays n'est toujours pas sorti. Durant la seule année 1995, le produit intérieur brut mexicain avait diminué de près de 7 % et la consommation de 15 % (les hausses de salaires ayant été très inférieures à la hausse des prix), tandis que le taux de chômage (qui dépasse aujourd'hui les 25 %) avait doublé, retrouvant lui aussi des records historiques. Dans ce contexte social très dégradé, après le Chiapas, plusieurs autres États pauvres du pays ont vu éclater d'autres mouvements de guérila : l'Oaxaca, le Guerrero, le Tabasco.

En définitive, le PRI a payé la facture, en perdant pour la première fois de son histoire, aux élections législatives de juillet 1997, la majorité à la Chambre des députés, tandis que le chef de file de la gauche, Cuauthémoc Cardenas, le fils, en rupture de ban, de son fondateur Lazaro Cardenas, s'emparait de la mairie de Mexico, excellent tremplin pour les présidentielles de l'an 2000.

On peut faire des constats similaires et développer des

réflexions analogues pour presque tous les autres pays d'Amérique latine.

La plupart des analystes estimaient que la crise du peso allait avoir de graves répercussions en Amérique centrale et en Amérique du Sud, s'y reproduire presque partout à l'identique, soulignant les similitudes entre le modèle mexicain et les politiques menées par la plupart des autres gouvernements latino-américains à l'instigation du FMI et de la Banque mondiale.

Or, on doit convenir que jusqu'à présent la majorité de ces pays ont échappé à « l'effet tequila » et que ces sombres prédictions n'étaient peut-être pas justifiées. Presque partout, aussitôt après l'éclatement de la crise du peso, des politiques préventives d'« atterrissage en douceur », en d'autres termes, d'austérité accrue et de retour relatif de l'État dans la gestion économique — de « re-régulation », notamment dans le domaine des changes et de la protection douanière — ont été promptement mises en œuvre. Elles ont évité le pire, ce dont témoigne la réduction des déficits des balances des paiements courants, qu'a facilitée bien souvent, il est vrai, la hausse des prix de nombreuses matières premières intervenue au même moment.

Comme au Mexique, ces succès demeurent relatifs et fragiles. Le Brésil et l'Argentine, aux monnaies de plus en plus surévaluées par rapport au dollar, échapperont difficilement, à leur tour, à une dévaluation, à risques. Surtout, ces succès ont, eux aussi, un prix élevé. Presque partout, un net ralentissement de la croissance économique a été enregistré, avec, bien évidemment, des situations variables d'un pays à l'autre, en fonction de trois facteurs principaux : l'antériorité dans la mise en œuvre des politiques d'ajustement, la capacité politique des dirigeants à imposer des contraintes sociales à la population, les richesses naturelles inégales des pays concernés, le Brésil, dont les terres couvrent la moitié du sous-continent sud-américain et dont la population (160 millions d'habitants) est supérieure à celle de tous les autres pays de celui-ci réunis, étant de très loin le mieux loti.

Derrière la diversité des indicateurs macro-économiques, on trouve dans tous les cas une constante : le coût social très élevé de ces politiques ultra-libérales, le ralentissement de la croissance et la récession ayant aggravé le phénomène. Partout, les niveaux salariaux ont baissé et les taux de chômage se sont accrus. Après les plus pauvres (un Latino-Américain sur trois vit aujourd'hui en dessous du seuil de pauvreté), les classes moyennes paient à leur tour le prix de ces politiques d'ajustement.

L'ouverture des marchés implique nécessairement la recherche de la productivité et cela ne pouvait que se traduire par de très importantes suppressions d'emplois dans des pays où l'étatisation protégeait jusque-là tout le secteur moderne, les industries notamment. Les déréglementations ont frappé de plein fouet la classe moyenne salariée, qui a subi de très fortes baisses de revenus. « Les restructurations économiques sont plus ou moins suivies de leur ambulance : les programmes d'aide sociale », explique Emilio Klein, de l'Organisation internationale du travail. « Mais, si ces programmes, quand ils sont mis en œuvre, peuvent aider un peu les plus pauvres, ils sont de nul effet sur le niveau de vie des salariés en raison des réductions et *a fortiori* des suppressions des subventions qui étaient destinées à soutenir les produits de grande consommation. » Ont eu les mêmes conséquences les coupes sombres pratiquées dans les systèmes de protection sociale et dans les systèmes de scolarisation gratuite. Ainsi, en Argentine, sur les quelque douze millions de personnes qui constituent la population active, deux millions et demi sont sans emploi ou en situation de sous-emploi, avec des revenus extrêmement précaires, tirés d'un secteur « informel » qui s'est considérablement développé — soit deux fois plus qu'au début du plan de convertibilité (l'alignement de la monnaie locale sur le dollar) du « Chicago

Boy » de Buenos-Aires, le ministre de l'Économie Domingo Cavallo, « Cavallo-le-chômage », congédié depuis lors. Au Brésil, un des pays les plus inégalitaires du monde, la situation est encore pire, en particulier dans les grandes villes, où la misère explose (60 % des habitants y ont moins de vingt ans et le chômage, la faim, le désespoir, la drogue y ravagent les familles, débouchant sur une violence endémique de plus en plus difficile à contrôler).

À terme, ce sont les progrès remarquables accomplis ces dernières années sur la voie de la démocratisation, dont le support social était le développement des classes moyennes, qui pourraient être remis en cause dans maints pays de l'Amérique latine. Ça et là, le retour de régimes militaires n'est même plus à exclure.

Le vieux rêve de Simon Bolivar

Le brutal changement de cap économique opéré ces dernières années par les responsables latino-américains doit être replacé dans son contexte géopolitique, celui des rapports de leurs pays avec les États-Unis.

Les États-Unis ont toujours eu pour ambition d'étendre leur hégémonie à l'ensemble des Amériques, c'est-à-dire au Canada et surtout à l'Amérique latine, qui demeure en cette fin de XXe siècle, malgré d'importants progrès, un sous-continent stratégiquement presque en marge de l'histoire.

Dès le début du XIXe siècle, James Monroe avait érigé en doctrine sa détermination d'interdire toute intervention européenne dans les affaires américaines. Cent ans plus tard, Théodore Roosevelt menaçait de son « gros bâton » tous les opposants aux visées américaines à l'intérieur de cette chasse gardée. Dès le déclenchement de la guerre froide, la crainte de voir le communisme y pénétrer tourna à Washington à la fièvre obsidionale, justifiant, après l'arrivée de Fidel Castro au pouvoir à La Havane, le soutien américain aux pires dictatures et les interventions militaires et policières les plus contestables.

Dans les années soixante, cependant, les présidents Kennedy puis Johnson avaient jugé nécessaire de donner un tour moins négatif à leur politique impériale et ils avaient imaginé de l'assortir de promesses économiques attractives, estimant non sans raison qu'aider leurs partenaires latino-américains à se développer et à relever le niveau de vie de leurs populations pouvait être également un bon moyen de les empêcher de succomber aux tentations révolutionnaires, à terme même le meilleur. En avril 1967, à Punta del Este, en Uruguay, Lyndon Johnson avait même rêvé tout haut, devant une vingtaine de ses pairs, d'un marché commun interaméricain, qui s'étendrait « de l'Alaska à la Terre de Feu », et qui constituerait rapidement (il avait même avancé la date de 1985 !) une vaste zone de libre-échange et de prospérité. C'est cette idée — restée en panne malgré quelques déclarations de George Bush, qui avait parlé d'une « Initiative pour les Amériques », sans trop préciser ce qu'il entendait par là — qu'avait reprise solennellement Bill Clinton vingt-sept ans plus tard au Sommet des Amériques à Miami, les 9 et 10 décembre 1994, devant trente-deux autres chefs d'État ou de gouvernement (seuls les Cubains, toujours frappés d'ostracisme, n'avaient pas été invités).

Les temps, en effet, paraissaient beaucoup plus favorables. L'implosion de l'URSS cinq ans plus tôt avait fait des États-Unis l'unique superpuissance mondiale ; ils pouvaient, *a priori*, se décrisper et se montrer plus généreux envers des pays qui, entretemps, s'étaient presque tous convertis à la démocratie parlementaire et au libéralisme économique. Le 1er janvier de cette même année 1994, le traité de libre-échange qu'ils avaient réussi à conclure avec leurs deux voisins d'Amérique du Nord, le Canada et le Mexique, l'Aléna, ou Accord de libre-échange nord-américain, était entré en vigueur ; il s'agissait de favoriser sur ce modèle l'intégration économique du sud de leur immense continent et d'accélérer le rapprochement entre les deux entités, dans le contexte d'une libéralisation générale du commerce international. Avec 800 millions d'habitants et un produit intérieur brut de 9 000 milliards de dollars prévu pour l'an 2000, ce marché des Amériques représente un énorme gâteau à se partager.

Pour l'heure, cependant, le gâteau est très inégalement découpé, les trois pays de l'Aléna représentent les trois quarts de ce PIB et les États-Unis à eux seuls la moitié (avec seulement 30 % de la population de l'ensemble). On peut dès lors aisément deviner qui profiterait le plus du libre-échange et de la déréglementation. En fait, les choses sont un peu plus compliquées et les évolutions en cours pourraient bien ne pas répondre tout à fait aux vœux de Washington.

Quatre ans après sa mise en œuvre, il apparaît tout d'abord que l'Aléna ne justifiait ni les craintes ni les espoirs évoqués lors de sa difficile ratification par le Congrès américain. Même si elle est sensible, la progression des échanges entre les trois partenaires observée depuis lors n'a guère été que la poursuite d'une évolution engagée bien avant. Le Mexique n'a pas aspiré tous les emplois et tous les capitaux nord-américains, comme le prédisait alors Ross Perot ; les États-Unis, pas plus que le Canada, n'ont été inondés de « camelote » mexicaine. En contrepoint, dès avant même la crise du peso, dans les milieux d'affaires comme dans la classe politique américaine, l'enthousiasme était assez vite retombé, et, après la douche froide de la crise, on n'a presque plus du tout entendu ceux qui envisageaient d'étendre l'accord à quelques autres pays d'Amérique centrale ou du Sud en expansion, comme le Chili. « L'initiative pour les Amériques » est remise à plus tard. En attendant, tout en continuant à donner des leçons de démocratie et de libre-échange, l'Amérique compte ses sous et continue, comme par le passé, à protéger son marché (une soixantaine de marchandises latino-américaines autres que mexicaines, souvent essentielles pour leurs producteurs, continuent à se heurter à des restrictions très importantes pour entrer sur le marché nord-américain). L'aggravation des mesures restrictives de l'immigration d'origine latino-américaine, notamment en Californie, n'est pas faite non plus pour vivifier « l'esprit de Miami ».

Face à cette contradiction entre volonté hégémonique, parée d'idéalisme mais souvent agressive, et pratiques protectionnistes, brutales et assez hypocrites, qui est une des constantes de la politique extérieure américaine — pas seulement du reste au sud du Rio Grande — les pays latino-américains n'en ont pas moins déployé tout au long de ces années-ci des efforts importants pour unifier le plus possible leurs marchés, afin de les rendre plus attractifs pour les investisseurs étrangers, dont ils ont un besoin impérieux pour se développer.

Dans un tout autre contexte, c'est la reprise du vieux rêve unificateur de Simon Bolivar et des « libertadors » du début du XIXe siècle.

Les tentatives se sont tout d'abord multipliées sans grand succès pour essayer de redonner vie à des structures existantes, nées à partir des années soixante mais tombées en désuétude, du fait de la trop grande similitude des productions et aussi de conflits frontaliers entre certains des pays intéressés, ou encore de l'éclatement de guerres civiles dans quelques autres. Ce fut notamment le cas du Marché commun centre-américain (MCCA), formé en 1960 et qui regroupait le Guatemala, le Salvador, le Honduras, le Nicaragua et le Costa Rica, mais qu'avaient ruiné, dès 1969, le conflit territorial entre le Honduras et le Salvador, puis le développement de situations révolutionnaires au Nicaragua et au Guatemala. Le Caricom, créé en 1973 entre les États anglophones assez hétéroclites de la région caraïbe (Bélize, les Bahamas, la Jamaïque, la Barbade, Tobago et la Guyana), n'avait guère dépassé le stade des déclarations, faute de convictions fortes. Dès sa création en 1969, le Pacte andin, qui rassemblait le Chili, la Bolivie, le Pérou, l'Équateur, la Colombie et le Venezuela, s'était, à l'inverse, fixé d'entrée de jeu des objectifs ambitieux : réaliser une union douanière entre ses membres et parvenir rapidement à une planification industrielle commune. Depuis lors, cette alliance végète, ses promoteurs n'étant jamais parvenus à mettre en place un véritable tarif extérieur commun. Le Chili l'a quittée en 1976 ; le Pérou s'en est mis en marge en 1992, après le « coup d'état civil » d'Alberto Fujimori, avant de trouver une seconde raison de faire bande à part dans son conflit frontalier armé avec l'Équateur du premier trimestre 1995. En fait, aujourd'hui, le Pacte andin n'est guère plus qu'une alliance entre la Colombie et le Venezuela, qui réalisent à eux deux la moitié de ses exportations. Qui plus est, ces deux pays ont constitué un nouveau groupe avec le Mexique, dit le G3, en vue de la création d'une autre zone de libre-échange, ce qui n'a pas empêché ce même Mexique de participer à part entière à la création de l'Aléna, entré en vigueur le 1er janvier 1994, ni de conclure, en octobre de la même année, un troisième accord de libre-échange, cette fois avec le Costa Rica. Tout cela fait plutôt désordre et n'est ni convaincant ni prometteur.

En revanche, on ne saurait en dire autant d'une autre initiative qui paraît, elle, promise à un grand avenir, celle prise le 26 mars 1991 par quatre pays du cône sud-américain signataires du traité d'Asuncion (l'Argentine, l'Uruguay, le Paraguay et le Brésil) pour créer entre eux, et avec ceux de leurs voisins qui souhaiteraient les rejoindre, une véritable union douanière, le Mercosur.

Les choses, dans ce cas, sont allées très vite et, d'ores et déjà, assez loin. Complété par un important protocole, adopté à Ouro Preto, au Brésil, le 19 décembre 1994, qui l'a doté d'un cadre institutionnel et d'un code douanier, le traité d'Asuncion est entré en vigueur le 1er janvier 1995, soit moins de quatre ans après sa signature, et son succès, immédiat, n'a cessé de se

ÉTATS UNIS
OCÉAN
ATLANTIQUE
Rio Grande
MEXIQUE
MEXICO
LA HAVANE
CUBA
HAÏTI
JAMAÏQUE
PORTO RICO
Antigua et Barbuda
Guadeloupe
Dominique
Martinique
St Vincent et les Grenadines
Barbade
Grenade
Trinidad et Tobago
BÉLIZE
GUATÉMALA
HONDURAS
Caraïbes
EL SALVADOR
NICARAGUA
COSTA RICA
PANAMA
CARACAS
VÉNÉZUELA
GUYANA
SURINAME
GUYANE Fr.
BOGOTA
COLOMBIE
QUITO
ÉQUATEUR
Amazone
BRÉSIL
LIMA
PÉROU
LA PAZ
BOLIVIE
OCÉAN
BRASILIA
PARAGUAY
RIO DE JANEIRO
ASUNCION
SAO PAULO
PACIFIQUE
ARGENTINE
CHILI
URUGUAY
BUENOS AIRES
MONTEVIDEO
SANTIAGO
LE MERCOSUR
Pays membres
Pays associés

renforcer. Dès le départ, le Mercosur, avec ses 200 millions d'habitants, s'est affirmé comme la zone commerciale la plus intégrée et la plus dynamique de toute l'Amérique latine. Dès sa mise en œuvre, 85 % des produits répertoriés dans sa nomenclature douanière commune ont pu circuler librement entre les quatre pays et près de 90 % des marchandises importées des pays tiers ont été soumises à un tarif extérieur commun, tandis qu'il était admis que les exceptions disparaîtraient, dans les deux cas, en quatre ans. Les échanges commerciaux internes, dopés dès la phase préparatoire 1991-1994, avaient déjà triplé en 1996. Puis les investissements industriels croisés ont suivi, souvent dans le cadre de nombreux joint-ventures, en particulier entre l'Argentine et le Brésil, qui constituent l'axe de ce nouveau Marché commun, un peu comme le couple franco-allemand en Europe, en dépit d'une assez forte dissymétrie entre les deux économies. Les investisseurs extérieurs, alléchés par les mesures de libéralisation et de déréglementation prises au même moment par les responsables économiques des pays concernés, ne sont pas restés indifférents à cette nouvelle donne, notamment les Européens, encouragés par de premiers accords conclus, le 22 décembre 1994, entre la Commission de Bruxelles et les responsables du Mercosur, à la veille de la mise en route de celui-ci, puis par un accord-cadre de plus grande portée, signé fin 1995. Les Français, les Allemands et les Espagnols ont été très présents, en particulier, dans les processus de privatisation (eau, électricité, téléphone, transports ferroviaires, construction automobile).

Puis, le 25 juin 1996, à San Luis, en Argentine, une étape nouvelle, on ne peut plus significative du succès de l'entreprise, a été franchie avec la signature d'un accord d'association au Mercosur de la Bolivie et du Chili. Enclavée, n'ayant que des rapports commerciaux limités avec son seul voisin du Pacte andin, le Pérou, alors que l'essentiel de ses échanges se réalisent avec le Brésil, le Paraguay et le Chili, la Bolivie n'avait guère le choix. Plus exemplaire est en revanche la démarche du Chili. Les Chiliens sont un peu, dans le cône sud-américain, ce que sont les Britanniques en Europe. Tout naturellement tournés vers le Pacifique et méprisant leurs voisins de l'autre versant de la cordillère des Andes, qu'ils ont précédés de quelques années dans la remise en ordre de leur économie et dans le retour à l'expansion, ils ont réussi à se faire admettre à l'Apec (l'Asia Pacific Economic Cooperation, rassemblement pour le moment peu structuré de la plupart des riverains du Pacifique, créé, à l'initiative des États-Unis, à Seattle, en novembre 1993). Ils escomptaient devenir, dans la foulée, le quatrième membre de l'Aléna. Mais ils avaient dû se rendre à l'évidence : les Nord-Américains n'étaient pas pressés de les accueillir dans leur club — tout au plus, ont-ils pu signer des accords bilatéraux de libre-échange avec le Mexique et le Canada —, alors qu'en revanche, les opportunités se multipliaient pour eux dans le Mercosur, même s'ils avaient refusé de faire partie de ses membres fondateurs ; leurs banquiers et leurs industriels n'avaient pas tardé à investir en Argentine et au Brésil. Renonçant eux aussi au rêve nord-américain, le Venezuela et la Colombie, dont les échanges avec le Brésil sont très importants, pourraient bien, à leur tour, franchir le pas, comme l'a fait le Pérou début mai 1997. Le Mercosur serait alors bien près de recouvrir toute l'Amérique du Sud et de constituer, dans la partie méridionale du continent, le pendant potentiellement antagoniste à terme de l'Aléna, dans sa partie septentrionale. Cependant, bien des hypothèques auront dû être levées d'ici là.

Le Mercosur aspire à devenir une véritable union douanière, avec une harmonisation des politiques économiques et fiscales de ses membres. Mais les institutions prévues par le traité d'Asuncion et par le protocole d'Ouro Preto sont fragiles ; elles ne comportent aucun élément supranational ni aucune administration permanente, dotée d'un budget autonome, comparable à la Commission de Bruxelles. Ses structures de concertation elles-mêmes — réunions périodiques des présidents, commissions de hauts fonctionnaires — ont suffi à construire le système ; mais elles risquent fort de perdre de leur efficacité avec son élargissement à des partenaires plus éloignés géographiquement, et aussi culturellement, les uns des autres, de taille et de niveau de développement différents. Pour le moment, toute idée de politique industrielle et agricole commune est exclue ; aucun mécanisme correcteur n'est envisagé pour les régions défavorisées, aucun mécanisme compensatoire n'est prévu pour les petits pays. Bref, si le Mercosur ne veut pas courir le risque d'être victime un jour de son élargissement, il ne pourra pas laisser très longtemps encore aux seuls mécanismes du marché le soin de ses indispensables régulations internes. À défaut, les États-Unis, qui n'ont pas plus intérêt à voir se consolider cet ensemble sud-américain au-delà d'une certaine limite qu'à laisser se parachever l'Union européenne, ne manqueraient certainement pas de jouer sur les contradictions et les frustrations qu'à Brasilia, Buenos Aires et Santiago on aurait imprudemment laissées se développer, et aussi à jouer Buenos Aires contre Brasilia et Santiago contre les deux autres, le « géant brésilien » étant tout naturellement, à leurs yeux, leur plus grand opposant potentiel d'Amérique latine. Premiers partenaires commerciaux de tous les pays du Mercosur, maîtres autoproclamés de leurs politiques de lutte contre les trafics de stupéfiants, « vice-rois des Caraïbes », où, dix ans après l'effondrement du camp socialiste, ils continuent à traiter Cuba en paria et à vouloir contraindre le monde entier à faire de même, les États-Unis ne manquent pas d'ores et déjà de moyens pour continuer à faire dans cette partie du monde, comme dans bien d'autres, ce qu'ils y ont toujours fait : diviser pour régner. Ni de Chicago Boys formés dans leurs écoles et mêlés à leurs affaires pour leur donner, çà et là, quelques coups de main.

Quelques mois seulement après sa réélection, le président Clinton, qui n'avait pas mis les pieds en Amérique latine durant son premier mandat, est passé à l'offensive, dans la perspective d'un second grand Sommet des Amériques programmé pour avril 1998 au Chili. En 1997, il a rendu visite, en deux voyages, à ses cinq principaux pays : le Mexique, le Venezuela, le Brésil, l'Argentine et le Chili. À la faveur de ces rencontres, il a pu mesurer, cependant, que son entreprise risquait de ne pas connaître tout le succès qu'il en escomptait. Réunis le 19 mai, à Belo Horizonte au Brésil, ses partenaires le lui ont fait savoir sans ambages, par la voix du président Cardoso qui, à l'ouverture d'une conférence interministérielle consacrée précisément au projet de Zone de libre-échange des Amériques formé à Washington, a déclaré à l'intention évidente du représentant des États-Unis : « Nous ne devons pas nous presser pour avancer. (...) Il est utile que ce puissant levier du commerce interrégional (le Mercosur) ne se dilue pas dans cette plus grande zone de libre-échange. » Il ne pouvait être plus clair.

Six mois plus tard, en novembre, les projets libre-échangistes du président américain se heurtaient à une opposition encore plus sérieuse, celle du Congrès lui-même qui le contraignait massivement à renoncer à une procédure dite du *Fast track* (« voie rapide »), imaginée pour bousculer en cette affaire tous ses adversaires à la fois, aussi bien le Brésil, qui entend consolider en priorité sa propre zone commerciale en Amérique du Sud, que les syndicats américains, traditionnellement protectionnistes et principaux financiers du Parti démocrate. Grâce à cette procédure, Bill Clinton aurait pu conclure, de sa seule initiative, des accords bilatéraux de libre-échange avec les pays d'Amérique latine, qu'ensuite le Congrès n'aurait eu, quant à lui, que le choix d'approuver ou de rejeter en bloc, sans pouvoir les amender. À partir de là, l'administration américaine n'aurait plus eu qu'à « débaucher », un à un, les membres les moins résolus du Mercosur.

Toutes ces résistances sont fort intéressantes à observer. Mais s'ils ne restent pas suffisamment vigilants, les héritiers de Simon Bolivar pourraient être un jour contraints de faire leur sa célèbre phrase désabusée au moment de sa mort en exil après l'échec de ses entreprises unificatrices : « J'ai labouré la mer. »

Troisième partie

LES ZONES DE CONFRONTATION, DE CRISES ET D'INCERTITUDES

Chapitre 8

APRÈS LE « PÉRIL ROUGE »,
LE « PÉRIL VERT » ?

RIYAD

Dans le monde de l'après guerre froide où les conflits « secondaires » mais souvent très meurtriers se multiplient, une vaste zone, pour l'essentiel celle du monde arabo-musulman, est tout particulièrement préoccupante. En forme de « ballon de rugby », selon une expression de Gérard Chalian[1], elle s'étend, du nord au sud, des Balkans à l'Afrique orientale et, d'ouest en est, des rives atlantiques du Sahara à l'Asie du Sud-Est, englobant le Maghreb, le Proche-Orient, le Caucase, l'Asie centrale et méridionale, c'est-à-dire la plupart des points chauds actuels de la scène internationale.

Depuis 1992, l'Algérie est plongée dans une abominable

---

1. Gérard CHALIAN et Jean-Pierre RUGEAU, *Atlas stratégique*, Éditions Complexe, 1991.

guerre civile, qui a déjà fait près de cent mille morts. On a du mal à voir comment ce drame, contrairement aux commentaires sentencieux de quelques observateurs patentés et complaisants pour les actuels dirigeants algériens, pourra déboucher, un jour ou l'autre, sur autre chose que sur l'arrivée au pouvoir des islamistes les plus extrémistes, seuls ou, comme au Soudan, en compagnie d'une partie de l'armée — « l'alliance du cimeterre et de la mosquée » (ailleurs on dirait du « sabre et du goupillon »). Malgré la mise en place d'une façade institutionnelle pluraliste, conçue par les officiers supérieurs de l'armée et par les prébendiers du régime (ce sont bien souvent les mêmes personnes), les chances d'une sortie de crise concertée et démocratique, telle que celle qu'avaient imaginée les participants (y compris des représentants du FIS et de l'ex-FLN) aux rencontres romaines de Sant' Egidio, en janvier 1995, paraissent être très minces, les Groupes islamiques armés, tout comme les officiers supérieurs qui entourent le président Liamine Zéroual, s'y opposant toujours absolument.

À la longue, le Maroc et la Tunisie risquent de se trouver très ébranlés, en dépit de la politique avisée d'Hassan II, « commandeur des croyants » (vigilance mais part du feu), dans un cas, et de la répression méthodique et brutale du président Ben Ali, un homme de renseignement et de police, dans l'autre. (Il y a en permanence, en Tunisie, autour de cinq mille personnes arbitrairement emprisonnées, pour des durées plus ou moins longues et sous les prétextes les plus divers, souvent torturées, parfois à mort.)

Au-delà du Maghreb, l'arrivée des islamistes au pouvoir à Alger, d'une façon ou d'une autre, aurait de graves répercussions dans l'ensemble de l'« Ouma » (la Communauté universelle des croyants), comme en a déjà eu, il y a bientôt vingt ans, le renversement du chah par les ayatollahs, à Téhéran. Une partie de l'Europe, en particulier la France, pourrait même être touchée par l'onde de choc.

En Égypte, la situation est moins dégradée qu'en Algérie ; mais les attentats terroristes, par vagues périodiques, et la sévère répression policière qu'ils entraînent minent le régime laïc du président Hosni Moubarak, menacé de subir le même sort que son prédécésseur Anouar el Sadate, assassiné par des fanatiques. Qu'adviendrait-il, s'il disparaissait brutalement, lui aussi ?

À la faveur des élections du 7 novembre 1995, pour la première fois depuis la fin des années soixante-dix, l'opposition a été pratiquement éliminée du Parlement égyptien. Elle ne dispose plus que de 14 députés sur 444, contre 430 au Parti national démocratique, la formation gouvernementale du président Moubarak. Avec un seul député, les Frères musulmans sont la principale victime de cette politique de quasi-retour au système du parti unique, qui a décimé également l'opposition plus modérée, celle du Wafd, le vieux parti nationaliste bourgeois, qui n'a plus que six élus, et, d'autre part, les petites formations de la gauche marxiste et nassérienne, qui, ensemble, n'en ont plus que six elles aussi.

Ces résultats ont, bien sûr, été obtenus grâce à une fraude organisée à grande échelle par le pouvoir. Mais ils sont peut-être encore davantage la conséquence d'une politique de répression anti-islamique impitoyable, qui s'est traduite, dans les mois qui ont précédé les élections, par des milliers d'arrestations arbitraires et par des centaines d'exécutions sommaires, y compris d'opposants réfugiés à l'étranger.

Cette politique d'« éradication », assez semblable, dans un contexte pour le moment moins dramatique, à celle qui a la faveur des militaires algériens, et qui est donc à l'opposé de celle pratiquée plutôt avec succès en Jordanie et au Maroc, tourne le dos à quinze années d'intégration, conditionnelle et progressive, des islamistes dans le système. Comme en Algérie, et aussi en Tunisie, les dangers en sont évidents. Elle ne peut que déboucher sur une radicalisation sanglante des rapports de forces politiques, sur une quasi-guerre civile. La *Ghamaa Islamiya*, le « Groupe islamique », fer de lance de l'insurrection contre Moubarak, qui a failli réussir à assassiner le Raïs le 27 juin 1995 à Addis-Abeba, ne peut que s'en trouver renforcée. En novembre 1997, il s'est à nouveau « illustré », en massacrant, à Louxor, dans des conditions atroces, près de soixante-dix touristes européens, semant la panique dans les agences de tourisme du monde entier, qui ont aussitôt annulé leurs réservations pour la saison.

Si, au nord de l'Égypte, la Libye de Kadhafi s'est plutôt assagie ces années-ci, tout en demeurant imprévisible, au sud, le Soudan, tenu par des militaires sous forte influence religieuse extrémiste (celle, notamment, du cheikh Hassan al Tourabi), est devenu un dangereux foyer de diffusion de la révolution islamiste dans toute l'Afrique orientale et dans une partie de l'Afrique sahélienne.

Surtout, dans un autre contexte que celui qui prévaut en Égypte ou en Algérie, et pour d'autres raisons, l'Arabie Saoudite est entrée, quant à elle, dans une période présuccessorale lourde d'incertitudes. C'est peut-être bien là, au cœur du monde musulman, autour de La Mecque, que se trouve, aujourd'hui, la plus grosse menace d'explosion du Proche-Orient et même de toute l'« Ouma ».

L'embolie cérébrale qui a frappé le roi Fahd le 4 décembre 1995 et l'arrivée au pouvoir, le 1er janvier suivant, de son frère le prince héritier Abdallah, qui a été chargé d'« assurer les affaires d'État », dans l'attente d'une hypothétique convalescence, n'ont surpris personne. Tout le monde connaissait la santé très chancelante du souverain et on savait qu'en cas de malheur les règles successorales du royaume, à vrai dire assez floues, seraient respectées, en tout cas dans un premier temps. (Depuis, le roi Fahd semble s'être un peu remis. Mais le problème posé par son effacement et *a fortiori* celui de sa succession à venir demeurent entier.)

A priori, le choix du prince Abdallah est judicieux. Âgé de soixante-quatorze ans, il est le demi-frère du roi Fahd et le treizième fils du fondateur de l'Arabie Saoudite, Abdel Aziz ibn Saoud. Depuis 1962, il commande les 77 000 hommes de la Garde nationale, un corps d'élite qui assure notamment la protection des champs pétroliers. À ce titre, il a été depuis plus de vingt ans un des principaux piliers du régime, aux côtés de deux autres de ses frères, les princes Sultan (son suivant immédiat dans l'ordre successoral) et Sayed, respectivement ministres de la Défense et de l'Intérieur. Contrairement à ceux-ci, il a la réputation de privilégier les amitiés arabes de son pays et d'être d'un antisionisme radical. Par ailleurs, à la différence de la plupart des membres de la famille régnante, il passe pour quelqu'un d'austère, proche des tribus, dont il a gardé la simplicité de langage et de mœurs. Bref, en dépit de son âge avancé, il a une image plutôt positive, qu'elle soit fondée ou non, dans la conjoncture actuelle de la péninsule Arabique.

Depuis deux à trois ans, en effet, l'Arabie Saoudite traverse une zone de turbulences inquiétantes. Faisant suite à quelques autres actions analogues de moindre envergure plus ou moins tenues secrètes, un attentat spectaculaire, dirigé de façon significative contre le siège des conseillers américains de la Garde nationale à Riyad, a fait, le 13 novembre 1995, sept morts, dont cinq Américains, et une cinquantaine de blessés. Il devait être suivi d'un autre de même nature, le 25 juin 1996, dans la base que les États-Unis entretiennent à Dahran, non loin de la frontière du Koweït, où l'explosion d'un camion piégé a tué dix-neuf Américains. Bien que l'origine de cet attentat ne soit pas très claire, il a généralement été attribué, à juste titre, semble-t-il, à des extrémistes islamistes, peut-être manipulés par les Iraniens.

Un courant islamiste extrémiste se manifeste, en effet, en Arabie Saoudite depuis la guerre du Golfe, dénonçant la présence occidentale profanatrice, en particulier la présence militaire américaine, dans le royaume wahhabite où, au demeurant, elle n'a jamais été très bien acceptée. Mais ce courant y est d'autant plus radical que le royaume saoudien est un État islamique, qui a le Coran pour Constitution : ses animateurs ont beau jeu pour dénoncer les mœurs corrompus des Saoud, qui ont gouverné jusqu'à présent sans partage le pays.

Cette radicalisation religieuse trouve, d'autre part, un terrain favorable, comme dans beaucoup d'autres pays musulmans, dans le développement du mécontentement social et dans les frustrations d'une jeune élite moderne tenue à l'écart, à tous les niveaux, de la prise des décisions, bien souvent même sans emplois du tout. Dans ce pays immensément riche, premier producteur et premier exportateur mondial de pétrole (au rythme actuel de 8 millions de barils jour, il peut encore « pomper » pendant cent ans), mais mal géré, le déficit des finances publiques est devenu chronique et il ne cesse même de s'accentuer, entraînant des relèvements de prix mal supportés par une population qui a longtemps vécu « gratis ». D'autre part, le chômage frappe environ 150 000 jeunes Saoudiens scolarisés, dont 60 % de diplômés d'études supérieures qui, il est vrai, se refusent souvent à faire « n'importe quoi », préférant laisser les cadres et techniciens étrangers continuer à s'en charger, et qui sont tentés en revanche de « faire carrière » dans la surenchère religieuse. Ces jeunes constituent un encadrement potentiel inquiétant pour les détenteurs actuels du pouvoir. C'est aussi le cas, dans des contextes et pour des raisons analogues, dans les autres royaumes et émirats de la péninsule Arabique.

Bref, avec la succession du roi Fahd, s'annonce une transition difficile, dans la mesure même où on a beaucoup trop tardé, à Riyad, à s'engager sur la voie de l'indispensable adaptation des institutions politiques archaïques du pays aux réalités économiques et sociales nouvelles, nées de la richesse pétrolière et des contradictions qu'elle a engendrées. Dans ce foyer du rayonnement musulman dans le monde, qui est aussi le principal centre des intérêts pétroliers et stratégiques américains au Proche-Orient, on peut même s'attendre au pire.

La situation qui prévaut en Israël et dans les territoires palestiniens occupés, d'une part, et en Turquie, d'autre part, est largement évoquée dans d'autres chapitres de ce livre, tout comme, plus brièvement, celle des musulmans de Bosnie et des populations albanaises des Balkans. Il n'y a donc pas lieu de s'étendre longuement ici sur ces autres foyers de tension, où de vraies guerres peuvent cependant éclater à tout moment.

Le caractère éminemment aventureux de la politique du gouvernement de Benyamin Nétanyahou doit, cependant, être souligné. Itzhak Rabin et Shimon Peres pensaient pouvoir faire accepter la présence de l'État juif dans le Proche-Orient arabo-musulman, par un échange de « la paix contre la terre » — Gaza et la Cisjordanie, le Golan syrien et les confins sud du Liban, Jérusalem-est peut-être aussi. Netanyahou préfère, lui, imposer par la force la présence d'Israël aux Palestiniens et à ses voisins. En deux ans de pouvoir, tournant radicalement le dos à la politique de ses prédécesseurs, il a à peu près complètement anéanti le processus d'Oslo, sans pour autant parvenir à mettre un terme au terrorisme qui frappe régulièrement ses compatriotes. Israël tend à nouveau à être de plus en plus isolé, diplomatiquement et commercialement, tandis que Yasser Arafat, à la santé chancelante, est politiquement affaibli, face à ses adversaires extrémistes, du Djihad islamique, du Hezbollah et, surtout, du Hamas. Après un énorme fiasco du Mossad à Amman, Nétanyahou a dû accepter, début octobre 1997, la sortie de prison et le retour à Gaza du chef spirituel du Hamas, le cheikh Ahmed Yassin, qui ne veut certainement pas du bien à Arafat. De leur côté, les Égyptiens et les Jordaniens qui, les premiers, avaient tendu la main de la réconciliation à Israël, ont le sentiment amer d'avoir été bernés. La Syrie est redevenue franchement hostile, se rapprochant des pires ennemis d'Israël, l'Irak, contre qui elle avait cependant pris partie durant la guerre du Golfe, et l'Iran, avec qui elle a, en revanche, de bons rapports depuis longtemps. Les États-Unis, qui sont sur la défensive dans toute la région, où ils ont déjà perdu beaucoup de terrain et où, faute de mieux,

Israël et son armée sont plus que jamais leurs alliés les plus sûrs, laissent faire Nétanyahou, que cependant ils n'aiment pas, se contentent de tenter de donner le change avec quelques gesticulations diplomatiques sans conviction et jusqu'à présent sans lendemain. Cette politique aventureuse peut mettre le feu aux poudres. Jouerait-on à Washington la politique du pire qu'on ne s'y prendrait pas autrement. En escomptant parvenir à régler à chaud des problèmes qu'on renonce à traiter à froid, on joue aux apprentis sorciers.

Relève de la même rubrique la politique aveugle et brutale de sanctions menée, d'autre part, par ces mêmes Américains, sans plus de succès, contre l'Irak et l'Iran, ainsi que cela est également analysé par ailleurs.

En Iran, cependant, les choses seraient-elles en train d'évoluer dans le bon sens ? Peut-être. Cependant, pour le moment, la méfiance s'impose encore. Pour la première fois depuis l'avènement de la République islamique, en 1979, un président se proclamant réformateur, l'hodjatoleslam Mohamed Khatami, a été élu au suffrage universel, le 23 mai 1997, battant nettement, avec 69 % (soit vingt-deux millions de voix), le candidat des conservateurs, le président du Parlement, l'ayatollah Ali Akbar Nategh-Nouri, grâce au soutien massif des femmes et de la jeunesse qui, vingt ans après la révolution khomeyniste, aspirent à plus de liberté politique, culturelle et sociale. Reprenant les grands thèmes de sa campagne électorale dans son discours de prise de fonction, le 4 août suivant, Mohamed Khatami, qui avait été quelques années plus tôt un ministre de la Culture assez ouvert, a réaffirmé que son gouvernement s'efforcerait de « restaurer les libertés publiques » et qu'il s'opposerait à « toute violation de la dignité et des droits individuels ». Par ailleurs, il a assuré que l'Iran était « en faveur d'un dialogue entre les civilisations et d'une détente dans ses relations avec l'étranger », tout en rappelant, cependant, que son pays « continuerait à résister aux puissances étrangères qui veulent lui imposer leur

LE « BALLON DE RUGBY »

volonté » (sous-entendu, notamment, les États-Unis) et « à défendre les opprimés du monde », au premier rang desquels, « le peuple de Palestine ». Mais il ne faut tout de même pas oublier que ce nouveau président est issu du sérail khomeyniste et il est légitime de se demander s'il mettra bien en œuvre ses promesses globalement encourageantes, à présent qu'il est en charge de l'État, dans une société iranienne devenue très complexe, où, certes, les aspirations libérales sont fortes, mais où la puissance des milieux conservateurs n'en demeure pas moins considérable. La veille de sa prise de fonction, celui qui est son supérieur spirituel, comme celui de tous les Iraniens, l'ayatollah Ali Kamenei, « Guide suprême de la Révolution », depuis qu'en 1989 il a succédé à ce poste à l'ayatollah Ruhullah Khomeyni, avait clairement et publiquement rappelé au nouvel élu les règles du jeu et les lignes à ne pas franchir. « Beaucoup de pays et surtout les médias se livrent à de fausses sublimations et ne font qu'affirmer ce que simplement ils espèrent », avait fait savoir celui qui pendant la campagne électorale avait soutenu en vain le rival de Khatami et qui, de toute évidence, n'a pas dit son dernier mot, sachant qu'il peut compter, entre autres, sur la majorité du Parlement et sur l'essentiel de l'institution judiciaire. À l'issue du sommet de l'Organisation de la conférence islamique, qui s'est tenu à Téhéran en décembre 1997 et qui a constitué un grand succès international pour l'Iran (cinquante-cinq rois ou chefs d'État y étaient présents ou représentés à un haut niveau), le président Khatami a déclaré, dans une conférence de presse, qu'il souhaitait l'ouverture d'un dialogue avec les États-Unis. Un peu plus tard, le 7 janvier, dans un entretien accordé à CNN, il avait exprimé ce souhait de façon encore plus claire, parlant même du « grand peuple américain ». Bill Clinton et ses porte-parole avaient fait connaître leur intérêt. Mais, dès le 16 janvier, Ali Kamenei avait remis les pendules à l'heure islamique exacte, rejetant sans ambiguïté toute perspective « de dialogue et de négociations avec les États-Unis, le Grand Satan, qui porteraient atteinte aux intérêts de l'Iran et du mouvement islamiste mondial ».

Plus à l'est, le Caucase demeure profondément marqué par les séquelles de la sanglante et désastreuse intervention russe en Tchétchénie, pour ne pas parler de celle, aux conséquences beaucoup plus désastreuses encore, qui l'avait précédée quelques années plus tôt, aux abords de l'Asie centrale, en Afghanistan. Au-delà, l'Inde et le Pakistan, en mesure de développer l'une et l'autre leurs propres forces nucléaires, se disputent toujours le Cachemire, en majorité musulman ; la tension est vive au Xinjiang, le « Turkestan chinois » ; en Malaisie, enfin, le tout puissant, et intelligent, premier ministre Mahathir Mohamad tient depuis des années un discours violemment anti-occidental. Tout cela simplement rappelé, pour faire court.

Bref, le « ballon de rugby » peut apparaître à beaucoup comme une assez terrifiante bombe à retardement, dont la déflagration aurait des effets dévastateurs sur une bonne partie de la planète.

Cependant, même si cette zone à hauts risques correspond pour l'essentiel à l'aire d'expansion de l'islam, ce serait commettre une grave erreur d'analyse que de voir dans cette coïncidence géographique une relation absolue de cause à effet et d'en déduire que l'indispensable réduction de ces risques doit passer par une politique de dénonciation, de « containment » et de refoulement de la religion du Prophète, à l'instar de ce qui fut fait contre le communisme pendant près de quarante ans, jusqu'à l'effondrement final de « la grande religion laïque du XXe siècle ». Malgré des apparences contraires, quoi qu'en disent un peu trop de gens qui ne sont pas sans arrière-pensées mercantiles (les « pétroliers » et les marchands d'armes, notamment), un « péril vert » n'est pas en train de succéder au « péril rouge ».

Les musulmans vivent aujourd'hui une grande époque de retour aux sources, comme ils en ont déjà connu plusieurs dans leur histoire. Ainsi, à travers le développement de la *Quadiriya*, fondée à Bagdad par Abud el-Kadir el Djilani au XII° siècle, ou bien avec l'expansion de la *Tidjaniya* et de la *Senoussiya*, nées l'une et l'autre en Algérie, au XVIII° et au XIX° siècles, de la prédication de Sidi Ahmed Tidjani, à Laghouat, et de celle de Sidi Mohamed Ben Ali Senoussi, à Mostaganem. Autant de « voies » (*tariqa*) de perfectionnement spirituel issues du soufisme (la tendance mystique de l'islam, dont les premières manifestations sont apparues dès le VIII° siècle, peu après l'hégire) et ont été mises en œuvre par des « confréries », qui se sont vite répandues, chaque fois, dans une large partie de l'Ouma, jusqu'en Afrique sahélienne. Avant de s'apaiser, ce qui a toujours été le cas, ces mouvements ont généralement connu, dans leurs phases ascendantes, des périodes de violente dénonciation de l'étranger, corrupteur des mœurs et oppresseur, débouchant parfois sur de véritables « guerres saintes », d'ordinaire menées contre des envahisseurs chrétiens. Ainsi au moment de la conquête coloniale européenne, au XIX° siècle, la farouche résistance armée des sultans el Hadj Omar et Samory, dans la boucle du Niger, du sultan Rabah, dans le bassin du lac Tchad, et du « mahdi » (le « Messie ») Mohamed Ahmed Abdallah, dans le Soudan nilotique. De fait, aujourd'hui comme hier, on retrouve, au-delà de la différence de contexte historique, le même mélange de désir de ressourcement spirituel et de volonté de se débarrasser de toutes formes d'agression et de domination extérieure, culturelle et économique, comme *a fortiori* militaire. En somme, l'ultime étape de la décolonisation.

En outre, la nécessaire globalité de la vision du phénomène islamiste ne doit pas détourner pour autant de l'analyse des situations particulières, pays par pays, et, là, on trouve des explications plus politiques aux crises réelles de cette zone éminemment dangereuse de la planète en cette fin de siècle, des explications qui n'ont finalement pas grand-chose à voir avec la religion musulmane : de graves injustices sociales, dont sont victimes la plupart des populations concernées, et des autocraties insupportables auxquelles elles sont soumises, avec, souvent, pour des raisons mercantiles, la complicité au moins passive d'un Occident assimilé, lui, tout aussi abusivement, au christianisme.

Si on admet cette façon de voir, on est amené à conclure que seule une contribution beaucoup plus importante qu'aujourd'hui de ce même Occident au développement économique du Maghreb et du Proche-Orient permettra de désamorcer les unes après les autres les bombes dont les mèches fument à sa porte. Et non pas la poursuite d'un soutien aveugle à des politiques d'oppression policière sans perspectives. En attendant les effets d'un tel développement, des caps difficiles vont devoir être passés et on risque, ici ou là — en Égypte et en Arabie Saoudite, notamment —, de ne pas pouvoir faire l'économie de quelques nouvelles expériences de type iranien ou algérien, qui dureront un certain temps. Mais comment faire pour éviter de payer les factures des erreurs passées ? En tout cas, toutes les factures. « Le FIS est le fils du FLN », comme le FLN fut la conséquence du refus de décoloniser progressivement et pacifiquement l'Algérie.

L'Europe et tout d'abord la France ont une responsabilité particulière en cette affaire. Mais aussi un grand rôle à jouer. Beaucoup plus que les Américains, aujourd'hui bien davantage discrédités, même dans les capitales où, faute de pouvoir faire autrement, on continue de composer avec eux.

Chapitre 9

UN SIÈCLE D'OCCASIONS MANQUÉES EN ALGÉRIE

ALGER

Depuis le début du siècle, l'histoire de l'émancipation puis de l'indépendance de l'Algérie est une succession d'occasions manquées, les revendications du peuple algérien, satisfaites toujours trop tard, n'ayant cessé de se radicaliser.

Dès avant la guerre de 1914, les premières demandes de réformes des « Jeunes Algériens », pourtant fort modérées (suppression des inégalités fiscales et extension de la représentation politique des musulmans), s'étaient heurtées sans appel à l'opposition des colons européens. De 1925 à 1927, la politique « libérale » du gouverneur Violette avait connu le même sort, tout comme, dix ans plus tard, le projet d'intégration de quelque 20 000 Français musulmans dans le collège électoral des Français d'origine européenne qu'avait timidement tenté de mettre en œuvre le gouvernement du Front populaire. Déjà, cependant, sous l'influence des oulémas[1], commençaient à se créer et à se développer les premières organisations nationalistes, dont, au premier plan, celle de Messali Hadj.

Aussitôt après la Seconde Guerre mondiale, la France, à peine libérée de l'occupation nazie, réprimait dans le sang, en mai 1945 à Sétif, un soulèvement du Constantinois : un véritable massacre, commandé par le gouvernement du général de Gaulle, auquel participaient tous les partis politiques issus de la Résistance, y compris le Parti communiste de Maurice Thorez. Dans les années qui suivirent, les dirigeants de la quatrième République firent continûment la sourde oreille aux appels de Ferhat Abbas, qui, cependant, ne plaidait guère, quant à lui, que pour l'égalité des droits politiques de tous les habitants de l'Algérie, en somme pour « l'Algérie française ». Le « pharmacien de Sétif », qui avait réussi à se faire élire au Parlement français, s'en trouva vite et définitivement disqualifié, tout comme Messali Hadj lui-même, dépassé par de plus radicaux que lui. Dès 1947, en effet, un groupe de jeunes gens avaient créé l'Organisation spéciale, et, sept ans plus tard, le 1er novembre 1954, ils allaient déclencher l'insurrection armée, sous le drapeau du Front de libération nationale.

Après huit autres années d'une guerre meurtrière, aveuglément poursuivie de « dernier quart d'heure » en « dernier quart d'heure », les accords d'Évian de 1962, auxquels s'était enfin résigné de Gaulle revenu au pouvoir après que la quatrième République eut été emportée dans la tourmente, intervenaient beaucoup trop tard. L'Algérie, devenue indépendante dans la violence, et non pas au terme d'une évolution pacifique progressive comme les anciennes colonies françaises d'Afrique noire, s'engageait aussitôt, sous la direction des présidents Ben Bella,

---

[1]. Des clercs, « savants » en religion, interprètes reconnus de la loi divine, ou chari'a.

puis Boumediene, dans une révolution économique et sociale radicale, où ne pouvaient que sombrer presque tous les intérêts français, les pieds-noirs, qui s'étaient opposés pendant de trop longues décennies à toutes les concessions, n'ayant plus dès lors que le choix entre « la valise ou le cercueil ».

Même s'il devait rester longtemps auréolé de la gloire de son combat héroïque pour l'indépendance, le Front de libération nationale installé au pouvoir n'avait pas tardé à devenir un Parti-État policier, étroitement contrôlé par les officiers supérieurs de l'armée, donneur de leçons à tout l'univers, même si la plupart de ses dirigeants étaient devenus, très vite, des corrompus. Surtout, il avait fait d'entrée de jeu des choix stratégiques de développement économique, inspirés du modèle soviétique, qui allaient s'avérer désastreux et entraîner l'Algérie dans une profonde crise économique et financière, en dépit de ses richesses pétrolières et gazières. Hormis une assez mince couche de privilégiés et de prébendiers, la population algérienne, qui s'accroît de plus de 3 % par an (aujourd'hui, l'Algérie compte plus de 27 millions d'habitants, contre à peine dix millions au moment de son indépendance), s'enfonçait dans une misère de plus en plus profonde. La jeunesse (les deux tiers des Algériens ont moins de trente ans) était tout particulièrement frappée par le chômage, sans aucune perspective sérieuse de s'en sortir, et la célébration indéfinie de la glorieuse geste de ses aînés compensait de plus en plus mal ses frustrations. À défaut de réponses à ses aspirations consuméristes selon le modèle occidental du nord de la Méditerranée tout proche, elle ne pouvait, désemparée, que basculer en grand nombre dans le fondamentalisme musulman, prêché par quelques-uns de ses grands frères restés en dehors du système.

C'est sur ce terrain on ne peut plus fertile (« La religion, opium du peuple, espoir de ceux qui n'ont plus d'espérance ») que, vers la fin des années quatre-vingt, sous la présidence du médiocre Chadli Benjedid, qui avait succédé à Boumediene décédé, le Front islamique du salut, sous la conduite d'Abassi Madani et d'Ali Benhadj, devait prendre son essor. Il s'était érigé rapidement en contre-pouvoir dès sa légalisation, en septembre 1989, à la faveur de l'instauration du multipartisme, à laquelle Benjedid, en juillet précédent, avait dû se résigner, après avoir tenté en vain, un an plus tôt, de noyer le mouvement dans le sang, à l'occasion d'une émeute de la jeunesse algéroise largement provoquée par sa police. Prônant l'avènement d'un État islamique qui représenterait un retour à l'âge d'or d'une société fraternelle, solidaire et vertueuse, régie par la seule loi de Dieu, le FIS eut tout de suite l'habileté d'accompagner, au quotidien, son message messianique d'un travail de fourmis de ses militants au service des plus démunis, des chômeurs, des malades, des analphabètes, multipliant — avec l'aide financière de pays musulmans amis, en tête desquels pendant longtemps l'Arabie Saoudite — centres culturels et associations de bienfaisance et prenant le contrôle de milliers de mosquées. Cette politique de terrain devait vite s'avérer payante. En juin 1990, le FIS s'emparait de centaines de municipalités, dont celle d'Alger. Puis, le 26 décembre, au premier tour des premières élections législatives libres depuis l'indépendance, ses candidats remportaient 44 % des suffrages exprimés et, scrutin majoritaire aidant (un scrutin majoritaire que le FLN avait maladroitement fait instaurer, escomptant en bénéficier lui-même), il enlevait d'entrée de jeu 188 sièges, contre moins de 24 % des suffrages et seulement 16 députés à l'ancien parti unique. Le second tour s'annonçait pour le FIS comme une simple formalité ; le pouvoir était pour lui à portée de main.

Le 11 janvier 1992, avec l'approbation de tous ceux qui étaient menacés de perdre leurs prébendes et leurs privilèges, les chefs les plus durs de l'armée, parrains et principaux bénéficiaires depuis trente ans du système en train de s'effondrer, décidaient de déposer leur ancien camarade Chadli Benjedid, coupable d'avoir accepté d'ouvrir la boîte de Pandore du libéralisme politique, et interrompaient aussitôt le processus électoral en cours, au nom des « vraies valeurs démocratiques », dont ils s'instituaient d'autorité les défenseurs. Dans la foulée, ils prononçaient la dissolution du FIS et des municipalités qu'il détenait et faisaient procéder à l'arrestation de la plupart de ses dirigeants et de nombre de ses militants (ses deux chefs, Abassi Madani et Ali Benhadj, avaient déjà été arrêtés le 30 juin précédent). Ils avaient déclenché ainsi un processus répressif impitoyable, qui n'a cessé de s'intensifier depuis lors, et le FIS n'avait plus d'autre choix que de plonger dans la clandestinité et dans la violence. Mais, n'est-ce-pas, « pas de liberté pour les ennemis de la liberté ». On connaît la suite du coup de force de ces humanistes galonnés, en quête depuis lors de légitimité chez eux et au-dehors, mais qui n'entendent pas pour autant courir le risque de perdre le pouvoir ni même de seulement le partager et qui, pour cela, ont déjà mis à leur actif au moins autant de morts que leurs adversaires islamistes.

Tout ce que l'Algérie compte d'intellectuels, ou presque, poussait sur le moment un lâche soupir de soulagement (un homme qui se noie, c'est bien connu, s'accroche à un serpent) et un peu partout dans le monde occidental on faisait peu glorieusement de même. Au nom de la France, le ministre des Affaires étrangères Roland Dumas allait sur place six mois plus tard pour officialiser l'acquiescement de Paris à ce qui s'était passé, tandis que, peu après, Alain Juppé, pas encore installé à son tour au Quai d'Orsay, s'y rendait de son côté, au nom de l'opposition d'alors, pour assurer lui aussi de son soutien les militaires algériens dans leur lutte contre le mouvement islamiste. Admirable consensus ! Désastreuse politique à courte vue !

En rappelant d'un long exil marocain, qui l'avait fait échapper au discrédit du FLN, un de ses derniers chefs historiques encore en vie, Mohamed Boudiaf, pour le porter, dès le 26 janvier 1992, à la tête de leur Haut Comité d'État, créé pour assurer provisoirement le pouvoir, les militaires avaient pensé sortir de l'impasse dans laquelle ils s'étaient placés. Mais Boudiaf, qui n'avait jamais trempé dans leurs intrigues et dans leurs trafics, avait refusé de se laisser manipuler. Prenant sa mission de redressement moral, politique et économique du pays au sérieux, il avait entrepris de dénoncer courageusement la corruption dans les plus hautes sphères du pays et annoncé son intention de créer un mouvement politique destiné à soutenir son action, qui avait des chances de devenir populaire. C'en était trop pour ceux qui étaient visés et menacés. Moins de six mois plus tard, le 29 juin, Boudiaf était assassiné, à Annaba, dans de ténébreuses conditions, et remplacé par une personnalité beaucoup plus malléable, Ali Kafi, avant que l'armée, se décidant à agir plus à découvert, dissolve le HCE et remplace cette présidence collégiale par l'un des siens, le général Liamine Zéroual, proclamé chef de l'État le 30 janvier 1994.

Quatre ans après, Liamine Zéroual n'est cependant toujours pas parvenu à sortir l'Algérie de la tragique dialectique terrorisme-répression, dans laquelle elle a sombré, ni à nouer, entre les principaux protagonistes du drame, les premiers fils d'un dialogue seul à même pourtant d'amorcer un processus de retour à la paix civile. Prisonnier, consentant ou non, d'un entourage résolu à « éradiquer » complètement ses adversaires islamistes, il n'est toujours pas en mesure d'offrir un minimum de garanties et d'assurances même aux plus modérés de ceux-ci, qui sont eux-mêmes débordés par la surenchère de radicaux bien décidés à s'emparer, quel qu'en soit le prix, de la totalité du pouvoir plutôt que de le partager, leur intransigeance confortant celle des militaires et *vice versa*. À côté du Front islamique du salut, en effet, se sont développés des Groupes islamiques armés (GIA), assez autonomes les uns par rapport aux autres, dont on ne connaît que très mal les dirigeants, mais dont on sait qu'ils sont les ordonnateurs de la majorité des actes terroristes quasi quotidiens et toujours meurtriers commis depuis lors, les autres paraissant être le fait d'une Armée islamique du salut, qui se réclame quant à elle du FIS, mais dont on ne connaît pas grand-chose non plus, si ce n'est qu'elle est un peu moins cruelle.

À l'automne 1994, le général Zéroual avait fait sortir pendant quelques semaines de prison, pour les placer en résidence surveillée, Abassi Madani et Ali Benhadj, dont on appréciait au demeurant de plus en plus mal l'autorité sur ceux qui se réclamaient encore d'eux, pour tenter, semble-t-il, d'entamer un dialogue ; mais l'affaire avait rapidement tourné court (tout comme risque fort d'être sans lendemain le nouvel élargissement, sous surveillance, du premier, intervenu en juillet 1997). Quelques mois plus tard, en janvier 1995, une « plate-forme » de propositions « pour une issue pacifique et démocratique » du conflit, élaborée à Rome, sous les auspices de la communauté Sant' Egidio, par des représentants des principaux partis politiques algériens, y compris le FIS, avait été aussitôt rejetée par le pouvoir qui, en revanche, avait commencé à avancer l'idée de l'organisation d'une élection présidentielle avant la fin de cette année-là. Mais, cette fois, ce furent les signataires de l'accord de Rome qui firent savoir très rapidement leur hostilité à la proposition et décidèrent de boycotter le scrutin : le Front de libération nationale, qui essayait de se refaire une santé en prenant de plus en plus ses distances avec les militaires, le Front des forces socialistes, qui n'était toujours que la principale formation politique de Kabylie et, bien sûr, le Front islamique du salut. Néanmoins, l'élection présidentielle devait se tenir, le 16 novembre 1995, et le président Liamine Zéroual, jusque-là autoproclamé, devint, haut la main, président, cette fois élu, de la République algérienne.

Cependant, cette consécration démocratique n'a pas enclenché jusqu'à présent la machine à remonter le temps. Le président algérien ne paraît pas vraiment lavé par son élection du péché originel de son arrivée au pouvoir par la force, et les généraux « éradicateurs » restent plus que jamais les maîtres du pays, leurs rivalités internes ne donnant même pas au chef de l'État, si tant est qu'il le souhaite, le minimum de marge de manœuvre qui lui serait nécessaire pour ouvrir suffisamment le jeu à l'opposition. Entre celle-ci, en ses diverses organisations, légales ou non, et l'appareil d'État militaro-policier, l'impasse demeure à peu près totale. Aucun des deux protagonistes ne paraît être en mesure de l'emporter, dans un avenir prévisible, et, semaine après semaine, jour après jour, les morts s'ajoutent aux morts (on estime à près de 100 000 les victimes des attentats et de la répression depuis sept ans). Pour consolider un peu plus le pouvoir de Liamine Zéroual, un référendum constitutionnel puis des élections législatives ont été organisés, en décembre 1996 et en juin 1997, dans des conditions plus que douteuses : nombreuses fraudes et interdiction maintenue du FIS, contre lequel on a suscité le développement de partis islamistes « modérés », un FLN rentré finalement dans le rang, un parti du président fabriqué de toutes pièces à la veille du scrutin. Le pouvoir n'est pas sorti de l'impasse pour autant. La guerre civile algérienne se poursuit, dans des conditions toujours aussi atroces, les femmes et les enfants, méthodiquement et toujours spectaculairement égorgés par les combattants du GIA, en étant les principales victimes.

La France est de plus en plus prise dans la tourmente (près de la moitié des étrangers tués en Algérie depuis le déclenchement de la guerre civile sont des Français). Mais elle est en même temps de plus en plus impuissante face à une telle montée de violence, qui paraît ne plus avoir de limite. Au vrai, ancienne puissance coloniale, toujours soupçonnée quoi qu'elle fasse et quoi qu'elle dise de s'ingérer dans les affaires intérieures de ses anciens départements, elle est de moins en moins en mesure d'avoir une quelconque politique algérienne à la hauteur de la situation, quels que soient ceux qui la dirigent à tour de rôle. Qu'elle se taise, et la voilà accusée d'être sans réserves du côté des militaires, qui sont convaincus qu'il n'y a pas d'autre solution que d'écraser la révolte islamiste. Qu'elle prône le dialogue, et la voilà soupçonnée de complaisance à l'endroit des islamistes. En fait, avec plus ou moins de discrétion, la France ne cesse, à la fois, d'osciller entre les deux comportements et de privilégier, tout compte fait, le pouvoir en place, en particulier par son aide financière : le poids de l'histoire, le sens, contradictoire, de ses intérêts présents et futurs l'empêchant de se déterminer clairement. Quant à ses partenaires de l'Union européenne, qui voudraient faire croire aux peuples du sud de la Méditerranée qu'ils constituent une puissance politique en formation, pour d'autres raisons, dont un profond désintérêt, ils se sont tenus à l'écart du dramatique bourbier algérien jusqu'à une date récente (l'envoi, le 19 janvier, pour une seule journée, d'une mission ministérielle aux objectifs passablement incertains à Alger). On peut presque en dire autant des États-Unis dans la phase actuelle — encore qu'il semble bien que, par le pétrole et le gaz alléchés, ils penchent à présent en faveur d'un accord entre islamistes et militaires, dans une configuration pour le moment assez floue.

Chapitre 10

« ERETZ ISRAËL » D'ABORD !

JÉRUSALEM

Presque aussitôt après la victoire de la droite israélienne et de son chef Benyamin Nétanyahou, le patron du Likoud, aux élections du 29 mai 1996, le changement radical que la majorité des électeurs juifs avait imposé à la politique de Jérusalem au Proche-Orient apparaissait clairement, derrière le léger rideau de fumée des déclarations lénifiantes sur la volonté des nouvelles autorités de poursuivre le processus de paix qu'avaient engagé leurs prédécesseurs de gauche avec les responsables palestiniens.

« Itzhak Rabin avait gagné les élections de 1992 parce qu'il se présentait comme un homme de droite. Or cette victoire du Parti travailliste ne pouvait être qu'un épisode. Une telle occasion avait peu de chances de se répéter dans un avenir proche : le peuple d'Israël est plutôt de droite. Le gouvernement travailliste devait profiter de cette chance unique pour lancer une diplomatie innovatrice et laisser une nouvelle réalité au Proche-Orient, des accords, des règlements de paix avec les voisins arabes. Avant cela, pendant ses quinze ans au pouvoir, le

Likoud avait construit des colonies juives partout dans les territoires occupés, afin de créer une situation irréversible et d'empêcher le partage du pays entre deux souverainetés, israélienne et palestinienne. Nous, les travaillistes, avons essayé de surmonter les obstacles dressés par le Likoud et d'installer une situation politique différente, solide et irréversible, fondée sur la paix. » C'est ainsi que Yossi Beilin, le ministre qui était chargé des négociations de paix auprès de Shimon Peres, analysait, aux lendemains de la défaite électorale de son camp, la lutte entre les deux acteurs principaux de la scène politique israélienne, depuis la signature des accords d'Oslo, en septembre 1993.

Pour Peres et pour le vieux et prestigieux soldat Rabin, héros de la guerre de Six Jours, qui s'était rallié non sans réticences mais loyalement à sa vision, Israël ne pourrait jamais vivre en paix tant que sa présence n'aurait pas été acceptée par ses voisins arabes, dans le cadre d'un nouveau concert des nations proche-orientales, d'un Nouveau Proche-Orient. Cette acceptation devait passer nécessairement par un accord préalable avec les Palestiniens, un accord qui ne pouvait guère déboucher que sur un partage de l'ancienne Palestine entre les deux peuples qui la revendiquent pour des raisons historiques différentes. Il fallait donc céder de la terre pour avoir la paix. Au demeurant, n'était-ce pas ce qu'avait fait, en 1979, Menahem Begin lui-même, le chef du Likoud de l'époque, lorsqu'il avait accepté, en échange de l'établissement de relations normales, de rendre à l'Égypte le Sinaï, la terre où Dieu avait remis à Moïse les tables de la Loi ?

C'est cette façon de voir qui avait sous-tendu la mise en œuvre de la politique des travaillistes envers les Palestiniens dès leur arrivée au pouvoir. Trois ans et demi après, lorsqu'ils ont dû passer la main à leurs adversaires, le processus de paix entamé avec l'OLP (l'Organisation de libération de la Palestine) de Yasser Arafat en était à peu près à mi-parcours. Une Autorité palestinienne, présidée par celui-ci, avait été mise en place et elle avait commencé à s'exercer sur « Gaza et Jéricho, d'abord », assez rapidement après la signature des accords d'Oslo, puis, ensuite, sur six autres villes de Cisjordanie (Jenin, Tulkarem, Naplouse, Kalkilya, Ramallah et Bethléem), en décembre 1995 ; la plus grande partie d'Hébron devait s'ajouter rapidement à cette liste. « Tsahal », l'armée israélienne, s'était retirée de toutes ces villes, comme de Gaza. En revanche, le sort de Jérusalem-est n'avait toujours pas fait l'objet de discussions autres qu'informelles et secrètes. Surtout, il restait à entamer, à compter de cette fin d'année, les négociations, prévues par les accords d'Oslo pour se terminer trois ans plus tard, sur l'avenir et le statut définitif des territoires occupés dans leur ensemble, c'est-à-dire sur les conditions de la future indépendance palestinienne. Par ailleurs, des pourparlers s'étaient engagés, sous l'égide des États-Unis, entre Israéliens et Syriens, sur l'avenir du Golan et sur celui des relations entre Jérusalem et Damas.

En contrepartie, la quasi-totalité des pays arabo-musulmans avaient suspendu, au moins *de facto*, leurs mesures de pressions économiques sur Israël, avec lequel la plupart des États du tiers-monde, notamment ceux d'Afrique, avaient rétabli les relations diplomatiques qu'ils avaient presque tous suspendues depuis une vingtaine d'années. Huit des vingt et un membres de la Ligue arabe étaient du nombre [1]. Enfin et en résultante du processus enclenché, les investissements étrangers en Israël se développaient à un rythme accéléré, entraînant une croissance économique annuelle de l'ordre de 7 %. La « vision » de Shimon Peres

---

1. L'Égypte et la Jordanie avaient échangé des ambassadeurs avec Israël. Le Maroc avait ouvert des bureaux de liaison à Rabat et à Tel-Aviv. La Mauritanie avait des bureaux d'intérêt via l'Espagne ; Oman, des représentations économiques et commerciales, et le Quatar avait donné son accord pour une formule analogue. Enfin, l'Autorité palestinienne elle-même avait déjà tissé tout un réseau de rapports les plus divers avec l'État juif et ses entreprises.

commençait bel et bien à devenir une réalité, malgré l'hostilité toujours déclarée de l'Iran, de l'Irak, de l'Arabie Saoudite et de la Syrie, ainsi que des organisations palestiniennes ou pro-palestiniennes les plus radicales, telles que le Hezbollah, qui agresse régulièrement la Haute-Galilée à partir de ses bases du Liban, et, surtout, le Hamas, commanditaire des très meurtriers attentats-suicides de ces deux dernières années.

Depuis sa victoire du 29 mai 1996, Benyamin Nétanyahou a mis en œuvre une politique fondamentalement différente. Inspirée par des principes religieux (« C'est à nous que Dieu a donné ce pays, qui s'étend de la mer jusqu'au Jourdain », a redit le leader du Likoud le soir de son élection), c'est une politique expansionniste qui repose sur la conviction que la seule façon pour Israël de pérenniser sa présence dans la région est de consolider d'abord celle-ci en Cisjordanie, ses rapports avec ses voisins arabes dussent-ils à nouveau en souffrir pour un temps plus ou moins long, avant que ceux-ci finissent par s'incliner devant le fait accompli, tout comme les Palestiniens, qui devront se contenter d'une autonomie limitée, géographiquement et institutionnellement, et qui n'auront jamais la possibilité de se constituer en État-nation souverain. Pour les Palestiniens, ce n'est rien d'autre que le retour à la politique, qu'ils ont toujours rejetée, des accords de Camp David, signés en 1978 sous l'égide du président Carter, entre Menahem Begin et Anouar el Sadate. Mais, pour l'actuel gouvernement israélien, c'est : « D'abord la terre ; pour la paix, on verra bien. » D'où les trois « non » martelés tout au long de la campagne électorale de Nétanyahou, et qu'il ne cesse de rappeler depuis qu'il est devenu Premier ministre : non à la création d'un État palestinien, non au partage de Jérusalem, qui doit rester « la capitale unifiée et éternelle » d'Israël, non à l'évacuation du Golan syrien, dont, selon le Likoud, le maintien de l'occupation demeure indispensable stratégiquement à cette consolidation du Grand Israël (l'« Eretz Israël »), premier objectif des nouveaux dirigeants de l'État hébreu. « Eretz Israël », d'abord !

De cette façon de voir, à l'opposé absolu de celle de Shimon Peres, ont découlé très logiquement toutes les décisions prises depuis l'arrivée au pouvoir de Nétanyahou, tant vis-à-vis de l'Autorité palestinienne que vis-à-vis des voisins arabes d'Israël et de ses partenaires étrangers en général.

Symboliquement, le Premier ministre israélien, dès son arrivée au pouvoir, a, tout d'abord, attendu plus de trois mois avant de rencontrer, une première fois, brièvement, Yasser Arafat, auprès de qui il s'était contenté jusque-là de déléguer, pour une visite de pure forme, son ministre des Affaires étrangères, David Lévy, et, pour des raisons pratiques, quelques conseillers, marquant ainsi d'entrée de jeu sa volonté d'imposer une « diminutio capitis » diplomatique à celui qui était devenu, au contraire, l'interlocuteur privilégié de son prédécesseur. Par ailleurs, l'autorité du leader de l'OLP s'est vite trouvée menacée par les graves conséquences économiques et sociales du maintien du bouclage de Gaza et des autres enclaves autonomes palestiniennes, qui avait été instauré après les attentats-suicides de février 1996 et qui n'est levé depuis lors que par intermittences capricieuses.

Ce sont, toutefois, les tergiversations sur l'évacuation partielle d'Hébron par l'armée israélienne, également prévue par les accords d'Oslo, mais à laquelle s'opposaient une poignée de colons juifs fanatiques, et qui n'ont finalement abouti qu'au début de janvier 1997, et puis, surtout, la décision de reprendre la politique de développement des « implantations » en Judée et en Samarie (comme, à Jérusalem, on appelle à nouveau délibérément la Cisjordanie) qui ont le mieux révélé les intentions de Nétanyahou et de son gouvernement. Confiée au chef de file des ultra-nationalistes expansionnistes, Ariel Sharon, qui s'en était déjà fait le champion avant 1992, cette reprise de la politique d'implantations a pour objectif proclamé de favoriser l'installation de trois cent mille nouveaux colons dans les territoires occupés, où vivent déjà plus de 150 000 Israéliens sur des terres enlevées aux Palestiniens. Devenu « ministre des Infrastructures nationales », Ariel Sharon a entrepris de mettre en œuvre un vaste projet de routes et d'autoroutes nouvelles, destinées à relier ces implantations les unes aux autres et, ainsi, à littéralement hacher la Cisjordanie arabe, afin qu'il ne soit plus possible d'envisager qu'elle serve un jour de base territoriale à un éventuel État palestinien indépendant.

Dans le cadre de cette politique d'opposition radicale aux aspirations nationales palestiniennes, deux décisions provocatrices et lourdes de conséquences ont achevé de casser le processus d'Oslo. Comme « compensations » accordées à l'aile dure du gouvernement pour l'évacuation partielle d'Hébron en janvier 1997, Nétanyahou a ordonné, en septembre 1996, la réouverture d'un antique tunnel juif sous l'esplanade des Mosquées, dans la vieille ville arabe de Jérusalem, où des émeutes sanglantes ont aussitôt éclaté, puis, six mois plus tard, en mars 1997, il a annoncé la mise en construction, sur la colline d'Abou Gherneim (en hébreu, Har Homa), au sud-est de la ville sainte, d'un nouveau quartier juif, de 6 500 logements, qui va parachever le bouclage de la Jérusalem arabe, que le gouvernement de Nétanyahou s'emploie par ailleurs et de mille façons à vider progressivement de sa population palestinienne, installée là depuis de très longs siècles.

Sur ces entrefaites, des informations, précises et alarmantes pour les Palestiniens, ont filtré dans la presse israélienne, selon lesquelles l'État juif ne serait finalement disposé à rétrocéder à l'Entité palestinienne, le jour où celle-ci voudra bien l'accepter, tout de suite ou plus tard, que 40 % des territoires cisjordaniens occupés depuis 1967, au mépris non seulement des accords d'Oslo, mais aussi de toutes les résolutions des Nations unies sur le sujet — au demeurant, ces tout derniers mois, Nétanyahou lui-même ne parlait plus que d'un pourcentage beaucoup moindre !

À partir d'autres « rumeurs », la crainte de voir l'armée israélienne réoccuper les villes de Cisjordanie rétrocédées aux Palestiniens resurgit même périodiquement.

À Jérusalem, de toute façon, on se soucie de l'opinion internationale comme d'une guigne. On mise sur les divisions des États arabes voisins et sur leurs difficultés internes, pour qu'ils n'aillent pas à l'encontre de cette politique au-delà de quelques déclarations de principe. On fait plus que jamais des risettes au roi Hussein de Jordanie, qui s'est toujours méfié des Palestiniens, majoritaires chez lui, et dont il a même été, avec Hafez el Assad de Syrie, le principal massacreur (« Septembre noir »). On n'est pas davantage avare de bonnes paroles avec le président Moubarak d'Égypte, qui a d'autres soucis, même s'il souhaite s'affirmer davantage dans son environnement. Surtout, on compte toujours sur les Américains. On sait bien que, malgré l'agacement que leur cause l'intransigeance israélienne, ceux-ci sont avant tout préoccupés par les menées des Iraniens et des Irakiens et par la dégradation de la situation en Arabie Saoudite. Du reste, à la faveur du remplacement de Warren Christopher par Madeleine Albright à la tête du Département d'État, ils ont modifié assez profondément leur politique proche-orientale, adoptant un profil bas qui contraste avec leur engagement antérieur. Alors qu'on voyait son prédécesseur débarquer à tout bout de champ, ce n'est qu'en septembre 1997, plus d'un an après sa nomination, que Mme Albright, qui estime que les accords d'Oslo sont morts et qui le dit, s'est rendue pour la première fois, après beaucoup d'hésitations, au Proche-Orient, la situation y étant redevenue par trop explosive, à la suite des attentats-suicides de juillet 1997. Quant aux Européens, toujours prêts à faire des moulinets avec des sabres de bois, on se contente de les écouter poliment, de même que les Russes, paralysés pour un temps indéfini, ici comme ailleurs, par les conséquences de leur calamiteuse situation intérieure et qui, en fait, comme presque tout le reste de la planète, se moquent du destin des Juifs et des

Palestiniens, même si leurs représentants aux Nations unies continuent à prétendre le contraire. Bref, résolument engagé dans une course de vitesse pour créer l'irréversible, Nétanyahou fait lanterner tout le monde, en attendant d'avoir gagné.

Mais, à trop se croire tout permis, le chef du gouvernement israélien ne risque-t-il pas de déclencher la tempête, une tempête qui pourrait l'engloutir ? Ne joue-t-il pas à l'apprenti sorcier ? « Il ne faut jamais acculer un chat dans l'angle d'une pièce », dit un proverbe anglais : il n'a plus alors pour recours que de vous sauter à la figure, toutes griffes dehors. L'histoire contemporaine abonde de sursauts désespérés de petits peuples colonisés, bafoués, humiliés, qui se sont révoltés presque les mains nues, jusqu'à la victoire finale.

Déjà, le retour à Gaza du chef spirituel du Hamas, le cheikh Ahmed Yassin, le 6 octobre 1997, a sonné comme un avertissement. Libéré des prisons israéliennes à la demande pressante du roi Hussein, qui avait exigé cet élargissement immédiat, en compensation d'une opération manquée du Mossad israélien à Amman (une tentative d'assassinat d'un autre responsable du Hamas, réfugié en Jordanie), Ahmed Yassin ne peut que faire, à son vieux rival Arafat, une surenchère lourde de dangers.

Pleure, ô Jérusalem !

Chapitre 11

« QUEL BONHEUR D'ÊTRE TURC ! »
MAIS « DIEU MERCI, JE SUIS MUSULMAN »

ISTANBUL

Il y a un an encore, au cœur historique d'Istanbul, sur la grand-place du Taksim (le « Réservoir »), au débouché d'Istiklal Caddesi (l'avenue de l'Indépendance), l'artère la plus populaire de l'antique cité de Constantin, qui monte doucement jusque-là depuis l'ancien quartier de Galata, sur la Corne d'Or, gonflée des « eaux claires d'Europe », au confluent du Bosphore, porte de l'Asie, devait s'élever une gigantesque mosquée, face au monument de Mustapha Kemal Atatürk (le « Père des Turcs »), haut lieu des rassemblements de la gauche laïque depuis la mort du fondateur de la Turquie moderne en 1938. En provoquant, en juin 1997, la chute du gouvernement à direction islamiste, qui dirigeait le pays depuis à peine un an, l'armée, gardienne des institutions républicaines, que cependant elle a déjà à plusieurs reprises malmenées, a poussé en même temps ce projet provocateur aux oubliettes. D'autres ne le reprendront-ils pas un jour à leur compte ?

Le Taksim, c'est à Beyoglu, l'ancienne Péra, un mélange de faubourg Saint-Honoré, de Marais et de quartier de la Huchette, centre cosmopolite et poumon culturel de l'ancienne métropole ottomane, gardienne pluri-séculaire des détroits depuis son rocher de Topkapi (« la porte du Canon »), grosse aujourd'hui de plus de 15 millions d'habitants venus de l'Est-anatolien, qui ont submergé les Stanbouliotes de souche et qui, en 1994, avaient porté un islamiste de choc, Tayip Erdogan, à la tête de la municipalité. Malgré cette victoire, il y avait néanmoins encore, avant ce coup de force, plus de librairies et de centres culturels modernes dans Beyoglu que dans tout le reste de la ville ; autant d'églises chrétiennes, catholiques ou orthodoxes, et même de synagogues, que d'édifices musulmans ; et aussi de grands hôtels internationaux, de bistrots, de restaurants et de boîtes de nuit que de centres coraniques ; et les femmes en tchador, mêlées aux filles en mini-jupes, se contentaient de tourner la tête et de baisser les yeux, quand elles devaient s'aventurer passage des Fleurs, où les amoureux nostalgiques mangent des « kokoreç » (des tripes de mouton grillées) arrosés de « raki ». Dans ces rues se dressent encore les prestigieux palais des anciennes ambassades des vieux pays d'Europe, devenues de simples consulats trop spacieux depuis le transfert de la capitale à Ankara. Et aussi le plus que centenaire lycée franco-turc de Galatasaray, où se forme aujourd'hui encore une bonne partie de la future élite du pays. Mais jusqu'à quand ces deux mondes vont-ils continuer à cohabiter paisiblement ? À quand la réouverture au culte mahométan de Sainte-Sophie transformée en musée depuis soixante-dix ans ? Car, à terme, rien n'est joué.

Depuis quelques années émerge une Turquie nouvelle et déconcertante, qui tend à remettre en cause les grands principes étatiques et laïques sur lesquels Mustapha Kemal s'était appuyé, aux lendemains de la Première Guerre mondiale, pour la refonder sur les ruines de l'Empire ottoman. En même temps, après de longues décennies de repli, elle regarde à nouveau de plus en plus et en même temps vers l'Europe, notamment vers les Balkans, vers l'Asie, en particulier vers le Caucase et l'ancien Turkestan tsariste, vers le Proche-Orient, enfin, sans avoir déjà recouvré cependant les moyens considérables dont elle disposait au temps de son apogée, même si elle s'est beaucoup modernisée et développée depuis cinquante ans. Pour le moment, cette évolution débouche sur une politique intérieure déroutante et une politique extérieure beaucoup trop ambitieuse ; mais celles-ci ne doivent pas faire perdre de vue, dans le nouveau contexte stratégique né de la fin de la guerre froide, que la Turquie, par sa position géographique, constitue plus que jamais un des grands carrefours de l'histoire de notre temps.

Depuis la fin du XVIIIe siècle, alors que leur déclin historique était déjà bien entamé, et pour le conjurer, les Turcs ont pris progressivement la décision de s'« occidentaliser » (le terme est d'eux). Cela impliquait nécessairement la laïcisation et l'abandon de la supériorité intrinsèque de l'islam, que n'avaient jamais cessé d'affirmer leurs sultans ottomans, califes de la Foi, et toute la société dirigeante dont ceux-ci étaient la clé de voûte, au point de se proclamer musulmans avant même de se reconnaître comme turcs. « Es-tu musulman ? Dieu merci, je suis musulman », était encore dans toutes les villes de l'Empire l'échange de salutations en usage au début de ce siècle, tandis que l'appellation de turc était synonyme de rustre des campagnes. En dépit d'une réelle volonté de réformes, qui connut son temps fort au milieu du XIXe siècle, avec le « Tanzimat », la Sublime Porte ne parvint jamais à sortir de cette contradiction. À la veille de la Première Guerre mondiale, l'Empire ottoman était plus que jamais « l'homme malade de l'Europe », paralysé par ses archaïsmes en dépit des efforts des « Jeunes Turcs », qui s'étaient imposés au sultan contre les

« Vieux Turbans » à partir de 1908, c'est-à-dire beaucoup trop tardivement.

La défaite — conséquence de celle des « empires centraux », allemand et austro-hongrois, que l'Empire ottoman avait soutenus — et l'arrivée au pouvoir de Mustapha Kemal allaient bouleverser le cours des choses. En quelques brèves années, cet officier résolument moderniste, né à Thessalonique encore sous occupation turque, après être devenu le champion victorieux de la résistance au démembrement final de l'ancienne puissance, avait renversé dans la foulée le sultanat puis le califat, avait proclamé la république et était devenu son premier président en 1923. Il avait alors imposé aux Turcs une révolution à maints égards tout aussi radicale, sinon plus, que celle dans laquelle, au même moment, les bolcheviques entraînaient la Russie.

La révolution kemaliste ne s'est pas contentée, en effet, de supprimer le « sultan » et de briser le système économique de la dette, c'est-à-dire la domination du capital étranger. Elle a changé aussi l'alphabet (jusque-là arabe), une partie du vocabulaire (*idem*), le calendrier (*idem* encore), les poids et les mesures, le code civil et donc, très profondément, les mœurs, supprimant notamment la polygamie ; elle a imposé une nouvelle façon de s'habiller, d'un modernisme populaire, rejetant aussi bien le cosmopolitisme que les coutumes musulmanes : plus de voile, plus de fez ou de turban ! Mais aussi, à bas les chapeaux à voilette ! Vive la casquette ! Ce fut non seulement une révolution politique et économique, mais aussi une révolution culturelle radicale, allant, en particulier, encore beaucoup plus loin que son homologue russe dans l'anéantissement de la religion.

Des ruines du vieil Empire ottoman, Mustapha Kemal a fait surgir l'État-Nation turc, moderne et laïc (dans son esprit l'un n'allait pas sans l'autre). Acceptant le repli géographique progressivement imposé en deux à trois siècles par l'Autriche et la Hongrie, l'Angleterre, la France et la Russie, à l'exception d'une tête de pont européenne aux confins de la Grèce et de la

Bulgarie, et aussi la perte de toutes les anciennes possessions proche-orientales de Constantinople, il s'est réinstallé solidement sur le grand plateau anatolien — que les Turcs dominaient depuis neuf siècles déjà — et dans son pourtour immédiat. Il en a chassé les Grecs sans ménagement, exterminant par ailleurs les Arméniens et soumettant les Kurdes, pour n'y laisser de place et de pouvoir qu'aux siens. Renonçant même délibérément au rêve pan-touranien des « Jeunes Turcs », tournés vers l'Asie centrale originelle, il a opté, en somme, pour « la Turquie dans un seul pays », au moment même où Lénine et Staline choisissaient, eux, de bâtir « le socialisme dans un seul pays ». Mais, alors qu'en fait le pays des soviets allait bel et bien rester plurinational, reprenant à son compte l'héritage tsariste, la Turquie devenait, elle, turque et rien d'autre.

En créant le Turc nouveau, rendu fier de son identité, Mustapha Kemal, devenu le « Père des Turcs », créait la Turquie nouvelle. « Quel bonheur de porter le nom de Turc », peut-on lire depuis sur le fronton de tous les bâtiments publics du pays et dans le crâne de tous ses petits écoliers.

À sa mort en 1938 — il fut emporté encore assez jeune (cinquante-huit ans) par une cirrhose du foie, qui témoignait de la vigueur de son occidentalisation ! —, Atatürk laissait derrière lui une œuvre considérable qui paraissait devoir résister à l'usure du temps et qu'allait poursuivre jusqu'en 1950 son plus fidèle lieutenant, Ismet Inönü.

Après un quart de siècle de laïcisme pur et dur et d'oubli délibéré de l'histoire ottomane et musulmane de la Turquie, au bénéfice de l'exaltation de ses origines asiatiques protomongoles et païennes, largement mythiques dans leur présentation officielle, un retour de balancier était inévitable. Il s'est fait peu à peu, sous la forme d'un piétisme qui s'est progressivement affiché et d'une revendication de tolérance culturelle à l'occidentale qu'il a été de plus en plus difficile aux dirigeants d'Ankara, engagés dans un processus de démocratisation malgré bien des à-coups, de récuser en principe et en fait. La société turque évoluait parallèlement en profondeur, sous l'effet notamment d'une très forte croissance démographique et d'un développement économique soutenu, avec les conséquences habituelles de ces deux phénomènes : migrations rurales incontrôlées, urbanisation accélérée et désordonnée, accentuation des inégalités sociales et développement de la pauvreté dans de très larges secteurs de la population. Les successeurs des fondateurs du kemalisme n'avaient plus, d'autre part, les vertus spartiates de leurs aînés ni la force de leurs convictions ; ils étaient devenus des politiciens ordinaires, divisés par de banales querelles de personnes, trop souvent même corrompus, et la majorité d'entre eux avaient basculé à droite, mettant un terme à l'économie dirigée. Passée sous influence américaine dans le contexte de la guerre froide, qui pendant quarante ans avait fait de la Turquie la base la plus avancée de l'Otan sur le flanc sud de l'Union soviétique, l'armée elle-même, toujours vigilante gardienne des institutions léguées par Atatürk, mais plus de l'État que de la république, donnait parfois des signes contradictoires face à ce retour du fait religieux. Par-delà la sincérité de beaucoup, arrivait l'heure des prêcheurs en eau trouble, arrivait l'heure de Necmettin Erbakan, qui devenait Premier ministre en juillet 1996.

Septuagénaire débonnaire au visage joufflu barré d'une petite moustache blanche, Necmettin Erbakan, fils d'un kadi de Sinop, la patrie de Diogène, sur les bords de la mer Noire, élevé dans la foi, est un islamiste convaincu, à la rhétorique facilement enflammée ; mais c'est en même temps un vieux notable de la politique turque, que ses partisans appellent respectueusement « Hodja », le Maître ou le Sage, mais que ses adversaires n'hésitent pas à traiter de démagogue et que la plupart des observateurs s'accordent à considérer avant tout comme un pragmatique et un opportuniste.

Entré en politique à la fin des années soixante, après des études d'ingénieur en Allemagne, à Aix-la-Chapelle, il avait été élu député en 1970, après avoir créé un petit parti islamiste, le Parti de l'ordre national, qui avait été dissous peu après, à la suite du coup d'État de 1971, mais qu'il avait reconstitué presque aussitôt sous l'appellation de Parti du salut national et au nom duquel, en 1974, il était entré pour la première fois au gouvernement, avec le titre de vice-Premier ministre, au sein d'une coalition de centre gauche conduite par un kemaliste laïc grand teint, Bulent Ecevit. Il avait participé par la suite à deux autres gouvernements, avant d'être renvoyé pour sept ans dans ses foyers, comme tous les autres politiciens, par un nouveau coup d'État militaire, en 1980. En 1987, il avait refait surface, à la tête d'une nouvelle formation, toujours la même en fait derrière le changement d'étiquette, le Parti de la prospérité, ou Refah, avec lequel il devait reprendre, jusqu'au succès cette fois, sa longue marche vers le pouvoir, conquérant méthodiquement les municipalités et l'administration, et prenant fait et cause pour les plus démunis. En mars 1994, le Refah avait fait un malheur aux élections municipales, s'emparant notamment des municipalités d'Istanbul et d'Ankara ; en décembre 1995, il était arrivé en tête aux élections législatives, recueillant 21,32 % des suffrages et enlevant 158 sièges de député sur les 550 d'une Assemblée nationale profondément divisée. Après six mois d'un fragile gouvernement de coalition entre les deux partis laïcs de centre droit dirigés par des leaders violemment antagonistes, le Parti de la juste voie, du Premier ministre sortant, la très télégénique, et très affairiste, Tansu Ciller, et le Parti de la mère patrie, de l'austère Mesut Ylmaz, Erbakan avait réussi à célébrer avec la première, sous l'œil vigilant du président de la République Süleyman Demirel, un « fils de la lumière » cependant, et surtout des chefs de l'armée, qui avaient posé leurs conditions, un nouveau mariage de la carpe et du lapin, qui n'était pas sans rappeler celui qu'il avait conclu quelque quinze ans plus tôt avec Bulent Ecevit, sauf que cette fois-ci il jouait sa partie à droite et non plus à gauche. Pour la première fois depuis soixante-dix ans,

329

un leader islamiste dirigeait le gouvernement turc ; mais, de toute évidence, c'était bien davantage un malin qu'un ayatollah !

Au demeurant, « l'expérience biséculaire d'occidentalisation et de laïcité en Turquie et l'écart entre l'islam turc et l'islam arabe ou iranien », faisait justement remarquer, dans un numéro de 1994 de la revue *Autrement* consacré aux affaires turques, un des meilleurs spécialistes de celles-ci, le professeur Stéphane Yerasimos, « suffiraient pour relativiser ce qui est globalement perçu de ce côté-ci de la Méditerranée comme une menace islamiste ». Le retour du balancier vers l'islam après quelques décennies de négation du religieux, poursuivait-il en substance, ne pouvait que trouver assez vite ses limites dans le jeu parlementaire, qui fonctionne tant bien que mal, dans la résistance de trois générations imprégnées de laïcité, qui ne sont pas prêtes à sacrifier leurs acquis, et dans la fragmentation même de l'islam turc, non seulement écartelé entre sunnisme et alévisme (un chiisme spécifique, fondamentalement et paradoxalement laïc), mais aussi morcelé entre un très grand nombre de confréries d'inspiration soufie mais néanmoins très ouvertes au modernisme, en forte concurrence entre elles pour le recrutement des fidèles, l'entrisme dans l'administration ou l'influence exercée sur les partis politiques. Sans oublier le poids des femmes, émancipées depuis plusieurs décennies et qui le demeurent, y compris dans leur comportement et dans leur mise, même quand elles militent dans le parti du « Hodja » Erbakan.

En fait, écrivait encore Stéphane Yerasimos, « tout cela pouvait se résumer en une quête d'identité dans cet espace intermédiaire entre Orient et Occident où, il y a plus de neuf siècles, sont venus se loger les Turcs ». Dieu merci, je suis musulman ! Mais quel bonheur de porter le nom de Turc !

Ce syncrétisme, qui plonge ses racines les plus profondes dans l'histoire de la Turquie et dans lequel elle pourra puiser un jour la force d'assumer sa vocation de carrefour culturel et stratégique entre l'Europe, le Moyen-Orient et l'Asie centrale, fait surtout d'elle pour le moment un pays diplomatiquement écartelé, alors que son unité nationale elle-même est menacée par la question kurde, que ses dirigeants ne parviennent pas à résoudre.

Une diplomatie paralysée par la question kurde

Attirés par l'Europe, où ils aimeraient opérer un grand retour, mais où on ne les a jamais considérés comme de la famille ; tentés pour la première fois depuis très longtemps par le Caucase et l'Asie centrale, d'où ils sont venus mais où la Russie affaiblie mais vigilante ne souhaite pas les voir se réinstaller ; se souvenant qu'au début de ce siècle ils régentaient encore le Proche-Orient jusqu'aux frontières de l'Iran et toute la péninsule Arabique, après avoir étendu aussi pendant longtemps leur suzeraineté sur l'Égypte et le Soudan jusqu'aux confins tchadiens et sur le Maghreb tunisien et algérien ; les Turcs sont d'abord confrontés aujourd'hui à de difficiles problèmes à l'intérieur de leurs propres frontières, et ils ont, de ce fait, le plus grand mal à se projeter au-dehors. Cette situation n'est pas heureuse pour l'Europe, et surtout pour la France qui ne se souvient pas assez que l'Empire ottoman fut, depuis le début du XVIe siècle, son « allié de revers » privilégié, et qui n'a pas toujours conscience que la Turquie demeure un des pays du monde où elle a le plus de bonnes cartes à jouer (en particulier, une importante élite francophone et francophile) et qu'elle constitue en tout état de cause pour l'avenir son partenaire de plus grand intérêt dans les Balkans et au Proche-Orient.

L'incapacité persistante des dirigeants d'Ankara à trouver une solution politique, et même militaire, à la question kurde, depuis la relance de la lutte armée, en août 1984, dans le sud-est anatolien, par les séparatistes du Parti des travailleurs du Kurdistan, le PKK, d'Abdulah Ocalan (Otchalan), dit « Apo » (« l'Oncle »), paralyse la diplomatie turque dans les trois grandes directions où elle a néanmoins l'ambition de se déployer.

La volonté de quelque vingt-cinq millions de Kurdes de se constituer en État-Nation internationalement reconnu date du milieu du siècle dernier. Depuis le démantèlement de l'Empire ottoman (par le traité de Sèvres en 1920), elle concerne aussi l'Iran, où ils sont environ six millions, constamment persécutés par le Chah puis par les ayatollahs ; l'Irak, où on en compte plus de quatre millions et où depuis la guerre du Golfe ils jouissent d'une autonomie précaire, protégée provisoirement par une force multinationale à direction américaine *(Provide Confort)* mais contrariée par de sanglantes luttes intestines entre partisans des cheikhs Barzani et Talabani ; la Syrie, où se trouvent leurs bases arrières et où vivent à peu près en paix environ un million et demi d'entre eux ; sans oublier l'ex-URSS, où cinq cent mille autres, dispersés dans le sud du Caucase, ont été souvent manipulés par Moscou contre Ankara et contre Téhéran. C'est cependant en Turquie que se trouvent la moitié des Kurdes, plus de douze millions d'individus, dont la langue et la culture ne sont même pas reconnues (Ankara s'obstine à les qualifier de « Turcs des montagnes »), alors qu'ils constituent autour de 20 % de la population totale du pays et qu'ils sont implantés dans le sud-est du plateau anatolien, quand ils n'ont pas émigré, pour fuir les combats et la misère, dans les banlieues des principales villes turques, notamment à Istanbul.

Depuis près d'une quinzaine d'années, dans le Sud-Est anatolien, quelque douze mille maquisards du PKK mènent leur combat indépendantiste contre la moitié des effectifs de l'armée turque. Cette guerre civile impitoyable a déjà fait plus de vingt mille victimes, principalement dans la population civile, et elle s'est beaucoup intensifiée depuis l'arrivée au pouvoir, au printemps 1993, après la mort soudaine du président Turgut Özal, de Süleyman Demirel, à la tête de l'État, et de Tansu Ciller, à celle du gouvernement (première femme de toute l'histoire turque à accéder à un tel poste) : tous deux sont encore plus influencés que leur prédécesseur par les officiers supérieurs de l'armée, hantés par la peur d'un nouveau démantèlement de la patrie turque. Ne voyant pas d'autre solution au conflit qu'une répression militaire et policière sans concession, ces officiers rejettent tout dialogue avec les élites kurdes modérées, alors que, sous l'Empire ottoman et même jusqu'à une date assez récente, celles-ci s'étaient assez bien intégrées dans l'appareil d'État et dans les circuits économiques du pays. Au contraire, ils ont fait condamner ces années-ci à de lourdes peines de prison la plupart des quelques représentants que ces élites avaient encore au Parlement, après que leur parti, le Parti démocratique des travailleurs, eut été interdit et ils ont réservé le même sort à leurs sympathisants turcs, journalistes et écrivains.

D'attentats terroristes en expéditions punitives, le conflit a débouché sur une impasse. Nul ne peut sortir vainqueur de l'affrontement, qui a pris une ampleur inquiétante ; mais la Turquie a probablement plus à perdre dans cette situation que ceux qui la contestent les armes à la main, à défaut de pouvoir le faire autrement et de pouvoir rechercher avec elle un compromis honorable, de type fédéral, si tant est que ce ne soit pas trop tard.

L'arrivée au pouvoir de Necmettin Erbakan n'avait rien changé à cette situation. Au demeurant, il n'était pas certain du tout que le vieil opportuniste avait une quelconque solution progressiste à proposer. Dans le Sud-Est anatolien et à Istanbul notamment, le leader du Refah avait bien bénéficié, aux élections municipales de 1994 et aux législatives de 1996, des voix d'une partie importante des Kurdes, séduits par son discours islamiste et populiste ; mais, de toute évidence, il avait dû respecter en cette affaire un des engagements majeurs que les militaires lui avaient imposés, en échange de leur feu vert à son accession à la tête du gouvernement.

Au plan intérieur, les dépenses entraînées par la guerre ont beaucoup aggravé une crise financière due d'abord à la mauvaise gestion et qui était déjà difficile à surmonter, en dépit d'une forte croissance du PIB tout au long de ces dernières années (de l'ordre de 7 à 8 % par an). Ces années-ci, le déficit budgétaire a été en moyenne de près de 20 % de ce PIB, l'inflation annuelle a avoisiné les 80 % et la dette extérieure a tourné autour de 75 milliards de dollars. La situation sociale est, de ce fait, de plus en plus tendue, en particulier dans les grandes villes, notamment à Istanbul, où s'entassent des centaines de milliers de familles miséreuses et où se développe une forte criminalité. C'est dans le terreau de cette désespérance qu'a pris racine la poussée islamiste qui met à mal les valeurs laïques héritées du kemalisme, tout comme la répression anti-kurde et les exactions policières qui l'accompagnent menacent les acquis démocratiques des années précédentes. La liberté de la presse est mise à mal et les prisons sont surpeuplées, en état de révolte endémique.

Cette situation a beaucoup terni l'image de la Turquie sur le plan international et la gêne de plus en plus dans son action diplomatique. Amnesty International, entre autres, ne cesse de dénoncer « les violations massives des droits de l'homme au nom de la sûreté de l'État, les exécutions extrajudiciaires et les disparitions ».

La Turquie a eu notamment beaucoup de mal à obtenir la ratification, par le Parlement de Strasbourg, de l'accord d'union douanière qu'elle avait réussi à signer les années précédentes avec l'Union européenne et son entrée en vigueur, le 1er janvier 1996, s'est faite dans de très mauvaises conditions.

Par cet accord, qui est le premier de ce type à être passé par l'Union européenne avec un pays tiers, la Turquie, déjà associée à celle-ci par un accord de libre-échange depuis 1963, est désormais intégrée au Marché unique européen, seules des restrictions à la libre circulation des personnes étant maintenues. Même si elle est très consciente des difficultés qui ne peuvent qu'en résulter dans un premier temps pour nombre de ses entreprises, soumises à une concurrence accrue, elle en attend un très fort accroissement de ses échanges avec les Quinze et, par voie de conséquence, une modernisation et une croissance encore accélérée de son économie.

Cependant, les nombreux parlementaires européens qui étaient hostiles à la ratification de l'accord n'ont pas désarmé. Ils continuent à prêter une oreille attentive à leurs collègues grecs qui défendent vigoureusement la position d'Athènes dans les différends qui opposent la Grèce à la Turquie à propos de la zone maritime des îlots grecs de la mer Égée et de l'occupation de plus du tiers de Chypre par l'armée turque depuis près d'un quart de siècle [1].

Surtout, on est très irrité, au Parlement européen, par la répression turque au Kurdistan et par les fréquentes atteintes aux droits de l'homme qui sont pour une très large part la conséquence de ce conflit en Turquie même. Le 19 septembre 1996, en réplique à de nouveaux incidents en zone kurde et à Chypre durant l'été, une très forte majorité s'y est dégagée (319 voix pour, 23 contre et 20 abstentions) pour suspendre le déblocage des fonds de l'aide communautaire (de 375 millions d'écus, soit 2,4 milliards de francs, sur cinq ans) prévue au titre des mesures devant accompagner l'ouverture du marché turc aux produits de l'Union.

Pour être moins spectaculaire, l'enlisement de la diplomatie turque au Caucase et en Asie centrale est tout aussi évident et, au moins en partie, pour les mêmes raisons.

---

[1]. En 1974, les soldats turcs sont intervenus dans la partie nord de l'île, pour y protéger les populations turcophones minoritaires menacées par les conséquences d'un coup d'État conduit contre monseigneur Makarios par des partisans de l'« Énosis », le rattachement à la Grèce, qui était alors celle des colonels, et, depuis lors, ils y sont restés pour soutenir une République turque de Chypre, que seulement Ankara a reconnue à ce jour.

Avec l'éclatement de l'Union soviétique, on a pensé que la Turquie retrouvait enfin son espace « touranien » (celui des peuples turcophones de la Russie méridionale et du Turkestan, qui ont précédé dans ces contrées les Indo-Européens), d'où elle avait été très longtemps écartée par les tsars, puis par leurs successeurs bolcheviques. Les Turcs allaient prendre une revanche historique sur les Slaves. Forteresse avancée de l'Occident tout au long de la guerre froide, leur pays allait devenir un formidable tremplin en direction des pays devenus indépendants de cette vaste région, et même au-delà, jusqu'en Sibérie.

Dès 1990, Ankara établissait des relations diplomatiques, commerciales et culturelles avec les capitales de ces cinq nouvelles Républiques (l'Azerbaïdjan, le Turkménistan, le Kazakstan, l'Ouzbékistan et le Kirghizistan), avant d'entreprendre de mettre en place avec elles une structure de concertation et de coopération privilégiée permanente, le « T6 » (par analogie avec le « G7 »). Deux sommets des représentants des six pays turcs se sont tenus en 1992 à Istanbul. L'ombre russe planait cependant sur ces assises, et rien de très concret n'est sorti de celles-ci. Tout en souhaitant se donner une certaine marge de manœuvre par rapport à Moscou, ces cinq Républiques turcophones issues de l'ancienne URSS n'entendent pas, pour autant, sortir de la CEI, au sein de laquelle elles continuent à entretenir avec la Russie des relations vitales. Le Turkménistan et l'Azerbaïdjan n'ont pas encore dit leur dernier mot, notamment en ce qui concerne l'évacuation de leur pétrole par la Turquie plutôt que par la Russie.

Dans des conflits aussi sensibles que ceux du Haut-Karabakh ou de la Tchétchénie, les dirigeants turcs, en dépit de la pression de leur opinion publique, n'ont pas pu avoir des positions aussi favorables aux populations musulmanes turcophones concernées qu'ils le voulaient, face à leurs homologues soviétiques, tout prêts à leur rappeler leur politique kurde, comme ils l'ont fait, de concert avec les Serbes, à propos de la crise bosniaque. À noter aussi le rapprochement opéré par Moscou avec Athènes et Nicosie, sur fond d'orthodoxie et de mafia, face aux velléités turques dans le reste des Balkans, notamment en Albanie (le projet d'autoroute Istanbul-Tirana, via la Bulgarie et la Macédoine, ne paraît pas près de voir le jour).

En fin de compte, l'intensification des relations d'Ankara avec les capitales turcophones du Caucase et d'Asie centrale ne dépasse guère pour le moment les domaines culturel (envoi de professeurs et octroi de bourses universitaires) et commercial (à travers les efforts d'implantation de nombreuses entreprises turques dans ces anciennes chasses gardées de la Russie) et la diplomatie turque mesure vite les limites de ses possibilités d'action.

La question kurde complique enfin beaucoup les relations de la Turquie avec ses voisins du Proche-Orient, la Syrie, l'Irak et l'Iran. Là aussi, en dépit de quelques initiatives un peu plus audacieuses que par le passé, Necmettin Erbakan, très surveillé par l'armée, n'avait guère été en mesure de mettre son islamisme à profit pour faire évoluer les choses, dans une région où tout le monde tient tout le monde et où les Américains entendent continuer à contrôler la partie.

Alors que la loi D'Amato-Kennedy, instituant des sanctions unilatérales américaines contre les firmes étrangères qui investissent dans le secteur des hydrocarbures en Iran et en Libye, venait d'être promulguée par Bill Clinton, Erbakan, à peine installé dans ses nouvelles fonctions, avait pris l'avion pour Téhéran, à la tête d'une très importante délégation, pour y signer un énorme contrat gazier (de 23 milliards de dollars) avec les ayatollahs. Dans la foulée, une autre délégation s'était rendue à Bagdad, chez un autre « grand ami » des États-Unis, pour parler également affaires, à la faveur de la levée partielle de l'embargo qui frappait l'Irak depuis 1991 (l'accord « pétrole contre nourriture »). Enfin, un tête-à-tête Kadhafi-Erbakan s'était tenu, sans grand succès à vrai dire, un peu plus tard. Ces initiatives émancipatrices de la tutelle américain, dont au demeurant la mise en œuvre s'était très vite avérée laborieuse, n'avaient pas conduit pour autant les dirigeants iraniens et irakiens à prêter main-forte aux Turcs dans leur lutte contre le PKK, même pas après la reprise en main du Kurdistan irakien, d'où partent le gros des maquisards, par Saddam Hussein fin 1996.

Hafez el-Assad, qui n'est pas homme à se défausser de la moindre carte, n'avait pas davantage prié le chef du PKK, qu'il héberge à Damas depuis des années, d'aller s'installer ailleurs et ce n'était certainement pas l'accord de facilitation militaire conclu par les prédécesseurs d'Erbakan avec les Israéliens, soucieux de prendre la Syrie à revers et de rapprocher leur capacité de frappe aérienne de l'Irak et de l'Iran, que le Hodja s'était bien gardé de dénoncer, qui avait incité davantage le chef de l'État syrien à changer d'attitude. Ni non plus les très importants projets turcs de détournement d'une bonne partie des eaux de l'Euphrate, au profit de l'aménagement hydraulique du Sud-Est anatolien. Drôle de façon, au demeurant, pour Ankara, de se rapprocher du monde arabe !

En fait, la politique étrangère turque, dominée par la question kurde, demeurait quasi inchangée, c'est-à-dire largement impuissante, sous Erbakan comme avant, tandis que les craintes que pouvait inspirer le vieux leader islamiste à la société civile moderniste apparaissaient comme plutôt fantasmatiques.

C'est néanmoins sur ces craintes passablement infondées qu'à joué l'armée, toujours tenue en échec par le PKK, pour provoquer la chute du gouvernement Erbakan-Ciller, en juin 1997, au lendemain immédiat d'une nouvelle campagne aussi coûteuse et malheureuse que les précédentes dans le Kurdistan irakien, et au terme de pressions de toutes sortes qui se sont étalées sur plusieurs mois. Américains et Israéliens, ne voulant pas courir le moindre risque de voir se renforcer un État islamiste, ont sans doute poussé l'armée turque à prendre les devants à toutes fins utiles.

Ce retour des militaires dans le jeu politique, même si, à la différence de ce qui s'était passé en 1960, en 1971 et en 1980, ils ne sont pas allés, pour le moment, jusqu'à reprendre eux-même le pouvoir, a-t-il quelque chances de sortir la Turquie de l'impasse et est-elle autre chose qu'une fuite en avant, vers un avenir de plus en plus incertain ? À voir le cafouillage qui perdure depuis la démission d'Erbakan, aucune majorité parlementaire cohérente et solide ne parvenant à s'imposer de façon convaincante autour du terme Mesut Ylmas — qui a dû notamment s'allier au vieux leader de gauche Bulent Ecevit, à défaut de pouvoir le faire à nouveau avec Tansu Ciller, plus que jamais son ennemie intime —, il est permis d'en douter. Et ce d'autant plus que les islamistes, qui défendent pied à pied leur réseau scolaire privé menacé par la nouvelle coalition, et qui viennent de voir leur parti dissous par la justice, pour « atteintes à la laïcité de l'État », n'ont pas abandonné la partie. Erbakan et cinq de ses lieutenants sont même interdits pour cinq ans de toute activité politique ; mais ils n'en ont pas moins suscité aussitôt la constitution d'une autre formation destinée à prendre le relais du Refah, notamment en cas d'élections législatives anticipées (le « Fazilet Partisi », le « Parti de la vertu »).

En attendant, on risque fort de déboucher sur une déplorable surenchère nationaliste. Le ton s'est beaucoup durci à Ankara à l'encontre de l'Union européenne — ce « club de chrétiens » anti-musulmans, que vilipende toute la presse turque. Plusieurs membres du gouvernement Ylmaz, comme Bulent Ecevit, qui en est le vice-président, vont même jusqu'à demander la révision de l'accord d'union douanière entre l'Europe et la Turquie ! Lassés par vingt ans de palabres sans issue avec la Chypre grecque, les dirigeants turcs, tous partis politiques confondus, sont surtout de plus en plus tentés d'« annexer » purement et simplement la République turque de Chypre, autoproclamée en 1983. La décision des Quinze, au sommet de Luxembourg des 13 et

14 décembre 1997, de renvoyer la candidature turque à l'Union européenne à une date indéterminée, aux « calendes grecques » en quelque sorte, alors que va démarrer le processus d'adhésion de cinq pays de l'ancienne Europe de l'Est, et de Chypre, n'a fait qu'exacerber la colère d'Ankara.

Chapitre 12

LA POUDRIÈRE BALKANIQUE

PRISTINA

Le déclin des Empires austro-hongrois et ottoman au XIXe siècle et leur effondrement à l'issue de la Première Guerre mondiale avaient donné naissance à une dizaine de nouveaux États dont la caractéristique commune était que leurs frontières n'englobaient presque jamais exclusivement des groupes nationaux homogènes, par le sang, la culture et la religion : l'Autriche, la Hongrie et la Turquie (pour sa petite partie européenne) elles-mêmes, mais aussi la Pologne (partagée jusque-là entre l'Allemagne, l'Autriche et la Russie et qui conservait des provinces — Silésie, Poméranie — majoritairement allemandes), la Tchécoslovaquie, la Yougoslavie, l'Albanie, la Grèce, la Bulgarie et la Roumanie. Ce n'était là que le résultat de longs siècles de migrations, ou de conversions, notamment à la religion du Prophète, durant lesquels des peuples divers s'étaient un peu partout imbriqués, tout en vivant néanmoins en paix sous un même *imperium*, unificateur, mais nécessairement respectueux, au moins pour une large part, de leurs différences (car telle fut de tout temps la condition de la survie des empires). Les vainqueurs de la guerre de 1914-1918 s'étaient attachés, en plusieurs traités [1], à faire en sorte que chacun des nouveaux États soit souché sur un peuple dominant — Tchèques, Hongrois, Serbes, Roumains, Bulgares, notamment — et ils avaient parié que, dans ces nouveaux États, les droits essentiels, civiques, linguistiques et religieux des populations minoritaires seraient respectés — pari bien hasardeux, dans la mesure où aucun statut protecteur et contraignant de droit international n'était prévu en faveur de ces minorités, à l'intérieur de frontières assez artificielles.

Cependant, pendant près de soixante-dix ans, la montée en puissance hégémonique du nazisme dans toute cette zone à haut risque, puis sa neutralisation par l'armée Rouge et l'installation de régimes politiques totalitaires à la botte de Moscou, en succession de ceux qui avaient été mis en place par le IIIe Reich, avaient relégué au second plan ces problèmes de minorités, jusqu'à presque les faire oublier. Ce n'est qu'après l'effondrement du système soviétique qu'on devait découvrir le chapelet de bombes à retardement qu'avaient abandonné les maîtres

---

1. Les traités de paix qui ont mis fin à la Première Guerre mondiale :
— le 28 juin 1919 : le traité de Versailles, avec l'Allemagne ;
— le 10 septembre 1919 : le traité de Saint-Germain, avec l'Autriche ;
— le 27 novembre 1919 : le traité de Neuilly, avec la Bulgarie ;
— le 4 juin 1920 : le traité de Trianon, avec la Hongrie ;
— le 10 août 1920 : le traité de Sèvres, avec la Turquie ;
— le 12 novembre 1920 : le traité italo-yougoslave de Rapallo ;
— le 18 mars 1921 : le traité de Riga, avec la Pologne et l'URSS (qui avait consacré la renaissance de la première, tandis que, le 2 février 1920, le traité de Tartu et, le 11 août 1921, un second traité de Riga avaient donné naissance aux trois pays baltes) ;
— le 24 juillet 1923 : le traité de Lausanne, avec la Turquie (qui a révisé en faveur de celle-ci le traité de Sèvres).

d'œuvre de la paix bâclée du début des années vingt, Français et Anglais en tête.

Peu nombreux cependant furent ceux qui prirent conscience du danger d'un embrasement général de tout le centre de l'Europe, de la Baltique à la mer Égée, qui pouvait résulter d'une telle mutation. À l'instar des pères fondateurs de l'Organisation de l'unité africaine, qui eurent la sagesse, en 1963, de déclarer intangibles les frontières héritées de la colonisation et tracées moins d'un siècle plus tôt à la légère, les initiateurs de la Conférence sur la sécurité et la coopération en Europe, qui rassemble tous les anciens protagonistes du conflit Est-Ouest, décidèrent, dès 1989, de figer en leur état les frontières européennes déjà établies à la fin de celui-ci. Cependant, dans un cas comme dans l'autre, à peu près rien ne fut dit sur les droits des minorités ethniques et religieuses à l'intérieur des États-Nations à dominantes différentes. Le président François Mitterrand et son ministre des Affaires étrangères Roland Dumas furent alors à peu près les seuls à s'en inquiéter, avant que l'idée ne soit reprise, cinq ans plus tard, par Édouard Balladur devenu Premier ministre, qui organisa dans ce but, en mars 1994 à Paris, une Conférence pour la stabilité en Europe, où la quasi-totalité des participants acceptèrent effectivement, avec plus ou moins de conviction et de sincérité, un texte par lequel ils admettaient l'intangibilité de leurs frontières et la reconnaissance de droits culturels et mêmes politiques assez précis en faveur des minorités ethniques ou religieuses vivant à l'intérieur de celles-ci.

Mais on était déjà en plein drame bosniaque et plusieurs autres conflits inquiétants couvaient sous la cendre. Déjà, les objectifs proclamés des croisés de la « Grande Serbie »[2] avaient

---

2. Cette Grande Serbie devait englober une bonne partie de la Croatie, la Bosnie-Herzégovine cependant au moins pour moitié musulmane ou croate, la Vojvodine néanmoins en partie hongroise et croate, le Kosovo et le Monténégro,

débouché sur les sanglantes guerres de Croatie et de Bosnie, dont alors on ne voyait toujours pas l'issue, en attendant d'autres entreprises tout aussi meurtrières.

Pour être moins affichées, les ambitions hégémoniques d'autres va-t-en-guerre n'étaient pas, et ne sont toujours pas, plus rassurantes ; celles des partisans de la Grande Hongrie qui engloberait des territoires slovaques, croates, serbes, roumains et ukrainiens ; celles des patriotes de la Grande Albanie qui, non sans raison, peuvent prétendre adjoindre à celle-ci le Monténégro, le Kosovo (où les Serbes, ultra-minoritaires, ont néanmoins réduit leurs compatriotes albanais au rang d'ilotes) et une partie de la Macédoine, si celle-ci, très fragile, éclatait ; celles des partisans de la Grande Roumanie, qui entendent bien conserver les assez importantes parties du territoire de celle-ci peuplées de Hongrois et qui n'ont pas renoncé pour autant à récupérer un jour la Moldavie, l'ancienne Besserabie, dont en 1944 se sont emparés les Russes, toujours militairement présents en Transnistrie ; celles des rêveurs de la Grande Bulgarie, encore aux prises avec une petite minorité turque, mais qui n'ont pas dit leur dernier mot au sujet d'une bonne partie de la Macédoine voisine (dont ethniquement et culturellement bien peu de choses les séparent) pour le cas où celle-ci serait un jour démantelée ; sans oublier les fantasmes des nationalistes grecs pan-hellénistes à propos de cette même Macédoine et aussi du sud de l'Albanie, « leur » Épire du Nord ; ni, non plus, la douce folie des nostalgiques italiens du Duce et de Gabriele D'Anunzio, qui souhaitent reprendre l'Istrie à la Croatie et à la Slovénie.

Partout, les passions nationalistes étaient, et demeurent, de plus en plus exacerbées, généralement pour des raisons de poli-

---

l'un et l'autre peuplés à 90 % d'Albanais musulmans, et la Macédoine, où les Serbes sont également très minoritaires face aux Albanais, aux Bulgares et, bien sûr, aux Macédoniens.

tique intérieure, et, à terme, on ne peut en attendre rien de bon. Au contraire.

Depuis deux trois ans, cependant, grâce aux efforts de la communauté internationale, notamment des États-Unis et de l'Union européenne, la tension est tout de même retombée, il faut le reconnaître et s'en réjouir, tout en restant vigilant.

Les populations albanaises, musulmanes, de Macédoine, du Monténégro et, surtout, du Kosovo, sont en effervescence. Au Monténégro — le pays qui constitue avec la Serbie ce qu'il reste de la Yougoslavie, le candidat de Slobodan Milosevic, le président sortant, le néo-communiste Momir Bulatovic, a été batu par un réformateur opposé à l'emprise de Belgrade, aux élections présidentielles d'octobre 1997. Pendant ce temps, la tension n'a cessé de monter au Kosovo, privé de son autonomie en 1989 pour être complètement intégré à la Serbie contre la volonté de la quasi-totalité de ses habitants, qui n'ont même plus le droit d'éduquer leurs enfants en albanais et qui ont été systématiquement remplacés par des éléments de la toute petite minorité serbe dans l'administration et dans la police, pour ne pas parler de l'armée. À Pristina, capitale de cette province qui aspire à l'indépendance et à un étroit rapprochement avec l'Albanie, la Ligue démocratique du Kosovo d'Ibrahim Rugova, partisan de méthodes de revendication non violentes, est de plus en plus débordée par des partisans de la lutte armée qui se sont regroupés dans une organisation clandestine, l'Armée de libération du Kosovo, et qui poussent en retour les dirigeants serbes à accentuer leur répression. Les étudiants d'origine albanaise de l'université de Pristina sont à la pointe du combat. À ce stade, à la première étincelle, pourrait partir le feu qui embraserait, de proche en proche, tous les Balkans. En novembre 1997, et surtout, en février 1998, on a déjà frôlé la catastrophe. En mars suivant, l'armée serbe a massacré plusieurs dizaines de villageois accusés de terrorisme, dans le centre du pays. À Tirana, la capitale de l'Albanie indépendante, on s'est abstenu jusqu'à présent de jeter de l'huile sur le feu. On n'en a du reste guère les moyens. Au printemps 1997, les dirigeants post-comunistes, avec à leur tête le président Sali Berisha, n'ont même pas pu empêcher leur propre pays de glisser dans la guerre civile et ils ont dû accepter que des troupes de plusieurs pays européens viennent rétablir l'ordre chez eux, avant qu'un gouvernement néo-communiste reprenne le pouvoir, Berisha étant contraint à la démission. Mais, si le président yougoslave Milosevic persiste à se refuser à toute concession, cette politique prudente des autorités de Tirana pourrait ne pas durer. Il y a peut-être là la Bosnie de demain, en beaucoup plus grave pour le maintien de la paix dans l'ensemble des Balkans.

Les Roumains, de leur côté, n'ont toujours guère envie de se frotter aux Russes en Moldavie. En revanche, ils sont fermement décidés à ne pas laisser s'émanciper leurs deux millions de Hongrois, ni même à leur reconnaître un minimum d'autonomie culturelle et administrative, l'échec électoral du président Ion Iliescu, un ancien dirigeant communiste qui recherchait le soutien des partis ultra-nationalistes pour se maintenir au pouvoir, n'ayant pour le moment pas changé grand-chose. On observe un schéma analogue avec les 700 000 Hongrois de plus en plus brimés dans la Slovaquie de Vladimir Meciar. Jusqu'à présent, les dirigeants de Budapest, qui entendent préserver leur rang de bon élève de la classe post-communiste en Europe centrale, aux yeux des responsables et des investisseurs de l'Union européenne, se sont attachés, dans les deux cas, à calmer le jeu, allant jusqu'à signer, avec les dirigeants de Bratislava et de Bucarest, des accords qui s'inspirent des principes de la Conférence de Paris de 1994, sans être pourtant vraiment assurés de la loyauté de leurs partenaires slovaques et roumains. À noter, enfin, pour mémoire, qu'au début de l'été 1996, le nouveau gouvernement de gauche italien a levé le veto que mettaient ses prédécesseurs à une éventuelle entrée, à terme, de la Slovénie dans l'Union européenne, renonçant donc *de facto* à suivre plus longtemps les irrédentistes de l'Istrie.

En Bosnie, surtout, sous la pression des Européens et des Américains, les canons se sont tus en 1995, au prix de l'acceptation d'un véritable dépeçage ethnique, tandis qu'en Grèce la disparition d'Andréas Papandréou et son remplacement, en 1996, par l'intelligent et réaliste Costas Simitis, à la tête du gouvernement et du Pasok, le Parti socialiste gouvernemental, ont fait heureusement baisser l'excitation populiste de plusieurs crans. Il faut cependant revenir sur ces deux crises.

La Yougoslavie de Tito était une grande chose. Multinationale comme les Empires austro-hongrois et ottoman, dont elle était l'héritière, elle avait préservé à son échelle le meilleur de ces deux entités étatiques disparues, sans constituer pour autant un système oppresseur d'un peuple sur d'autres, même si son régime politique était loin d'être une démocratie idéale. Mais le vieux maréchal disparu, il fut vite clair que ses épigones n'étaient pas en mesure à eux seuls de préserver son œuvre d'union et de paix ; on sait ce qui s'ensuivit.

Dès lors, l'Europe avait un intérêt majeur à intervenir pour aider, ou contraindre, les Milosevic, Tudjman et autres Izetbegovic, incapables de s'entendre, afin de ne pas laisser se créer et se développer un tel foyer d'instabilité en son sein. Faute de concertation suffisante entre Bonn et Paris et surtout, faute de disposer encore d'institutions politiques centrales solides, elle ne sut pas et ne put pas éviter l'éclatement de la Yougoslavie. À défaut, elle essaya de préserver au moins la Bosnie-Herzégovine, qui en était ethniquement et politiquement le cœur symbolique. On sait sur quoi son intervention tardive et peu convaincante avait déjà débouché, après plus de quatre années de valse hésitation sur l'air du « on tire ou on se tire » : faute d'instructions claires, ses soldats se faisaient « tirer » comme des lapins (plus de cinquante Français notamment étaient morts en vain sous le drapeau bleu des Nations unies) et le rêve de la Grande

LA POUDRIÈRE BALKANIQUE

Serbie orthodoxe était en train de se réaliser dans le sang et les larmes, par écrasement sans pitié des catholiques croates et des musulmans bosniaques ou mise au pas brutale des coreligionnaires albanais de ceux-ci au Monténégro et au Kosovo.

Les Américains, quant à eux, malgré leur ferme volonté de préserver leur hégémonie en Europe comme dans le reste du monde, avaient pensé pendant longtemps que le drame bosniaque ne menaçait pas vraiment celle-ci. Ils ne souhaitaient donc pas envoyer leurs « boys » se faire tuer pour Sarajevo, ni même trop engager l'Otan, dont ils demeurent les maîtres, au-delà de la limite de quelques frappes aériennes symboliques — auxquelles ils ne pouvaient, en outre, que très difficilement procéder sans exposer à de graves représailles les soldats européens positionnés quant à eux à proximité des lieux de combat, même si c'était l'arme au pied, dans les rangs de la Forpronu (la Force de protection des Nations unies).

Puis, sous la pression de la majorité républicaine du Congrès qui lui faisait de la surenchère dans la perspective du renouvellement de son mandat, Bill Clinton avait changé d'avis. Le Pentagone, de son côté, avait finalement vu là une occasion inespérée de démontrer à tous ceux qui, en Europe, mettaient en question l'utilité de l'Otan, la guerre froide terminée, qu'ils avaient tort, et qu'il était sage, dans ces conjonctures incertaines, d'accepter la pérennisation de l'hégémonie militaire américaine sur leur continent.

C'est alors que la décision fut prise à la Maison Blanche d'aider les Croates et secondairement les Musulmans à faire eux-mêmes le travail de reconquête d'une bonne partie de leurs territoires perdus, afin d'amener par la force les Serbes à la table des négociations — et, en fin de compte, contraindre les trois parties belligérantes à accepter un partage de fait puis de droit de leur ancienne patrie commune —, sans pour autant engager directement et impopulairement les forces américaines sur le terrain, en tout cas dans un premier temps, le plus délicat, celui précisément de la reconquête territoriale.

En mars 1994, les présidents Tudjman et Izetbegovic signaient donc à Washington un accord au terme duquel était créée une Fédération croato-musulmane appelée à devenir, après reconquête, la partie la plus importante possible de la future Bosnie, qui resterait nominalement unitaire et dont l'autre partie serait laissée aux Serbes, les deux entités étant en fait libres de se confédérer ultérieurement l'une à la Croatie (hormis sa partie musulmane, qui se retrouverait alors isolée), l'autre à la Serbie, ce qui, en fait, scellerait la disparition de l'ancienne Bosnie-Herzégovine. Ceci n'était pas dit expressément dans l'accord mais n'en paraissait pas moins évident dans l'esprit de ses cosignataires et de leurs parrains américains. Il y avait déjà, là, l'essentiel des accords qui seraient conclus quinze mois plus tard à Genève, le 8 septembre 1995, après avoir été négociés à Dayton, dans l'Ohio, entre la Yougoslavie (Serbie-Monténégro), la Croatie et la Bosnie (les Musulmans), grâce aux bons offices de l'ambassadeur itinérant américain Richard Holbrooke : déplacements de populations en tous sens, logique de regroupement ethnique, de nettoyage ethnique, poussée jusqu'à son terme.

Entre-temps, les Bosno-Croates, dont les forces armées avaient été remises à niveau, discrètement mais avec efficacité, par les Américains, avaient repris une bonne part des territoires conquis par les Serbes (la Slavonie occidentale en mai 1995 ; la Krajina début août, la moitié de la Bosnie centrale dans la foulée), tandis que, début septembre, l'aviation de l'Otan parachevait le travail. La Bosnie se trouvait désormais découpée en trois morceaux, comme prévu depuis un certain temps par les propositions des principaux pays étrangers qui se sentaient concernés par la crise (les Français, les Allemands, les Anglais, les Américains et les Russes, rassemblés dans un « groupe de contact » *ad hoc*) : environ 49 % pour les Bosno-Serbes et 51 % pour les « alliés » Bosno-Croates et Bosno-Musulmans, seule l'enclave musulmane de Gorazde subsistant dans la partie serbe et quelques enclaves croates dans la partie musulmane. Un arrangement intervenait par ailleurs entre Belgrade et Zagreb pour régler le sort de la Slavonie orientale, tandis que l'étreinte serbe était un peu desserrée autour de Sarajevo, restée dans sa très grande majorité musulmane. Le 5 octobre, le président Clinton annonçait un cessez-le-feu pour les jours suivants, en précisant qu'il serait garanti par les forces de l'Otan, cette fois Américains inclus, sous l'égide des Nations unies. L'accord final devait être parachevé courant octobre à Paris — petite consolation pour les Européens, invités, par ailleurs, à financer l'essentiel de la reconstruction du pays

Pendant ce temps, le comportement de la Grèce n'en apparaissait que plus irresponsable. Elle jouait méthodiquement de son appartenance à l'Union européenne pour régler ses comptes avec ses voisins, ou bien, à l'inverse mais dans le même but, elle se souciait comme d'une guigne des devoirs internationaux que cette Union lui imposait chaque fois que cela l'arrangeait.

Depuis la Seconde Guerre mondiale et tout au long de la guerre froide, durant laquelle la Grèce et la Turquie furent également intégrés dans l'Otan, sous la pression des Américains, la politique étrangère d'Athènes face à Ankara a été marquée, jusqu'à la disparition de Papandréou, par une constante conduite d'échec, pour des raisons qui plongent leurs racines dans une inimitié pluriséculaire entre les deux peuples et qui relèvent essentiellement aujourd'hui du phantasme nationaliste, entretenu en Grèce par un clergé orthodoxe exalté et par des dirigeants politiques pan-hellénistes démagogues.

Le moment clé, dans les relations de ces cinquante dernières années entre Athènes et Ankara, fut, en 1974, l'occupation du nord de Chypre par l'armée turque, provoquée par le renversement de monseigneur Makarios, farouchement attaché à l'indépendance de son pays, par un quarteron de militaires, partisans, quant à eux, de son rattachement à la « Grèce des colonels ».

Depuis, l'île est toujours coupée en deux, y compris sa capitale Nicosie, et on ne voit pas la fin de cette partition. Au contraire même. En réplique aux manœuvres grecques pour faire adhérer l'île, « tout entière », en fait seulement sa partie hellénique, à l'Union européenne et, en même temps, maintenir fermée la porte de celle-ci à la Turquie, les dirigeants turcs sont tentés d'accéder aux demandes de leurs homologues de la « République turque du nord de Chypre », qui souhaitent intégrer dans la « mère-patrie » leur État non reconnu par la communauté internationale.

De même, la volonté réaffirmée avec force à Athènes de voir les îles de la mer Égée étendre leurs eaux territoriales presque jusqu'aux abords immédiats du plateau anatolien, avec des droits de pêche et de forages pétroliers quasi exclusifs, paraît être promise à un « succès » tout aussi assuré.

Il faut ajouter, enfin, à tout cela un très inquiétant effort d'armement, d'une importance démesurée par rapport à la situation économique du pays et qui, à défaut de pouvoir jamais servir contre les Turcs, bien trop puissants, pourrait déboucher, un jour de folie, sur une agression de la Macédoine et de l'Albanie, deux des pays les plus fragiles des Balkans, surtout le premier. En tout cas, le craignait-on dans la plupart des capitales étrangères jusqu'à une date récente.

L'ex-République yougoslave de Macédoine, devenue indépendante en décembre 1991 sous le nom de république de Macédoine, n'est qu'un petit pays de 25 713 km^2 et de deux millions d'habitants, qui était un des États fédérés les plus pauvres de l'ex-Yougoslavie. Il est l'héritier, en superficie, d'un tiers environ de la Macédoine antique, la Macédoine septentrionale ou « Macédoine de Vardar »[3]. Ce petit pays n'en est pas moins

---

3. Depuis les « guerres Balkaniques » de 1912-1913 et de 1915, les deux autres tiers de l'ancienne Macédoine sont pargagés entre la Grèce — la Macé-

situé au centre des grandes voies de communication balkaniques (la route nord-sud Morava-Vardar est la seule liaison praticable entre le Danube et la mer Égée, tandis que l'antique « Via de Valère », qui reliait autrefois Rome à ses provinces orientales, est aujourd'hui encore la seule grande transversale reliant la mer Égée à l'Adriatique). Rien d'étonnant dès lors si ses trois « grands » voisins, la Serbie, la Bulgarie et la Grèce, auxquels on peut ajouter l'Albanie, rêvent tous, au moins secrètement, de le dépecer, voire de s'en emparer, chacun, exclusivement, au risque de déclencher un conflit qui n'aurait rien à envier à celui de la Bosnie-Herzégovine.

Cependant, ayant bien d'autres soucis, tous ces voisins sont jusqu'à présent restés à peu près passifs face à la nouvelle entité souveraine, hormis la Grèce, qui ne parlait de celle-ci, au mieux, qu'en la dénommant « république de Skopje » (du nom de sa capitale). Pris de fièvre obsidionale et convaincus (ou faisant mine de l'être) que ce très fragile pays nourrissait des ambitions annexionistes sur leur province du même nom, les Grecs voulaient, en effet, conserver pour eux seuls l'exclusivité du nom de Macédoine. Ils reprochaient, d'autre part, aux « Skopiens » d'avoir apposé sur leur drapeau le soleil à seize branches de Vergina (une localité du nord de la Grèce où fut découverte il y a quelques années la tombe de Philippe II, le père d'Alexandre le Grand), qui était effectivement l'emblème de la dynastie macédonienne antique. Tout ceci prêtait plutôt à sourire. Mais, à Athènes, tous les dirigeants politiques surenchérissaient démagogiquement dans l'indignation. Le nouvel État avait été admis aux Nations unies (provisoirement et dans l'attente d'un accord de fond, sous le nom de « Former Yougoslavian Republic of Macedonia », ou Fyrom) et avait été reconnu

---

doine méridionale — et la Bulgarie — la Macédoine orientale, ou « Macédoine du Pirin ».

par l'Albanie, la Bulgarie et la Turquie et, surtout, par la plupart des pays membres de l'Union européenne, dont la France, l'Allemagne et la Grande-Bretagne, ainsi que par la Russie et les États-Unis. Mais la Grèce, passant de la menace aux actes, dans le but avoué d'asphyxier économiquement son voisin du nord et de provoquer son effondrement politique, sous l'œil très intéressé des Serbes, n'en était pas moins allée, le 16 février 1994, jusqu'à fermer le port de Thessalonique aux marchandises à destination ou en provenance de Macédoine, sans se rendre compte qu'elle se faisait d'abord grand tort à elle-même.

Depuis lors, les tensions se sont cependant un peu apaisées. Fin 1995, les Macédoniens ont sagement accepté une modification symbolique de leur emblème national et les Grecs ont réouvert Thessalonique au trafic avec leur voisin. Des mesures d'apaisement réciproques sont également intervenues à la même époque dans le différend gréco-albanais. Dans la foulée et sous la pression de ses partenaires de l'Union européenne, Athènes a, d'autre part, levé son veto à la conclusion et à l'entrée en vigueur d'un accord d'union douanière avec la Turquie, contre la promesse de Bruxelles d'engager des efforts enfin sérieux pour tenter de trouver une solution à la question chypriote. En fait, sur ce dossier, on est toujours très loin d'aboutir, l'attitude de l'Union européenne — qui menace d'admettre en son sein la seule Chypre grecque, poussant *ipso facto* la partie turque de l'île à s'intégrer définitivement à la « mère patrie », qui, elle, est « ostracisée » à Bruxelles —, n'étant pas très intelligente. On attend beaucoup du successeur de Papandréou à la tête gouvernement grec, Costas Simitis, un pro-européen convaincu, qui paraît être bien décidé à tourner la page de la démagogie suicidaire de ses prédécesseurs. Mais, de toute évidence, Simitis a à faire à forte partie, y compris au sein même de sa propre formation, le Pasok, et d'autres rebondissements, qui pourraient être calamiteux, sont toujours à craindre, dans cette partie méridionale de la poudrière balkanique.

Début novembre 1997, une petite lueur d'espoir a brillé pendant quarante-huit heures à Héraklion, en Crète, où se sont réunis les chefs d'État ou de gouvernement de l'Albanie, de la Bulgarie, de la Grèce, de la Macédoine, de la Roumanie, de la Turquie et de la Yougoslavie, pour discuter, pour la première fois tous ensemble, de façon informelle mais franchement, de leurs problèmes communs et de leur avenir. Pendant ce temps, Richard Holbrooke, l'accoucheur au forceps des accords de Dayton sur la Bosnie, devenu depuis l'« émissaire américain » chargé de relancer les négociations à Chypre, rôdait dans le secteur.

Sera-t-il une fois de plus démontré que le pire n'est pas toujours sûr ? Il est très difficile de répondre.

Chapitre 13

RETOUR AU « GRAND JEU » AUTOUR DE LA CASPIENNE

BAKOU

Aux alentours de 1880, entre la Perse et l'Inde, dans les montagnes de l'Hindou Kouch, Russes et Anglais infiltraient leurs agents, se tendaient des embuscades, concluaient des trêves jamais respectées. Là, comme dans d'autres endroits d'Asie et d'Afrique, en cette fin de siècle, s'achevait sur le terrain le partage colonial, se jouait une des dernières parties de ce que Rudyard Kipling appelait le « grand jeu ». La Russie tsariste essayait d'agrandir encore un peu plus son Turkestan, l'Angleterre son empire des Indes. Finalement, l'Afghanistan devait demeurer indépendant, État tampon entre deux immenses zones assujetties aux Européens. La situation resta figée pendant une centaine d'années, jusqu'à ce jour de décembre 1979 où Leonid Brejnev, lointain héritier soviétique des tsars, prit la décision, qui devait s'avérer funeste pour Moscou, de reprendre la marche russe vers l'océan Indien, en faisant passer Kaboul sous son contrôle.

Ces années-ci, le « grand jeu » a été relancé avec des joueurs pour partie différents : toujours les Russes, mais en face d'eux, en lieu et place des Anglais, les Américains et leurs compagnies pétrolières, de concert avec les Turcs autour de la Caspienne, ou, par Pakistan interposé, en Afghanistan même.

L'implosion de l'Union soviétique a donné le sentiment aux Turcs qu'après plusieurs siècles de repli, l'heure d'une revanche sur les Russes dans le Caucase et en Asie centrale avait enfin sonné. À Ankara, a repris corps le vieux rêve pantouranien, enterré par Mustapha Kemal Atatürk après l'effondrement de l'Empire ottoman et la consolidation des anciennes conquêtes tsaristes par la révolution d'Octobre. Pour bien des observateurs européens et américains, l'ancienne base avancée de l'Otan sur le flanc sud du bloc socialiste devenait du jour au lendemain un formidable tremplin pour se projeter à Bakou et aussi à Achkabad, à Tachkent et à Alma Ata, sans passer par Moscou. Pour bien des firmes occidentales, la Turquie, ce grand pays musulman mais laïc, engagé dans la modernité, imprégné depuis longtemps de traditions culturelles et institutionnelles européennes, d'un niveau de développement déjà assez élevé, ne pouvait que constituer désormais le meilleur des partenaires pour s'implanter dans de vastes contrées peuplées de turcophones dont elles avaient été jusqu'alors tenues à l'écart. Ce devait être notamment le cas de quelques grandes compagnies pétrolières.

On connaissait depuis longtemps le pétrole de la mer Caspienne et de ses pays riverains, dont les réserves totales tendent aujourd'hui à être jugées équivalentes à celles du Proche-Orient. Bien avant la révolution de 1917, celui de Bakou faisait déjà l'objet d'une exploitation importante. Par la suite, il était passé sous contrôle soviétique exclusif, et ce n'est que ces années-ci que les compagnies occidentales y ont eu à nouveau accès, multipliant les découvertes en Azerbaïdjan, au

Turkménistan et au Kazakhstan, d'ordinaire en coopération avec les Russes, mais sur la base de permis octroyés par les nouvelles Républiques turcophones indépendantes, qui trouvent là le meilleur moyen de s'émanciper de la tutelle moscovite. Mais le problème, ce n'est pas tant de pomper le pétrole que de le transporter vers les grands marchés de consommation euro-atlantiques, à partir d'une zone qui en est relativement éloignée, à travers mers, montagnes et plusieurs pays. Quelles peuvent être les voies d'évacuation les moins coûteuses et, surtout, les plus sûres ? Là recommence le « grand jeu », entre de nombreux partenaires aux intérêts politiques et économiques contradictoires. Entre les tracés « russes » et leur débouché sur la mer Noire — Novorossiisk — au nord, et les tracés « turcs » et leur débouché sur la Méditerranée — Yumurtalik — au sud, la guerre des « pipe-lines » a été très vite ouverte. La guerre tout court, aussi, comme en Tchétchénie.

Le conflit tchétchène a eu pour conséquence immédiate de compromettre, au moins pour un temps, les projets russes, au bénéfice des projets turcs. Dans les premiers mois de 1995, le Consortium (international) des oléoducs de la Caspienne et le « joint-venture » américano-kazakh Tenguiz Chevron Oil envisageaient encore de rénover le vieil oléoduc russe qui relie Tenguiz, sur la Caspienne, à Novorossiisk, sur la mer Noire, et de construire un nouveau tronçon, qui aurait permis de contourner au nord la Tchétchénie. Ces projets ont été abandonnés, de même que ceux, assez compliqués, qui, pour éviter le Bosphore turc, de plus en plus encombré, auraient acheminé vers la Méditerranée, via le port de réembarquement de Bourgas, en Bulgarie, le pétrole venu par tankers de Novorossiisk, à travers la Grèce ou à travers la Macédoine et l'Albanie. En revanche, ont démarré en décembre 1995 les travaux de rénovation de l'oléoduc Bakou-Batoumi (Géorgie), via Erevan (Arménie), ainsi que les travaux de construction d'un embranchement Tbilissi-Yumurtalik, où aboutit déjà l'oléoduc de Mossoul

(Irak). C'est également à la lumière des mêmes événements qu'il faut apprécier l'intérêt croissant du gouvernement kazakh pour la construction d'un oléoduc sous-marin, qui faciliterait plus encore l'évacuation de son pétrole vers Yumurtalik, via la Caspienne, l'Azerbaïdjan et la Géorgie.

Pour les Russes, comme pour leurs adversaires, les intérêts géostratégiques autour de la Caspienne, en particulier au Caucase, dépassent largement les questions de pétrole, si importantes fussent-elles. Leur flanc sud a été très affaibli et déstabilisé par l'éclatement de l'URSS. Leur nouvelle frontière internationale, celle de la Fédération de Russie, passe désormais dans une région montagneuse très accidentée, habitée par des peuples divers et belliqueux, n'ayant guère pour lien commun qu'une hostilité partagée pour ce qui vient de Moscou[1], tant demeure vivace le souvenir des guerres terribles qu'ils ont menées, et perdues, tout au long des XVIIIe et XIXe siècles contre l'envahisseur tsariste, puis de la répression souvent féroce dont ils ont été victimes à l'époque soviétique, en particulier sous Staline. Gérer cette hostilité est devenu un des problèmes majeurs de la politique russe. L'ancienne armée Rouge redevenue l'armée russe n'a pas renoncé, non plus, à veiller sur les anciennes frontières méridionales soviétiques, devenues les frontières sud de la Géorgie, de l'Arménie et de l'Azerbaïdjan (elle a déjà réussie à imposer le maintien de garnisons aux deux premiers de ces États, en entretenant le séparatisme akhbase en Géorgie ou le conflit du Haut-Karabakh entre l'Arménie et l'Azerbaïdjan). La guerre de Tchétchénie n'est que l'épisode le

---

1. D'ouest en est, on dénombre, découpés plus ou moins artificiellement, sept Républiques autonomes à l'intérieur de la Fédération de Russie : l'Adyghie, le Karatchaevo-Tcherkesse, la Kabardino-Balkanie, l'Ossétie du Nord, l'Ingouchie, la Tchétchénie et le Daghestan ; et, de l'autre côté de la frontière, en Géorgie, l'Abkhasie et l'Ossétie du Sud, qui sont des entités également autonomes.

plus sanglant de cette difficile politique de reprise en main ; tout comme celle, tout aussi dure même si on en parle moins, qui est menée, depuis quatre à cinq ans, plus à l'est, au Tadjikistan, au nord de l'Afghanistan.

L'Afghanistan lui-même ne relève pas d'une rubrique vraiment différente. Après avoir étalé leur impuissance en Tchétchénie où, en deux ans de guerre et de massacres, leurs forces armées ne sont pas parvenues à remettre au pas un petit peuple révolté contre leur domination, les Russes ont accueilli comme une très mauvaise nouvelle, fin septembre 1996, l'entrée des « Talibans » (les « étudiants en théologie ») à Kaboul. Ils avaient déjà dû évacuer eux-mêmes la capitale afghane en 1989, n'y laissant que des alliés incertains ; ceux-ci, à leur tour, en étaient donc chassés, l'ancien « proconsul » russe, l'ancien président Mohamed Najibullah, renversé en 1992 et qui se terrait depuis à l'ambassade des Nations unies, étant pendu haut et court.

Les « Talibans », qui se sont emparés de Kaboul à la fin de l'été 1996, sont en majorité des Pachtounes de la tribu des Dourrani, dont était issue l'ancienne monarchie afghane. Le noyau dur et initial de leurs troupes est constitué d'anciens élèves des « madrassas » des camps de réfugiés afghans implantés dans les provinces frontalières de l'ouest du Pakistan, notamment au Balouchistan. Parrainés par le parti sunnite « Jamiat-Ulema-e-Islami », ces écoles coraniques professent un islam se réclamant de la version la plus orthodoxe du soufisme, à la façon du Wahabisme saoudien. Ce sont des ultra-conservateurs, tant au plan religieux qu'au plan politique. En 1994, les dirigeants pakistanais ont décidé, avec l'encouragement des États-Unis, de les « lâcher » sur leur pays d'origine, en les dotant de puissants moyens militaires financés par l'Arabie Saoudite.

À Islamabad, on avait été déçu par le chef de guerre qu'on avait soutenu jusqu'alors, Gulberddine Hekmatyar, qui n'avait pas été capable de s'emparer de Kaboul, tombée en 1992 aux mains des Tadjiks persanophones du président Burhanuddin

LE « GRAND JEU » AUTOUR DE LA CASPIENNE

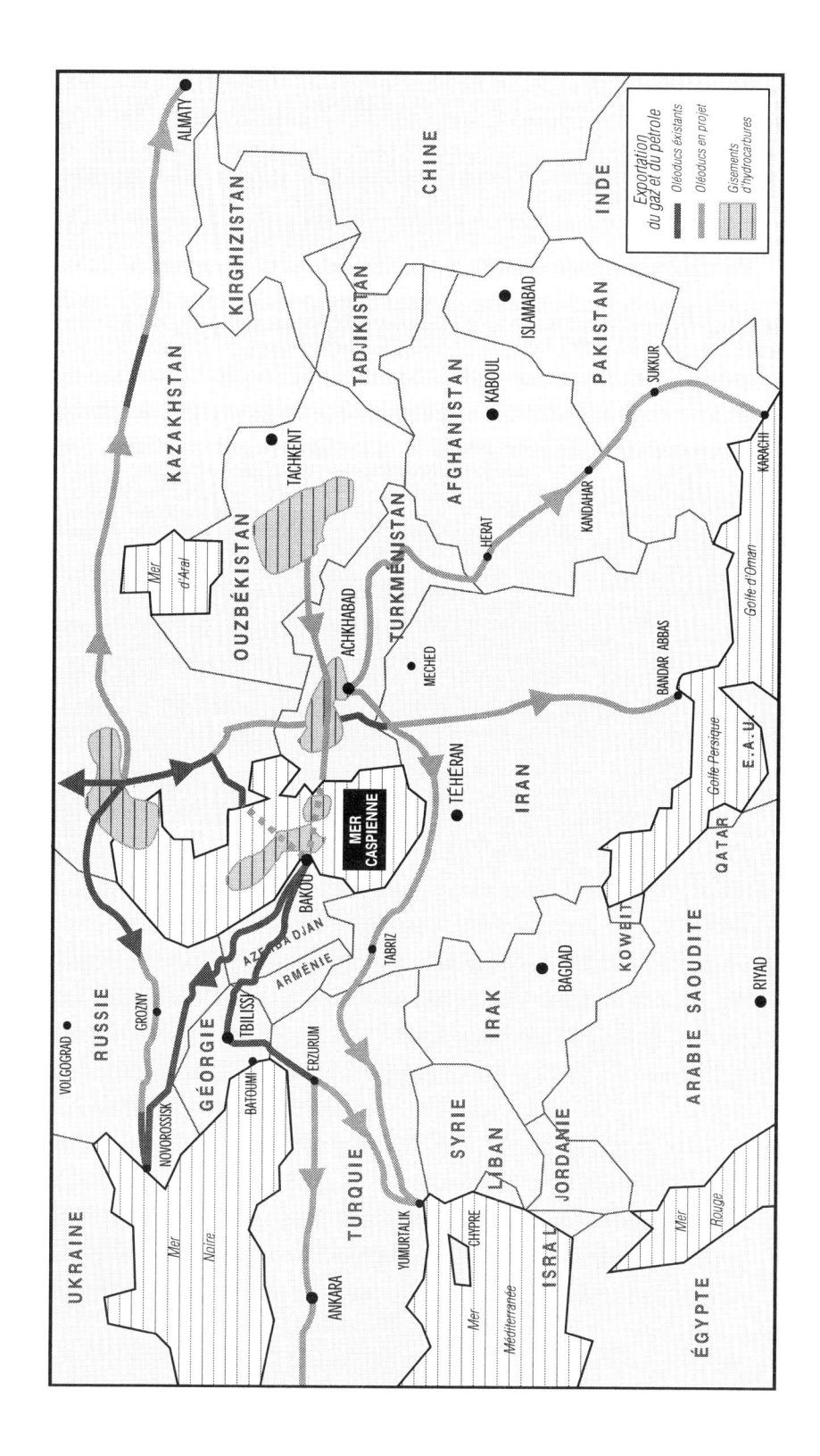

Rabbani et des forces du commandant Ahmed Shah Massoud, après l'effondrement du régime communiste de Najibullah. On jugeait surtout de plus en plus insupportable l'anarchie et l'insécurité qui continuaient à prévaloir en Afghanistan et qui paralysait tout commerce avec l'Asie centrale, en particulier avec le Turkménistan, alors qu'on rêvait de faire venir le pétrole et le gaz jusque sur les rives pakistanaises de la mer d'Oman, à l'entrée de l'océan Indien, en association avec un consortium de compagnies américaines et saoudiennes créé pour les besoins de la cause, Unicol, au détriment des voies russes, jugées incertaines (conflit tchétchène), iraniennes, frappées d'embargo, et même turques, compliquées et devenues elles aussi incertaines avec l'arrivée au pouvoir, qui se dessinait alors, de l'islamiste Necmettin Erbakan. À Washington et à Riyad, on reprochait aussi à Hekmatyar ses accointances avec plusieurs mouvements terroristes islamistes, alors qu'on était plus que jamais résolu à s'opposer aux mollahs chiites de Téhéran.

Ainsi soutenus, les Talibans, au cri d'« Allah ou Akbar » et le coran dans les mains, s'étaient emparés sans coup férir, en moins de deux ans, des deux tiers de l'Afghanistan, en fait de toute la partie pachtoune du pays, où ils avaient été accueillis en libérateurs et où ils avaient restauré la « chari'a » (la loi islamique) dans toute sa dureté, mais aussi la liberté du commerce. Leurs rangs ne cessant, au fur et à mesure de leur avancée triomphale, de se gonfler de volontaires, de plus en plus ignares mais fanatiques, ils avaient enlevé Kandahar, l'ancienne capitale royale, au sud du pays, en novembre 1994 ; Hérat, près de la frontière iranienne, à l'ouest, en septembre 1995 ; Jellabad, proche de la frontière pakistanaise, à l'est, non loin de Kaboul, en septembre 1996. Ethniquement composite et plus moderniste, largement persanophone, la capitale avait résisté à plusieurs assauts, avant de tomber à son tour, le président Rabbani et son chef d'état-major le général Massoud choisissant de lui éviter un bain de sang. Mais ensuite, au sortir du pays pachtoune, les Talibans, qui n'étaient plus chez eux, avaient commencé à marquer le pas, face à leurs adversaires retranchés dans leurs propres régions : le général Massoud, au nord-est, en pays tadjik, dans la vallée du Panshir, le général Rachid Dostom, au nord, en pays ouzbek. Massoud et Dostom, autrefois rivaux, à présent réconciliés pour les besoins de la cause (jusqu'à quand ?) et auxquels s'étaient jointes, à l'ouest de Kaboul, les forces hazaras d'un autre chef de guerre, Abdul Karim Khallili, proche des Iraniens, étaient passés à la contre-offensive, notamment autour du tunnel stratégique de Salang. Dans ces conditions, une reprise éventuelle mais probablement provisoire de Kaboul par cette coalition de circonstance n'est pas tout à fait à exclure ; en tout état de cause, la paix pachtoune dont on rêve à Islamabad est encore loin d'être assurée.

En arrière-plan de cette contre-offensive, qui s'enlise elle aussi, on trouve, bien évidemment, tous ceux dont les intérêts stratégiques seraient menacés par une victoire définitive des Talibans : en tête, les Russes et quatre de leurs alliés de la CEI — les Tadjiks, les Ouzbeks, les Kazakhs et les Kirghiz — mais aussi les Iraniens et les Indiens, ces derniers n'appréciant pas du tout une entreprise qui, si elle était menée à son terme, renforcerait trop leurs adversaires pakistanais.

Comme on le voit, là-aussi, on est bien en plein « grand jeu ! » Avec, toujours, une forte odeur de pétrole.

Chapitre 14

LES « TIGRES » ET LES « DRAGONS » SONT FATIGUÉS

BANGKOK

Dans les années soixante-dix et quatre-vingt, après le remarquable essor du Japon, opéré les deux décennies précédentes et qui se poursuivait avec vigueur, on a assisté à l'émergence des « Dragons » — Taiwan, la Corée du Sud, Singapour et Hong Kong. Puis ont surgi les « Tigres » — la Thaïlande, suivie par la Malaisie et l'Indonésie et surtout les provinces côtières chinoises, tandis que s'apprêtaient à bondir à leur tour les Philippines, le Myanmar (l'ex-Birmanie) et même le Vietnam (les « Bébés-Tigres »). Partout dans le monde, on était impressionné — autre image animalière — par cet « envol d'oies sauvages » — rangées en triangle derrière leur chef de troupe nippone. Impressionné mais inquiet.

Les anciennes économies industrielles d'Europe occidentale et d'Amérique du Nord, avec des taux de croissance annuelle de 2 à 3 %, parfois beaucoup moins, contre 7 à 8 % pour leurs nouveaux rivaux (certains affichaient même des 10 à 12 %), tremblaient sur leurs assises. Les menaces de délocalisation des capitaux vers ces « eldorados » à bas salaires et de très faible intensité démocratique (ceci expliquait cela), dans un monde ou les possédants n'avaient plus — miracle ! — l'épée soviétique dans les reins, entraînaient une remise en cause de plus en plus généralisée des vieux « acquis sociaux », très durement conquis tout au long d'un siècle de luttes ouvrières. Les riches devenaient de plus en plus riches, les pauvres de plus en plus pauvres, au « nord » comme au « sud ». Réunis dans la petite ville confortable de Davos, au cœur d'« une Suisse au-dessus de tout soupçon » (le mot est de Jean Ziegler), une poignée de sages autoproclamés, dont le parfait prototype était notre suffisant Raymond Barre, faisaient le point une fois l'an sur les avancées socialement ravageuses du libre-échange et de la déréglementation, élaborant, peaufinant, méthodiquement et sans états d'âme, leur « pensée unique », nouvelle doctrine totalitaire de cette fin de siècle.

Depuis un certain temps, cependant, ces économies flamboyantes d'Asie orientale commençaient à se heurter à de sérieuses difficultés : crise du système bancaire japonais, chute de la compétitivité en Corée du Sud, croissance sensiblement modérée un peu partout. Sans aller encore jusqu'à penser que le miracle tournait au mirage et que les « Tigres » n'étaient, tout compte fait, que « de papier », bien des observateurs commençaient à se poser des questions. « Il est certain », pouvait-on lire par exemple en janvier 1997, dans la très sérieuse *Far Eastern Economic Review*, de Hong Kong, « que les années fastes de la croissance à presque deux chiffres ne seront bientôt plus qu'un vieux souvenir ». À peu près partout dans la région, il apparaissait que les jeunes « Tigres » comme les vieux « Dragons » fatiguaient de plus en plus à la tâche, tendant, tout simplement, après quelques années d'euphorie et d'illusions, à devenir des pays industriels « normaux », avec en particulier des problèmes sociaux pas très différents de ceux de la vieille Europe. C'était déjà tout à fait évident au Japon, à Taiwan et en Corée du Sud, les trois pays les plus anciennement industrialisés et qui, aussi, avaient fait le plus de progrès sur la voie de la démocratie syndicale et parlementaire — ceci n'étant pas sans rapport avec cela, dans une relation cumulative de cause à effet assez facile à comprendre. Ailleurs, dans les autres pays d'Asie du Sud-Est, les signes d'essoufflement se multipliaient.

La mégacroissance des économies d'Asie orientale des années quatre-vingt début quatre-vingt-dix a reposé essentiellement sur l'exportation d'un travail bon marché, très bon marché même, réalisé dans des secteurs de basse technologie, comme le textile, ou de technologie plus complexe mais aisément assimilable par un salariat de niveau scolaire moyen, du fait de la répétitivité des tâches et d'un minimum d'automaticité ne nécessitant qu'un assez faible encadrement de qualité supérieure : équipements ménagers, automobile et même électronique. Mais, pour très large qu'il soit, ce créneau n'était pas extensible à l'infini et tout le monde en est arrivé à concurrencer tout le monde, tandis que la course à la productivité et à la valeur ajoutée, là comme partout dans le monde, finissait par s'imposer, entraînant inexorablement l'embauche croissante de personnels beaucoup plus qualifiés et donc beaucoup plus coûteux, et aussi des investissements également très onéreux dans la recherche-développement, qu'on avait beaucoup trop négligée jusque-là — sauf à se condamner à verser des « royalties » de plus en plus lourdes et aliénantes aux Américains, aux Européens et aux Japonais. Ce processus de rapprochement de la norme des vieilles nations industrielles ne faisait que s'amorcer. Depuis quelques années déjà, cependant, le Japon, à la population vieillissante, était devenu le pays le plus délocalisateur du monde ; Singapour, Taiwan et la Corée du Sud lui avaient emboîté le pas, à la recherche, comme lui, de nouveaux paradis salariaux, le plus attractif de ces paradis s'avérant de plus en plus être la Chine, du fait de sa dictature politique et sociale maintenue (travail des enfants et de millions de prisonniers, inclus). Il était clair, néanmoins, que ces solutions de rechange n'allaient pas suffire éternellement.

« En tant que directeur de la planification stratégique du géant sud-coréen Samsung, Chang Choong Ki » constatait — toujours selon la *Far Eastern Economic Review* — « que sa tâche était de plus en plus difficile. Pendant des années, l'expansion était allée de soi pour ce vaste conglomérat industriel, porté par une croissance qui avait atteint plus de 10 % par an en moyenne durant les années quatre-vingt. Grâce à une monnaie nationale bon marché et à une main-d'œuvre meilleur marché encore, les exportateurs tels que Samsung étaient difficiles à battre. » « Aujourd'hui, pourtant, poursuivait l'auteur de l'article, l'économie sud-coréenne est au creux de la vague, et ses principaux acteurs sont en train de boire la tasse. Les salaires et les autres coûts de production grimpent en flèche, et l'efficience économique n'est plus ce qu'elle était. » La très dure crise syndicale de la fin de l'année 1996 à Séoul avait illustré on ne peux mieux ce constat. Des grèves quasi insurectionnelles sans précédent avaient touché tous les grands secteurs économiques du pays, pour protester contre une loi de régression sociale, adoptée à la sauvette et selon une procédure parlementaire contestable, qui interdisait le pluralisme syndical pour six ans et qui donnait une liberté presque totale de licencier à toute entreprise en difficulté.

En fait, les responsables de Samsung n'étaient pas les seuls, au même moment, à se faire du souci. Un peu partout en Asie orientale, on commençait à remettre les pendules à l'heure d'une croissance tombée, en pourcentage, de 1991 à 1996, de 5,1 à 4,1 à Hong Kong, de 6,7 à 5,5 à Singapour, de 9,1 à 6,7 en Corée du Sud, de 7,6 à 5,3 à Taiwan, de 8,5 à moins de 7 en Thaïlande. Ces taux faisaient toujours rêver les responsables économiques européens ; mais, dans une région du monde dont la sortie du sous-développement était toute récente et qui comportait encore de très larges zones de pauvreté, ils risquaient de s'avérer très vite insuffisants pour assurer la survie de bien des entreprises et le maintien du calme politique et social. La Thaïlande, par exemple, avait été le théâtre, elle aussi, en 1996, de violentes émeutes, tandis que la tension était toujours très vive au Myanmar, où le travail forcé était de plus en plus mal supporté, sans oublier la lutte courageuse du prix Nobel de la paix Aung San Sun Kuyi contre la dictature. Ces taux de croissance pourraient même tomber à 2 ou 3 % seulement, comme en France ou en Allemagne les meilleures années, allaient jusqu'à prévoir, alors, certains analystes. « Les arbres finissent toujours par s'arrêter de grandir », philosophait Sun Bue Kim, le directeur général de la recherche économique de Goldman Sachs, en poste à Hong Kong, tandis que Min Sang Keh, professeur de finances internationales à l'université de Séoul, se contentait de qualifier d'« âge moyen » l'étape actuelle de la vie des « Dragons » et des « Tigres », sans trop se prononcer toutefois sur la suite.

Par ailleurs, la course aux armements, provoquée notamment par la montée en puissance militaire de la Chine et dans laquelle étaient à présent très engagés peu ou prou tous les pays de la région, détournait une part importante de leurs ressources financières, au détriment de la poursuite de leur développement économique. En ce domaine aussi, on pouvait parler de « normalisation » par rapport au vieux monde qui, en revanche, « bénéficiait » quant à lui de ce négoce particulier.

Au vu de toute cette évolution qui s'amorçait, on pouvait déjà se dire — pour philosopher un peu et transcender la problématique du développement de l'Asie orientale — que le modèle social-démocrate européen avait été probablement trop vite enterré. Que, contrairement à ce qu'on avait pensé jusque-là, il avait même, au-delà de sa propre crise actuelle, de beaux jours devant lui, tout simplement parce qu'il commençait à faire des adeptes là où, à tort, on s'attendait le moins à en trouver jusqu'à une date récente. La mondialisation décidément ne serait pas seulement celle des capitaux. Pour les salariés européens, les travailleurs en lutte à Séoul, à Rangoon ou à Djakarta, sans oublier Tokyo, où la pression salariale était bien plus ancienne et de plus en plus forte, annonçaient bel et bien le retour du printemps. C'était en somme une histoire très morale, et le slogan du vieux Karl Marx redevenait d'actualité : « Prolétaires de tous les pays, unissez-vous ! » Le changement de majorité parlementaire intervenu en Corée en décembre 1997, un vieil opposant longtemps emprisonné Kim Dae-jung, devenant chef de l'État — première « alternance » démocratique à survenir en Asie — a, ensuite, conforté cette façon de voir.

La gravité de la crise qui, à partir de l'été 1997, a frappé les pays de l'Asie du Sud-Est, puis l'Asie orientale tout entière, a cependant été d'une ampleur que même les observateurs les plus lucides ne prévoyaient pas quelques semaines plus tôt seulement.

Depuis un certain temps, ces économies flamboyantes d'Asie orientale essuyaient des revers de plus en plus inquiétants — crise du système bancaire japonais, chute de la compétitivité en Corée du Sud, croissance sensiblement plus modérée un peu partout. Durant l'été 1997, la bourse de Bangkok s'était brutalement effondrée — en conséquence du trop grand excès de crédit bancaire que facilitait, depuis plusieurs années déjà, un énorme afflux de capitaux étrangers flottants et de la spéculation effrénée, notamment immobilière, qui s'était ensuivie. Le baht thaïlandais avait immédiatement et très fortement chuté, lui aussi, entraînant, dans la tourmente de cette crise à la mexicaine, à peu près toutes les places voisines, qui souffraient des mêmes maux et qui, à leur tour, avaient connu très vite des krachs semblables : Kuala Lumpur, Djakarta, Rangoon, Manille, seuls Singapour et Hong Kong échappant, de justesse, à la contagion, en tout cas pour une large part. Presque toutes les autres monnaies de la région, qui, comme le baht, étaient jusque-là rattachées au dollar américain selon une parité fixe — la roupie indonésienne, le ringitt malais, le peso philippin, notamment — avaient été, de la même façon, fortement dévaluées, malgré le soutien financier du Japon et du FMI lui-même, qui, en contrepartie, avait imposé à tout le monde de très sévères mesures d'austérité. Quelque quatre mois plus tard, en octobre, la perte boursière totale de la région dépassait déjà les deux cent milliards de dollars. Mais on n'avait pas encore touché le fond.

Fin octobre, un vent de panique a soufflé, pendant quelques jours, sur Hong Kong, dont les réserves de devises, d'une soixantaine de milliards de dollars, à quoi on peut ajouter celles, d'un montant triple, de la Chine elle-même, étaient cependant très solides. C'est surtout la Corée du Sud qui a plongé, ses célèbres « chaebols » — ses « conglomérats » industriels et financiers, équivalents des non moins fameux « Kereitsus » japonais — étant soudainement menacé de s'effondrer comme chateaux de cartes, sous le poids de leur spéculation effrénée des années précédentes : Daewo, Hyundaï, Samsung. Une aide internationale sans précédent, de 57 milliards de dollars, supérieure à celle dont avait bénéficié le Mexique deux ans plus tôt, a sauvé de la faillite ce pays membre de l'OCDE, onzième puissance économique mondiale — au prix, pour lui aussi, d'une cure drastique d'assainissement de ses structures de production et d'échanges. Y ont participé le FMI, la Banque mondiale, la Banque asiatique de développement et la plupart des autres grandes nations industrielles, notamment les États-Unis et le Japon, qui, toutes, craignaient une extension de la crise aux autres places financières de la planète, celle de Tokyo, la seconde du monde, étant tout particulièrement menacée. Au début de l'année 1998, un tel danger n'était toujours pas, pour autant, écarté. Plus personne, en tout cas, ne parlait encore du « modèle asiatique de développement », dont s'étaient gargarisées pendant des années tant de sommités de la finance et de l'université internationales, mais qui n'a jamais été que le résultat, passager, d'une surexploitation du salariat de cette région du monde, conjugée à une spéculation inconsciente et éhontée.

On peut penser, cependant, qu'après une bonne cure d'amaigrissement et leurs muscles refaits, dans quelques brèves années, les « Tigres » et les « Dragons » rebondiront. Le décrochage de leurs monnaies du dollar ne pourra que faciliter cette reprise future, en particulier par un accroissement de la compétitivité de leurs exportations, qui avaient souffert du coût élevé de la devise américaine depuis que, deux ans plus tôt, celle-ci s'était fortement redressée.

Chapitre 15

AFRICA INCOGNITA

TIASSÈNE

Un tiers de siècle après son indépendance, l'Afrique subsaharienne est en train de redevenir, sur d'immenses étendues, cette blanche *Africa incognita* des atlas géographiques d'autrefois, dont les auteurs ne connaissaient guère que les contours océans aux couleurs de ses conquérants venus d'Europe, rose, mauve, vert, brun ou jaune, l'« Afrique des comptoirs ».

La détérioration des termes de la chance

Jusqu'à sa mort il y a une vingtaine d'années déjà — une mauvaise fièvre l'avait emporté en quelques jours — Mamadou Sarr habitait Tiassène[1], un de ces petits villages sérères de la région sénégalaise de Mbour, une cinquantaine de cases rondes

---

1. Tiassène n'est signalé sur aucune carte.

en boue séchée et aux toits de chaume, au milieu des manguiers et des papayers, avec leurs greniers à mil et leurs clôtures de rôniers, à l'écart de la route goudronnée qui relie Dakar aux centres touristiques de « la petite côte » (comme on appelle ici la côte sud, bien abritée, de la presqu'île du Cap Vert). C'était un paysan comme des milliers d'autres au Sénégal et bien au-delà encore à travers l'immense Sahel, fatigué et sans âge, cultivant quelques ares de mil et d'arachide, à la « daba » et à l'« hilaire » (des sortes de houe et de sarcloir assez sommaires), courbé sous le soleil, nu-pieds la plupart du temps, en chemise et pantalon bouffant de grossière toile brune (le « tiaya »), un large chapeau rond et pointu de paille et de cuir tressé sur la tête, pauvre de toute éternité, mais avec le sentiment désespérant de l'être de plus en plus. Il pratiquait un peu le français et, paraphrasant maladroitement son illustre compatriote, le président Léopold Sédar Senghor, un fils de Joal toute proche, qui dénonçait souvent à la radio la détérioration des termes de l'échange, dont le Sénégal était victime comme tous les autres pays du tiers-monde, il parlait, quant à lui, en un calembour involontaire, de « la détérioration des termes de la chance ». Cela faisait sourire les touristes, qui venaient parfois se promener jusqu'à Tiassène et qui lui posaient des questions sur sa vie et sur sa famille.

De prime abord, l'Afrique noire apparaît comme un continent sous-peuplé, avec une densité démographique moyenne de seulement quinze habitants au kilomètre carré, seuls quelques pays, dont, en tête, le Rwanda et le Burundi, faisant exception. Mais cette Afrique sous-peuplée est en même temps une Afrique en pleine explosion démographique et c'est cette seconde caractéristique qui, en ce domaine, est le phénomène essentiel. Avec un taux de croissance qui est passé d'à peine 2 % à plus de 3 % par an ces dernières années, sa population a presque triplé depuis 1960.

À l'origine de cette très forte croissance, on trouve essentiellement un net abaissement du taux de mortalité infantile, dû à d'incontestables progrès de l'action sanitaire de masse depuis l'époque coloniale, même s'il reste encore beaucoup à faire, alors que le taux de natalité demeure presque aussi élevé qu'autrefois, du fait de la lenteur de l'évolution des mœurs. Ce n'est pas très coûteux de sauver un enfant à la naissance ou en bas âge : le prix d'un vaccin bon marché.

En revanche, nourrir cet individu pendant ses cinquante à cinquante-cinq ans de durée de vie moyenne aux normes actuelles, le loger, l'habiller, le soigner, l'éduquer — si frugale que soit la nourriture, si humbles que soient le logement et l'habillement, si sommaires que soient les soins de santé et l'éducation —, c'est autrement plus cher. Multiplié par plusieurs centaines de millions d'hommes et de femmes, cela représente des sommes considérables, bien plus difficiles à rassembler que celles qui sont mises en œuvre pour lutter contre la mortalité infantile.

En une bonne trentaine d'années, la majorité des pays de l'Afrique noire indépendante ont connu une croissance économique certaine. Les productions agricoles, aussi bien vivrières qu'industrielles ou d'exportation, ont généralement progressé, souvent de façon importante. Les ressources minières considérables que recèle le sous-sol africain ont commencé à être mises sérieusement en exploitation, notamment le pétrole des pays du golfe de Guinée (Nigéria, Gabon, Congo, Angola). En maints endroits, comme en Côte-d'Ivoire (qui pourrait devenir un des rares « Tigres » de ce continent), un processus d'industrialisation a été amorcé de façon significative. D'autre part, les travaux d'équipement entrepris sous la colonisation se sont poursuivis un peu partout ; les infrastructures de transport, en particulier, indispensables à la mise en œuvre de toute politique de développement, ont été presque partout renforcées. Au total, cependant, durant toute cette période, le taux de croissance du produit national brut de l'ensemble des pays africains a été, en moyenne, inférieur à celui de la croissance démographique, même s'il n'a pas été négligeable. Globalement, il en est résulté une lente mais inexorable détérioration des niveaux de vie, face à l'incompressible développement des besoins insatisfaits, ceux nés de l'augmentation exponentielle des bouches à nourrir, mais aussi ceux générés par l'élévation régulière des aspirations à un peu plus de bien-être : mieux informés, les Africains sont de moins en moins résignés, apathiques, et des biens et des services dont ils ignoraient autrefois jusqu'à l'existence — à vrai dire des choses, cependant d'ordinaire très modestes — concentrés de tomates, toits en tôle ondulée, postes de radio à transistors — leur apparaissent à présent comme indispensables.

Ces moyennes recouvrent, bien sûr, des situations fort disparates, les pays africains étant très inégalement dotés en richesses naturelles, agricoles ou minières, dont, au demeurant, les cours sont très fluctuants, et ces richesses étant très inégalement mises en exploitation, d'ordinaire selon leur éloignement plus ou moins grand des côtes. À l'intérieur de chacun de ces pays, riche ou pauvre, les écarts dans la répartition des revenus ne cessent, d'autre part, de s'accroître entre de jeunes bourgeoisies administratives ou d'affaires liées aux pouvoirs politiques en place, peu nombreuses mais voraces, et le reste de la population (autour de 90 % du total), constitué de l'essentiel du paysannat et de la masse grandissante du sous-prolétariat urbain.

Depuis une quarantaine d'années, la population des villes africaines s'est accrue à un rythme accéléré, plus rapide même que celui de la croissance démographique globale, jusqu'à atteindre en moyenne près de la moitié de la population totale. Paradoxe, lourd de dangers de toutes sortes, d'une Afrique demeurée économiquement rurale, mais qui n'en est pas moins de plus en plus urbaine ! Les campagnes déversent sur les villes leur trop-plein d'hommes jeunes, en quête illusoire de travail et d'une vie meilleure, qui s'entassent dans les taudis de tristes banlieues sans cesse plus étendues, à la périphérie de quelques quartiers résidentiels, administratifs ou d'affaires, simples miroirs aux alouettes. Dans ces faubourgs miséreux écrasés de soleil, gonflent les armées des révoltes futures.

À ces armées, l'éducation est en train de fournir des cadres.

De prime abord sous-peuplée, mais on vient de voir ce qu'il faut en penser, l'Afrique noire demeure aussi très largement sous-scolarisée ; mais cela également doit être examiné de plus près. Si on réduit de moitié les statistiques officielles fallacieusement gonflées, autour de 30 % seulement des enfants africains d'âge scolaire fréquentent des écoles primaires (seuls quelques pays, comme le Ghana, le Cameroun, le Gabon et le Congo, affichent encore des taux sensiblement supérieurs — en héritage d'une action beaucoup plus vigoureuse en ce domaine à l'époque coloniale) ; et ces écoles sont pour la plupart de niveau assez médiocre, selon les normes pédagogiques de type européen héritées de la colonisation. Des situations analogues prévalent dans le secondaire et le supérieur. Mais, tel quel, cet enseignement ampute déjà d'un quart, en moyenne, les maigres budgets des États, et il est difficile d'imaginer de rapides améliorations.

Surtout, malgré ces très faibles taux, le système a permis en une trentaine d'années un bon quadruplement des diplômés de tous niveaux, encore plus dans l'enseignement supérieur, et c'est là, en fait, que se pose le vrai problème. Il est évident, en effet, que le nombre des emplois créés dans le secteur moderne de l'économie durant toute cette période est demeuré, en dépit de progrès certains, très inférieur à cette production de titulaires de peau d'âne, et ceci pour la raison bien simple que, s'il est déjà sensiblement plus coûteux de scolariser un individu que de le sauver à la naissance et de le nourrir frugalement sa vie durant, il est beaucoup plus cher encore de créer un emploi correspondant à la qualification qu'il a ainsi acquise et, bien sûr, au niveau de vie qu'implique cette qualification dans son esprit imprégné des standards des pays industriels.

Le gonflement jusqu'à des niveaux d'encombrement intolérables des effectifs de la fonction publique et aussi l'africanisation des entreprises du secteur privé jusqu'à la limite d'accompagnement minimum en personnels de la nationalité des capitaux étrangers ont servi un temps de palliatifs à cette situation. Mais maintenant il faut songer à d'autres solutions et, en fait, tout remettre à plat. Un changement radical des systèmes d'enseignement, pour les adapter exactement au niveau de développement et aux besoins réels de l'économie, et tout d'abord pour les débarrasser de ce qu'ils ont de mandarinal et de déracinant, s'impose de toute évidence. Mais cela impliquerait une telle révolution que, jusqu'à présent, on n'a pas dépassé en ce domaine le stade du discours.

L'Afrique fait de plus en plus d'enfants et, pour reprendre la forte expression de René Dumont dans *L'Afrique noire est mal partie*, elle en fait de plus en plus des « mangeurs de porte-plume ». En attendant que tout cela explose, des bacheliers et même des licenciés briguent de plus en plus fréquemment, faute de mieux, des emplois qui étaient naguère tenus, et d'ordinaire fort bien, par de quasi-analphabètes, tandis que ceux-ci sont refoulés dans les zones désespérantes du chômage absolu. C'est un drame que d'être convié à un banquet où, quand on arrive, il n'y a plus de place.

Autocraties en tous genres

C'était à La Baule, en juin 1990. Dans le sillage de ce qui venait tout juste de se passer à l'est de l'Europe, l'aube de la liberté allait enfin éclairer toute la planète. Au sud du Sahara en particulier, le mouvement allait être irrésistible. Après trois décennies d'autocraties civiles ou militaires, partout, de jeunes partis d'opposition, poussés comme des champignons après la pluie, allaient balayer les vieilles équipes en place usées par le pouvoir... À moins que celles-ci ne modifient rapidement et durablement leurs façons de gouverner... Plus paternel que jamais, François Mitterrand avait tenu à faire savoir à ses homologues africains — qu'il aimait bien, même s'il leur faisait cette fois les gros yeux — qu'il leur donnait une dernière chance. Dans un « discours de la méthode (démocratique) », qui en avait agacé plus d'un, il les avait solennellement prévenus : la France avait décidé d'instaurer une « prime à la démocratie » ; son aide serait désormais accordée en priorité à ceux qui s'engageraient dans le bon sens ainsi redéfini. Les autres seraient réduits à la portion congrue, voire à pis. Mais chacun, avait-il concédé « mezza voce », pourrait y aller « à son rythme ».

D'un sommet, l'autre. D'une station balnéaire, l'autre. À Biarritz, quatre ans plus tard, au début de novembre 1994, dans la classe francophone, à quelques cancres près définitivement exclus ou priés de rester provisoirement chez eux, le Maître s'était retrouvé entouré des mêmes élèves, qui avaient su faire entre-temps quelques efforts ou assuré, promis-juré, qu'ils allaient en faire incessamment sous peu. À sa droite, tout un symbole, on remarquait, sa toque de léopard toujours bien vissée-inclinée sur la tête, le président zaïrois Mobutu Sese Seko Kuku Bandu Wa Za Mbanda, qui n'était encore qu'à sa gauche (si on peut dire) à l'automne 1981 à Paris, au tout début de son double septennat. (Depuis, Houphouët disparu, il était devenu le doyen.)

Entre-temps, sur le chemin radieux de la liberté tropicale, que s'était-il donc passé ? Pour le comprendre, une remise en perspective s'impose et, très schématiquement, on peut dire ceci.

Aux lendemains immédiats des indépendances, les élites modernes n'étaient vraiment pas très nombreuses en Afrique subsaharienne. Pour commencer à construire les jeunes nations, les nouveaux appareils d'État pouvaient aisément mobiliser toutes les capacités disponibles, et presque personne ne fut écarté. Par-delà la diversité des situations, l'avènement de partis de gouvernement unifiés derrière des dirigeants plus ou moins charismatiques issus des luttes de libération était, de ce fait, presque partout à peu près inéluctable, voire à maints égards justifiable. On ne saurait en dire autant des nombreuses dérives militaires et policières qui allaient s'ensuivre, d'ordinaire assez rapidement, à la faveur de coups d'État en chaîne. Et ce d'autant moins que le développement économique et social généralement invoqué pour tenter de légitimer ces mutations galonnées ne fut pratiquement jamais au rendez-vous, au contraire même.

Quelque trente ans plus tard, la situation n'était plus du tout la même. Partout, les élites modernes étaient devenues de plus en plus nombreuses et, depuis longtemps déjà, il n'était plus possible de les rassembler toutes dans des partis-États qui n'étaient d'ordinaire plus que les instruments de la pérennisation au pouvoir de cliques de prébandiers prêts à tout [2]. La situation de la très grande majorité de la population s'était, d'autre part, beaucoup dégradée, en conséquence d'une croissance démographique exponentielle et d'un développement économique, en revanche, beaucoup trop lent et insuffisant, quand il n'était pas négatif. À quoi s'ajoutaient les effets d'une répartition des revenus de plus en plus inégalitaire. Le terrain était ainsi devenu favorable à toutes les formes de revendications. L'exigence du respect des libertés fondamentales, de la liberté d'expression et de publication, de réunion et d'association, n'avait cessé de grandir. Çà et là des partis d'opposition commençaient à se constituer, plus ou moins clandestinement.

Par sa valeur exemplaire, l'effondrement du système communiste en Europe de l'Est ne pouvait que donner un formidable coup d'accélérateur à ce processus de démocratisation déjà engagé ou au moins amorcé. Sous les tropiques, dans les palais présidentiels, la fusillade des Céaucescu à Bucarest retentit comme un coup de tonnerre assourdissant.

---

2. BAYARD, ELLIS et HIBOU, *La Criminalisation de l'Afrique*, éditions Complexe, 1997.

À la hâte, on se résigna alors à donner enfin la parole au peuple, ou plutôt à tous ceux qui, avec plus ou moins de raisons, se proclamaient, concurremment, ses représentants. À l'imitation d'une expérience initiale sur le moment assez bien réussie, au Bénin, presque partout ailleurs des « conférences nationales » furent organisées, ou improvisées. Elles ne débouchèrent que très rarement sur d'aussi heureux résultats qu'à Cotonou, mais elles permirent au moins à tous ceux qui le voulaient de se défouler en d'interminables « happenings ».

Puis des élections générales, présidentielles et législatives, furent d'ordinaire organisées, souvent précédées de réformes constitutionnelles légalisant le pluripartisme et établissant un nouvel équilibre des pouvoirs. Dans la majorité des cas, elles eurent, cependant, pour principal résultat la relégitimation des équipes déjà en place, presque par le seul effet de la division, souvent extrême, de leurs opposants, les tricheries et les pressions policières et autres, même si elles furent assez fréquentes, n'ayant pas été la cause principale, tout compte fait, de ce maintien des anciens dirigeants.

Alors, en Afrique noire francophone, il n'y avait plus guère de pays qui ne s'étaient pas engagés dans ce type de processus électoral, mises à part les anciennes colonies belges : le Zaïre de Mobutu, et maintenant de Kabila, le Rwanda et le Burundi, où Hutus et Tutsis n'ont cessé de se massacrer furieusement. À quelques exceptions près, dont celle on ne peut plus inquiétante du sinistre général Sani Abacha au Nigeria, on pouvait faire un constat analogue à propos de presque tous les pays de l'Afrique anglophone et lusophone, hormis ceux qui étaient en proie à d'interminables guerres civiles, comme le Soudan, la Somalie, le Liberia et l'Angola. À une dizaine d'États près donc, les droits de l'homme et les libertés fondamentales des citoyens étaient, à des degrés divers, à peu près respectés, même si tout cela ne débouchait que très rarement sur des alternances parlementaires.

Depuis le milieu des années quatre-vingt-dix, cependant, cette évolution globalement heureuse, même si elle n'est que très exceptionnellement parvenue à son terme vraiment démocratique, tend à être remise en cause. Çà et là, les militaires reviennent, et c'est un mauvais symptôme, révélateur d'un mal profond. À trente ans de distance, on a commencé à revivre les scénarios des années soixante. Comme alors, un cycle de libéralisme politique paraît s'achever.

Le cycle précédent avait débuté au lendemain de la Seconde Guerre mondiale. Il avait été celui de la montée vers les indépendances. De 1945 à 1960, le colonisateur français ou anglais avait progressivement relâché son emprise. La liberté d'expression et celle d'association syndicale et politique avaient été accordées, ou arrachées. Des élections pluripartites avaient été organisées pour élire des représentants, parfois, comme en France, aux parlements métropolitains et, presque partout, à des assemblées locales, instituées afin de permettre aux autochtones de gérer d'abord leurs affaires intérieures, puis, un peu plus tard, leur destin sur la scène internationale. En deux ou trois étapes, on passa à des régimes d'autonomie interne puis à l'indépendance.

La liberté politique de ces années-là ne survécut cependant pas très longtemps à celle-ci. Autour des leaders qui avaient su s'imposer entre-temps et sous prétexte de rassembler toutes les forces pour le développement, presque partout le pluripartisme céda la place au monopartisme, voire à des « no-party system », quand l'armée commença à sortir de ses casernes. À la fin des années soixante, l'Afrique subsaharienne indépendante (et celle du Nord aussi) ne comptait plus guère que des autocraties en tous genres, qui, à travers de nombreux soubresauts, perdurèrent une bonne vingtaine d'années. Puis le mouvement commença à s'inverser.

Comme la fin de la Seconde Guerre mondiale, l'effondrement du système communiste en Europe de l'Est — on vient de le rappeler — provoqua par contrecoup en Afrique la levée d'une vague de liberté qui, selon les cas, entraîna le renversement de ces autocraties ou les contraignit à se réformer plus ou moins profondément. Partout, on se remit à parler, à s'associer face au pouvoir, pour le conquérir démocratiquement par des élections à nouveau ouvertes à la compétition. Celles-ci débouchèrent quelquefois sur de vraies alternances, plus souvent, au moins, sur des rénovations des équipes dirigeantes au sein des « partis dominants », néanmoins restés en place autour des anciens leaders ou de leurs successeurs directs. Et voilà qu'au bout de cinq à six ans à peine, la vague a commencé à refluer, que le nouveau cycle libéral paraît devoir se boucler encore plus vite que le précédent. Que s'est-il passé ?

Pauvreté fondamentale de la plupart des pays subsahariens ; dégradation souvent très avancée de leurs appareils d'État (fiscaux et douaniers, judiciaires et policiers, sanitaires et scolaires), généralement corrompus, qui se sont presque tous enfoncés dans le clientélisme et la médiocrité, au fur et à mesure de leur africanisation, et dont les fonctionnaires, beaucoup trop nombreux, sont, par voie de conséquence, de plus en plus mal et irrégulièrement payés ; résurgence et exacerbation de luttes tribales ancestrales, dans de plus en plus de cas jusqu'à la guerre civile ; les causes des régressions démocratiques en cours sont diverses et se conjuguent. On le voit très bien dans les événements dont depuis 1995 le Niger, la Guinée, la Sierra Leone, le Centrafrique et le Congo-Brazzaville ont été le théâtre.

Au Niger, où les Touaregs sont en rébellion, depuis plusieurs années, sur les deux tiers semi-désertiques du territoire, le fonctionnement normal des institutions était paralysé par un conflit irréductible entre le président de la République, Mahamane Ousmane, et le Premier ministre, Hama Amadou — qui s'appuyaient sur des majorités électorales et des ethnies (Haoussas, Djermas) différentes — et, aussi, par l'absentéisme des fonctionnaires, qui n'étaient presque plus payés faute

AFRIQUE : LA FIN DE LA « PAIX COLONIALE »

Zones de guerres civiles et d'instabilité endémique

383

de recettes fiscales suffisantes. L'armée, qui n'était guère mieux servie, a mis tout le monde d'accord en quelques quarts d'heure, le 27 janvier 1996, dans l'indifférence totale de la population, si ce n'est avec son approbation, tout au moins sur le coup.

Quelques jours plus tard, c'était le tour de la Guinée, où une fraction de l'armée se rebellait contre son ancien chef d'état-major, le général Lansana Conté, arrivé lui-même au pouvoir par un coup d'État perpétré une dizaine d'années plus tôt, avant d'être consacré ensuite par le suffrage universel dans des conditions spécieuses. Ce malheureux pays ne s'est toujours pas relevé des conséquences désastreuses de la longue et sanglante dictature de Sékou Touré, et, là aussi, des rivalités ethniques ancestrales (Peulhs, Malinkés, Soussous) font le reste. Finalement, les putschistes ont échoué ; mais le feu continue à couver sous la cendre, comme dans la Sierra Leone voisine, où, depuis trente ans, les coups d'État succèdent aux coups d'États, pour ne pas parler du Liberia, tout à côté, où, depuis une dizaines d'années, il n'y a plus d'appareil d'État du tout et où, durant tout ce temps, se sont perpétrées, comme dans la région des Grands Lacs et dans tout le bassin du Congo (à Brazzaville, après Kinshasa), des tueries de tous contre tous, dont on ne comprend plus guère les raisons et dont personne ne voit plus la fin, malgré un répit ces derniers mois, un chef de bande, Charles Taylor, paraissant l'avoir emporté, au moins pour un temps, sur ses rivaux.

En Centrafrique, enfin, où, là aussi, les soldats n'étaient plus régulièrement payés depuis des mois, le président Ange-Félix Patassé — un homme du nord du pays, élu moins de deux ans plus tôt contre son précédecesseur issu d'un coup d'État, le général André Kolingba, un natif du Sud, quant à lui comme le gros de l'armée — n'a dû son maintien au pouvoir, en mai 1996, qu'à une intervention massive des forces françaises prépositionnées dans la région, sans que l'ordre ait été pour autant réellement rétabli à Bangui — une leçon que la France, à présent gouvernée par la gauche, semble enfin commencer à comprendre, comme paraît le démontrer sa décision de ne pas s'ingérer dans la guerre civile congolaise, aussitôt évacués ses ressortissants, et, surtout, l'autre décision qu'elle a prise ensuite de fermer complètement ses deux vieilles bases de Bouar et de Bangui au printemps 1998.

Pour des raisons analogues, bien d'autres pays sont encore menacés de pareilles sorties de casernes, et il ne faut pas oublier, d'autre part, les origines putschistes des militaires chefs d'État, même si le suffrage universel les a en quelque sorte « blanchis » par la suite : le Ghana, l'Ouganda, la Gambie, la Mauritanie, le Burkina, le Togo... la liste n'est pas exhaustive.

Il reste décidément encore beaucoup d'étapes à franchir sur le chemin radieux de la démocratie parlementaire inter-tropicale, tandis qu'en Afrique australe, où « le miracle Mandela » touche à sa fin, les nuages commencent à s'amonceler. La sortie pacifique de l'« apartheid » a eu un prix : pour rassurer les Blancs et les investisseurs étrangers, afin que l'économie ne s'effondre pas du jour au lendemain, le Congrès national africain, arrivé au pouvoir, n'a pratiquement tenu aucune de ses promesses sociales, dans un pays qui demeure un des plus inégalitaires du monde, et la colère enfle de plus en plus dans les cités ouvrières, tandis que, dans les campagnes, les paysans noirs manquent toujours cruellement de terres. Solidement implanté au Natal, l'Inkhata, le parti zoulou du chef Mangosuthu Buthelezi, fait, d'autre part, toujours peser une lourde menace sur l'unité du pays.

Sortie de l'histoire

Avec la chute du mur de Berlin, l'Afrique, pour un temps indéterminé, est ressortie de l'histoire. Continent d'intérêt marginal, quoi qu'en pensent ses élites exaltées, elle s'est retrouvée, en outre, du jour au lendemain, marginalisée, renouant en quelque sorte avec une situation qui avait été la sienne pendant de très longs siècles, avant l'arrivée sur ses côtes des Arabes, puis surtout des Européens.

Depuis la protohistoire, l'Afrique noire n'a jamais eu grand-chose à vendre aux autres continents, si ce n'est l'or du Soudan, qui fit la richesse du Maroc médiéval et des royaumes andalous d'Espagne, et, tragiquement, ensuite, ses propres fils, victimes d'une « traite » sinistre. Dans la seconde moitié du XIXe siècle, la conquête coloniale achevée, quelques cultures de rente destinées à l'exportation commencèrent à y prendre un certain essor — arachide et palmier à huile, café et cacao, banane, coton —, tandis qu'était entreprise l'exploitation de ses forêts, puis, plus tard, après la Seconde Guerre mondiale, celle de quelques-unes de ses richesses minières — fer, bauxite, cuivre, uranium et surtout pétrole, sans oublier le charbon, l'or et les diamants de l'Afrique australe. Rien de tout cela ne fut jamais très important et, de surcroît, le profit allait essentiellement à des compagnies étrangères, importatrices exclusives, par ailleurs, de modestes produits manufacturés européens et pendant longtemps hostiles, de ce fait, à l'industrialisation locale. Ces spéculations ne débouchèrent jamais sur un développement significatif, même si la mise en place d'un minimum d'infrastructures — routières, ferroviaires et portuaires et aussi scolaires et sanitaires — en résulta.

L'indépendance n'a pas changé grand-chose à cela. Aujourd'hui encore, en termes de marché, l'Afrique subsaharienne n'absorbe guère que 2 % des exportations mondiales, et le reste de la planète pourrait se passer sans grand dommage de presque toutes ses productions, cultivées ou extraites en quantités considérables ailleurs, ou qui pourraient l'être rapidement en cas de nécessité.

Jusqu'à ces toutes dernières années, les conséquences de rivalités étrangères, sur lesquelles l'Afrique n'avait aucune prise et qui, au demeurant, étaient passablement fantasmatiques en ce qui la concerne, ont masqué cette désolante réalité. Pendant plus de quatre siècles, Portugais, Espagnols, Hollandais, Anglais, Français, Allemands et Italiens, sans oublier quelques Danois ou Brandebourgeois, ni non plus les Belges, bref toute la chrétienté batailleuse, ont étendu leurs querelles et leurs guerres sur ses côtes, puis à l'intérieur de ses terres, jusqu'à se la partager tout entière, au nom de la civilisation, pour des raisons assez fallacieuses de puissance au niveau des États, qui dépensèrent souvent pas mal d'argent dans l'entreprise, et pour des motifs plus prosaïquement mercantiles en ce qui concernait quelque-uns de leurs ressortissants. « Les colonies ont toujours coûté aux métropoles, même si elles ont régulièrement rapporté à quelques métropolitains », devait reconnaître Disraeli lui-même, un jour de grande lucidité.

À ne pas oublier, non plus, les curés de combat et les pasteurs de choc qui, talonnés par les marabouts musulmans, accompagnèrent toujours les colonnes de la conquête militaire, quant ils ne leur servirent pas d'éclaireurs, afin de se tailler quant à eux des parts de marché évangélique dans ces immenses réserves de païens.

Vaincus en Europe, les Allemands avaient dû lâcher prise dès la fin de la Première Guerre mondiale, avant que, très affaiblis par les conséquences de la Seconde, Anglais et Français, Belges et Portugais ne soient contraints, quelque vingt-cinq ans plus tard, de laisser leurs territoires accéder à l'indépendance, en quelques étapes plus ou moins bien contrôlées, alors que les affrontements de la guerre froide prenaient immédiatement le relais.

Dans le contexte du conflit Est-Ouest dominant, le continent noir ne pouvait être négligé par les superpuissances qui aspiraient au contrôle hégémonique de la planète. Pendant tout ce temps, les deux camps en présence, et les principales puissances qui les constituaient, se sentirent contraints de consacrer des ressources relativement importantes, civiles et militaires, pour se contenir l'un l'autre. Les pays africains surent tirer un certain profit de cette nouvelle rivalité. Pour leurs dirigeants, la surenchère organisée avec succès par Gamal Abdel Nasser pour la construction du barrage d'Assouan constitua par excellence un cas d'école qu'ils n'eurent de cesse de tenter d'imiter avec plus ou moins de bonheur, s'essayant à jouer, en faisant miroiter des votes à l'ONU, Moscou contre Washington et Pékin contre Moscou, mais aussi, dans la foulée, globalement les anciennes puissances coloniales contre les nouvelles puissances impériales, ou bien encore la France contre l'Allemagne, l'Italie, le Canada ou le Japon, et les pétro-monarchies arabes un peu contre tout le monde, décrochant çà et là quelques centaines de kilomètres de routes ou de voies ferrées, une cimenterie ou une petite aciérie, grappillant un stade omnisports ou une maison de la culture. Puis, soudain, le souffle de l'implosion de l'Union soviétique a renversé ces châteaux de cartes, qui, au demeurant, n'étaient déjà plus, depuis quelques années, que châteaux en Espagne. À partir de la révolution Culturelle, la Chine avait levé le pied ; Brejnev disparu, l'URSS, qui allait s'engager dans la *perestroïka* (des « réformes », qui allaient l'emporter), avait commencé à en faire autant ; au-delà de certaines sommes en jeu, avant de s'engager dans un investissement quelconque, l'Allemagne et la France se concertaient systématiquement et ne s'en laissaient plus beaucoup conter ; le Congrès américain affirmait de plus en plus sa pingrerie.

Aujourd'hui, l'Afrique intertropicale est à peu près complètement sortie du champ d'intérêt géopolitique mondial, ses côtes orientales, sur l'océan Indien, et l'Afrique australe faisant encore un peu exception. Ses peuples peuvent s'entre-tuer en Somalie, au Soudan, au Libéria, en Sierra Leone, dans la Casamance sénégalaise, dans les confins sahélo-sahariens, au Rwanda et au Burundi, comme dans les ex-Congo, belge et français, et dans une bonne partie encore de l'Angola, tout le monde s'en moque, personne ne s'en mêle, personne n'intervient, pas plus, quoi qu'en dise parfois la presse européenne ou américaine, pour soutenir vraiment quelque protagoniste que ce soit que pour aider au rétablissement de la paix. La « pax romana » coloniale, c'est terminé ; on ne va pas recommencer la conquête. Après le fiasco de l'opération « Restore hope » américaine en Somalie, l'affaire est désormais entendue. L'avenir du monde se joue ailleurs : au Maghreb, au Proche-Orient, dans les Balkans, dans le Caucase, en Asie centrale et, surtout, en Asie orientale et dans le Pacifique ; toujours en Europe et aux États-Unis évidemment, mais beaucoup moins en Amérique latine et dans l'océan Indien et plus du tout en Afrique subsaharienne, en tout cas pour un avenir prévisible.

Dans ce nouveau contexte, l'intendance, bien sûr, ne suit plus. Aider au développement des pays pauvres, en fait essentiellement au développement de l'Afrique noire, pauvre parmi les pauvres, a cessé d'être une priorité pour les sociétés occidentales, elles-mêmes souvent en crise. L'aide est inefficace et coûteuse aux yeux d'une très large partie de leurs opinions publiques, pour lesquelles elle se résume à un constat abrupt : « Les pauvres des pays riches donnent de l'argent aux riches des pays pauvres. »

Les chiffres reflètent cette lassitude, quand ce n'est pas cette exaspération, des donateurs. En 1995, l'aide publique au développement des vingt et un pays de l'OCDE, dont l'Afrique a été jusqu'à présent la principale bénéficiaire, a atteint son niveau le plus bas depuis 1970, chutant de 9,3 % par rapport à 1994 (53,7 milliards de dollars contre 59,2, en valeur constante du dollar). En valeur absolue, les quatre premiers donateurs de cette aide (un ensemble assez hétéroclite de dons et de prêts, bi ou multilatéraux, qui regroupe l'aide au développement *stricto sensu*, l'aide alimentaire d'urgence, celle aux réfugiés, une partie de l'assistance militaire et certaines remises de dette) étaient, par ordre décroissant, le Japon (14,5 milliards de dollars, mais ceux-ci sont essentiellement affectés à la Chine et à l'Asie du

Sud-Est), la France (8,4 milliards de dollars, fortement concentrés sur l'Afrique noire francophone), l'Allemagne (7,5 milliards de dollars, répartis dans l'ensemble du tiers-monde) et les États-Unis (7,5 milliards de dollars également, dont 5 environ consacrés, très souvent sous forme d'aide militaire, à l'Égypte et à Israël).

En pourcentage de PNB, le classement de cette aide 1995 était encore plus édifiant. Les États les plus généreux étaient, comme depuis longtemps déjà, les pays nordiques qui, avec 0,97 % de leur PNB en moyenne, étaient toujours les seuls à dépasser le vieil objectif de l'OCDE de 0,70 %. Avec 0,55 %, la France faisait assez bonne figure, suivie, un peu loin derrière, du Canada (0,39 %), de la Belgique, du Luxembourg, de l'Australie, de la Suisse, de l'Autriche, de l'Allemagne (0,31 %), du Royaume Uni (0,27 %), etc. Avec 0,10 %, les États-Unis faisaient figure de lanterne rouge (surtout en Afrique noire, où l'aide américaine n'a jamais dépassé, ces années-ci, les 500 millions de dollars, soit dix fois moins que celle de la France — pas de quoi rouler des mécaniques !). Quant à la Chine et à la Russie, non membres de l'OCDE et pour lesquelles on ne possède pas de chiffres précis, leurs performances étaient encore beaucoup plus dérisoires, autant qu'on puisse les estimer.

En ce qui concerne, par ailleurs, l'Union européenne, ses membres ont eu le plus grand mal à s'entendre entre eux pour reconduire en simple valeur constante, à hauteur de 13,3 milliards d'écus (1 écu = 6,40 F), leur aide aux pays ACP (Afrique, Caraïbe, Pacifique) pour la période 1996-2000, dans le cadre de la convention de Lomé. Même si cette somme, équivalente à 17 milliards de dollars sur cinq ans, n'est pas du tout négligeable par les temps qui courent, les réticences de plusieurs pays membres de l'Union, Grande-Bretagne en tête, n'en sont pas moins très significatives. Que dire, enfin, des interminables palinodies de la plupart des pays riches à propos de l'allègement de la dette des pays les plus pauvres, presque tous africains, dont le service annuel tend à absorber aujourd'hui, dans bien des cas, l'équivalent de ce qu'on leur donne par ailleurs ?

Reste « l'aide privée », comme d'aucuns appellent si joliment les investissements privés étrangers. Mais, encore plus que les fonds publics, ces capitaux ont de plus en plus tendance à se diriger prioritairement, hormis en ce qui concerne de très rares secteurs, dont le pétrole, vers des parties du monde où leur rentabilité est bien mieux assurée : la Chine et l'Asie du Sud-Est, l'Amérique latine, l'ancienne Europe de l'Est, les pays du pourtour oriental et méridional de la Méditerranée. En Afrique, on verra plus tard.

Un mot du sida, pour terminer. Plus des trois quarts des victimes de la pandémie sont des Africains. Mais, en Europe ou aux États-Unis, par-delà quelques bonnes paroles, on s'en soucie d'ordinaire comme d'une guigne. De toute évidence, on ne va pas recommencer ce qu'on a fait naguère pour la fièvre jaune, le paludisme ou la maladie du sommeil. La colonisation, on vous le dit, c'est terminé. Et la guerre froide aussi. Passez, il n'y a plus rien à voir.

Le « précarré » français

À contre-courant de cette évolution générale et à l'inverse de ses anciennes rivales en ces contrées, notamment l'Angleterre, la France, seule, continue à s'accrocher à l'Afrique inter-tropicale et à y maintenir, par-delà les indépendances, sa présence pluriséculaire, toujours convaincue, en dépit des vicissitudes du temps, que, comme par le passé, cette présence maintenue lui permet de peser encore dans les affaires du monde davantage que la plupart des autres grands pays industriels, les préoccupations mercantiles, tout comme, à l'inverse, les motivations altruistes ne constituant que des raisons très secondaires de cette politique[3]. « Sans l'Afrique », écrivait François Mitterrand au début des années cinquante, alors qu'il était le ministre de la France d'outre-mer de la quatrième République, « il n'y aura pas d'histoire de France au XXIe siècle. » En 1995, à la fin de son second septennat à la tête de l'État, après avoir poursuivi sans grands changements la politique africaine de ses prédécesseurs, de Gaulle, Pompidou et Giscard d'Estaing, de toute évidence il le pensait encore, même si, au fur et à mesure que les années passaient, il avait, avec raison, consacré de plus en plus de son temps et de ses forces à la construction européenne — ce qui au demeurant, dans son esprit, n'était pas contradictoire.

À vrai dire, près de quarante ans après leur accession à l'indépendance, c'est à ses anciennes colonies d'Afrique occidentale et équatoriale et de Madagascar, ainsi que, secondairement, aux

---

3. Il n'y a plus de véritable « lobby » Afrique noire à Paris. Le Conseil des investisseurs français en Afrique noire (le CIAN) ne rassemble guère que les responsables des départements Afrique des grandes multinationales françaises, qui ne réalisent généralement, au sud du Sahara, que des pourcentages dérisoires de leurs chiffres d'affaires à l'étranger, les cas de Bolloré (tabac) ou de Castel (bière) n'étant que des exceptions.

Depuis la fermeture de l'École nationale de la France d'outre-mer, en 1960, la France ne forme plus de fonctionnaires spécialisés dans les affaires ultramarines. Les derniers brevetés de l'ENFOM, qui n'ont pas eu le temps de servir sur le terrain avant les indépendances, achèvent en ce moment leurs carrières à la tête de quelques ambassades subsahariennes, avant que celles-ci soient toutes et définitivement tenues par des diplomates « classiques », c'est-à-dire « indifférents » et parfaitement interchangeables d'un poste à l'autre dans le monde.

De plus en plus rares sont les quotidiens et hebdomadaires parisiens qui ont encore un journaliste spécialisé dans les affaires africaines, *a fortiori* tout au long de sa vie professionnelle. Il s'ensuit que leurs lecteurs n'ont guère droit à des reportages sur l'Afrique que lorsque il y survient un événement tout particulièrement spectaculaire ou un drame très sanglant, et encore. Après s'être fait une renommée initiale au Congo ou au Cameroun, les africanistes deviennent vite des politistes tout terrain.

anciennes possessions belges du bassin du Congo (le Zaïre, le Rwanda et le Burundi), jusqu'aux tragiques événements de 1994-1997, que la France continue à accorder l'essentiel de son attention et de son aide publique en Afrique noire. Si tant est qu'elle l'ai voulu vraiment, elle a eu beaucoup de mal, jusqu'à présent, à sortir de ce « précarré » francophone, qui constitue « le champ » privilégié de sa coopération, même si quelques-unes de ses grandes entreprises (banques, pétrole, travaux publics) ont réussi à mettre à leur actif plusieurs percées significatives au Nigeria, en Angola ou en Afrique du Sud. Aujourd'hui encore, sous diverses formes, directement ou par le canal de l'Union européenne et des autres organisations financières internationales, la Banque mondiale et le FMI notamment, elle dispense à cet ensemble de pays, bon an mal an, plus des deux tiers de son aide, soit l'équivalent de plus de cinq milliards de dollars. Eu égard aux moyens, qui ne sont pas illimités, dont elle dispose pour son action extérieure, diplomatique, culturelle, commerciale, militaire et de coopération, donc, c'est considérable, au point qu'il est permis de se demander, dans le nouveau contexte géopolitique mondial, si une telle concentration est toujours aussi justifiée qu'autrefois, indépendamment même de savoir si cette aide est bien affectée et bien utilisée — ce qui, en dépit de quelques efforts récents, est en fait assez loin d'être le cas. Que d'opportunités de bien plus grand intérêt lui échappent ailleurs ! Que d'actions de bien plus grande portée, n'est-elle pas en mesure de saisir dans d'autres parties du monde, en conséquence de cette priorité-là et parce qu'il n'est pas possible de tout faire en même temps !

Admettant lucidement le retour, au moins pour un temps, à la situation qui, *mutatis mutandis*, prévalait encore au milieu du XIXe siècle, avant le début de la conquête coloniale effective, ne serait-il pas plus sage, pour elle, de se replier, pour ce qui est de l'Afrique francophone, sur quelques points d'appui côtiers — Sénégal, Côte-d'Ivoire, Cameroun, Gabon, Congo, si la paix civile y est vraiment rétablie — et, en revanche, d'en faire un peu plus qu'aujourd'hui chez quelques-uns de leurs grands voisins anglophones ou lusophones ? Après avoir liquidé une fois pour toutes, évidemment, une zone monétaire unifiée, la zone CFA, qui la conduit stupidement à traiter tout le monde de la même façon.

On peut développer des réflexions analogues à propos du maintien d'un dispositif militaire d'un autre temps, qui n'a plus guère pour objet, depuis longtemps, que de pérenniser le pouvoir de cliques incapables et prébendières et, au mieux, d'aider à l'organisation de quelques farces électorales au Niger, au Tchad ou en Centrafrique. Sur ce point, cependant, le nouveau gouvernement socialiste de Lionel Jospin et son ministre de la Défense Alain Richard ont l'air de vouloir, enfin, bouger un peu.

À ce stade, il est difficile de ne pas dire un mot du ministère dit de la Coopération et de ses dispendieuses « missions » dans chaque État, qui, conséquence logique de l'africanisation, plus d'un tiers de siècle après les indépendances, n'avaient bientôt plus du tout de coopérants à gérer (au terme d'une diminution régulière, moins de 2 500 environ en 1998, contre environ 20 000 il y a vingt ans), tandis que ses crédits propres représentaient moins de 10 % du total de l'aide publique française au développement, tout le reste a été progressivement « calotté » par le ministère des Finances, qui, année après année, les a affectés pendant très longtemps, hors de tout contrôle parlementaire et pour des raisons de haut clientélisme d'État à État, à des besognes trop souvent stériles (fin de mois des fonctions publiques, règlements des échéances du FMI et de la Banque mondiale pour le compte des intéressés, « réhabilitations » d'ordinaire sans lendemain d'entreprises publiques en faillite), au lieu de les réserver à des œuvres vives de développement porteuses d'avenir. En janvier 1998, une réforme d'envergure de tout ce système dispendieux a tout de même été annoncée par Lionel Jospin. Elle tend essentiellement à intégrer l'administration du secrétariat d'État à la Coopération, qui, sous l'appellation de ministère délégué à la Coopération, est maintenu « pour l'affichage » dans celle du ministère des Affaires étrangères, sans avoir désormais de budget propre. On attend à présent la mise en œuvre de cette décision, et ses répercussions sur le traitement des problèmes de fond qui viennent d'être évoqués.

Comment ne pas mentionner, enfin, le gâchis suicidaire que constitue, pour les intérêts français en Afrique noire, deux aspects majeurs de la politique française de ces dernières années, qui, de 1993 à 1997, se sont considérablement aggravés sous les gouvernements de droite d'Édouard Balladur et d'Alain Juppé, en totale contradiction avec les ambitions affichées à Paris par ailleurs : la politique totalement irrationnelle de fermeture des universités françaises à la plupart des jeunes Africains et la politique xénophobe des visas.

Est, en effet, en totale contradiction avec la volonté de maintenir une influence française forte au sud du Sahara, la suppression à peu près totale des bourses universitaires en Métropole aux étudiants africains, sauf pour quelques spécialisations de fin d'études. Faute de pouvoir, comme leurs aînés, aller étudier à Paris, à Bordeaux ou à Montpellier aussitôt après le bac, fuyant leurs propres universités en pleine décrépitude, ils vont à présent s'inscrire en grand nombre aux États-Unis ou au Canada, où on les accueille en revanche sans trop de difficultés, conscients que l'on est, à juste titre, de semer pour pas cher pour l'avenir.

Sont également en totale contradiction avec la volonté de maintenir une influence française forte au sud du Sahara les lois Pasqua renforcées par Debré, le verrouillage des frontières qui s'ensuit et les charters d'expulsés, qui donnent une image de plus en plus déplorable de la France à des populations qui avaient pensé jusque-là, malgré les vicissitudes de la colonisation, qu'elle était la « patrie des droits de l'homme ». Sans oublier, plus prosaïquement, tous ces hommes d'affaires africains, qui, faute de pouvoir aller s'approvisionner en France, vont le faire un peu partout ailleurs, dès qu'ils peuvent y obtenir des visas sans trop de tracasseries humiliantes. De ce point de vue, la loi Chevènement, votée en décembre 1997, n'a, c'est regrettable, que partiellement redressé la situation, même si, à la faveur d'un voyage officiel au Mali, effectué aussitôt après, Lionel Jospin a tout de même annoncé que la France, à l'avenir, ne renverrait plus par « charters » entiers ceux qui seraient entrés clandestinement sur son territoire, leur promettant même un retour au pays dans des conditions « humaines », sans donner toutefois beaucoup de précisions sur ce qu'il entendait par là.

Chapitre 16

AMBITIONS ET INCERTITUDES SUD-AFRICAINES

PRETORIA

La crise du Zaïre a permis à l'Afrique du Sud de s'affirmer comme la puissance africaine majeure de l'Afrique australe et centrale et, au-delà, d'afficher pour la première fois son ambition de prendre le *leadership* de toute l'Afrique subsaharienne, acceptant, enfin, après quelques années d'hésitations, d'assumer sur le plan politique la place éminente que son poids économique (50 millions d'habitants d'un assez bon niveau moyen d'instruction, des ressources minières considérables, des infrastructures de premier plan) lui confère en tout état de cause sur le continent noir, dont elle produit, à elle seule, un tiers des richesses.

Jusqu'à ces derniers mois, l'ancien pays de l'« apartheid » — qui, à partir de 1960, avait été progressivement exclu de presque toutes les institutions internationales, diplomatiques, économiques et financières, culturelles et sportives, avant d'être soumis à un assez sévère embargo commercial — avait plutôt déçu par sa réticence à s'engager dans la recherche de solutions aux grands problèmes africains, y compris à ceux de sa région. Il donnait l'impression à tous ceux qui espéraient que, sous l'impulsion de son leader charismatique Nelson Mandela, il allait se faire immédiatement le champion du développement et de la démocratie en Afrique, qu'il préférait, tout compte fait, se consacrer presque exclusivement à ses problèmes internes et qu'il avait décidé de réserver à ceux-ci son argent et l'énergie de ses dirigeants, à commencer par l'autorité morale du plus prestigieux d'entre eux. Seul le développement de ses exportations dans le reste de l'Afrique noire — jamais totalement interrompues pendant l'apartheid — semblait l'intéresser, de même que celui de ses investissements miniers. Les accusations d'égoïsme et d'ingratitude avaient vite commencé à fleurir çà et là, tout d'abord chez ses plus proches voisins, qui le voyaient vaquer à ses affaires sans guère plus s'occuper d'eux qu'autrefois, hormis pour des raisons de « business ».

Son intervention dans l'affaire zaïroise a été en définitive un fiasco, dans la mesure où, affichant la prétention de contribuer de façon décisive à la sortie en douceur de Mobutu, il n'a pu qu'avaliser la brutale victoire de Kabila. Les jeux étaient déjà faits avec, en arrière-plan, l'Amérique et ses compagnies minières qui ont mené un jeu ambigu, défavorable à Pretoria. À cette occasion, cependant, l'Afrique du Sud a rappelé aux parties concernées qu'il fallait désormais compter avec elle dans cette vaste et prometteuse partie de l'Afrique.

Tout d'abord, les dirigeants sud-africains ont compris, d'une part, que, en la circonstance, ils avaient été manipulés par les Américains et, d'autre part, que leur prospérité, présente et future, dépendait du maintien de la stabilité dans leur sous-région. Ils ne pouvaient pas plus longtemps se désintéresser de ce qui se passait chez leurs voisins immédiats, en Namibie, au Botswana, au Zwaziland, au Zimbabwe, au Mozambique, et même au-delà, au Malawi, en Zambie, en Angola et au Zaïre donc.

Les dirigeants de Pretoria ont été profondément agacés par les méthodes de voyous de quelques firmes américaines, qui ont renégocié à leurs dépens, dans les « capitales » successives de Kabila en marche irrésistible vers le pouvoir, des concessions minières nouvelles annihilant celles qu'ils tenaient de Mobutu et même, avant celui-ci, des Belges. Très vite, ils sont partis en guerre, non sans succès, contre ces intrus. Surtout, en quelques mois, en quelques semaines, le changement d'attitude des Sud-Africains a été radical, au point de commencer à irriter quelques-uns de ceux qui les critiquaient le plus auparavant pour leur désintérêt, comme le Kenya et la Zambie.

En un bref laps de temps, ils ont révisé leur politique dans de très nombreux domaines. En se convertissant à la « realpolitik », ils ont opéré un spectaculaire retour sur la scène africaine et internationale. Ils essaient aujourd'hui de se réconcilier avec le sanglant président nigérian Sami Abacha, avec lequel ils avaient rompu après le supplice des leaders ogonis, en novembre 1995, et aussi de se poser en médiateurs dans la guerre civile soudanaise — comme, à l'autre bout de l'océan Indien, entre les dirigeants indonésiens et ceux des combattants pour la liberté du Timor oriental. Ils ont repris sans complexes les ventes tous azimuts de leur puissante industrie d'armements conventionnels, héritée de l'apartheid et qu'ils n'entendent pas du tout démanteler, comme ils l'ont seulement fait pour leur industrie nucléaire militaire (ils ont même démonté les six bombes atomiques qu'ils possédaient déjà). Ils ont adhéré à la Convention de Lomé, qui lie l'Union européenne aux pays d'Afrique, des Caraïbes et du Pacifique mais qu'ils avaient tenue longtemps en suspicion. Ils ont établi, en même temps, des relations diplomatiques avec Pékin, laissant le Sénégal, dernier pays africain de quelque importance, en tête à tête avec Taïpei (pour des raisons qui sonnent et trébuchent dans les poches de quelques-uns de ses plus hauts dirigeants, tenus par ailleurs par les Américains). Fin mars 1997, en Inde, Nelson Mandela a affirmé sa volonté de contribuer à la revitalisation du mouvement des non-alignés, dont il a pris la présidence. Il a aussi insisté, alors, sur la nécessité et l'urgence d'une réforme du système des Nations unies, ne cachant pas qu'il verrait fort bien son pays devenir membre permanent du Conseil de sécurité, au nom de l'Afrique noire.

Mais qui trop embrasse mal étreint, et on peut se demander si, en ce moment, Nelson Mandela, qui a déjà plus de soixante-dix-neuf ans, n'est pas en train de jeter ses derniers feux, avant de quitter la scène, sans trop savoir si ses successeurs, à commencer par celui qui, sauf imprévu, prendra sa suite à la tête de l'État en 1999, le vice-président Thabo Mbeki — déjà porté à la tête de l'« African National Congress » (l'ANC) en décembre 1997 — seront à sa hauteur, et en mesure de poursuivre son œuvre sur la scène africaine et internationale, comme en politique intérieure.

En ce domaine, au demeurant, les nuages s'amoncellent.

La politique modérée conduite, sous la haute responsabilité de Nelson Mandela, pour rassurer les milieux d'affaires blancs qui contrôlent toujours l'essentiel de la vie économique sud-africaine et pour gagner la confiance des investisseurs étrangers, a eu un prix élevé : la frustration grandissante d'une large partie de la population noire, qui a constaté que la fin de l'« apartheid » ne signifiait pas pour elle l'arrivée dans un Eldorado et que les réformes sociales auxquelles elle aspirait le plus tendaient à être reportées aux calendes grecques.

L'économie sud-africaine demeure l'une des plus inégalitaires du monde. D'après une étude récente de la Banque mondiale, un dixième de la population accapare 51 % de la richesse nationale. La minorité blanche (13 % de la population) absorbe 61 % du revenu national, les Noirs (75 % de la population) n'en recevant que 27 % et les Indiens et les Métis se partageant le reste. Le revenu des plus pauvres a même diminué de 40 % depuis 1980 et, au total, la grande majorité des Noirs restent au-dessous du seuil de pauvreté. En revanche, un quart des 20 % des gens les plus riches du pays sont aujourd'hui des Noirs — parmi lesquels beaucoup d'anciens cadres de l'ANC, aujourd'hui au pouvoir, après cinquante ans de lutte —, contre 10 % seulement il y a vingt ans ; mais ce fait nouveau est potentiellement tout aussi lourd de risques d'explosions.

Par ailleurs, le chômage touche la moitié de la population active noire, soit environ cinq millions de personnes. Même si l'impact du phénomène se trouve limité par l'importance du secteur informel et par la solidarité familiale, c'est considérable. À son rythme actuel, guère supérieur et celui de la poussée démographique, la croissance économique ne pourra remédier que très lentement à cette situation.

Quant aux promesses de l'ANC, plus grand monde ne croit qu'elles seront tenues dans un avenir prévisible. Faute de moyens financiers pour racheter une partie des terres des Blancs, qu'on ne veut pas pour autant exproprier, la réforme agraire s'effectue à un rythme désespérément lent. Le très ambitieux Programme de reconstruction et de développement (le RDP), présenté comme la pièce majeure de la politique du parti de Mandela à son arrivée au pouvoir, promettait la construction en cinq ans d'un million de logements sociaux ; vingt mille seulement ont été construits depuis et, pendant la même période, le projet d'adduction de l'eau courante à un million de personnes et de l'électricité à deux millions et demi a été abandonné, le ministère qui en avait la charge ayant été dissous le 28 mars 1996.

Face à cette situation, les manifestations de mécontentement se sont multipliées. Le puissant Conseil des syndicats sud-africains (la Cosata — 1,6 millions d'adhérents), qui a été jusqu'à présent un des principaux soutiens de l'ANC, a déclenché de nombreuses grèves. Autre pilier du parti gouvernemental, la South African National Civic Organisation (la Sanco) a pris aussi ses distances, ses adhérents boycottant à nouveau le versement des loyers et le paiement des services, comme au temps de la lutte contre l'apartheid, et se livrant, en outre, à des « squatterisations » de maisons inoccupées. La criminalité urbaine a atteint des sommets insupportables. L'immigration clandestine (plusieurs millions d'individus) suscite de sérieux problèmes. De son côté, l'Inkhata, le parti séparatiste zoulou du chef Mangosuthu Buthelezi, éternel rival de l'African National Congress au pouvoir, n'a pas dit son dernier mot.

Face à la manifestation de tous ces mécontentements, les dirigeants de Pretoria ne savent que faire, enfin, d'une armée et d'une police restées très largement blanches, qu'ils hésitent à réformer, dans la mesure où elles leur servent de rempart contre les troubles sociaux, présents et à venir.

Mandela et l'ANC pouvaient difficilement ignorer ces évolutions, même s'ils ne semblent pas avoir l'intention, au moins pour le moment, de changer de politique. Ils ont donc été conduits à donner quelques gages, à vrai dire plutôt symboliques.

Le jour même où était annoncé l'abandon du Programme de reconstruction et de développement et comme en contrepartie, un Noir, Trevor Manuel, a été promu à la tête du ministère des Finances, en remplacement de l'homme d'affaires blanc Chris Liebenberg. Déjà, lors des longues et âpres discussions qui avaient précédé l'adoption par le Parlement, le 8 mai 1996, de la nouvelle Constitution du pays, dont l'entrée en vigueur aura lieu en 1999 et qui tournera définitivement la page de l'apartheid, Mandela avait tenu tête à son prédécesseur blanc, De Klerk, depuis à la retraite, sur deux points jugés cependant essentiels par ce dernier : le maintien d'établissements scolaires dispensant leur enseignement uniquement en afrikaans et la reconnaissance du droit de « lock-out », en réponse aux grèves, pour les chefs d'entreprise. Finalement, le Parti national avait cédé sur ces deux points et il avait voté le nouveau texte constitutionnel. Mais il avait annoncé, en même temps, sa sortie du gouvernement — qui devait devenir effective peu après — et sa volonté de se comporter désormais en vrai parti d'opposition, escomptant se refaire à terme une santé, par une consolidation de son électorat blanc et par la conquête d'une partie de la classe moyenne noire ainsi que des métis — un processus au demeurant déjà amorcé.

Mandela et son successeur officieusement désigné Thabo Mbeki, qui n'a évidemment pas son charisme, ont depuis lors les mains libres. Mais la situation économique et financière tend à se dégrader. L'inflation a repris et le rand sud-africain a perdu de sa superbe. Les investisseurs potentiels sont devenus attentistes, même si les délégations d'hommes d'affaires, et d'hommes politiques qui les soutiennent, continuent à se succéder à Pretoria.

En septembre 1997, des déçus des deux bords, blancs et noirs, de l'Afrique du Sud post-apartheid, ont créé un nouveau parti, pluri-racial, le Mouvement démocratique uni, dont les deux leaders sont un Afrikaner de cinquante ans, aux yeux bleus, ancien haut responsable du Parti national, Roelf Petrus Meyer, et le second, un Xhosa, ancien militant de l'ANC, Harington Holomisa. Il est difficile de prévoir le rôle à venir, probablement pas très grand, de cette nouvelle formation.

Cependant, il faudra bien qu'un jour les vrais problèmes de l'après-apartheid soient mis à plat. Alors, sur la scène africaine, les responsables sud-africains pourront difficilement éviter de revoir leurs ambitions à la baisse, comme d'autres donneurs de leçons ont déjà dû le faire depuis longtemps, l'Algérie en tête. Les malheurs du passé ne peuvent résoudre éternellement les problèmes du présent et de l'avenir.

REMERCIEMENTS

Alors que je m'apprête à remettre mon manuscrit à l'éditeur, je tiens à remercier tous ceux qui m'ont aidé dans cette entreprise. Philippe Gaillard et Daphna Poznanski, qui ont accepté de passer de longues heures à la relecture de mon texte. Françoise Blanc, qui en a photocomposé avec le sourire les versions successives. Hassan Bahsoun, Mireille Duteil, Jean Gaeremynck, Jean de La Guérivière, Pierre-Yves Le Borgn, Carlos Lopez et Ghislain Uhry, qui m'ont conseillé. Ma femme, Monique, qui m'a entouré de son affection.

TABLE

Introduction : Paix froides et guerres chaudes 11

Première partie
UNE AMÉRIQUE INSUPPORTABLE

1. Washington : Le monde aux Américains ! 21

Deuxième partie
CEUX QUI DÉJÀ DISENT NON

2. Bruxelles : L'Europe aux Européens ! 89
3. Pékin : Retrouver la puissance et la gloire de l'Empire chinois ancestral 127
4. Moscou : La Russie renaîtra 175
5. Tokyo : Le Japon veut redevenir un pays normal 220
6. New Delhi : L'éveil du géant indien 248
7. Mexico : Gringos go home ! 270

Troisième partie
LES ZONES DE CONFRONTATION, DE CRISES ET D'INCERTITUDES

8. Riyad : Après le « péril rouge », le « péril vert » ?	293
9. Alger : Un siècle d'occasions manquées en Algérie	306
10. Jérusalem : « Eretz Israël » d'abord !	315
11. Istanbul : « Quel bonheur d'être turc ! » mais « Dieu merci, je suis musulman »	323
12. Pristina : La poudrière balkanique	341
13. Bakou : Retour au « grand jeu » autour de la Caspienne	356
14. Bangkok : Les « Tigres » et les « Dragons » sont fatigués	364
15. Tiassène : Africa incognita	372
16. Pretoria : Ambitions et incertitudes sud-africaines	397
Remerciements	405

Cet ouvrage a été achevé d'imprimer en avril 1998
dans les ateliers de Normandie Roto Impression s.a.
61250 Lonrai
N° d'imprimeur : 980931